관세사 시험 전문 교육기관

해커스관세사
합격 시스템

강사력
업계 최고수준
교수진

교재
해커스=교재
절대공식

관리시스템
해커스만의
1:1 관리

취약 부분 즉시 해결!
교수님 질문게시판

언제 어디서나 공부!
PC&모바일 수강 서비스

해커스만의
단기합격 커리큘럼

합격을 만드는
필수 학습자료 제공

해커스관세사 cca.Hackers.com

해커스관세사
진민규
무역영어

2 국제 협약·법규 원문 및 해설

이 책의 저자

진민규

경력
현 | 해커스관세사 무역영어 전임 교수
　　해커스금융 온라인 전임 교수
　　관세법인 패스윈 관세사
전 | 서울본부세관 관세평가협의회 위원
　　관세평가분류원 관세평가협의회 위원
　　무역협회 무역아카데미 외래교수

자격증
관세사

저서
해커스관세사 진민규 무역영어 1/2
해커스 국제무역사 1급 4주 완성 이론 + 적중문제 + 모의고사
해커스 무역영어 1급 4주 완성 이론 + 기출문제

머리말

새로운 시작에는 언제나 설렘과 불안감이 공존합니다. 관세사 시험에 도전하는 수험생들에게 모든 과목이 생소하고 부담스러울 수 있으며, 특히 무역영어는 비전공자나 영어에 자신이 없는 분들에게 어려운 과목으로 인식됩니다. 국제협약의 '영어 법률 조문'이 출제되고, 무역실무라는 넓은 시험범위가 주는 압박감이 상당하기 때문입니다. 하지만 무역영어 과목도 자신에게 맞는 효율적인 방법으로 차근차근 준비하면 좋은 결과를 기대할 수 있습니다.

관세사 1차 시험은 절대평가로 각 과목 40점 이상, 평균 60점 이상을 득점하면 되므로, 전 과목 고득점이 아닌 합격에 필요한 점수 확보를 목표로 하는 것이 효율적입니다. 따라서 개인 특성에 맞게 과목별 점수를 전략적으로 배분해야 합니다. 무역영어를 전략과목으로 삼아 고득점을 노릴 수도 있지만, 약점 과목에 지나치게 집중하여 다른 과목을 소홀히 하는 실수는 피해야 합니다.

본 교재의 특징은 다음과 같습니다.

1. 영어 실력이나 무역실무 지식 수준에 따라 목표 점수에 맞는 수험준비가 가능합니다. 무조건 암기가 아닌 이해 기반의 학습을 지향하며, 고득점을 원하는 수험생을 위한 세부내용도 포함하고 있습니다.

2. 최근 출제비중이 높은 국제협약/규칙 원문과 연계하여 학습할 수 있습니다. 이론으로 공부한 내용들이 국제협약/규칙의 독해와 이해로 바로 이어질 수 있도록 무역실무 이론과 국제협약/규칙의 연계성에 중점을 두었습니다.

3. 초심자들의 눈높이에 맞춘 설명으로 생소한 개념을 쉽게 이해하고 반복 학습하며 실력을 향상시킬 수 있습니다. 쉬운 설명을 여러 번 회독하며 이론을 체계적으로 정리하고 문제 풀이 단계로 자연스럽게 연결될 수 있도록 하였습니다.

4. 최근 일반적인 영어독해 비중이 줄어드는 출제경향을 반영하여, 영작이나 구문 해설 자체보다 무역 분야의 영어표현 패턴을 익히고 문제 읽기 속도를 높이는 것에 중점을 두었습니다.

본 교재를 집필하며 저자가 관세사 시험을 준비할 때 느꼈던 수험생으로서의 어려움을 헤아리고자 노력하였습니다. 이는 방대하고 넓은 무역 분야에서 힘쓰고 계신 여러 교수님들과 전문가들의 연구와 서적이 없었다면 불가능했을 것입니다. 또한 많은 도움을 주신 선후배, 동료 관세사님들, 해커스 임직원 여러분께 감사드립니다.

어떤 일에서도 '그래 시간은 충분했어!'라고 말할 수 있던 경우는 거의 없었던 듯합니다. 수험생 여러분이 최종 합격의 기쁨을 맛보는 데 본 교재가 조금이나마 도움이 되기를 간절히 바라며, 관세사라는 꿈을 향해 첫 발을 내딛는 여러분의 앞길에 건승을 기원합니다.

2025년 4월
진민규 관세사

01 United Nations Convention on Contracts for the International Sale of Goods (CISG, Vienna Convention)   8
- 국제물품매매계약에 관한 국제연합 협약

02 ICC Rules for the use of Domestic and International Trade Terms (Incoterms® 2020)   56
- 국내 및 국제 무역조건의 사용에 관한 ICC규칙

03 International Convention for the Unification of Certain Rules of Law relating to Bills of Lading, 1924 (Hague Rules)   112
- 1924년 선하증권에 관한 규정의 통일을 위한 국제 협약

04 United Nations Convention on the Carriage of Goods by Sea, 1978 (Hamburg Rules)   126
- UN 해상화물운송 협약

05 UNITED NATIONS CONVENTION ON INTERNATIONAL MULTIMODAL TRANSPORT OF GOODS, 1980 (MT Convention)   158
- UN 국제복합운송 협약

06 Convention for the Unification of Certain Rules for International Carriage by Air (Montreal Convention)   194
- 국제항공운송에 있어서의 일부 규칙 통일에 관한 협약

| 07 | Uniform Rules for Collections 1995 Revision, ICC Publication No. 522 (URC 522) | 234 |

  - 추심에 관한 통일 규칙

| 08 | Uniform Customs and Practice for Documentary Credits 2007 revision, ICC Publication No. 600 (URC 600) | 256 |

  - 신용장 통일 규칙

| 09 | Marine Insurance Act, 1906 (MIA) | 308 |

  - 영국 해상보험법

| 10 | INSTITUTE CARGO CLAUSES 2009 (ICC 2009) | 366 |

  - (신)협회적하약관

| 11 | United Nations Convention on the Recognition and Enforcement of Foreign Arbitral Awards (NY Convention) | 384 |

  - 외국 중재판정의 승인과 집행에 관한 UN 협약

해커스관세사 cca.Hackers.com

해커스관세사 진민규 무역영어 2

01

United Nations Convention on Contracts for the International Sale of Goods
(CISG, Vienna Convention)
- 국제물품매매계약에 관한 국제연합 협약

PART I SPHERE OF APPLICATION AND GENERAL PROVISION
제1편 적용범위와 총칙

Chapter 1 SPHERE OF APPLICATION
제1장 적용범위

Article 1 적용의 기본원칙

(1) This Convention applies to contracts of sale of goods between parties whose places of business are in different States:

(a) when the States are Contracting States; or

(b) when the rules of private international law lead to the application of the law of a Contracting State.

> (1) 이 협약은 다음의 경우에 영업소가 서로 다른 국가에 있는 당사자 간의 물품매매계약에 적용된다.
> (a) 해당 국가가 모두 체약국인 경우, 또는
> (b) 국제사법 규칙에 의하여 체약국법이 적용되는 경우

(2) The fact that the parties have their places of business in different States is to be disregarded whenever this fact does not appear either from the contract or from any dealings between or from information disclosed by, the parties at any time before or at the conclusion of the contract.

> (2) 당사자가 서로 다른 국가에 영업소를 가지고 있다는 사실은, 계약으로부터 또는 계약 체결 전이나 그 체결 시에 당사자 간의 거래나 당사자에 의하여 밝혀진 정보로부터 드러나지 아니하는 경우에는 고려되지 아니한다.

(3) Neither the nationality of the parties nor the civil or commercial character of the parties or of the contract is to be taken into consideration in determining the application of this Convention.

> (3) 당사자의 국적 또는 당사자나 계약의 민사적·상사적 성격은 이 협약의 적용 여부를 결정하는 데에 고려되지 아니한다.

Article 2 협약의 적용 제외

This Convention does not apply to sales:

(a) of goods bought for personal, family or household use, unless the seller, at any time before or at the conclusion of the contract, neither knew nor ought to have known that the goods were bought for any such use;

(b) by auction;

(c) on execution or otherwise by authority of law;

(d) of stocks, shares, investment securities, negotiable instruments or money;

(e) of ships, vessels, hovercraft or aircraft;

(f) of electricity.

> 이 협약은 [다음의] 매매에는 적용되지 아니한다.
> (a) 개인용, 가족용 또는 가정용으로 구입된 물품의 매매 다만, 매도인이 계약 체결 전이나 그 체결 시에 물품이 그와 같은 용도로 구입된 사실을 알지 못하였고, 알았어야 했던 것도 아닌 경우에는 그러하지 아니하다.
> (b) 경매에 의한 매매
> (c) 강제집행 그 밖의 법령에 의한 매매
> (d) 주식, 지분, 투자증권, 유통증권 또는 통화의 매매
> (e) 선박, 소선, 부선 또는 항공기의 매매
> (f) 전기의 매매

Article 3 서비스계약 등의 제외

(1) Contracts for the supply of goods to be manufactured or produced are to be considered sales unless the party who orders the goods undertakes to supply a substantial part of the materials necessary for such manufacture or production.

> (1) 물품을 제조 또는 생산하여 공급하는 계약은 이를 매매로 본다. 다만, 물품을 주문한 당사자가 그 제조 또는 생산에 필요한 재료의 상당부분을 공급하는 경우에는 그러하지 아니하다.

(2) This Convention does not apply to contracts in which the preponderant part of the obligations of the party who furnishes the goods consists in the supply of labour or other services.

> (2) 이 협약은 물품을 공급하는 당사자의 의무의 주된 부분이 노무 그 밖의 서비스의 공급에 있는 계약에는 적용되지 아니한다.

Article 4 적용대상과 대상 외의 문제

This Convention governs only the formation of the contract of sale and the rights and obligations of the seller and the buyer arising from such a contract. In particular, except as otherwise expressly provided in this Convention, it is not concerned with:

(a) the validity of the contract or of any of its provisions or of any usage;

(b) the effect which the contract may have on the property in the goods sold.

> 이 협약은 매매계약의 성립 및 그 계약으로부터 발생하는 매도인과 매수인의 권리의무만을 규율한다. 이 협약에 별도의 명시규정이 있는 경우를 제외하고, 이 협약은 특히 다음과 관련이 없다.
> (a) 계약이나 그 조항 또는 관행의 유효성
> (b) 매매된 물품의 소유권에 대하여 계약이 미치는 효력

Article 5 사망 등의 적용 제외

This Convention does not apply to the liability of the seller for death or personal injury caused by the goods to any person.

> 이 협약은 물품으로 인하여 발생한 사람의 사망 또는 상해에 대한 매도인의 책임에는 적용되지 아니한다.

Article 6 계약에 의한 적용배제

The parties may exclude the application of this Convention or, subject to article 12, derogate from or vary the effect of any of its provisions.

> 당사자는 이 협약의 적용을 배제할 수 있고, 제12조에 따를 것을 조건으로 하여 이 협약의 어떠한 규정에 대하여도 그 적용을 배제하거나 효과를 변경할 수 있다.

Chapter II   GENERAL PROVISIONS
제2장   총칙

Article 7 협약의 해석원칙

(1) In the interpretation of this Convention, regard is to be had to its international character and to the need to promote uniformity in its application and the observance of good faith in international trade.

> (1) 이 협약의 해석에는 그 국제적 성격 및 적용상의 통일과 국제거래상의 신의 준수를 증진할 필요성을 고려하여야 한다.

(2) Questions concerning matters governed by this Convention which are not expressly settled in it are to be settled in conformity with the general principles on which it is based or, in the absence of such principles, in conformity with the law applicable by virtue of the rules of private international law.

> (2) 이 협약에 의하여 규율되는 사항으로서 협약에서 명시적으로 해결되지 아니하는 문제는 이 협약에 기초하고 있는 일반원칙, 그러한 원칙이 없는 경우에는 국제사법 규칙에 의하여 적용되는 법에 따라 해결되어야 한다.

Article 8 당사자 진술이나 행위의 해석

(1) For the purposes of this Convention, statements made by and other conduct of a party are to be interpreted according to his intent where the other party knew or could not have been unaware what that intent was.

> (1) 이 협약의 적용상, 당사자의 진술 그 밖의 행위는 상대방이 그 당사자의 의도를 알았거나 모를 수 없었던 경우에는 그 의도에 따라 해석되어야 한다.

(2) If the preceding paragraph is not applicable, statements made by and other conduct of a party are to be interpreted according to the understanding that a reasonable person of the same kind as the other party would have had in the same circumstances.

> (2) 제1항이 적용되지 아니하는 경우에 당사자의 진술 그 밖의 행위는, 상대방과 동일한 부류의 합리적인 사람이 동일한 상황에서 이해하였을 바에 따라 해석되어야 한다.

(3) In determining the intent of a party or the understanding a reasonable person would have had, due consideration is to be given to all relevant circumstances of the case including the negotiations, any practices which the parties have established between themselves, usages and any subsequent conduct of the parties.

> (3) 당사자의 의도 또는 합리적인 사람이 이해하였을 바를 결정함에 있어서는 교섭, 당사자 간에 확립된 관례, 관행 및 당사자의 후속 행위를 포함하여 관련된 모든 사항을 적절히 고려하여야 한다.

Article 9 관습과 관행의 구속력

(1) The parties are bound by any usage to which they have agreed and by any practices which they have established between themselves.

> (1) 당사자는 합의한 관행과 당사자 간에 확립된 관례에 구속된다.

(2) The parties are considered, unless otherwise agreed, to have impliedly made applicable to their contract or its formation a usage of which the parties knew or ought to have known and which in international trade is widely known to, and regularly observed by, parties to contracts of the type involved in the particular trade concerned.

> (2) 별도의 합의가 없는 한, 당사자가 알았거나 알 수 있었던 관행으로서 국제거래에서 당해 거래와 동종의 계약을 하는 사람에게 널리 알려져 있고 통상적으로 준수되고 있는 관행은 당사자의 계약 또는 그 성립에 묵시적으로 적용되는 것으로 본다.

Article 10 영업소의 정의

For the purposes of this Convention:

(a) if a party has more than one place of business, the place of business is that which has the closest relationship to the contract and its performance, having regard to the circumstances known to or contemplated by the parties at any time before or at the conclusion of the contract;

(b) if a party does not have a place of business, reference is to be made to his habitual residence.

> 이 협약의 적용상,
> (a) 당사자 일방이 둘 이상의 영업소를 가지고 있는 경우에는, 계약 체결 전이나 그 체결 시에 당사자 쌍방에 알려지거나 예기된 상황을 고려하여 계약 및 그 이행과 가장 밀접한 관련이 있는 곳이 영업소가 된다.
> (b) 당사자 일방이 영업소를 가지고 있지 아니한 경우에는 그의 상거소를 영업소로 본다.

Article 11 계약의 형식

A contract of sale need not be concluded in or evidenced by writing and is not subject to any other requirement as to form. It may be proved by any means, including witnesses.

> 매매계약은 서면에 의하여 체결되거나 입증될 필요가 없고, 형식에 관한 그 밖의 어떠한 요건도 요구되지 아니한다. 매매계약은 증인을 포함하여 어떠한 방법에 의하여도 입증될 수 있다.

Article 12 계약의 형식성 관련 유보

Any provision of article 11, article 29 or Part II of this Convention that allows a contract of sale or its modification or termination by agreement or any offer, acceptance or other indication of intention to be made in any form other than in writing does not apply where any party has his place of business in a Contracting State which has made a declaration under article 96 of this Convention. The parties may not derogate from or vary the effect of this article.

> 매매계약, 합의에 의한 매매계약의 변경이나 종료, 청약, 승낙 그 밖의 의사표시를 서면 이외의 방법으로 할 수 있도록 허용하는 이 협약 제11조, 제29조 또는 제2편은 당사자가 이 협약 제96조에 따라 유보선언을 한 체약국에 영업소를 가지고 있는 경우에는 적용되지 아니한다. 당사자는 이 조를 배제하거나 그 효과를 변경할 수 없다.

Article 13 서면의 정의

For the purposes of this Convention "writing" includes telegram and telex.

> 이 협약의 적용상 "서면"에는 전보와 텔렉스가 포함된다.

PART II Formation of the contract
제2편 계약의 성립

Article 14 청약의 기준

(1) A proposal for concluding a contract addressed to one or more specific persons constitutes an offer if it is sufficiently definite and indicates the intention of the offeror to be bound in case of acceptance.

A proposal is sufficiently definite if it indicates the goods and expressly or implicitly fixes or makes provision for determining the quantity and the price.

> (1) 1인 또는 그 이상의 특정인에 대한 계약체결의 제안은 충분히 확정적이고 승낙 시에 그에 구속된다는 청약자의 의사가 표시되어 있는 경우에 청약이 된다.
> 제안이 물품을 표시하고, 명시적 또는 묵시적으로 수량과 가격을 정하거나 그 결정을 위한 조항을 두고 있는 경우에, 그 제안은 충분히 확정적인 것으로 한다.

(2) A proposal other than one addressed to one or more specific persons is to be considered merely as an invitation to make offers, unless the contrary is clearly indicated by the person making the proposal.

> (2) 불특정 다수인에 대한 제안은 제안자가 반대 의사를 명확히 표시하지 아니하는 한, 단지 청약의 유인으로 본다.

Article 15 청약의 효력발생

(1) An offer becomes effective when it reaches the offeree.

> (1) 청약은 상대방에게 도달한 때에 효력이 발생한다.

(2) An offer, even if it is irrevocable, may be withdrawn if the withdrawal reaches the offeree before or at the same time as the offer.

> (2) 청약은 취소불능이더라도, 철회의 의사표시가 청약의 도달 전 또는 그와 동시에 상대방에게 도달하는 경우에는 철회될 수 있다.

Article 16 청약의 취소

(1) Until a contract is concluded an offer may be revoked if the revocation reaches the offeree before he has dispatched an acceptance.

> (1) 청약은 계약이 체결되기까지는 취소될 수 있다. 다만, 상대방이 승낙의 통지를 발송하기 전에 취소의 의사표시가 상대방에게 도달되어야 한다.

(2) However, an offer cannot be revoked:

   (a) if it indicates, whether by stating a fixed time for acceptance or otherwise, that it is irrevocable; or

   (b) if it was reasonable for the offeree to rely on the offer as being irrevocable and the offeree has acted in reliance on the offer.

> (2) 그러나 다음의 경우 청약은 취소될 수 없다.
>   (a) 승낙기간의 지정 또는 그 밖의 방법으로 청약이 취소불능임이 청약에 표시되어 있는 경우, 또는
>   (b) 상대방이 청약이 취소불능임을 신뢰하는 것이 합리적이고, 상대방이 그 청약을 신뢰하여 행동한 경우

Article 17 청약의 거절

An offer, even if it is irrevocable, is terminated when a rejection reaches the offeror.

> 청약은 취소불능이더라도 거절의 의사표시가 청약자에게 도달한 때에는 효력을 상실한다.

Article 18 승낙의 시기 및 방법

(1) A statement made by or other conduct of the offeree indicating assent to an offer is an acceptance. Silence or inactivity does not in itself amount to acceptance.

> (1) 청약에 대한 동의를 표시하는 상대방의 진술 그 밖의 행위는 승낙이 된다. 침묵 또는 부작위는 그 자체만으로는 승낙이 되지 아니한다.

(2) An acceptance of an offer becomes effective at the moment the indication of assent reaches the offeror. An acceptance is not effective if the indication of assent does not reach the offeror within the time he has fixed or, if no time is fixed, within a reasonable time, due account being taken of the circumstances of the transaction, including the rapidity of the means of communication employed by the offeror. An oral offer must be accepted immediately unless the circumstances indicate otherwise.

(2) 청약에 대한 승낙은 동의의 의사표시가 청약자에게 도달하는 시점에 효력이 발생한다. 동의의 의사표시가 청약자가 지정한 기간 내에, 기간의 지정이 없는 경우에는 청약자가 사용한 통신수단의 신속성 등 거래의 상황을 적절히 고려하여 합리적인 기간 내에 도달하지 아니하는 때에는, 승낙은 효력이 발생하지 아니한다. 구두의 청약은 특별한 사정이 없는 한 즉시 승낙되어야 한다.

(3) However, if, by virtue of the offer or as a result of practices which the parties have established between themselves or of usage, the offeree may indicate assent by performing an act, such as one relating to the dispatch of the goods or payment of the price, without notice to the offeror, the acceptance is effective at the moment the act is performed, provided that the act is performed within the period of time laid down in the preceding paragraph.

(3) 청약에 의하여 또는 당사자 간에 확립된 관례나 관행의 결과로 상대방이 청약자에 대한 통지 없이, 물품의 발송이나 대금지급과 같은 행위를 함으로써 동의를 표시할 수 있는 경우에는, 승낙은 그 행위가 이루어진 시점에 효력이 발생한다. 다만, 그 행위는 제2항에서 정한 기간 내에 이루어져야 한다.

Article 19 변경된 승낙의 효력

(1) A reply to an offer which purports to be an acceptance but contains additions, limitations or other modifications is a rejection of the offer and constitutes a counteroffer.

(1) 승낙을 의도하고 있으나, 부가, 제한 그 밖의 변경을 포함하는 청약에 대한 응답은 청약에 대한 거절이면서 또한 새로운 청약이 된다.

(2) However, a reply to an offer which purports to be an acceptance but contains additional or different terms which do not materially alter the terms of the offer constitutes an acceptance, unless the offeror, without undue delay, objects orally to the discrepancy or dispatches a notice to that effect. If he does not so object, the terms of the contract are the terms of the offer with the modifications contained in the acceptance.

(2) 청약에 대한 승낙을 의도하고 있으나, 청약의 조건을 실질적으로 변경하지 아니하는 부가적 조건 또는 상이한 조건을 포함하는 응답은 승낙이 된다. 다만, 청약자가 부당한 지체 없이 그 상위(相違)에 구두로 이의를 제기하거나 그러한 취지의 통지를 발송하는 경우에는 그러하지 아니하다. 청약자가 이의를 제기하지 아니하는 경우에는 승낙에 포함된 변경이 가해진 청약 조건이 계약 조건이 된다.

(3) Additional or different terms relating, among other things, to the price, payment, quality and quantity of the goods, place and time of delivery, extent of one party's liability to the other or the settlement of disputes are considered to alter the terms of the offer materially.

> (3) 부가적 또는 상이한 조건 중 특히, 가격, 대금지급, 물품의 품질과 수량, 인도의 장소와 시기, 당사자 일방의 상대방에 대한 책임범위 또는 분쟁해결에 관한 조건은 청약의 조건을 실질적으로 변경하는 것으로 본다.

Article 20 승낙기간의 해석

(1) A period of time of acceptance fixed by the offeror in a telegram or a letter begins to run from the moment the telegram is handed in for dispatch or from the date shown on the letter or, if no such date is shown, from the date shown on the envelope. A period of time for acceptance fixed by the offeror by telephone, telex or other means of instantaneous communication, begins to run from the moment that the offer reaches the offeree.

> (1) 청약자가 전보 또는 서신에서 지정한 승낙기간은 전보가 발송을 위하여 교부된 시점 또는 서신에 표시되어 있는 일자, 서신에 일자가 표시되지 아니한 경우에는 봉투에 표시된 일자부터 기산한다. 청약자가 전화, 텔렉스 그 밖의 동시적(同時的) 통신수단에 의하여 지정한 승낙기간은 청약이 상대방에게 도달한 시점부터 기산한다.

(2) Official holidays or non-business days occurring during the period for acceptance are included in calculating the period. However, if a notice of acceptance cannot be delivered at the address of the offeror on the last day of the period because that day falls on an official holiday or a non-business day at the place of business of the offeror, the period is extended until the first business day which follows.

> (2) 승낙기간 중의 공휴일 또는 비영업일은 기간의 계산에 산입한다. 다만, 그러한 기간의 말일이 청약자의 영업소 소재지의 공휴일 또는 비영업일에 해당하여 승낙의 통지가 청약자에게 인도될 수 없는 경우에는, 기간은 그 다음의 최초 영업일까지 연장된다.

Article 21 지연된 승낙

(1) A late acceptance is nevertheless effective as an acceptance if without delay the offeror orally so informs the offeree or dispatches a notice to that effect.

> (1) 연착된 승낙은 청약자가 상대방에게 지체 없이 승낙으로서 효력을 가진다는 취지를 구두로 통고하거나 그러한 취지의 통지를 발송하는 경우에는 승낙으로서의 효력이 있다.

(2) If a letter or other writing containing a late acceptance shows that it has been sent in such circumstances that if its transmission had been normal it would have reached the offeror in due time, the late acceptance is effective as an acceptance unless, without delay, the offeror orally informs the offeree that he considers his offer as having lapsed or dispatches a notice to that effect.

> (2) 연착된 승낙이 포함된 서신 그 밖의 서면에 의하여, 전달이 정상적이었다면 기간 내에 청약자에게 도달되었을 상황에서 승낙이 발송되었다고 인정되는 경우에는, 그 연착된 승낙은 승낙으로서의 효력이 있다. 다만, 청약자가 상대방에게 지체 없이 청약이 실효되었다는 취지를 구두로 통고하거나 그러한 취지의 통지를 발송하는 경우에는 그러하지 아니하다.

Article 22 승낙의 철회

An acceptance may be withdrawn if the withdrawal reaches the offeror before or at the same time as the acceptance would have become effective.

> 승낙은 그 효력이 발생하기 전 또는 그와 동시에 철회의 의사표시가 청약자에게 도달하는 경우에는 철회될 수 있다.

Article 23 계약의 성립시기

A contract is concluded at the moment when an acceptance of an offer becomes effective in accordance with the provisions of this Convention.

> 계약은 청약에 대한 승낙이 이 협약에 따라 효력을 발생하는 시점에 성립된다.

Article 24 도달의 정의

For the purposes of this Part of the Convention, an offer, declaration of acceptance or any other indication of intention "reaches" the addressee when it is made orally to him or delivered by any other means to him personally, to his place of business or mailing address or, if he does not have a place of business or mailing address, to his habitual residence.

> 이 협약 제2편의 적용상, 청약, 승낙 그 밖의 의사표시는 상대방에게 구두로 통고된 때 또는 그 밖의 방법으로 상대방 본인, 상대방의 영업소나 우편주소에 전달된 때, 또는 상대방이 영업소나 우편주소를 가지지 아니한 경우에는 그의 상거소에 전달된 때에 상대방에게 "도달"된다.

PART III Sale of goods
제3편 물품의 매매

Chapter I — GENERAL PROVISIONS
제1장 — 총칙

Article 25 본질적 위반의 정의

A breach of contract committed by one of the parties is fundamental if it results in such detriment to the other party as substantially to deprive him of what he is entitled to expect under the contract, unless the party in breach did not foresee and a reasonable person of the same kind in the same circumstances would not have foreseen such a result.

> 당사자 일방의 계약위반은, 그 계약에서 상대방이 기대할 수 있는 것을 실질적으로 박탈할 정도의 손실을 상대방에게 주는 경우에 본질적인 것으로 한다. 다만, 위반 당사자가 그러한 결과를 예견하지 못하였고, 동일한 부류의 합리적인 사람도 동일한 상황에서 그러한 결과를 예견하지 못하였을 경우에는 그러하지 아니하다.

Article 26 계약해제의 통지

A declaration of avoidance of the contract is effective only if made by notice to the other party.

> 계약해제의 의사표시는 상대방에 대한 통지로 행하여진 경우에만 효력이 있다.

Article 27 통신상의 지연과 오류

Unless otherwise expressly provided in this Part of the Convention, if any notice, request or other communication is given or made by a party in accordance with this Part and by means appropriate in the circumstances, a delay or error in the transmission of the communication or its failure to arrive does not deprive that party of the right to rely on the communication.

> 이 협약 제3편에 별도의 명시규정이 있는 경우를 제외하고, 당사자가 이 협약 제3편에 따라 상황에 맞는 적절한 방법으로 통지, 청구 그 밖의 통신을 한 경우에, 당사자는 통신의 전달 중에 지연이나 오류가 있거나 또는 통신이 도달되지 아니하더라도 그 통신을 주장할 권리를 상실하지 아니한다.

Article 28 특정이행과 국내법

If, in accordance with the provisions of this Convention, one party is entitled to require performance of any obligation by the other party, a court is not bound to enter a judgement for specific performance unless the court would do so under its own law in respect of similar contracts of sale not governed by this Convention.

> 당사자 일방이 이 협약에 따라 상대방의 의무이행을 요구할 수 있는 경우에도, 법원은 이 협약이 적용되지 아니하는 유사한 매매계약에 관하여 자국법에 따라 특정이행을 명하는 판결을 하여야 하는 경우가 아닌 한, 특정이행을 명하는 판결을 할 의무가 없다.

Article 29 계약변경 또는 합의종료

(1) A contract may be modified or terminated by the mere agreement of the parties.

> (1) 계약은 당사자의 단순 합의만으로 변경 또는 종료될 수 있다.

(2) A contract in writing which contains a provision requiring any modification or termination by agreement to be in writing may not be otherwise modified or terminated by agreement. However, a party may be precluded by his conduct from asserting such a provision to the extent that the other party has relied on that conduct.

> (2) 서면에 의한 계약에 합의에 의한 변경 또는 종료는 서면에 의하여야 한다는 규정이 있는 경우에, 다른 방법으로 합의 변경 또는 합의 종료될 수 없다. 다만, 당사자는 상대방이 자신의 행동을 신뢰한 한도까지는 그러한 규정을 원용할 수 없다.

Chapter II OBLIGATIONS OF THE SELLER
제2장 매도인의 의무

Article 30 매도인의 의무(요약)

The seller must deliver the goods, hand over any documents relating to them and transfer the property in the goods, as required by the contract and this Convention.

> 매도인은 계약과 이 협약에 따라 물품을 인도하고 관련 서류를 교부하며 물품의 소유권을 이전하여야 한다.

Section I Delivery of the goods and handing over of documents
제1절 물품의 인도와 서류의 교부

Article 31 인도의 장소

If the seller is not bound to deliver the goods at any other particular place, his obligation to deliver consists:

(a) if the contract of sale involves carriage of the goods - in handing the goods over to the first carrier for transmission to the buyer;

(b) if, in cases not within the preceding sub-paragraph, the contract relates to specific goods, or unidentified goods to be drawn from a specific stock or to be manufactured or produced, and at the time of the conclusion of the contract the parties knew that the goods were at, or were to be manufactured or produced at, a particular place - in placing the goods at the buyer's disposal at that place;

(c) in other cases - in placing the goods at the buyer's disposal at the place where the seller had his place of business at the time of the conclusion of the contract.

> 매도인이 물품을 다른 특정한 장소에서 인도할 의무가 없는 경우, 매도인의 인도의무는 다음과 같다.
> (a) 매매계약에 물품의 운송이 포함된 경우에는, 매수인에게 전달하기 위하여 물품을 제1운송인에게 교부하는 것.
> (b) 전항에 해당되지 아니하는 경우로서, 계약이 특정물에 관련되거나 또는 특정 재고에서 인출되거나 제조 또는 생산될 불확정물에 관련되어 있고 당사자들이 계약 체결 시에 그 물품이 특정한 장소에 있거나 그 장소에서 제조 또는 생산되는 것을 알고 있었던 경우에는, 그 장소에서 물품을 매수인의 처분에 두는 것.
> (c) 그 밖의 경우에는, 계약 체결 시에 매도인이 영업소를 가지고 있던 장소에서 물품을 매수인의 처분에 두는 것.

Article 32 선적수배의 의무

(1) If the seller, in accordance with the contract or this Convention, hands the goods over to a carrier and if the goods are not clearly identified to the contract by markings on the goods, by shipping documents or otherwise, the seller must give the buyer notice of the consignment specifying the goods.

> (1) 매도인이 계약 또는 이 협약에 따라 물품을 운송인에게 교부한 경우에, 물품이 하인(荷印), 선적서류 그 밖의 방법에 의하여 그 계약의 목적물로서 명확히 특정되어 있지 아니한 때에는, 매도인은 매수인에게 물품을 특정하는 탁송통지를 하여야 한다.

(2) If the seller is bound to arrange for carriage of the goods, he must make such contracts as are necessary for carriage to the place fixed by means of transportation appropriate in the circumstances and according to the usual terms for such transportation.

> (2) 매도인이 물품의 운송을 주선하여야 하는 경우에, 매도인은 상황에 맞는 적절한 운송수단 및 그 운송에서의 통상의 조건으로, 지정된 장소까지 운송하는 데 필요한 계약을 체결하여야 한다.

(3) If the seller is not bound to effect insurance in respect of the carriage of the goods, he must, at the buyer's request, provide him with all available information necessary to enable him to effect such insurance.

> (3) 매도인이 물품의 운송과 관련하여 보험의 부보(附保)의무가 없는 경우에도, 매도인은 매수인의 요구가 있으면 매수인이 보험을 부보하는 데 필요한 모든 가능한 정보를 매수인에게 제공하여야 한다.

Article 33 인도의 시기

The seller must deliver the goods:

(a) if a date is fixed by or determinable from the contract, on that date;

(b) if a period of time is fixed by or determinable from the contract, at any time within that period unless circumstances indicate that the buyer is to choose a date; or

(c) in any other case, within a reasonable time after the conclusion of the contract.

> 매도인은 [다음의 시기에] 물품을 인도하여야 한다.
> (a) 인도기일이 계약에 의하여 지정되어 있거나 확정될 수 있는 경우에는 그 기일
> (b) 인도기간이 계약에 의하여 지정되어 있거나 확정될 수 있는 경우에는 그 기간 내의 어느 시기. 다만, 매수인이 기일을 선택하여야 할 사정이 있는 경우에는 그러하지 아니하다.
> (c) 그 밖의 경우에는 계약 체결 후 합리적인 기간 내.

Article 34 물품 관련 서류의 교부

If the seller is bound to hand over documents relating to the goods, he must hand them over at the time and place and in the form required by the contract. If the seller has handed over documents before that time, he may, up to that time, cure any lack of conformity in the documents, if the exercise of this right does not cause the buyer unreasonable inconvenience or unreasonable expenses. However, the buyer retains any right to claim damages as provided for in this Convention.

> 매도인이 물품에 관한 서류를 교부하여야 하는 경우에, 매도인은 계약에서 정한 시기, 장소 및 방식에 따라 이를 교부하여야 한다. 매도인이 교부하여야 할 시기 이전에 서류를 교부한 경우에는, 매도인은 매수인에게 불합리한 불편 또는 비용을 초래하지 아니하는 한, 계약에서 정한 시기까지 서류상의 부적합을 치유할 수 있다. 다만, 매수인은 이 협약에서 정한 손해배상을 청구할 권리를 보유한다.

Section II Conformity of the goods and third party claims
제2절 물품의 적합성과 제3자의 권리주장

Article 35 물품의 일치성

(1) The seller must deliver goods which are of the quantity, quality and description required by the contract and which are contained or packaged in the manner required by the contract.

> (1) 매도인은 계약에서 정한 수량, 품질 및 종류에 적합하고 계약에서 정한 방법으로 용기에 담겨지거나 포장된 물품을 인도하여야 한다.

(2) Except where the parties have agreed otherwise, the goods do not conform with the contract unless they:

  (a) are fit for the purposes for which goods of the same description would ordinarily be used;

  (b) are fit for any particular purpose expressly or impliedly made known to the seller at the time of the conclusion of the contract, except where the circumstances show that the buyer did not rely, or that it was unreasonable for him to rely, on the seller's skill and judgement;

  (c) possess the qualities of goods which the seller has held out to the buyer as a sample or model;

  (d) are contained or packaged in the manner usual for such goods or, where there is no such manner, in a manner adequate to preserve and protect the goods.

> (2) 당사자가 달리 합의한 경우를 제외하고, 물품은 [다음의 경우가] 아니면 계약에 적합하지 아니한 것으로 한다.
>   (a) 동종 물품의 통상 사용목적에 적합한 경우,
>   (b) 계약 체결 시 매도인에게 명시적 또는 묵시적으로 알려진 특별한 목적에 적합한 경우. 다만, 그 상황에서 매수인이 매도인의 기술과 판단을 신뢰하지 아니하였거나 또는 신뢰하는 것이 불합리하였다고 인정되는 경우에는 그러하지 아니하다.
>   (c) 매도인이 견본 또는 모형으로 매수인에게 제시한 물품의 품질을 가지고 있는 경우.
>   (d) 그러한 물품에 대하여 통상의 방법으로, 통상의 방법이 없는 경우에는 그 물품을 보존하고 보호하는 데 적절한 방법으로 용기에 담기거나 포장된 경우.

(3) The seller is not liable under sub-paragraphs (a) to (d) of the preceding paragraph for any lack of conformity of the goods if at the time of the conclusion of the contract the buyer knew or could not have been unaware of such lack of conformity.

> (3) 매수인이 계약 체결 시에 물품의 부적합을 알았거나 또는 모를 수 없었던 경우에는, 매도인은 그 부적합에 대하여 제2항의 (a)호 내지 (d)호에 따른 책임을 지지 아니한다.

Article 36 일치성의 결정시기

(1) The seller is liable in accordance with the contract and this Convention for any lack of conformity which exists at the time when the risk passes to the buyer, even though the lack of conformity becomes apparent only after that time.

> (1) 매도인은 위험이 매수인에게 이전하는 때에 존재하는 물품의 부적합에 대하여, 그 부적합이 위험 이전 후에 판명된 경우라도, 계약과 이 협약에 따라 책임을 진다.

(2) The seller is also liable for any lack of conformity which occurs after the time indicated in the preceding paragraph and which is due to a breach of any of his obligations, including a breach of any guarantee that for a period of time the goods will remain fit for their ordinary purpose or for some particular purpose or will retain specified qualities or characteristics.

> (2) 매도인은 제1항에서 정한 때보다 후에 발생한 부적합이라도 [그 부적합이] 매도인의 의무위반에 기인하는 경우에는 책임이 있다. 이 의무위반에는 물품이 일정기간 통상의 목적이나 특별한 목적에 맞는 상태를 유지한다는 보증 또는 특정한 품질이나 특성을 유지한다는 보증에 위반한 경우도 포함된다.

Article 37 인도만기 전의 보완권

If the seller has delivered goods before the date for delivery, he may, up to that date, deliver any missing part or make up any deficiency in the quantity of the goods delivered, or deliver goods in replacement of any non-conforming goods delivered or remedy any lack of conformity in the goods delivered, provided that the exercise of this right does not cause the buyer unreasonable inconvenience or unreasonable expense. However, the buyer retains any right to claim damages as provided for in this Convention.

> 매도인이 인도기일 전에 물품을 인도한 경우에는, 매수인에게 불합리한 불편 또는 비용을 초래하지 아니하는 한, 매도인은 그 기일까지 누락분을 인도하거나 부족한 수량을 보충하거나 부적합한 물품에 대한 대체품을 인도하거나 어떠한 물품의 부적합도 치유할 수 있다. 다만, 매수인은 이 협약에서 정한 손해배상을 청구할 권리를 보유한다.

Article 38 물품의 검사기간

(1) The buyer must examine the goods, or cause them to be examined, within as short a period as is practicable in the circumstances.

> (1) 매수인은 그 상황에서 실행 가능한 단기간 내에 물품을 검사하거나 검사하게 하여야 한다.

(2) If the contract involves carriage of the goods, examination may be deferred until after the goods have arrived at their destination.

> (2) 계약에 물품의 운송이 포함되는 경우, 검사는 물품이 목적지에 도착한 후까지 연기될 수 있다.

(3) If the goods are redirected in transit or redispatched by the buyer without a reasonable opportunity for examination by him and at the time of the conclusion of the contract the seller knew or ought to have known of the possibility of such redirection or redispatch, examination may be deferred until after the goods have arrived at the new destination.

> (3) 만일 매수인이 검사할 합리적인 기회를 가지지 못한 채 매수인이 운송 중에 물품의 목적지를 변경하거나 물품을 전송(轉送)하고, 매도인이 계약 체결 시에 그 변경 또는 전송의 가능성을 알았거나 알 수 있었던 경우에는, 검사는 물품이 새로운 목적지에 도착한 후까지 연기될 수 있다.

Article 39 불일치의 통지시기

(1) The buyer loses the right to rely on a lack of conformity of the goods if he does not give notice to the seller specifying the nature of the lack of conformity within a reasonable time after he has discovered it or ought to have discovered it.

> (1) 매수인이 물품의 부적합을 발견하였거나 발견할 수 있었던 때로부터 합리적인 기간 내에 매도인에게 그 부적합한 성질을 특정하여 통지하지 아니한 경우에는, 매수인은 물품의 부적합을 주장할 권리를 상실한다.

(2) In any event, the buyer loses the right to rely on a lack of conformity of the goods if he does not give the seller notice thereof at the latest within a period of two years from the date on which the goods were actually handed over to the buyer, unless this time-limit is inconsistent with a contractual period of guarantee.

> (2) 매수인은 물품이 매수인에게 현실로 교부된 날부터 늦어도 2년 내에 매도인에게 제1항의 통지를 하지 아니한 경우에는, 물품의 부적합을 주장할 권리를 상실한다. 다만, 이 기간제한이 계약상의 보증기간과 상충하는 경우에는 그러하지 아니하다.

Article 40 매도인의 악의

The seller is not entitled to rely on the provisions of articles 38 and 39 if the lack of conformity relates to facts of which he knew or could not have been unaware and which he did not disclose to the buyer.

> 물품의 부적합이 매도인이 알았거나 모를 수 없었던 사실에 관한 것이고, 매도인이 매수인에게 이를 밝히지 아니한 경우에는, 매도인은 제38조와 제39조를 원용할 수 없다.

Article 41 제3자의 청구권

The seller must deliver goods which are free from any right or claim of a third party, unless the buyer agreed to take the goods subject to that right or claim. However, if such right or claim is based on industrial property or other intellectual property, the seller's obligation is governed by article 42.

> 매수인이 제3자의 권리나 권리주장의 대상이 된 물품을 수령하는 데에 동의한 경우를 제외하고, 매도인은 제3자의 권리나 권리주장의 대상이 아닌 물품을 인도하여야 한다. 다만, 그러한 제3자의 권리나 권리주장이 산업재산권 그 밖의 지식재산권에 기초하는 경우에는, 매도인의 의무는 제42조에 의하여 규율된다.

Article 42 제3자의 지적소유권

(1) The seller must deliver goods which are free from any right or claim of a third party based on industrial property or other intellectual property, of which at the time of the conclusion of the contract the seller knew or could not have been unaware, provided that the right or claim is based on industrial property or other intellectual property:

   (a) under the law of the State where the goods will be resold or otherwise used, if it was contemplated by the parties at the time of the conclusion of the contract that the goods would be resold or otherwise used in that State; or

   (b) in any other case, under the law of the State where the buyer has his place of business.

> (1) 매도인은, 계약 체결 시에 자신이 알았거나 모를 수 없었던 산업재산권 그 밖의 지식재산권에 기초한 제3자의 권리나 권리주장의 대상이 아닌 물품을 인도하여야 한다. 다만, 제3자의 권리나 권리주장이 다음 국가의 법에 의한 산업재산권 그 밖의 지식재산권에 기초한 경우에 한한다.
> (a) 당사자 쌍방이 계약 체결 시에 물품이 어느 국가에서 전매되거나 그 밖의 방법으로 사용될 것을 예상하였던 경우에는, 물품이 전매되거나 그 밖의 방법으로 사용될 국가의 법
> (b) 그 밖의 경우에는 매수인이 영업소를 가지는 국가의 법

(2) The obligation of the seller under the preceding paragraph does not extend to cases where:

   (a) at the time of the conclusion of the contract the buyer knew or could not have been unaware of the right or claim; or

   (b) the right or claim results from the seller's compliance with technical drawings, designs, formulae or other such specifications furnished by the buyer.

> (2) 제1항의 매도인의 의무는 다음의 경우에는 적용되지 아니한다.
> (a) 매수인이 계약 체결 시에 그 권리나 권리주장을 알았거나 모를 수 없었던 경우
> (b) 그 권리나 권리주장이 매수인에 의하여 제공된 기술설계, 디자인, 방식 그 밖의 지정에 매도인이 따른 결과로 발생한 경우

Article 43 제3자의 권리에 대한 통지

(1) The buyer loses the right to rely on the provisions of article 41 or article 42 if he does not give notice to the seller specifying the nature of the right or claim of the third party within a reasonable time after he has become aware or ought to have become aware of the right or claim.

> (1) 매수인이 제3자의 권리나 권리주장을 알았거나 알았어야 했던 때로부터 합리적인 기간 내에 매도인에게 제3자의 권리나 권리주장의 성질을 특정하여 통지하지 아니한 경우에는, 매수인은 제41조 또는 제42조를 원용할 권리를 상실한다.

(2) The seller is not entitled to rely on the provisions of the preceding paragraph if he knew of the right or claim of the third party and the nature of it.

> (2) 매도인이 제3자의 권리나 권리주장 및 그 성질을 알고 있었던 경우에는 제1항을 원용할 수 없다.

Article 44 통지불이행의 정당한 이유

Notwithstanding the provisions of paragraph (1) of article 39 and paragraph (1) of article 43, the buyer may reduce the price in accordance with article 50 or claim damages, except for loss of profit, if he has a reasonable excuse for his failure to give the required notice.

> 제39조 제1항과 제43조 제1항에도 불구하고, 매수인은 정하여진 통지를 하지 못한 데에 합리적인 이유가 있는 경우에는 제50조에 따라 대금을 감액하거나 이익의 상실을 제외한 손해배상을 청구할 수 있다.

Section III Remedies for breach of contract by the seller
제3절 매도인의 계약위반에 대한 구제

Article 45 매수인의 구제방법(요약)

(1) If the seller fails to perform any of his obligations under the contract or this Convention, the buyer may:

    (a) exercise the rights provided in articles 46 to 52;

    (b) claim damages as provided in articles 74 to 77.

> (1) 매도인이 계약 또는 이 협약상의 의무를 이행하지 아니하는 경우에 매수인은 다음을 할 수 있다.
>   (a) 제46조부터 제52조에서 정한 권리의 행사
>   (b) 제74조부터 제77조에서 정한 손해배상의 청구

(2) The buyer is not deprived of any right he may have to claim damages by exercising his right to other remedies.

> (2) 매수인이 손해배상을 청구하는 권리는 다른 구제를 구하는 권리를 행사함으로써 상실되지 아니한다.

(3) No period of grace may be granted to the seller by a court or arbitral tribunal when the buyer resorts to a remedy for breach of contract.

> (3) 매수인이 계약위반에 대한 구제를 구하는 경우에, 법원 또는 중재판정부는 매도인에게 유예기간을 부여할 수 없다.

Article 46 매수인의 이행청구권

(1) The buyer may require performance by the seller of his obligations unless the buyer has resorted to a remedy which is inconsistent with this requirement.

> (1) 매수인은 매도인에게 의무의 이행을 청구할 수 있다. 다만, 매수인이 그 청구와 상충되는 구제를 구한 경우에는 그러하지 아니하다.

(2) If the goods do not conform with the contract, the buyer may require delivery of substitute goods only if the lack of conformity constitutes a fundamental breach of contract and a request for substitute goods is made either in conjunction with notice given under article 39 or within a reasonable time thereafter.

> (2) 물품이 계약에 부적합한 경우에, 매수인은 대체물의 인도를 청구할 수 있다. 다만, 그 부적합이 본질적 계약위반을 구성하고, 그 청구가 제39조의 통지와 동시에 또는 그 후 합리적인 기간 내에 행하여진 경우에 한한다.

(3) If the goods do not conform with the contract, the buyer may require the seller to remedy the lack of conformity by repair, unless this is unreasonable having regard to all the circumstances. A request for repair must be made either in conjunction with notice given under article 39 or within a reasonable time thereafter.

> (3) 물품이 계약에 부적합한 경우에, 매수인은 모든 상황을 고려하여 불합리한 경우를 제외하고, 매도인에게 수리에 의한 부적합의 치유를 청구할 수 있다. 수리 청구는 제39조의 통지와 동시에 또는 그 후 합리적인 기간 내에 행하여져야 한다.

Article 47 이행추가기간의 통지

(1) The buyer may fix an additional period of time of reasonable length for performance by the seller of his obligations.

> (1) 매수인은 매도인의 의무이행을 위하여 합리적인 부가기간을 정할 수 있다.

(2) Unless the buyer has received notice from the seller that he will not perform within the period so fixed, the buyer may not, during that period, resort to any remedy for breach of contract. However, the buyer is not deprived thereby of any right he may have to claim damages for delay in performance.

> (2) 매도인으로부터 그 부가기간 내에 이행을 하지 아니하겠다는 통지를 수령한 경우를 제외하고, 매수인은 그 기간 중 계약위반에 대한 구제를 구할 수 없다. 다만, 매수인은 이행지체에 대한 손해배상을 청구할 권리를 상실하지 아니한다.

Article 48 인도기일 후의 보완

(1) Subject to article 49, the seller may, even after the date for delivery, remedy at his own expense any failure to perform his obligations, if he can do so without unreasonable delay and without causing the buyer unreasonable inconvenience or uncertainty of reimbursement by the seller of expenses advanced by the buyer. However, the buyer retains any right to claim damages as provided for in this Convention.

> (1) 제49조의 경우를 제외하고, 매도인은 인도기일 후에도 불합리하게 지체하지 아니하고 매수인에게 불합리한 불편 또는 매수인의 선급 비용을 매도인으로부터 상환받는 데 대한 불안을 초래하지 아니하는 경우에는, 자신의 비용으로 의무의 불이행을 치유할 수 있다. 다만, 매수인은 이 협약에서 정한 손해배상을 청구할 권리를 보유한다.

(2) If the seller requests the buyer to make known whether he will accept performance and the buyer does not comply with the request within a reasonable time, the seller may perform within the time indicated in his request. The buyer may not, during that period of time, resort to any remedy which is inconsistent with performance by the seller.

> (2) 매도인이 매수인에게 이행의 수령 여부를 알려 달라고 요구하였으나 매수인이 합리적인 기간 내에 그 요구에 응하지 아니한 경우에는, 매도인은 그 요구에서 정한 기간 내에 이행을 할 수 있다. 매수인은 그 기간 중에는 매도인의 이행과 양립하지 아니하는 구제를 구할 수 없다.

(3) A notice by the seller that he will perform within a specified period of time is assumed to include a request, under the preceding paragraph, that the buyer make known his decision.

> (3) 특정한 기간 내에 이행을 하겠다는 매도인의 통지는 매수인이 그 결정을 알려야 한다는 제2항의 요구를 포함하는 것으로 추정한다.

(4) A request or notice by the seller under paragraph (2) or (3) of this article is not effective unless received by the buyer.

> (4) 이 조 제2항 또는 제3항의 매도인의 요구 또는 통지는 매수인에 의하여 수령되지 아니하는 한 그 효력이 발생하지 아니한다.

Article 49 매수인의 계약해제권

(1) The buyer may declare the contract avoided:

   (a) if the failure by the seller to perform any of his obligations under the contract or this Convention amounts to a fundamental breach of contract; or

   (b) in case of non-delivery, if the seller does not deliver the goods within the additional period of time fixed by the buyer in accordance with paragraph (1) of article 47 or declares that he will not deliver within the period so fixed.

> (1) 매수인은 [다음의 경우] 계약을 해제할 수 있다.
>   (a) 계약 또는 이 협약상 매도인의 의무 불이행이 본질적 계약위반으로 되는 경우
>   (b) 인도 불이행의 경우에는, 매도인이 제47조 제1항에 따라 매수인이 정한 부가기간 내에 물품을 인도하지 아니하거나 그 기간 내에 인도하지 아니하겠다고 선언한 경우.

(2) However, in cases where the seller has delivered the goods, the buyer loses the right to declare the contract avoided unless he does so:

(a) in respect of late delivery, within a reasonable time after he has become aware that delivery has been made;

(b) in respect of any breach other than late delivery, within a reasonable time:

   (i) after he knew or ought to have known of the breach;

   (ii) after the expiration of any additional period of time fixed by the buyer in accordance with paragraph (1) of article 47, or after the seller has declared that he will not perform his obligations within such an additional period; or

   (iii) after the expiration of any additional period of time indicated by the seller in accordance with paragraph (2) of article 48, or after the buyer has declared that he will not accept performances.

> (2) 그러나 매도인이 물품을 인도한 경우에는, 매수인은 다음의 기간 내에 계약을 해제하지 아니하는 한 계약해제권을 상실한다.
> (a) 인도지체의 경우, 매수인이 인도가 이루어진 것을 안 후 합리적인 기간 내
> (b) 인도지체 이외의 위반의 경우, [다음의 시기로부터] 합리적인 기간 내
>   (i) 매수인이 그 위반을 알았거나 또는 알 수 있었던 때
>   (ii) 매수인이 제47조 제1항에 따라 정한 부가기간이 경과한 때 또는 매도인이 그 부가기간 내에 의무를 이행하지 아니하겠다고 선언한 때
>   (iii) 매도인이 제48조 제2항에 따라 정한 부가기간이 경과한 때 또는 매수인이 이행을 수령하지 아니하겠다고 선언한 때

Article 50 대금의 감액

If the goods do not conform with the contract and whether or not the price has already been paid, the buyer may reduce the price in the same proportion as the value that the goods actually delivered had at the time of the delivery bears to the value that conforming goods would have had at that time.

However, if the seller remedies any failure to perform his obligations in accordance with article 37 or article 48 or if the buyer refuses to accept performance by the seller in accordance with those articles, the buyer may not reduce the price.

> 물품이 계약에 부적합한 경우, 대금의 지급 여부와 관계없이 매수인은 현실로 인도된 물품이 인도 시에 가지고 있던 가액이 계약에 적합한 물품이 그때에 가지고 있었을 가액에 대하여 가지는 비율에 따라 대금을 감액할 수 있다.
> 다만, 매도인이 제37조 또는 제48조에 따라 의무의 불이행을 치유하거나 매수인이 동 조항에 따라 매도인의 이행 수령을 거절한 경우에는 대금을 감액할 수 없다.

Article 51 물품 일부의 불일치

(1) If the seller delivers only a part of the goods or if only a part of the goods delivered is in conformity with the contract, articles 46 to 50 apply in respect of the part which is missing or which does not conform.

> (1) 매도인이 물품의 일부만을 인도하거나 인도된 물품의 일부만이 계약에 적합한 경우, 제46조 내지 제50조는 부족 또는 부적합한 부분에 적용된다.

(2) The buyer may declare the contract avoided in its entirety only if the failure to make delivery completely or in conformity with the contract amounts to a fundamental breach of the contract.

> (2) 매수인은 인도가 완전하게 또는 계약에 적합하게 이루어지지 아니한 것이 본질적 계약위반으로 되는 경우에 한하여 계약 전체를 해제할 수 있다.

Article 52 기일 전의 인도 및 초과수량

(1) If the seller delivers the goods before the date fixed, the buyer may take delivery or refuse to take delivery.

> (1) 매도인이 이행기 이전에 물품을 인도한 경우, 매수인은 이를 수령하거나 거절할 수 있다.

(2) If the seller delivers a quantity of goods greater than that provided for in the contract, the buyer may take delivery or refuse to take delivery of the excess quantity. If the buyer takes delivery of all or part of the excess quantity, he must pay for it at the contract rate.

> (2) 매도인이 계약에서 정한 것보다 다량의 물품을 인도한 경우에, 매수인은 초과분을 수령하거나 이를 거절할 수 있다. 매수인이 초과분의 전부 또는 일부를 수령한 경우에는 계약의 요율로 그 대금을 지급하여야 한다.

Chapter III OBLIGATIONS OF THE BUYER
제3장 매수인의 의무

Article 53 매수인의 의무(요약)

The buyer must pay the price for the goods and take delivery of them as required by the contract and this Convention.

> 매수인은 계약과 이 협약에 따라, 물품의 대금을 지급하고 물품의 인도를 수령하여야 한다.

Section I Payment of the price
제1절 대금의 지급

Article 54 대금지급을 위한 조치

The buyer's obligation to pay the price includes taking such steps and complying with such formalities as may be required under the contract or any laws and regulations to enable payment to be made.

> 매수인의 대금지급의무에는 그 지급을 위하여 계약 또는 법령에서 정한 조치를 취하고 절차를 따르는 것이 포함된다.

Article 55 대금이 불확정된 계약

Where a contract has been validly concluded but does not expressly or implicitly fix or make provision for determining the price, the parties are considered, in the absence of any indication to the contrary, to have impliedly made reference to the price generally charged at the time of the conclusion of the contract for such goods sold under comparable circumstances in the trade concerned.

> 계약이 유효하게 성립되었으나 그 대금을 명시적 또는 묵시적으로 정하고 있지 아니하거나 이를 정하기 위한 조항을 두지 아니한 경우에는, 당사자는 반대의 표시가 없는 한, 계약 체결 시에 해당 거래와 유사한 상황에서 매도되는 그러한 종류의 물품에 대하여 일반적으로 청구되는 대금을 묵시적으로 정한 것으로 본다.

Article 56 순중량에 의한 결정

If the price is fixed according to the weight of the goods, in case of doubt it is to be determined by the net weight.

> 대금이 물품의 중량에 따라 정하여지는 경우, 의심이 있는 때에는 순중량에 의하여 대금을 결정하는 것으로 한다.

Article 57 대금지급의 장소

(1) If the buyer is not bound to pay the price at any other particular place, he must pay it to the seller:

   (a) at the seller's place of business; or

   (b) if the payment is to be made against the handing over of the goods or of documents, at the place where the handing over takes place.

> (1) 매수인이 다른 특정한 장소에서 대금을 지급할 의무가 없는 경우에는, [다음의 장소에서] 매도인에게 이를 지급하여야 한다.
> (a) 매도인의 영업소, 또는
> (b) 대금이 물품 또는 서류의 교부와 상환하여 지급되어야 하는 경우에는 그 교부가 이루어지는 장소

(2) The seller must bear any increase in the expenses incidental to payment which is caused by a change in his place of business subsequent to the conclusion of the contract.

> (2) 매도인은 계약 체결 후에 자신의 영업소를 변경함으로써 발생하는 대금지급에 대한 부수비용의 증가액을 부담하여야 한다.

Article 58 대금지급의 시기

(1) If the buyer is not bound to pay the price at any other specific time he must pay it when the seller places either the goods or documents controlling their disposition at the buyer's disposal in accordance with the contract and this Convention. The seller may make such payment a condition for handing over the goods or documents.

> (1) 매수인이 다른 특정한 시기에 대금을 지급할 의무가 없는 경우에는, 매수인은 매도인이 계약과 이 협약에 따라 물품 또는 그 처분을 지배하는 서류를 매수인의 처분에 두는 때에 대금을 지급하여야 한다. 매도인은 그 지급을 물품 또는 서류의 교부를 위한 조건으로 할 수 있다.

(2) If the contract involves carriage of the goods, the seller may dispatch the goods on terms whereby the goods, or documents controlling their disposition, will not be handed over to the buyer except against payment of the price.

> (2) 계약에 물품의 운송이 포함되는 경우에는, 매도인은 대금의 지급과 상환하여서만 물품 또는 그 처분을 지배하는 서류를 매수인에게 교부한다는 조건으로 물품을 발송할 수 있다.

(3) The buyer is not bound to pay the price until he has had an opportunity to examine the goods, unless the procedures for delivery or payment agreed upon by the parties are inconsistent with his having such an opportunity.

> (3) 매수인은 물품을 검사할 기회를 가질 때까지는 대금을 지급할 의무가 없다. 단, 당사자 간 합의된 인도 또는 지급절차가 매수인이 검사 기회를 가지는 것과 상충되는 경우에는 그러하지 아니하다.

Article 59 매도인의 지급요청 불필요

The buyer must pay the price on the date fixed by or determinable from the contract and this Convention without the need for any request or compliance with any formality on the part of the seller.

> 매수인은 계약 또는 이 협약에서 지정되거나 확정될 수 있는 기일에 대금을 지급하여야 하며, 이 경우 매도인의 입장에서는 어떠한 요구를 하거나 절차를 따라야 할 필요는 없다.

Section II Taking delivery
제2절 인도의 수령

Article 60 인도수령의 의무

The buyer's obligation to take delivery consists:

(a) in doing all the acts which could reasonably be expected of him in order to enable the seller to make delivery; and

(b) in taking over the goods.

> 매수인의 수령의무는 다음과 같다.
> (a) 매도인의 인도를 가능하게 하기 위하여 매수인에게 합리적으로 기대될 수 있는 모든 행위를 하는 것, 그리고
> (b) 물품을 수령하는 것

Section III Remedies for breach of contract by the buyer
제3절 매수인의 계약위반에 대한 구제

Article 61 매도인의 구제방법(요약)

(1) If the buyer fails to perform any of his obligations under the contract or this Convention, the seller may:

   (a) exercise the rights provided in articles 62 to 65;

   (b) claim damages as provided in articles 74 to 77.

> (1) 매수인이 계약 또는 이 협약상의 의무를 이행하지 아니하는 경우에 매도인은 [다음을] 할 수 있다.
>   (a) 제62조부터 제65조에서 정한 권리의 행사
>   (b) 제74조부터 제77조에서 정한 손해배상의 청구

(2) The seller is not deprived of any right he may have to claim damages by exercising his right to other remedies.

> (2) 매도인이 손해배상을 청구하는 권리는 다른 구제를 구하는 권리를 행사함으로써 상실되지 아니한다.

(3) No period of grace may be granted to the buyer by a court or arbitral tribunal when the seller resorts to a remedy for breach of contract.

> (3) 매도인이 계약위반에 대한 구제를 구하는 경우에, 법원 또는 중재판정부는 매수인에게 유예기간을 부여할 수 없다.

Article 62 매도인의 이행청구권

The seller may require the buyer to pay the price, take delivery or perform his other obligations, unless the seller has resorted to a remedy which is inconsistent with this requirement.

> 매도인은 매수인에게 대금의 지급, 인도의 수령 또는 그 밖의 의무의 이행을 청구할 수 있다. 단, 매도인이 그 청구와 상충하는 구제를 구한 경우에는 그러하지 아니하다.

Article 63 이행추가기간의 통지

(1) The seller may fix an additional period of time of reasonable length for performance by the buyer of his obligations.

> (1) 매도인은 매수인의 의무이행을 위하여 합리적인 부가기간을 정할 수 있다.

(2) Unless the seller has received notice from the buyer that he will not perform within the period so fixed, the seller may not, during that period, resort to any remedy for breach of contract. However, the seller is not deprived thereby of any right he may have to claim damages for delay in performance.

> (2) 매수인으로부터 그 부가기간 내에 이행을 하지 아니하겠다는 통지를 수령한 경우를 제외하고, 매도인은 그 기간 중 계약위반에 대한 구제를 구할 수 없다. 다만, 매도인은 이행지체에 대한 손해배상을 청구할 권리를 상실하지 아니한다.

Article 64 매도인의 계약해제권

(1) The seller may declare the contract avoided:

    (a) if the failure by the buyer to perform any of his obligations under the contract or this Convention amounts to a fundamental breach of contract; or

    (b) if the buyer does not, within the additional period of time fixed by the seller in accordance with paragraph (1) of article 63, perform his obligation to pay the price or take delivery of the goods, or if he declares that he will not do so within the period so fixed;

> (1) 매도인은 [다음의 경우] 계약을 해제할 수 있다.
>   (a) 계약 또는 이 협약상 매수인의 의무 불이행이 본질적 계약위반으로 되는 경우
>   (b) 매수인이 제63조 제1항에 따라 매도인이 정한 부가기간 내에 대금지급 또는 물품수령 의무를 이행하지 아니하거나, 그 기간 내에 그러한 의무를 이행하지 아니하겠다고 선언한 경우

(2) However, in cases where the buyer has paid the price, the seller loses the right to declare the contract avoided unless he does so:

    (a) in respect of late performance by the buyer, before the seller has become aware that performance has been rendered; or

    (b) in respect of any breach other than late performance by the buyer, within a reasonable time:

        (i) after the seller knew or ought to have known of the breach; or

        (ii) after the expiration of any additional period of time fixed by the seller in accordance with paragraph (1) of article 63, or after the buyer has declared that he will not perform his obligations within such an additional period.

(2) 그러나 매수인이 대금을 지급한 경우에는, 매도인은 다음의 기간 내에 계약을 해제하지 아니하는 한 계약해제권을 상실한다.
　(a) 매수인의 이행지체의 경우, 매도인이 이행이 이루어진 것을 알기 전
　(b) 매수인의 이행지체 이외의 위반의 경우, 다음의 시기로부터 합리적인 기간 내
　　(i) 매도인이 그 위반을 알았거나 또는 알 수 있었던 때
　　(ii) 매도인이 제63조 제1항에 따라 정한 부가기간이 경과한 때 또는 매수인이 그 부가기간 내에 의무를 이행하지 아니하겠다고 선언한 때

Article 65 물품명세의 확정권

(1) If under the contract the buyer is to specify the form, measurement or other features of the goods and he fails to make such specification either on the date agreed upon or within a reasonable time after receipt of a request from the seller, the seller may, without prejudice to any other rights he may have, make the specification himself in accordance with the requirements of the buyer that may be known to him.

(1) 계약상 매수인이 물품의 형태, 규격 그 밖의 특징을 지정하여야 하는 경우에, 매수인이 합의된 기일 또는 매도인으로부터 요구를 수령한 후 합리적인 기간 내에 그 지정을 하지 아니한 경우에는, 매도인은 자신이 보유하는 다른 권리를 해함이 없이, 자신이 알고 있는 매수인의 필요에 따라 스스로 명세를 작성할 수 있다.

(2) If the seller makes the specification himself, he must inform the buyer of the details thereof and must fix a reasonable time within which the buyer may make a different specification. If, after receipt of such a communication, the buyer fails to do so within the time so fixed, the specification made by the seller is binding.

(2) 매도인은 스스로 명세를 작성하는 경우에 매수인에게 그 세부내용을 통지하고, 매수인이 그와 다른 명세를 작성할 수 있도록 합리적인 기간을 정하여야 한다. 매수인이 그 통지를 수령한 후 정하여진 기간 내에 다른 명세를 작성하지 아니하는 경우에는, 매도인의 명세가 구속력을 가진다.

Chapter IV 제4장 PASSING OF RISK
위험의 이전

Article 66 위험부담의 일반원칙

Loss of or damage to the goods after the risk has passed to the buyer does not discharge him from his obligation to pay the price, unless the loss or damage is due to an act or omission of the seller.

> 위험이 매수인에게 이전된 후에 물품이 멸실 또는 훼손되더라도 매수인은 대금지급의무를 면하지 못한다. 다만, 그 멸실 또는 훼손이 매도인의 작위 또는 부작위로 인한 경우에는 그러하지 아니하다.

Article 67 운송조건부 계약의 위험

(1) If the contract of sale involves carriage of the goods and the seller is not bound to hand them over at a particular place, the risk passes to the buyer when the goods are handed over to the first carrier for transmission to the buyer in accordance with the contract of sale. If the seller is bound to hand the goods over to a carrier at a particular place, the risk does not pass to the buyer until the goods are handed over to the carrier at that place. The fact that the seller is authorized to retain documents controlling the disposition of the goods does not affect the passage of the risk.

> (1) 매매계약에 물품의 운송이 포함되어 있고, 매도인이 특정한 장소에서 이를 인도할 의무가 없는 경우에, 위험은 매매계약에 따라 매수인에게 전달하기 위하여 물품이 제1운송인에게 인도된 때에 매수인에게 이전한다. 매도인이 특정한 장소에서 물품을 운송인에게 인도하여야 하는 경우에는, 위험은 그 장소에서 물품이 운송인에게 인도될 때까지 매수인에게 이전하지 아니한다. 매도인이 물품의 처분을 지배하는 서류를 보유할 권한이 있다는 사실은 위험의 이전에 영향을 미치지 아니한다.

(2) Nevertheless, the risk does not pass to the buyer until the goods are clearly identified to the contract, whether by markings on the goods, by shipping documents, by notice given to the buyer or otherwise.

> (2) 제1항에도 불구하고 위험은 물품이 하인(荷印), 선적서류, 매수인에 대한 통지 그 밖의 방법에 의하여 계약상 명확히 특정될 때까지 매수인에게 이전하지 아니한다.

Article 68 운송 중 매매 시의 위험

The risk in respect of goods sold in transit passes to the buyer from the time of the conclusion of the contract. However, if the circumstances so indicate, the risk is assumed by the buyer from the time the goods were handed over to the carrier who issued the documents embodying the contract of carriage. Nevertheless, if at the time of the conclusion of the contract of sale the seller knew or ought to have known that the goods had been lost or damaged and did not disclose this to the buyer, the loss or damage is at the risk of the seller.

> 운송 중에 매도된 물품에 관한 위험은 계약 체결 시에 매수인에게 이전한다. 다만, 특별한 사정이 있는 경우에는, 위험은 운송계약을 표창하는 서류를 발행한 운송인에게 물품이 교부된 때부터 매수인이 부담한다. 그럼에도 불구하고, 매도인이 매매계약의 체결 시에 물품이 멸실 또는 훼손된 것을 알았거나 알았어야 했고, 매수인에게 이를 밝히지 아니한 경우에는, 그 멸실 또는 훼손은 매도인의 위험으로 한다.

Article 69 기타 경우의 위험

(1) In cases not within articles 67 and 68, the risk passes to the buyer when he takes over the goods or, if he does not do so in due time, from the time when the goods are placed at his disposal and he commits a breach of contract by failing to take delivery.

> (1) 제67조와 제68조가 적용되지 아니하는 경우에, 위험은 매수인이 물품을 수령한 때, 매수인이 적시에 이를 수령하지 아니한 경우에는 물품이 매수인의 처분에 놓이고 매수인이 이를 수령하지 아니하여 계약을 위반하는 때에 매수인에게 이전한다.

(2) However, if the buyer is bound to take over the goods at a place other than a place of business of the seller, the risk passes when delivery is due and the buyer is aware of the fact that the goods are placed at his disposal at that place.

> (2) 매수인이 매도인의 영업소 이외의 장소에서 물품을 수령하여야 하는 경우에는, 위험은 인도기일이 도래하고 물품이 그 장소에서 매수인의 처분에 놓여진 것을 매수인이 안 때에 이전한다.

(3) If the contract relates to goods not then identified, the goods are considered not to be placed at the disposal of the buyer until they are clearly identified to the contract.

> (3) 불특정물에 관한 계약의 경우에, 물품은 계약상 명확히 특정될 때까지는 매수인의 처분에 놓이지 아니한 것으로 본다.

Article 70 매도인의 계약위반 시의 위험

If the seller has committed a fundamental breach of contract, articles 67, 68 and 69 do not impair the remedies available to the buyer on account of the breach.

> 매도인이 본질적 계약위반을 한 경우에는, 제67조, 제68조 및 제69조는 매수인이 그 위반을 이유로 구할 수 있는 구제를 방해하지 아니한다.

Chapter V 제5장
PROVISIONS COMMON TO THE OBLIGATIONS OF THE SELLER AND OF THE BUYER
매도인과 매수인의 의무에 공통되는 규정

Section I Anticipatory breach and instalment contracts
제1절 이행 이전의 계약위반과 할부인도계약

Article 71 의무이행 정지

(1) A party may suspend the performance of his obligations if, after the conclusion of the contract, it becomes apparent that the other party will not perform a substantial part of his obligations as a result of:

(a) a serious deficiency in his ability to perform or in his creditworthiness; or

(b) his conduct in preparing to perform or in performing the contract.

> (1) 당사자는 계약 체결 후 [다음의] 사유로 상대방이 의무의 실질적 부분을 이행하지 아니할 것이 판명된 경우에는, 자신의 의무 이행을 정지할 수 있다.
> (a) 상대방의 이행능력 또는 신용도의 중대한 결함
> (b) 계약의 이행 준비 또는 이행에 관한 상대방의 행위

(2) If the seller has already dispatched the goods before the grounds described in the preceding paragraph become evident, he may prevent the handing over of the goods to the buyer even though the buyer holds a document which entitles him to obtain them. The present paragraph relates only to the rights in the goods as between the buyer and the seller.

> (2) 제1항의 사유가 명백해지기 전에 매도인이 물품을 발송한 경우에는, 매수인이 물품을 취득할 수 있는 증권을 소지하고 있더라도 매도인은 물품이 매수인에게 교부되지 못하게 할 수 있다. 이 항은 물품에 관한 매도인과 매수인 간의 권리에 대하여만 적용된다.

(3) A party suspending performance, whether before or after dispatch of the goods, must immediately give notice of the suspension to the other party and must continue with performance if the other party provides adequate assurance of his performance.

> (3) 이행을 정지한 당사자는 물품의 발송 전후에 관계없이 즉시 상대방에게 그 정지를 통지하여야 하고, 상대방이 그 이행에 관하여 적절한 보장을 제공한 경우에는 이행을 계속하여야 한다.

Article 72 이행기일 전의 계약해제

(1) If prior to the date for performance of the contract it is clear that one of the parties will commit a fundamental breach of contract, the other party may declare the contract avoided.

> (1) 계약의 이행기일 전에 당사자 일방이 본질적 계약위반을 할 것이 명백한 경우에는, 상대방은 계약을 해제할 수 있다.

(2) If time allows, the party intending to declare the contract avoided must give reasonable notice to the other party in order to permit him to provide adequate assurance of his performance.

> (2) 시간이 허용하는 경우에는, 계약을 해제하려고 하는 당사자는 상대방이 이행에 관하여 적절한 보장을 제공할 수 있도록 상대방에게 합리적인 통지를 하여야 한다.

(3) The requirements of the preceding paragraph do not apply if the other party has declared that he will not perform his obligations.

> (3) 제2항의 요건은 상대방이 그 의무를 이행하지 아니하겠다고 선언한 경우에는 적용되지 아니한다.

Article 73 할부이행계약의 해제

(1) In the case of a contract for delivery of goods by instalments, if the failure of one party to perform any of his obligations in respect of any instalment constitutes a fundamental breach of contract with respect to that instalment, the other party may declare the contract avoided with respect to that instalment.

> (1) 물품을 할부하여 인도하는 계약에서 어느 할부분에 관한 당사자 일방의 의무 불이행이 그 할부분에 관하여 본질적 계약위반이 되는 경우에는, 상대방은 그 할부분에 대하여 계약을 해제할 수 있다.

(2) If one party's failure to perform any of his obligations in respect of any instalment gives the other party good grounds to conclude that a fundamental breach of contract will occur with respect to future installments, he may declare the contract avoided for the future, provided that he does so within a reasonable time.

> (2) 어느 할부분에 관한 당사자 일방의 의무 불이행이 장래의 할부분에 대한 본질적 계약위반의 발생을 추단하는 데에 충분한 근거가 되는 경우에는, 상대방은 장래에 향하여 계약을 해제할 수 있다. 다만, 그 해제는 합리적인 기간 내에 이루어져야 한다.

(3) A buyer who declares the contract avoided in respect of any delivery may, at the same time, declare it avoided in respect of deliveries already made or of future deliveries if, by reason of their interdependence, those deliveries could not be used for the purpose contemplated by the parties at the time of the conclusion of the contract.

> (3) 어느 인도에 대하여 계약을 해제하는 매수인은, 이미 행하여진 인도 또는 장래의 인도가 그 인도와의 상호의존관계로 인하여 계약 체결 시에 당사자 쌍방이 예상했던 목적으로 사용될 수 없는 경우에는, 이미 행하여진 인도 또는 장래의 인도에 대하여도 동시에 계약을 해제할 수 있다.

Section II Damages
제2절 손해배상액

Article 74 손해배상액산정의 원칙

Damages for breach of contract by one party consist of a sum equal to the loss, including loss of profit, suffered by the other party as a consequence of the breach. Such damages may not exceed the loss which the party in breach foresaw or ought to have foreseen at the time of the conclusion of the contract, in the light of the facts and matters of which he then knew or ought to have known, as a possible consequence of the breach of contract.

> 당사자 일방의 계약위반으로 인한 손해배상액은 이익의 상실을 포함하여 그 위반의 결과 상대방이 입은 손실과 동등한 금액으로 한다. 그러한 손해배상액은 위반 당사자가 계약 체결 시에 알았거나 알 수 있었던 사실과 사정에 비추어, 계약위반의 가능한 결과로서 발생할 것을 예견하였거나 예견할 수 있었던 손실을 초과할 수 없다.

Article 75 대체거래 시의 손해배상액

If the contract is avoided and if, in a reasonable manner and within a reasonable time after avoidance, the buyer has bought goods in replacement or the seller has resold the goods, the party claiming damages may recover the difference between the contract price and the price in the substitute transaction as well as any further damages recoverable under article 74.

> 계약이 해제되고 계약해제 후 합리적인 방법으로, 합리적인 기간 내에 매수인이 대체물을 매수하거나 매도인이 물품을 재매각한 경우에, 손해배상을 청구하는 당사자는 계약대금과 대체거래대금과의 차액 및 그 외에 제74조에 따른 손해액을 배상받을 수 있다.

Article 76 시가에 기초한 손해배상액

(1) If the contract is avoided and there is a current price for the goods, the party claiming damages may, if he has not made a purchase or resale under article 75, recover the difference between the price fixed by the contract and the current price at the time of avoidance as well as any further damages recoverable under article 74. If, however, the party claiming damages has avoided the contract after taking over the goods, the current price at the time of such taking over shall be applied instead of the current price at the time of avoidance.

> (1) 계약이 해제되고 물품에 시가가 있는 경우에, 손해배상을 청구하는 당사자는 제75조에 따라 구입 또는 재매각하지 아니하였다면 계약대금과 계약해제 시의 시가와의 차액 및 그 외에 제74조에 따른 손해액을 배상받을 수 있다. 다만, 손해배상을 청구하는 당사자가 물품을 수령한 후에 계약을 해제한 경우에는, 해제 시의 시가에 갈음하여 물품 수령 시의 시가를 적용한다.

(2) For the purposes of the preceding paragraph, the current price is the price prevailing at the place where delivery of the goods should have been made or, if there is no current price at that place, the price at such other place as serves as a reasonable substitute, making due allowance for differences in the cost of transporting the goods.

> (2) 제1항의 적용상, 시가는 물품이 인도되었어야 했던 장소에서의 지배적인 가격, 그 장소에 시가가 없는 경우에는 물품 운송비용의 차액을 적절히 고려하여 합리적으로 대체할 수 있는 다른 장소에서의 가격을 말한다.

Article 77 손해경감의 의무

A party who relies on a breach of contract must take such measures as are reasonable in the circumstances to mitigate the loss, including loss of profit, resulting from the breach. If he fails to take such measures, the party in breach may claim a reduction in the damages in the amount by which the loss should have been mitigated.

> 계약위반을 주장하는 당사자는 이익의 상실을 포함하여 그 위반으로 인한 손실을 경감하기 위하여 그 상황에서 합리적인 조치를 취하여야 한다. 계약위반을 주장하는 당사자가 그 조치를 취하지 아니한 경우에는, 위반 당사자는 경감되었어야 했던 손실액만큼 손해배상액의 감액을 청구할 수 있다.

Section III Interest
제3절 이자

Article 78 연체금액의 이자

If a party fails to pay the price or any other sum that is in arrears, the other party is entitled to interest on it, without prejudice to any claim for damages recoverable under article 74.

> 당사자가 대금 그 밖의 연체된 금액을 지급하지 아니하는 경우에, 상대방은 제74조에 따른 손해배상청구권을 해함이 없이, 그 금액에 대한 이자를 청구할 수 있다.

Section IV Exemption
제4절 면책

Article 79 손해배상책임의 면제

(1) A party is not liable for a failure to perform any of his obligations if he proves that the failure was due to an impediment beyond his control and that he could not reasonably be expected to have taken the impediment into account at the time of the conclusion of the contract or to have avoided or overcome it or its consequences.

> (1) 당사자는 그 의무의 불이행이 자신이 통제할 수 없는 장애에 기인하였다는 것과 계약 체결 시에 그 장애를 고려하거나 또는 그 장애나 그로 인한 결과를 회피하거나 극복하는 것이 합리적으로 기대될 수 없었다는 것을 증명하는 경우에는, 그 의무불이행에 대하여 책임이 없다.

(2) If the party's failure is due to the failure by a third person whom he has engaged to perform the whole or a part of the contract, that party is exempt from liability only if:

   (a) he is exempt under the preceding paragraph; and

   (b) the person whom he has so engaged would be so exempt if the provisions of that paragraph were applied to him.

> (2) 당사자의 불이행이 계약의 전부 또는 일부의 이행을 위하여 사용한 제3자의 불이행으로 인한 경우에는, 그 당사자는 다음의 경우에 한하여 그 책임을 면한다.
>   (a) 당사자가 제1항의 규정에 의하여 면책되고, 또한
>   (b) 당사자가 사용한 제3자도 그에게 제1항이 적용된다면 면책되는 경우

(3) The exemption provided by this article has effect for the period during which the impediment exists.

> (3) 이 조에 규정된 면책은 장애가 존재하는 기간 동안에 효력을 가진다.

(4) The party who fails to perform must give notice to the other party of the impediment and its effect on his ability to perform. If the notice is not received by the other party within a reasonable time after the party who fails to perform knew or ought to have known of the impediment, he is liable for damages resulting from such nonreceipt.

> (4) 불이행 당사자는 장애가 존재한다는 것과 그 장애가 자신의 이행능력에 미치는 영향을 상대방에게 통지하여야 한다. 불이행 당사자가 장애를 알았거나 알았어야 했던 때로부터 합리적인 기간 내에 상대방이 그 통지를 수령하지 못한 경우에는, 불이행 당사자는 불수령으로 인한 손해에 대하여 책임이 있다.

(5) Nothing in this article prevents either party from exercising any right other than to claim damages under this Convention.

> (5) 이 조는 어느 당사자가 이 협약에 따라 손해배상 청구권 이외의 권리를 행사하는 것을 방해하지 아니한다.

Article 80 자신의 귀책사유와 불이행

A party may not rely on a failure of the other party to perform, to the extent that such failure was caused by the first party's act or omission.

> 당사자는 상대방의 불이행이 자신의 작위 또는 부작위에 기인하는 한, 상대방의 불이행을 주장할 수 없다.

Section V Effects of avoidance
제5절 해제의 효력

Article 81 계약의무의 소멸과 반환청구

(1) Avoidance of the contract releases both parties from their obligations under it, subject to any damages which may be due. Avoidance does not affect any provision of the contract for the settlement of disputes or any other provision of the contract governing the rights and obligations of the parties consequent upon the avoidance of the contract.

> (1) 계약의 해제는 손해배상의무를 제외하고 당사자 쌍방을 계약상의 의무로부터 면하게 한다. 해제는 계약상의 분쟁해결조항 또는 해제의 결과 발생하는 당사자의 권리의무를 규율하는 그 밖의 계약조항에 영향을 미치지 아니한다.

(2) A party who has performed the contract either wholly or in part may claim restitution from the other party of whatever the first party has supplied or paid under the contract. If both parties are bound to make restitution, they must do so concurrently.

> (2) 계약의 전부 또는 일부를 이행한 당사자는 상대방에게 자신이 계약상 공급 또는 지급한 것의 반환을 청구할 수 있다. 당사자 쌍방이 반환하여야 하는 경우에는 동시에 반환하여야 한다.

Article 82 물품반환이 불가능한 경우

(1) The buyer loses the right to declare the contract avoided or to require the seller to deliver substitute goods if it is impossible for him to make restitution of the goods substantially in the condition in which he received them.

> (1) 매수인이 물품을 수령한 상태와 실질적으로 동일한 상태로 그 물품을 반환할 수 없는 경우에는, 매수인은 계약을 해제하거나 매도인에게 대체물을 청구할 권리를 상실한다.

(2) The preceding paragraph does not apply:

 (a) if the impossibility of making restitution of the goods or of making restitution of the goods substantially in the condition in which the buyer received them is not due to his act or omission;

 (b) the goods or part of the goods have perished or deteriorated as a result of the examination provided for in article 38; or

 (c) if the goods or part of the goods have been sold in the normal course of business or have been consumed or transformed by the buyer in the course of normal use before he discovered or ought to have discovered the lack of conformity.

> (2) 전[제1]항은 [다음의 경우에는] 적용되지 아니한다.
> (a) 물품을 반환할 수 없거나 수령한 상태와 실질적으로 동일한 상태로 반환할 수 없는 것이 매수인의 작위 또는 부작위에 기인하지 아니한 경우
> (b) 물품의 전부 또는 일부가 제38조에 따른 검사의 결과로 멸실 또는 훼손된 경우
> (c) 매수인이 부적합을 발견하였거나 발견하였어야 했던 시점 전에, 물품의 전부 또는 일부가 정상적인 거래과정에서 매각되거나 통상의 용법에 따라 소비 또는 변형된 경우

Article 83 기타의 구제방법

A buyer who has lost the right to declare the contract avoided or to require the seller to deliver substitute goods in accordance with article 82 retains all other remedies under the contract and this Convention.

> 매수인은, 제82조에 따라 계약해제권 또는 대체물인도청구권을 상실한 경우에도, 계약과 이 협약에 따른 그 밖의 모든 구제권을 보유한다.

Article 84 이익의 반환

(1) If the seller is bound to refund the price, he must also pay interest on it, from the date on which the price was paid.

> (1) 매도인은 대금을 반환하여야 하는 경우에, 대금이 지급된 날부터 그에 대한 이자도 지급하여야 한다.

(2) The buyer must account to the seller for all benefits which he has derived from the goods or part of them:

   (a) if he must make restitution of the goods or part of them; or

   (b) if it is impossible for him to make restitution of all or part of the goods or to make restitution of all or part of the goods substantially in the condition in which he received them, but he has nevertheless declared the contract avoided or required the seller to deliver substitute goods.

> (2) 매수인은 다음의 경우에는 물품의 전부 또는 일부로부터 발생된 모든 이익을 매도인에게 지급하여야 한다.
>   (a) 매수인이 물품의 전부 또는 일부를 반환하여야 하는 경우
>   (b) 물품의 전부 또는 일부를 반환할 수 없거나 수령한 상태와 실질적으로 동일한 상태로 전부 또는 일부를 반환할 수 없음에도 불구하고, 매수인이 계약을 해제하거나 매도인에게 대체물의 인도를 청구한 경우

Section VI Preservation of the goods
제6절 물품의 보존

Article 85 매도인의 보존의무

If the buyer is in delay in taking delivery of the goods or, where payment of the price and delivery of the goods are to be made concurrently, if he fails to pay the price, and the seller is either in possession of the goods or otherwise able to control their disposition, the seller must take such steps as are reasonable in the circumstances to preserve them. He is entitled to retain them until he has been reimbursed his reasonable expenses by the buyer.

> 매수인이 물품 인도의 수령을 지체하거나 또는 대금지급과 물품 인도가 동시에 이루어져야 함에도 매수인이 대금을 지급하지 아니한 경우로서, 매도인이 물품을 점유하거나 그 밖의 방법으로 그 처분을 지배할 수 있는 경우에는, 매도인은 물품을 보관하기 위하여 그 상황에서 합리적인 조치를 취하여야 한다. 매도인은 매수인으로부터 합리적인 비용을 상환받을 때까지 그 물품을 보유할 수 있다.

Article 86 매수인의 보존의무

(1) If the buyer has received the goods and intends to exercise any right under the contract or this Convention to reject them, he must take such steps to preserve them as are reasonable in the circumstances. He is entitled to retain them until he has been reimbursed his reasonable expenses by the seller.

> (1) 매수인이 물품을 수령한 후 그 물품을 거절하기 위하여 계약 또는 이 협약에 따른 권리를 행사하려고 하는 경우에는, 매수인은 물품을 보관하기 위하여 그 상황에서 합리적인 조치를 취하여야 한다. 매수인은 매도인으로부터 합리적인 비용을 상환받을 때까지 그 물품을 보유할 수 있다.

(2) If goods dispatched to the buyer have been placed at his disposal at their destination and he exercises the right to reject them, he must take possession of them on behalf of the seller, provided that this can be done without payment of the price and without unreasonable inconvenience or unreasonable expense. This provision does not apply if the seller or a person authorized to take charge of the goods on his behalf is present at the destination. If the buyer takes possession of the goods under this paragraph, his rights and obligations are governed by the preceding paragraph.

> (2) 매수인에게 발송된 물품이 목적지에서 매수인의 처분에 놓여지고, 매수인이 그 물품을 거절하는 권리를 행사하는 경우에, 매수인은 매도인을 위하여 그 물품을 점유하여야 한다. 다만, 대금 지급 및 불합리한 불편이나 경비소요 없이 점유할 수 있는 경우에 한한다. 이 항은 매도인이나 그를 위하여 물품을 관리하는 자가 목적지에 있는 경우에는 적용되지 아니한다. 매수인이 이 항에 따라 물품을 점유하는 경우에는, 매수인의 권리와 의무에 대하여는 제1항이 적용된다.

Article 87 창고에의 기탁

A party who is bound to take steps to preserve the goods may deposit them in a warehouse of a third person at the expense of the other party provided that the expense incurred is not unreasonable.

> 물품을 보관하기 위한 조치를 취하여야 하는 당사자는 그 비용이 불합리하지 아니하는 한, 상대방의 비용으로 물품을 제3자의 창고에 임치할 수 있다.

Article 88 물품의 매각

(1) A party who is bound to preserve the goods in accordance with article 85 or 86 may sell them by any appropriate means if there has been an unreasonable delay by the other party in taking possession of the goods or in taking them back or in paying the price or the cost of preservation, provided that reasonable notice of the intention to sell has been given to the other party.

> (1) 제85조 또는 제86조에 따라 물품을 보관하여야 하는 당사자는 상대방이 물품을 점유하거나 반환받거나 또는 대금이나 보관비용을 지급하는 데 불합리하게 지체하는 경우에는, 상대방에게 매각의사를 합리적으로 통지하는 한, 적절한 방법으로 물품을 매각할 수 있다.

(2) If the goods are subject to rapid deterioration or their preservation would involve unreasonable expense, a party who is bound to preserve the goods in accordance with article 85 or 86 must take reasonable measures to sell them. To the extent possible he must give notice to the other party of his intention to sell.

> (2) 물품이 급속히 훼손되거나 그 보관에 불합리한 경비를 요하는 경우에는, 제85조 또는 제86조에 따라 물품을 보관하여야 하는 당사자는 물품을 매각하기 위하여 반드시 합리적인 조치를 취하여야 한다. 이 경우에 가능한 한도에서 상대방에게 매각의사가 통지되어야 한다.

(3) A party selling the goods has the right to retain out of the proceeds of sale an amount equal to the reasonable expenses of preserving the goods and of selling them. He must account to the other party for the balance.

> (3) 물품을 매각한 당사자는 매각대금에서 물품을 보관하고 매각하는 데 소요된 합리적인 비용과 동일한 금액을 보유할 권리가 있다. 그 차액은 상대방에게 반환되어야 한다.

PART IV 제4편 | Final provisions 최종규정

Article 89 협약의 수탁자(생략)

Article 90 타 협정과의 관계(생략)

Article 91 서명과 협약의 채택(생략)

Article 92 일부규정의 채택(생략)

Article 93 연방국가의 채택(생략)

Article 94 관련법이 있는 국가의 채택(생략)

Article 95 제1조 제1항 b호의 배제(생략)

Article 96 계약형식요건의 유보

A Contracting State whose legislation requires contracts of sale to be concluded in or evidenced by writing may at any time make a declaration in accordance with article 12 that any provision of article 11, article 29, or Part II of this Convention, that allows a contract of sale or its modification or termination by agreement or any offer, acceptance, or other indication of intention to be made in any form other than in writing, does not apply where any party has his place of business in that State.

> 그 국가의 법률상 매매계약의 체결 또는 입증에 서면을 요구하는 체약국은 제12조에 따라 매매계약, 합의에 의한 매매계약의 변경이나 종료, 청약, 승낙 기타의 의사표시를 서면 이외의 방법으로 하는 것을 허용하는 이 협약 제11조, 제29조 또는 제2편의 어떠한 규정도 당사자 일방이 그 국가에 영업소를 가지고 있는 경우에는 적용하지 아니한다는 취지의 선언을 언제든지 행할 수 있다.

Article 97 협약에 관한 선언절차(생략)

Article 98 유보의 금지

No reservations are permitted except those expressly authorized in this Convention.

> 이 협약에 의하여 명시적으로 인정된 경우를 제외하고는 어떠한 유보도 허용되지 아니한다.

Article 99 협약의 발효(생략)

Article 100 계약에 대한 적용일(생략)

Article 101 협약의 폐기(생략)

DONE at Vienna, this day of eleventh day of April, one thousand nine hundred and eighty, in a single original, of which the Arabic, Chinese, English, French, Russian and Spanish texts are equally authentic.
IN WITNESS WHEREOF the undersigned plenipotentiaries, being duly authorized by their respective Governments, have signed this Convention.

> 1980년 4월 11일에 비엔나에서 동등하게 정본인 아랍어, 중국어, 영어, 프랑스어, 러시아어 및 스페인어로 각 1부가 작성되었다.
> 그 증거로서 각국의 전권대표들은 각국의 정부로부터 정당하게 위임을 받아 이 협약에 서명하였다.

해커스관세사 cca.Hackers.com

해커스관세사 진민규 무역영어 2

02

ICC Rules for the use of Domestic and International Trade Terms
(Incoterms® 2020)
- 국내 및 국제 무역조건의 사용에 관한 ICC 규칙

I. INTRODUCTION TO Incoterms® 2020
INCOTERMS® 2020 소개문

1. The purpose of the text of this Introduction is fourfold:

   ▶ to explain what the Incoterms® 2020 rules do and do NOT do and how they are best incorporated;

   ▶ to set out the important fundamentals of the Incoterms® rules: the basic roles and responsibilities of seller and buyer, delivery, risk and the relationship between the Incoterms® rules and the contracts surrounding a typical contract of sale for export/import and also, where appropriate, for domestic sales:

   ▶ to explain how best to choose the right Incoterms® rule for the particular sale contract;

   ▶ and to set out the central changes between Incoterms® 2010 and Incoterms® 2020.

   > INCOTERMS® 2020 소개문
   > 1. 본 소개문의 목적은 다음 네 가지이다.
   >   ▶ 인코텀즈 2020 규칙이 무슨 역할을 하고 또 하지 않는지 그리고 어떻게 인코텀즈규칙을 가장 잘 편입시킬 수 있는지를 설명하는 것
   >   ▶ 다음과 같은 인코텀즈규칙의 중요한 기초들을 기술하는 것: 매도인과 매수인의 기본적 역할과 책임, 인도, 위험 및 인코텀즈규칙과 계약들(전형적인 수출 수입매매계약 및 해당되는 경우 국내 매매계약을 둘러싼 계약들) 사이의 관계
   >   ▶ 어떻게 당해 매매계약에 올바른 인코텀즈규칙을 가장 잘 선택할지를 설명하는 것
   >   ▶ 인코텀즈 2010과 인코텀즈 2020의 주요한 변경사항들을 기술하는 것

2. The Introduction follows this structure:

   Ⅰ. What the Incoterms® rules do

   Ⅱ. What the Incoterms® rules do NOT do

   Ⅲ. How best to incorporate the Incoterms® rules

   Ⅳ. Delivery, risk and costs in the Incoterms® 2020 rules

   Ⅴ. Incoterms® 2020 rules and the carrier

   Ⅵ. Rules for the contract of sale and their relationship to other contracts

   Ⅶ. The eleven Incoterms® 2020 rules - "sea and inland waterway" and "any mode(s) of transport": getting it right

   Ⅷ. Order within the Incoterms® 2020 rules

IX. Differences between Incoterms® 2010 and Incoterms® 2020

X. Caution with variants of Incoterms® rules.

---

2. 본 소개문의 구조는 다음과 같다.
   Ⅰ. 인코텀즈규칙은 무슨 역할을 하는가
   Ⅱ. 인코텀즈규칙이 하지 않는 역할은 무엇인가
   Ⅲ. 어떻게 인코텀즈규칙을 가장 잘 편입시킬 수 있는가
   Ⅳ. 인코텀즈 2020 규칙상 인도, 위험 및 비용
   Ⅴ. 인코텀즈 2020 규칙과 운송인
   Ⅵ. 매매계약규칙 및 이것과 다른 계약들과의 관계
   Ⅶ. 11개 인코텀즈 2020 규칙 - "해상운송과 내수로운송"에 적용되는 규칙 및 "모든 운송방식"에 적용되는 규칙: 올바른 사용법
   Ⅷ. 인코텀즈 2020 규칙 내 조항의 순서
   Ⅸ. 인코텀즈 2010과 인코텀즈 2020의 차이점
   Ⅹ. 인코텀즈규칙 변용 시 유의점

---

3. This Introduction gives guidance on the use of, and about the fundamental principles behind, the Incoterms® 2020 rules.

---

3. 본 소개문은 인코텀즈 2020 규칙의 사용과 그 기본원칙에 관한 지침을 제공한다.

I. WHAT THE Incoterms® RULES DO

4. The Incoterms® rules explain a set of eleven of the most commonly-used three-letter trade terms, e.g. CIF, DAP, etc., reflecting business-to-business practice in contracts for the sale and purchase of goods.

Ⅰ. 인코텀즈규칙은 무슨 역할을 하는가
4. 인코텀즈규칙은 예컨대 CIF, DAP 등과 같이 가장 일반적으로 사용되는 세 글자로 이루어지고 물품매매계약상 기업 간 거래관행(business-to-business practice)을 반영하는 11개의 거래조건(trade terms)을 설명한다.

---

5. The Incoterms® rules describe:

   ▶ Obligations: Who does what as between seller and buyer, e.g. who organises carriage or insurance of the goods or who obtains shipping documents and export or import licences;

   ▶ Risk: Where and when the seller "delivers" the goods, in other words where risk transfers from seller to buyer; and

   ▶ Costs: Which party is responsible for which costs, for example transport, packaging, loading or unloading costs, and checking or security-related costs.

The Incoterms® rules cover these areas in a set of ten articles, numbered A1/B1 etc., the A articles representing the seller's obligations and the B articles representing the buyer's obligations. See paragraph 53 below.

> 5. 인코텀즈규칙은 다음 사항을 규정한다.
>   ▶ 의무: 매도인과 매수인 사이에 누가 무엇을 하는지. 즉 누가 물품의 운송이나 보험을 마련하는지 또는 누가 선적서류와 수출 또는 수입허가를 취득하는지
>   ▶ 위험: 매도인은 어디서 그리고 언제 물품을 "인도"하는지, 다시 말해 위험은 어디서 매도인으로부터 매수인에게 이전하는지
>   ▶ 비용: 예컨대 운송비용, 포장비용, 적재 또는 양하비용 및 점검 또는 보안관련비용에 관하여 어느 당사자가 어떤 비용을 부담하는지
>
>   인코텀즈규칙은 A1/B1 등의 번호가 붙은 일련의 10개의 조항에서 위와 같은 사항들을 다루는데, 여기서 A 조항은 매도인의 의무를, 그리고 B 조항은 매수인의 의무를 지칭한다. 아래 53번 단락을 보라.

II. WHAT THE Incoterms® RULES DO NOT DO

6. The Incoterms® rules are NOT in themselves - and are therefore no substitute for - a contract of sale. They are devised to reflect trade practice for no particular type of goods - and for any. They can be used as much for the trading of a bulk cargo of iron ore as for five containers of electronic equipment or ten pallets of airfreighted fresh flowers.

> Ⅱ. 인코텀즈규칙이 하지 않는 역할은 무엇인가
> 6. 인코텀즈규칙 그 자체는 매매계약이 아니며, 따라서 매매계약을 대체하지도 않는다. 인코텀즈규칙은 어떤 특정한 종류의 물품이 아니라 모든 종류의 물품에 관한 거래관행을 반영하도록 고안되어 있다. 인코텀즈규칙은 산적화물(散積貨物, bulk cargo) 형태의 철광석 거래에도 적용될 수 있고 5개의 전자장비 컨테이너 또는 항공운송되는 10개의 생화 팔레트의 거래에도 적용될 수 있다.

7. The Incoterms® rules do NOT deal with the following matters:

   ▶ whether there is a contract of sale at all;
   ▶ the specifications of the goods sold;
   ▶ the time, place, method or currency of payment of the price;
   ▶ the remedies which can be sought for breach of the contract of sale;
   ▶ most consequences of delay and other breaches in the performance of contractual obligations;
   ▶ the effect of sanctions;
   ▶ the imposition of tariffs;
   ▶ export or import prohibitions;

- force majeure or hardship;
- intellectual property rights; or
- the method, venue, or law of dispute resolution in case of such breach.

Perhaps most importantly, it must be stressed that the Incoterms® rules do NOT deal with the transfer of property/title/ownership of the goods sold.

---

7. 인코텀즈규칙은 다음의 사항을 다루지 않는다.
    - 매매계약의 존부
    - 매매물품의 성상(性狀)
    - 대금지급의 시기, 장소, 방법 또는 통화
    - 매매계약 위반에 대하여 구할 수 있는 구제수단
    - 계약상 의무이행의 지체 및 그 밖의 위반의 효과
    - 제재의 효력
    - 관세부과
    - 수출 또는 수입의 금지
    - 불가항력 또는 이행가혹
    - 지식재산권 또는
    - 의무위반의 경우 분쟁해결의 방법, 장소 또는 준거법

    아마도 가장 중요한 것으로, 인코텀즈규칙은 매매물품의 소유권/물권의 이전을 다루지 않는다는 점도 강조되어야 한다.

---

8. These are matters for which the parties need to make specific provision in their contract of sale. Failure to do so is likely to cause problems later if disputes arise about performance and breach. In essence, the Incoterms® 2020 rules are not themselves a contract of sale: they only become part of that contract when they are incorporated into a contract which already exists. Neither do the Incoterms® rules provide the law applicable to the contract. There may be legal regimes which apply to the contract, whether international, like the Convention on the International Sale of Goods(CISG); or domestic mandatory law relating, for example, to health and safety or the environment.

---

8. 위와 같은 사항들은 당사자들이 매매계약에서 구체적으로 규정할 필요가 있다. 그렇게 하지 않는다면 의무의 이행이나 위반에 관하여 분쟁이 발생하는 경우에 문제가 생길 수 있다. 요컨대 인코텀즈 2020 규칙 자체는 매매계약이 아니다. 즉 인코텀즈규칙은 이미 존재하는 매매계약에 편입되는 때 그 매매계약의 일부가 될 뿐이다. 인코텀즈규칙은 매매계약의 준거법을 정하지도 않는다. 매매계약에 적용되는 법률체계(legal regimes)가 있으며, 이는 국제물품매매협약(CISG)과 같은 국제적인 것이거나 예컨대 건강과 안전 또는 환경에 관한 국내의 강행법률일 수 있다.

III. HOW BEST TO INCORPORATE THE Incoterms® RULES

9. If parties want the Incoterms® 2020 rules to apply to their contract, the safest way to ensure this is to make that intention clear in their contract, through words such as "[the chosen Incoterms® rule] [named port, place or point] Incoterms 2020".

> Ⅲ. 어떻게 인코텀즈규칙을 가장 잘 편입시킬 수 있는가
> 9. 당사자들이 인코텀즈 2020 규칙이 계약에 적용되도록 하고자 하는 경우에 가장 안전한 방법은 계약에서 다음과 같은 문구를 통하여 그러한 의사를 명백하게 표시하는 것이다.
> ("[선택된 인코텀즈규칙] [지정항구, 장소 또는 지점] Incoterms 2020")

10. Thus, for example,
    CIF Shanghai Incoterms® 2020, or
    DAP No 123, ABC Street, Importland Incoterms® 2020.

> 10. 따라서 예컨대,
> CIF Shanghai Incoterms® 2020, 또는
> DAP No 123, ABC Street, Importland Incoterms® 2020.

11. Leaving the year out could cause problems that may be difficult to resolve. The parties, a judge or an arbitrator need to be able to determine which version of the Incoterms rules applies to the contract.

> 11. 연도를 빠트리면 해결하기 어려운 문제가 발생할 수 있다. 당사자, 판사 또는 중재인이 어떤 버전의 인코텀즈규칙이 계약에 적용되는지 결정할 수 있어야 한다.

12. The place named next to the chosen Incoterms® rule is even more important:
    ▶ in all Incoterms® rules except the C rules, the named place indicates where the goods are "delivered", i.e. where risk transfers from seller to buyer;
    ▶ in the D rules, the named place is the place of delivery and also the place of destination and the seller must organise carriage to that point;
    ▶ in the C rules, the named place indicates the destination to which the seller must organise and pay for the carriage of the goods, which is not, however, the place or port of delivery.

> 12. 선택된 인코텀즈규칙 바로 다음에 기명되는 장소는 더 중요하다.
> ▶ C 규칙을 제외한 모든 인코텀즈규칙에서 그러한 지정장소는 물품이 어디서 "인도"되는지, 즉 위험이 어디서 매도인으로부터 매수인에게 이전하는지를 표시한다.
> ▶ D 규칙에서 지정장소는 인도장소이자 목적지이고 매도인은 그 지점까지 운송을 마련하여야 한다.
> ▶ C 규칙에서 지정장소는 매도인이 그 운송을 마련하고 그 비용도 부담하여야 하는 물품운송의 목적지이지만 인도장소나 인도항구는 아니다.

13. Thus, an FOB sale raising doubt about the port of shipment leaves both parties uncertain as to where the buyer must present the ship to the seller for the shipment and the transport of the goods - and as to where the seller must deliver the goods on board so as to transfer risk in the goods from seller to buyer. Again, a CPT contract with an unclear named destination will leave both parties in doubt as to the point to which the seller must contract and pay for the transport of the goods.

> 13. 따라서 선적항에 관하여 의문을 야기하는 FOB 매매는 매수인이 물품의 선적과 운송을 위하여 어디서 매도인에게 선박을 제공하여야 하는지에 관하여 - 또한 매도인은 위험이 매수인에게 이전되도록 하기 위하여 어디서 물품을 선적하여야 하는지에 관하여 - 양 당사자에게 불확실한 점을 남긴다. 마찬가지로 지정목적지가 불명확한 CPT 계약은 매도인이 체결하여야 하고 그 비용을 부담하여야 하는 물품운송계약의 목적지점에 관하여 양당사자에게 의문을 남긴다.

14. It is best to avoid these types of issues by being as geographically specific as possible in naming the port, place or point, as the case may be, in the chosen Incoterms® rule.

> 14. 이러한 종류의 문제를 피하는 최상의 방법은 선택된 인코텀즈규칙에서 해당되는 항구나 장소 또는 지점의 지리적 위치를 가급적 구체적으로 지정하는 것이다.

15. When incorporating a particular Incoterms® 2020 rule into a sale contract, it is not necessary to use the trademark symbol. For further guidance on trademark and copyright, please refer to https://iccwbo.org/Incoterms-copyright/.

> 15. 특정한 인코텀즈 2020 규칙을 매매계약에 편입할 때, 상표표지(trademark symbol)까지 표기할 필요는 없다. 상표와 저작권에 관한 상세한 안내는 <https://iccwbo.org/Incoterms-copyright/>를 참조하라.

IV. DELIVERY, RISK AND COSTS IN THE Incoterms® 2020 RULES

16. A named place or port attached to the three letters, e.g. CIP Las Vegas or CIF Los Angeles, then, is critical in the workings of the Incoterms® 2020 rules. Depending on which Incoterms® 2020 rule is chosen, that place will identify either the place or port at which the goods are considered to have been "delivered" by the seller to the buyer, the place of delivery, or the place or port to which the seller must organise the carriage of the goods, i.e. their destination; or, in the case of the D rules, both.

Ⅳ. 인코텀즈 2020 규칙상 인도, 위험 및 비용

16. 따라서 예컨대 CIP Las Vegas 또는 CIF Los Angeles와 같이 세 글자 다음에 부가되는 지정장소나 지정항구는 인코텀즈 2020 규칙의 작동과정에서 매우 중요하다. 어떤 인코텀즈 2020 규칙이 선택되는지에 따라 그러한 장소는 물품이 매도인에 의하여 매수인에게 인도된 것으로 다루어지는 장소나 항구 또는 "인도" 장소가 되거나 매도인이 마련하여야 하는 물품운송의 목적지나 목적항이 되고, D 규칙의 경우에는 양자 모두가 된다.

17. In all Incoterms® 2020 rules, A2 will define the place or port of "delivery" - and that place or port is closest to the seller in EXW and FCA (sellers premises) and closest to the buyer in DAP, DPU and DDP.

17. 모든 인코텀즈 2020 규칙에서 A2는 "인도"의 장소나 항구를 정한다. - 그리고 그러한 장소나 항구는 EXW와 FCA에서는 매도인에게 가장 가깝고(매도인의 영업구내) DAP와 DPU, DDP에서는 매수인에게 가장 가깝다.

18. The place or port of delivery identified by A2 is critical both for risk and for costs.

18. A2에서 정해지는 인도장소나 인도항구는 위험과 비용 모두에 관하여 매우 중요하다.

19. The place or port of delivery under A2 marks the place at which risk transfers from seller to buyer under A3. It is at that place or port that the seller performs its obligation to provide the goods under the contract as reflected in A1 such that the buyer cannot recover against the seller for the loss of or damage to the goods occurring after that point has passed.

19. A2의 인도장소나 인도항구는 A3하에서 위험이 매도인으로부터 매수인에게 이전하는 장소를 확정한다. 매도인은 이러한 장소와 항구에서 A1에 반영되어 있는 계약에 따른 물품인도의무를 이행하며 그에 따라 매수인은 그 지점을 지난 뒤에 발생하는 물품의 멸실 또는 훼손에 대하여 매도인에게 책임을 묻지 못한다.

20. The place or port of delivery under A2 also marks the central point under A9 which allocates costs to seller and buyer. In broad terms, A9 allocates costs before the point of delivery to the seller and costs after that point to the buyer.

20. A2의 인도장소나 인도항구는 또한 A9하에서 매도인과 매수인 사이에 비용을 할당하는 기준점을 확정한다. 대략 말하자면, A9에서 그러한 인도지점 전의 비용은 매도인이 분담하고 그러한 지점 후의 비용은 매수인이 분담한다.

Delivery points

Extremes and in-betweens: the four traditional Incoterms® rules groups

21. Versions of the Incoterms® rules before 2010 traditionally grouped the rules into four, namely E, F, C and D, with E and D lying at extreme poles from each other in terms of the point of delivery and the F and C rules lying in between. While the Incoterms® rules have, since 2010, been grouped according to the means of transport used, the old groupings are still helpful in understanding the point of delivery. Thus, the delivery point in EXW is an agreed point for collection of the goods by the buyer, whatever the destination to which the buyer will take them. At the other extreme in DAP, DPU and DDP, the delivery point is the same as the destination point to which the seller or its carrier will carry the goods. In the first, EXW, risk transfers before the transport cycle even starts; in the second, the D rules, risk transfers very late in that cycle. Again, in the first, EXW and, for that matter, FCA (seller's premises), the seller performs its obligation to deliver the goods whether or not they actually arrive at their destination. In the second, the seller performs its obligation to deliver the goods only if they actually arrive at their destination.

인도지점

극단적 그룹과 중간적 그룹: 4가지의 전통적 인코텀즈규칙 그룹

21. 2010 전의 인코텀즈규칙 버전들에서는 전통적으로 개별 규칙들을 4개 그룹, 즉 E 그룹, F 그룹, C 그룹 및 D 그룹으로 분류하였는데, 인도지점의 측면에서 E 그룹과 D 그룹은 양극단에 있고 F 그룹과 C 그룹은 그 중간에 있다. 2010 버전부터 인코텀즈규칙은 사용된 운송수단에 따라 그룹을 분류하고 있으나 과거의 분류방법은 아직도 인도지점을 이해하는 데 유익하다. 따라서 EXW에서 인도지점은 매수인이 물품을 수취하기로 합의된 지점이며, 매수인이 그 물품을 가져갈 목적지는 어느 곳이든 무방하다. 반대편 극단에 있는 DAP, DPU 및 DDP의 경우에 인도지점은 매도인이나 그의 운송인이 운송할 물품의 목적지와 동일하다. 전자 즉 EXW의 경우에는 운송과정이 시작되기도 전에 위험이 이전한다. 후자 즉 D 규칙의 경우에는 운송과정의 막바지에 이르러 위험이 이전한다. 또 전자 즉 EXW의 경우 및 같은 문제로 FCA(매도인의 영업구내)의 경우에 매도인의 물품인도의무는 물품이 실제로 목적지에 도착하는지와 무관하다. 후자의 경우에 매도인은 물품이 실제로 목적지에 도착한 경우에만 물품인도의무를 이행한 것으로 된다.

22. The two rules at the extreme ends of the Incoterms® rules are EXW and DDP. However, traders should consider alternative rules to these two for their international contracts. Thus, with EXW the seller has to merely put the goods at the buyer's disposal. This may cause problems for the seller and the buyer, respectively, with loading and export clearance. The seller would be better advised to sell under the FCA rule. Likewise, with DDP, the seller owes some obligations to the buyer which can only be performed within the buyer's country, for example obtaining import clearance. It may be physically or legally difficult for the seller to carry out those obligations within the buyer's country and a seller would therefore be better advised to consider selling goods in such circumstances under the DAP or DPU rules.

> 22. 인코텀즈규칙들 중 양극단에 있는 두 규칙, 즉 EXW와 DDP 규칙은 국제거래에서 전형적으로 사용되는 총 11개 규칙 중에 포함된다. 그러나 거래 당사자들은 국제계약에서는 이러한 두 가지를 대체하는 규칙을 고려하여야 한다. EXW의 경우에 매도인은 물품을 단지 매수인의 처분하에 두기만 하면 된다. 이는 적재와 수출통관에 관하여 매도인과 매수인에게 각각 문제를 야기할 수 있다. 따라서 매도인은 FCA 규칙으로 매매하는 것이 더 좋다. 마찬가지로 DDP의 경우에 매도인은 매수인 국가에서만 이행될 수 있는 의무들 예컨대 수입통관을 할 의무를 부담한다. 매도인이 그러한 의무들을 매수인 국가에서 이행하기는 물리적으로나 법적으로 어려울 수 있고, 따라서 매도인은 그러한 경우에 DAP나 DPU 규칙으로 물품을 매매하는 것을 고려하는 것이 더 좋다.

23. Between the two extremes of E and D rules, there lie the three F rules(FCA, FAS and FOB), and the four C rules(CPT, CIP, CFR and CIF).

> 23. 양 극단의 E 규칙과 D 규칙 사이에 3개의 F 규칙(FCA, FAS 및 FOB)과 4개의 C 규칙(CPT, CIP, CFR 및 CIF)이 있다.

24. With all seven F and C rules, the place of delivery is on the seller's side of the anticipated carriage: consequently sales using these Incoterms® rules are often called "shipment" sales. Delivery occurs, for example,

    a) when the goods are placed on board the vessel at the port of loading in CFR, CIF and FOB; or

    b) by handing the goods over to the carrier in CPT and CIP; or

    c) by loading them on the means of transport provided by the buyer or placing them at the disposal of the buyer's carrier in FCA.

    In the F and C groups, risk transfers at the seller's end of the main carriage such that the seller will have performed its obligation to deliver the goods whether or not the goods actually arrive at their destination. This feature, of being shipment sales with delivery happening at the seller's end early in the transit cycle, is common to the F and the C rules, whether they are the maritime Incoterms® rules or the Incoterms® rules intended for any mode[s] of transport.

24. 모두 7개의 F 규칙과 C 규칙에서 인도장소는 예정된 운송[구간상] 매도인 쪽에 있다. 따라서 이러한 인코텀즈규칙을 사용하는 매매를 흔히 "선적" 매매("shipment" sales)라 한다. 인도는 예컨대 다음과 같이 일어난다.
   a) CFR, CIF 및 FOB에서는 물품이 선적항에서 선박에 적재된 때, 또는
   b) CPT 및 CIP에서는 물품을 운송인에게 교부함으로써 또는
   c) FCA에서는 물품을 매수인이 제공하는 운송수단에 적재하거나 매수인의 운송인의 처분하에 둠으로써.
   F 그룹과 C 그룹에서 위험은 주된 운송을 위한 매도인의 끝단에서 이전하며 그에 따라 매도인은 물품이 실제로 목적지에 도착하는지 여부와 무관하게 그의 물품인도의무를 이행한 것으로 된다. 이러한 특징, 즉 선적매매의 경우에 인도는 운송과정의 초반에 매도인의 끝단에서 일어난다는 특징은 그것이 해상운송을 위한 인코텀즈규칙인지 또는 모든 운송방식을 위한 인코텀즈규칙인지에 관계없이 F 규칙과 C 규칙에 공통된다.

25. The F and the C rules do, however, differ as to whether it is the seller or buyer who contracts for or arranges the carriage of the goods beyond the place or port of delivery. In the F rules, it is the buyer who makes such arrangements, unless the parties agree otherwise. In the C rules, this obligation falls to the seller.

25. 그러나 F 규칙과 C 규칙은 인도장소나 인도항구 이후의 물품운송계약을 체결하거나 운송을 마련하는 당사자가 매도인인지 아니면 매수인인지에 관하여 다르다. F 규칙에서는 당사자들이 달리 합의하지 않은 한 매수인이 그렇게 하여야 한다. C 규칙에서는 이러한 의무를 매도인이 부담한다.

26. Given that a seller on any of the C rules contracts for or arranges the carriage of the goods beyond delivery, the parties need to know what the destination is to which it must arrange carriage - and that is the place attached to the name of the Incoterms® rule, e.g. "CIF the port of Dalian" or "CIP the inland city of Shenyang". Whatever that named destination is, that place is not and never becomes the place of delivery. Risk will have transferred on shipment or on handing over the goods at the place of delivery, but the contract of carriage must have been made by the seller for the named destination. Delivery and destination, then, in the C rules, are necessarily not the same place.

26. 모든 C 규칙에서는 매도인이 인도 이후의 물품운송계약을 체결하거나 운송을 마련하도록 하므로 당사자들은 그 운송의 목적지가 어디인지를 알아야 할 필요가 있는데, 당해 인코텀즈규칙의 명칭 뒤에 부가되는 지명 예컨대 "CIF the port of Dalian" 또는 "CIP the inland city of Shenyang"이 곧 그러한 목적지이다. 그러한 지정목적지가 어디든지 간에 그러한 장소는 결코 인도장소가 아니며 인도장소로 되지도 않는다. 위험은 인도장소에서 물품의 선적과 동시에 또는 교부와 동시에 이미 이전하나, 그 전에 지정목적지로 향하는 운송계약은 매도인이 체결하였어야 한다. 따라서 C 규칙에서는 인도지와 목적지가 반드시 동일한 곳이 아니다.

V. Incoterms® 2020 RULES AND THE CARRIER

27. In the F and the C rules, placing the goods, for example, on board the vessel or handing them over to, or placing them at the disposal of, the carrier marks the point at which the goods are "delivered" by the seller to the buyer. Therefore this is the point at which risk transfers from the seller to the buyer.

> Ⅴ. 인코텀즈 2020 규칙과 운송인
> 27. F 규칙과 C 규칙에서는 예컨대 물품을 선박에 적재하거나 운송인에게 교부하거나 운송인의 처분하에 둠으로써 물품이 매도인에 의하여 매수인에게 "인도된" 지점이 확정된다. 따라서 이 지점에서 위험이 매도인으로부터 매수인에게 이전한다.

28. Given those two important consequences, it becomes essential to identify who the carrier is where there is more than one carrier, each carrying out a separate leg of transport, for instance by road, rail, air or sea. Of course, where the seller has taken the far more prudent course of making one contract of carriage with one carrier taking responsibility for the entire carriage chain, in a so-called "through" contract of carriage, the problem does not arise. However, where there is no such "through" carriage contract, the goods could be handed over (where the CIP or CPT rules are used) to a road-haulier or rail company for onward transmission to a sea carrier. The same situation may arise with exclusively maritime transport where, for example, the goods are first handed over to a river or feeder short-sea carrier for onward transmission to an ocean carrier.

> 28. 위와 같은 두 가지의 중요한 효과 때문에 개별 운송구간 예컨대 도로, 철도, 항공 또는 해상운송구간을 각각 따로 담당하는 복수의 운송인이 있는 경우에 누가 운송인인지를 확정하는 것은 매우 중요하다. 물론 매도인이 매우 신중을 기하여 단일운송인이 운송의 모든 운송구간을 책임지는 하나의 운송계약을 체결하는 이른바 "통"운송계약("through" carriage contract)을 체결한 경우에는 문제가 발생하지 않는다. 그러나 그러한 "통"운송계약이 없는 경우에 물품은 (CIP나 CPT 규칙이 사용되는 경우) 후속하는 해상운송인에게 전달하기 위하여 먼저 도로운송회사나 철도회사에게 교부될 수 있다. 해상운송만이 단독으로 사용되는 경우에도 예컨대 물품이 후속하는 해양운송인에게 전달하기 위하여 먼저 강호(江湖)운송인이나 연안의 피더운송인에게 교부되는 때에는 같은 상황이 발생할 수 있다.

29. In these situations, when does the seller "deliver" the goods to the buyer: when it hands the goods over to the first, second or third carrier?

> 29. 이러한 경우에 매도인은 물품을 언제 매수인에게 "인도"한 것이 되는가? 최초운송인에게 교부한 때인가 아니면 둘째 또는 셋째 운송인에게 교부한 때인가?

30. Before we answer that question, a preliminary point. While in most cases the carrier will be an independent third party engaged under a contract of carriage by either the seller or the buyer (depending on whether the parties have chosen a C Incoterms® rule or an F Incoterms® rule), there are situations where no such independent third party is engaged at all because the seller or the buyer itself will carry the goods sold. This is more likely to happen in the D rules (DAP, DPU and DDP), where the seller may use its own means of transport to carry the goods to the buyer at the delivery destination. Provision has therefore been made in the Incoterms® 2020 rules for a seller under the D rules either to contract for carriage or to arrange for carriage, that is to say through its own means of transport: see A4.

> 30. 그 질문에 대답하기 전에 선결문제가 있다. 대부분의 경우에 운송인은 (당사자들이 인코텀즈 C 규칙 또는 F 규칙을 선택하였는지에 따라) 매도인 또는 매수인이 운송계약에 따라 사용하는 독립된 제3자일 것이지만, 매도인 또는 매수인이 매매물품을 직접 운송함으로 인하여 그러한 독립된 제3자가 전혀 존재하지 않는 경우가 있을 수 있다. 이러한 일은 매도인이 자신의 운송수단을 사용하여 인도장소인 목적지까지 물품을 운송할 수도 있는 D 규칙(DAP, DPU 및 DDP)에서 더 일어날 수 있다. 따라서 인코텀즈 2020 규칙에서는 D 규칙상 매도인이 운송계약을 체결하거나 아니면 운송을 마련하도록 즉 자신의 운송수단으로 운송하도록 규정한다. A4를 보라.

31. The question asked at paragraph 29 above is not simply a "carriage" question: it is an important "sale" question. The question is not which carrier can a seller or buyer of goods damaged in transit sue under the contract of carriage. The "sale" question is: where there is more than one carrier involved in the carriage of the goods from seller to buyer, at which point in the carriage string does the handing over of the goods mark the point of delivery and the transfer of risk as between seller and buyer?

> 31. 위의 29번 단락에서 제기된 질문은 단순히 "운송" 문제가 아니다. 이는 중요한 "매매" 문제이다. 이 문제는 운송 중 훼손된 물품에 관하여 매도인이나 매수인이 어느 운송인에게 운송계약상 책임을 물을 수 있는지의 문제가 아니다. 이는 "매매" 문제이며, 물품을 매도인으로부터 매수인에게까지 운송하는 데 복수의 운송인이 참여한 경우에 운송과정 중 어느 지점에서 일어난 물품교부가 인도지점을 확정하는지 그리고 매도인과 매수인 사이에 위험이전을 초래하는지의 문제이다.

32. There needs to be a simple answer to this question because the relationships between the multiple carriers used, and between the seller and/or the buyer with those several carriers, will be complex, depending as they do on the terms of a number of separate contracts of carriage. Thus, for example, in any such chain of contracts of carriage, one carrier, such as a carrier actually performing a leg of the transit by road, may well act as the seller's agent in concluding a contract of carriage with a carrier by sea.

> 32. 이 문제에 대해서는 간단한 대답이 필요하다. 수개의 개별 운송계약들의 계약조건 여하에 따라 복수의 운송인들 사이의 관계와 매도인 및/또는 매수인과 그러한 복수의 운송인 사이의 관계는 복잡할 것이기 때문이다. 따라서 예컨대 그러한 일련의 운송계약(chain of contracts of carriage)에서 도로운송구간을 실제로 담당한 운송인과 같은 어떤 운송인은 해상운송인과 운송계약을 체결함에 있어서 매도인의 대리인(seller's agent)으로 행동할 수 있다.

33. The Incoterms® 2020 rules give a clear answer to this question where the parties contract on FCA. IN FCA, the relevant carrier is the carrier nominated by the buyer to whom the seller hands over the goods at the place or point agreed in the contract of sale. Thus even if a seller engages a road haulier to take the goods to the agreed delivery point, risk would transfer not at the place and time where the seller hands the goods over to the haulier engaged by the seller, but at the place and time where the goods are placed at the disposal of the carrier engaged by the buyer. This is why the naming of the place or point of delivery as precisely as possible is so important in FCA sales. The same situation can arise in FOB if a seller engages a feeder vessel or barge to take the goods to the vessel engaged by the buyer. A similar answer is provided by Incoterms® 2020: delivery occurs when the goods are placed on board the buyer's carrier.

> 33. 인코텀즈 2020 규칙은 당사자들이 FCA로 계약한 경우에 이 문제에 대하여 분명한 답을 제공한다. FCA에서 관련운송인(relevant carrier)은 매수인이 지정한 운송인이며, 매도인은 매매계약상 합의된 장소 또는 지점에서 그 운송인에게 물품을 교부한다. 따라서 매도인이 도로운송인을 사용하여 물품을 합의된 인도지점까지 운송하더라도 위험은 매도인이 사용한 도로운송인에게 물품을 교부한 장소와 시점이 아니라 물품이 매수인이 사용한 운송인의 처분하에 놓인 장소와 시점에 이전한다. 이 때문에 FCA 매매에서는 인도장소나 인도지점을 가급적 정확하게 지정하는 것이 매우 중요하다. FOB에서도 매도인이 피더선이나 바지선을 사용하여 물품을 매수인이 사용한 선박에 넘기도록 한 경우에는 동일한 상황이 발생할 수 있다. 이에 대하여 인코텀즈 2020은 유사한 답을 제공한다. 즉 인도는 물품이 매수인의 운송인에게 적재된 때 일어난다.

34. With the C rules, the position is more complex and may well attract different solutions under different legal systems. In CPT and CIP, the relevant carrier is likely to be regarded, at any rate in some jurisdictions, as the first carrier to whom the seller hands over the goods under A2 (unless the parties have agreed on the point of delivery). The buyer knows nothing of the contractual arrangements made between the seller and the first or subsequent carriers, or indeed between that first carrier and subsequent carriers. What the buyer does know, however, is that the goods are "in transit" to him or her - and that "transit" starts as far as the buyer knows, when the goods are put by the seller into the hands of the first carrier. The consequence is that risk transfers from seller to buyer at that early stage of "delivery" to the first carrier. The same situation can arise in CFR and CIF if a seller engages a feeder vessel or barge to take the goods to the agreed port of shipment, if any. A similar answer might be suggested in some legal systems: delivery occurs when the goods are placed on board the vessel at the agreed port of shipment, if any.

34. C 규칙에서는 상황이 더 복잡하며, 법제(legal systems)에 따라 다른 해법들을 도출할 것이다. CPT와 CIP의 경우에 어쨌든 어떤 법역(jurisdiction)에서는 (당사자들이 인도지점에 관하여 합의하지 않았다면) 매도인이 A2하에서 물품을 교부한 최초운송인(first carrier)이 관련운송인으로 간주될 가능성이 있다. 매수인은 매도인과 최초운송인 또는 후속운송인 사이에 또는 사실 최초운송인과 후속운송인 사이에 체결된 운송계약에 관하여 아는 것이 없다. 단지 매수인이 아는 것은 물품이 자신에게로 "운송 중"에 있다는 점 - 그리고 매수인이 아는 한 "운송"은 매도인이 물품을 최초운송인의 수중에 넘긴 때 시작한다는 점이다. 그 결과, 위험은 그러한 "인도"의 초기단계 즉 최초운송인에게 인도된 때 매도인으로부터 매수인에게 이전한다. CFR과 CIF에서도 매도인이 물품을 합의된 선적항이 있다면 그러한 선적항으로 가져가기 위하여 피더선이나 바지선을 사용한 경우에는 동일한 상황이 발생할 수 있다. 이에 대하여 인코텀즈 2020은 유사한 답을 제공한다. 즉 인도는 물품이 합의된 선적항이 있다면 그러한 선적항에서 선박에 적재된 때 일어난다.

35. Such a conclusion, if adopted, may seem harsh on the buyer. Risk would transfer from seller to buyer in CPT and CIP sales when the goods are handed over to the first carrier. The buyer does not know at that stage whether or not that first carrier is responsible for loss of or damage to the goods under the relevant carriage contract. The buyer is not a party to that contract, has no control over it and will not know its terms. Yet, despite this, the buyer would end up bearing the risk in the goods from the very earliest moment of handing over, possibly without recovery against that first carrier.

35. 이러한 결론은 만약 채택된다면 매수인에게 가혹하게 보일 수 있다. CPT와 CIP 매매에서 위험은 물품이 최초운송인에게 교부된 때 매도인으로부터 매수인에게 이전한다. 이러한 단계에서 매수인은 최초운송인이 관련운송계약(relevant carriage contract)상 물품의 멸실 또는 훼손에 대하여 책임을 지는지 여부를 알지 못한다. 매수인은 그러한 계약의 당사자가 아니고, 그에 대하여 어떠한 통제를 할 수도 없고, 그 계약조건을 알지도 못할 것이다. 그럼에도 불구하고 매수인은 아마도 최초운송인에 대한 구상권을 갖지 못한 채 바로 그 물품교부의 최초시점부터 물품의 위험을 부담한 것으로 종결된다.

36. While the buyer would end up bearing the risk of loss of or damage to the goods at an early stage of the transport chain, it would, on this view however, have a remedy against the seller. A2/A3 do not operate in a vacuum: under A4, the seller must contract for the carriage of the goods "from the agreed point of delivery, if any, at the place of delivery to the named place of destination or, if agreed, any point at that place." Even if risk has transferred to the buyer at the time the goods were handed over to the first carrier under A2/A3, if that first carrier does not undertake responsibility under its contract of carriage for the through carriage of the goods to the named destination, the seller, on this view, would remain liable to the buyer under A4. In essence, the seller should make a contract of carriage to the destination named under the contract of sale.

36. 매수인은 결국 운송과정의 초기단계에서 물품의 멸실 또는 훼손의 위험을 부담하는 것으로 종결될 것이지만 그럼에도 매수인은 매도인에 대하여 구제수단을 갖기도 한다. A2/A3는 진공상태에서 작동하는 것이 아니기 때문이다. 즉 A4하에서 매도인은 "인도장소에 합의된 인도지점이 있는 때에는 그 인도지점으로부터 지정목적지까지 또는 합의가 있는 때에는 그 지정목적지의 어느 지점까지" 물품을 운송하는 계약을 체결하여야 한다. 비록 물품이 A2/A3에 따라 최초운송인에게 교부된 때 위험이 매수인에게 이전하였더라도 만약 그 최초운송인이 자신의 운송계약상 물품을 지정목적지까지 통운송(through carriage)을 하는 책임을 부담하지 않는다면, 매도인은 이러한 견해에서는 A4하에서 매수인에 대하여 책임이 있다. 요컨대 매도인은 매매계약에서 지정된 목적지까지 운송하는 운송계약을 체결하여야 한다.

VI. RULES FOR THE CONTRACT OF SALE AND THEIR RELATIONSHIP TO OTHER CONTRACTS

37. This discussion of the role of the carrier in the delivery of the goods as between the seller and the buyer in the C and F Incoterms® rules raises the question: what role do the Incoterms® rules play in the contract of carriage, or, indeed, in any of the other contracts typically surrounding an export contract, for example an insurance contract or a letter of credit?

Ⅵ. 매매계약규칙 및 이것과 다른 계약들과의 관계

37. 인코텀즈 C 규칙과 F 규칙에서 운송인이 매도인과 매수인 사이에서 물품인도에 관하여 어떤 역할을 하는지의 논의는 의문을 야기한다. 즉 인코텀즈규칙은 과연 운송계약에서 또는 사실 전통적으로 예컨대 보험계약이나 신용장과 같은 수출계약을 둘러싼 다른 계약들에서 어떤 역할을 하는가?

38. The short answer is that the Incoterms® rules do not form part of those other contracts: where incorporated, the Incoterms® rules apply to and govern only certain aspects of the contract of sale.

> 38. 짧은 대답은 인코텀즈규칙은 그러한 다른 계약들의 일부를 이루지 않는다는 것이다. 즉 인코텀즈규칙은 편입되는 경우에 매매계약의 단지 일정한 국면에 적용되고 이를 규율한다.

39. This is not the same as saying, however, that the Incoterms® rules have no impact on those other contracts. Goods are exported and imported through a network of contracts that, in an ideal world, should match the one with the other. Thus, the sale contract, for example, will require the tender of a transport document issued by the carrier to the seller/shipper under a contract of carriage and against which the seller/shipper/beneficiary might wish to be paid under a letter of credit. Where the three contracts match, things go well; where they do not, problems rapidly arise.

> 39. 그러나 이는 인코텀즈규칙이 그러한 다른 계약들에 어떠한 영향도 주지 않는다는 말은 아니다. 물품은 이상적인 세계에서라면 서로 일치하는 계약들의 네트워크를 통하여 수출되고 수입된다. 따라서 매매계약은 예컨대 운송인이 운송계약상 매도인/송하인에게 발행하는 운송서류의 제공을 요구하고 매도인/송하인/수익자는 신용장상 그러한 운송서류와 상환으로 대금을 지급받고자 할 수 있다. 이러한 세 계약이 일치할 때 일이 잘 굴러간다. 그렇지 않을 때 문제가 속히 발생한다.

40. What the Incoterms® rules say, for example, about carriage or transport documents (in A4/B4 and A6/B6), or what they say about insurance cover (A5/B5), does not bind the carrier or the insurer or any of the banks involved. Thus, a carrier is only bound to issue a transport document as required by the contract of carriage it makes with the other party to that contract: it is not bound to issue a transport document complying with the Incoterms® rules. Likewise, an insurer is bound to issue a policy to the level and in the terms agreed with the party purchasing the insurance, not a policy which complies with the Incoterms® rules. Finally, a bank will look only at the documentary requirements in the letter of credit, if any, not at the requirements of the sales contract.

> 40. 예컨대 운송과 운송서류에 관한 인코텀즈규칙의 규정(A4/B4 및 A6/B6) 또는 부보에 관한 규정(A5/B5)은 관련된 해당 운송인이나 보험자 또는 어떤 은행도 구속하지 않는다. 따라서 운송인은 자신이 그의 상대방과 체결하는 운송계약에서 요구되는 바에 따라 운송서류를 발행할 의무가 있을 뿐이다. 즉 운송인은 인코텀즈규칙에 일치하는 운송서류를 발행할 의무가 없다. 마찬가지로 보험자는 인코텀즈규칙과 일치하는 보험증권이 아니라 그의 보험을 구매한 자와 합의한 수준과 조건을 갖춘 보험증권을 발행할 의무가 있다. 끝으로 은행은 매매계약조건이 아니라 오직 신용장상의 서류적 조건을 주목한다.

41. However, it is very much in the interests of all the parties to the different contracts in the network to ensure that the carriage or insurance terms they have agreed with the carrier or insurer, or the terms of a letter of credit, comply with what the sale contract says about ancillary contracts that need to be made or documents that need to be obtained and tendered. That task does not fall on the carrier, the insurer or the bank, none of whom are party to the contract of sale and none of whom are, therefore, party to or bound by the Incoterms® 2020 rules. It is, however, in the seller's and buyer's interest to try to ensure that the different parts of the network of contracts match - and the starting point is the sale contract - and therefore, where they apply, the Incoterms® 2020 rules.

> 41. 그러나 네트워크 안에 드는 다른 계약들의 모든 당사자들은 그들이 운송인이나 보험자와 합의한 운송조건이나 보험조건 또는 신용장조건이 매매계약의 내용 즉 장차 체결되어야 하는 부수적 계약들이나 장차 구비되어 제공되어야 하는 서류들에 관한 매매계약의 내용과 일치되도록 하는 데 매우 많은 이해관계를 갖는다. 이러한 작업은 매매계약의 당사자도 아니고 따라서 인코텀즈 2020 규칙의 당사자도 아니고 이에 구속되지도 않는 운송인이나 보험자 또는 은행이 하는 일이 아니다. 그러나 매도인과 매수인은 자신의 이익을 위하여 위 계약네트워크상의 다른 부분들이 - 먼저 매매계약과 일치하도록 하고 - 그에 따라 해당되는 경우에는 인코텀즈 2020 규칙과 일치하도록 노력하게 된다.

VII. THE ELEVEN Incoterms® 2020 RULES – "SEA AND INLAND WATERWAY" AND "ANY MODE(S) OF TRANSPORT": GETTING IT RIGHT

42. The main distinction introduced in the Incoterms® 2010 rules, that between Rules for any Mode or Modes of Transport (comprising EXW, FCA, CPT, CIP, DAP, the newly named DPU - the old DAT - and DDP), and Rules for Sea and Inland Waterway Transport, (comprising FAS, FOB, CFR and CIF) has been retained.

> VII. 11개 인코텀즈 2020 규칙 - "해상운송과 내수로운송"에 적용되는 규칙 및 "모든 운송방식"에 적용되는 규칙: 올바른 사용법
> 42. 인코텀즈 2010 규칙에 도입된 기본분류법 즉 "모든 운송방식에 적용되는 규칙"(즉 EXW, FCA, CPT, CIP, DAP, 신설 DPU - 구 DAT - 및 DDP)과 "해상운송과 내수로운송에 적용되는 규칙"(즉 FAS, FOB, CFR 및 CIF)으로 구분하는 방법은 유지되었다.

43. The four so-called "maritime" Incoterms® rules are intended for use where the seller places the goods on board (or in FAS alongside) a vessel at a sea or river port. It is at this point that the seller delivers the goods to the buyer. When these rules are used, the risk of loss of or damage to those goods is on the buyer's shoulders from that port.

> 43. 4개의 이른바 "해상" 인코텀즈규칙("maritime" Incoterms® rules)은 매도인이 물품을 바다나 강의 항구에서 선박에 적재하는 (FAS에서는 선측에 두는) 경우에 사용하도록 고안되었다. 이러한 지점에서 매도인은 매수인에게 물품을 인도한다. 이러한 규칙이 사용되는 경우에 물품의 멸실 또는 훼손의 위험은 그러한 항구로부터 매수인이 부담한다.

44. The seven Incoterms® rules for any mode or modes of transport (so-called "multi-modal"), on the other hand, are intended for use where

   a) the point at which the seller hands the goods over to, or places them at the disposal of, a carrier, or

   b) the point at which the carrier hands the goods over to the buyer, or the point at which they are placed at the disposal of the buyer, or

   c) both points (a) and (b)

   are not on board (or in FAS alongside) a vessel.

> 44. 한편 모든 운송방식에 적용되는 7개의 인코텀즈규칙(이른바 "복합운송" 인코텀즈규칙)은 다음과 같은 지점이 선상(船上)(또는 FAS에서는 선측)이 아닌 경우에 사용되도록 고안되었다.
> a) 매도인이 물품을 운송인에게 교부하거나 운송인의 처분하에 두는 지점 또는
> b) 운송인이 물품을 매수인에게 교부하는 지점 또는 물품이 매수인의 처분하에 놓이는 지점 또는
> c) 위의 (a) 지점과 (b) 지점 모두

45. Where delivery happens and risk transfers in each of these seven Incoterms® rules will depend on which particular rule is used. For example, in CPT, delivery happens at the seller's end when the goods are handed over to the carrier contracted by the seller. In DAP, on the other hand, delivery happens when the goods are placed at the buyer's disposal at the named place or point of destination.

> 45. 이러한 각각의 7개 인코텀즈규칙에서 어디서 인도가 일어나고 위험이 이전하는지는 사용된 당해 규칙이 무엇인지에 달려있다. 예컨대 CPT의 경우에 인도는 물품이 매도인과 계약을 체결한 운송인에게 교부되는 때 즉 매도인의 끝단에서 일어난다. 반면에 DAP의 경우에 인도는 물품이 지정목적지 또는 지정목적지점에서 매수인의 처분하에 놓인 때 일어난다.

46. The order in which the Incoterm® 2010 rules were presented has, as we have said, been largely retained in Incoterms® 2020 and it is important to underline the distinction between the two families of Incoterms® rules so that the right rule is used for the contract of sale depending on the means of transport used.

> 46. 언급하였듯이 인코텀즈 2010 규칙의 배열순서는 인코텀즈 2020에서도 대체로 유지되었고, 이렇게 인코텀즈규칙을 2개의 묶음으로 분류한 것은 당해 매매계약에 사용된 운송수단에 맞는 올바른 규칙을 사용하도록 하기 위함이라는 것을 중요하게 강조한다.

47. One of the most frequent problems in the use of the Incoterms® rules is the choice of the wrong rule for the particular type of contract.

> 47. 인코텀즈규칙을 사용할 때 가장 자주 발생하는 문제 중의 하나는 당해 계약의 종류에 맞지 않는 규칙이 선택되는 것이다.

48. Thus, for example, an FOB inland point (for example an airport or a warehouse) sale contract makes little sense: what type of contract of carriage must the buyer make? Does the buyer owe the seller an obligation to make a contract of carriage under which the carrier is bound to take over the goods at the named inland point or at the nearest port to that point?

> 48. 따라서 예컨대 내륙의 어떤 지점을 지정하는 FOB 매매계약(예컨대 FOB airport 또는 FOB warehouse)은 옳지 않다. 이때 매수인은 어떤 종류의 운송계약을 체결하여야 하는가? 매수인은 매도인에 대하여 운송인이 물품을 그에 지정된 내륙의 지점에서 아니면 그러한 지점과 가장 가까운 항구에서 수령하도록 하는 운송계약을 체결할 의무를 부담하는가?

49. Again, a CIF named sea port sale contract where the buyer expects the goods to be brought to an inland point in the buyer's country makes little sense. Must the seller procure a contract of carriage and insurance cover to the eventual inland destination intended by the parties or to the seaport named in the sale contract?

> 49. 또한 매수인이 매수인 국가의 내륙에 있는 어떤 지점까지 물품이 운송되도록 기대하는 경우에 어떤 해양항구(sea port)를 지정하는 CIF 매매계약은 옳지 않다. 매도인은 당사자들이 의도하는 내륙의 최종목적지까지 아니면 매매계약에서 지정된 해양항구까지 커버하는 운송계약과 보험을 마련하여야 하는가?

50. Gaps, overlaps and unnecessary costs are likely to arise - and all this because the wrong Incoterms® rule has been chosen for the particular contract. What makes the mismatch "wrong" is that insufficient regard has been given to the two most important features of the Incoterms® rules, features which are mirrors of each other, namely the port, place or point of delivery and the transfer of risks.

> 50. 공백부분, 중복부분과 불필요한 비용이 발생할 수 있고 - 이러한 모든 것은 당해 계약에서 잘못된 인코텀즈규칙이 선택되었기 때문이다. 그러한 불일치가 "잘못된 것"이 되는 이유는 인코텀즈규칙의 가장 중요한 두 가지 특징적 사항, 즉 인도항구, 인도장소 또는 인도지점이라는 사항과 위험이전이라는 사항이 상호 간에 거울(mirrors of each other)이라는 점을 충분히 고려하지 않았기 때문이다.

51. The reason for the frequent misuse of the wrong Incoterms® rule is that Incoterms® rules are frequently regarded exclusively as price indicators: this or that is the EXW, FOB, or DAP price. The initials used in the Incoterms® rules are doubtless handy abbreviations for the formula used in the calculation of the price. Incoterms® rules are not, however, exclusively, or even primarily, price indicators. They are a list of general obligations that sellers and buyers owe each other under well-recognised forms of sale contract - and one of their main tasks is to indicate the port, place or point of delivery where the risk is transferred.

> 51. 잘못된 인코텀즈규칙을 종종 오용하게 되는 이유는 인코텀즈규칙이 종종 전적으로 가격지표(price indicator)라고 오해되기 때문이다. 즉 이것 또는 저것이 EXW 가격, FOB 가격 또는 DAP 가격이라고 말이다. 인코텀즈규칙에 사용되는 머리글자들은 가격산정에 사용되는 의심의 여지 없는 편리한 약어들이다. 그러나 인코텀즈규칙은 전적인(exclusively) 가격지표가 아니며 주요한(primarily) 가격지표도 아니다. 인코텀즈규칙은 널리 인정되는 정형적인 매매계약하에서 매도인과 매수인이 서로에 대하여 부담하는 일반적 의무들의 목록이고 - 인코텀즈규칙의 주요한 역할 중의 하나가 위험이 이전하는 인도항구나 인도장소 또는 인도지점을 표시하는 것이다.

VIII. ORDER WITHIN THE Incoterms® 2020 RULES

52. All the ten A/B articles in each of the Incoterms® rules are important - but some are more important than others.

> VIII. 인코텀즈 2020 규칙 내 조항의 순서
> 52. 각 인코텀즈규칙에 규정된 10개의 모든 A/B 조항이 다 중요하나 - 어떤 것은 다른 것보다 더 중요하다.

53. There has, indeed, been a radical shake-up in the internal order in which the ten articles within each Incoterms® rule have been organised. In Incoterms® 2020, the internal order within each Incoterms® rule now follows this sequence:

A1/B1	General obligations	A6/B6	Delivery/transport document
A2/B2	Delivery/Taking delivery	A7/B7	Export/import clearance
A3/B3	Transfer of risks	A8/B8	Checking/packaging/marking
A4/B4	Carriage	A9/B9	Allocation of costs
A5/B5	Insurance	A10/B10	Notices

53. 사실 개별 인코텀즈규칙 내에서 조직적으로 짜여 있는 그러한 10개 조항의 내부적 순서는 철저하게 변경되었다. 인코텀즈 2020에서 개별 인코텀즈규칙의 내부적 순서는 다음과 같다.

A1/B1	일반의무	A6/B6	인도/운송서류
A2/B2	인도/인도의 수령	A7/B7	수출/수입통관
A3/B3	위험이전	A8/B8	점검/포장/하인표시
A4/B4	운송	A9/B9	비용분담
A5/B5	보험	A10/B10	통지

54. It will be noticed that concerning the Incoterms® 2020 rules, after recording in A1/B1 the basic goods/payment obligations of the parties, Delivery and the Transfer of risks are moved to a more prominent location, namely to A2 and A3 respectively.

54. 인코텀즈 2020 규칙에서는 A1/B1에서 당사자의 기본적인 물품제공/대금지급의무를 규정하고 이어 인도조항과 위험이전조항을 보다 두드러진 위치인 A2와 A3으로 각각 옮겼다는 것을 발견할 것이다.

55. The broad sequence thereafter goes:
   ▶ ancillary contracts (A4/B4 and A5/B5, carriage and insurance);
   ▶ transport documents (A6/B6);   ▶ export/import clearance (A7/B7);
   ▶ packaging (A8/B8);   ▶ costs (A9/B9); and
   ▶ notices (A10/B10).

55. 그 이후 항목의 대략적 순서는 다음과 같다.
   ▶ 부수적 계약들(A4/B4 및 A5/B5, 운송 및 보험)
   ▶ 운송서류(A6/B6)   ▶ 수출/수입통관(A7/B7)
   ▶ 포장(A8/B8)   ▶ 비용(A9/B9) 및
   ▶ 통지(A10/B10)

56. It is appreciated that this change in the order of the A/B articles will take some time - and cost - to become familiar. It is hoped that with delivery and risk now made more prominent, traders will find it easier to identity the differences among the various Incoterms® rules, i.e. the different points in time and place at which the seller "delivers" the goods to the buyer with risk transferring to the buyer from that time and point.

> 56. 이러한 A/B 조항들 순서의 변경은 그에 익숙해질 때까지 다소의 시간과 비용이 든다는 것을 알고 있다. 인도와 위험이 보다 두드러지게 됨으로써 거래 당사자들이 다양한 인코텀즈규칙들 사이의 차이점들, 즉 매도인이 물품을 매수인에게 "인도"하는 시간과 장소, 그에 따라 위험이 매수인에게 이전하는 시간과 장소 측면에서 차이점들을 보다 쉽게 인지하기를 희망한다.

57. For the first time, the Incoterms® rules are published both in the traditional format setting out the eleven Incoterms® rules and in a new "horizontal" format setting out the ten articles within each Incoterms® rule under each of the headings listed above in paragraph 53, first for the seller and then for the buyer. Traders can therefore now far more easily see the difference, for example, between the place of delivery in FCA and the place of delivery in DAP; or the items of cost which fall on a buyer in CIF when compared with the items of cost which fall on a buyer in CFR. It is hoped that this "horizontal" representation of the Incoterms® 2020 rules will further assist traders in choosing the Incoterms® rule most appropriate to their commercial requirements.

> 57. 처음으로 인코텀즈 [2020] 규칙에서는 11개의 인코텀즈규칙들을 배열하는 전통적 체제(traditional format)와 개별 인코텀즈규칙상의 10개의 조항들을 위의 53번 단락에 열거된 조항제목별로 그리고 선(先) 매도인조항 - 후(後) 매수인조항 순으로 편제하는 새로운 "수평적" 체제("horizontal" format)를 함께 출간한다. 따라서 거래 당사자들은 이제는 예컨대 FCA상의 인도장소와 DAP상의 인도장소의 차이점을 훨씬 더 쉽게 볼 수 있고, CIF상 매수인이 부담하는 비용항목을 CFR상의 매수인의 비용항목과 비교하여 볼 수 있다. 이러한 인코텀즈 2020 규칙의 "수평적" 편제방법은 거래 당사자들이 상거래상의 여건에 가장 적절한 규칙을 선택하는 데 도움이 될 것이다.

IX. DIFFERENCES BETWEEN Incoterms® 2010 AND 2020

58. The most important initiative behind the Incoterms® 2020 rules has been to focus on how the presentation could be enhanced to steer users towards the right Incoterms® rule for their sale contract. Thus:

   a) a greater emphasis in this Introduction on making the right choice;

   b) a clearer explanation of the demarcation and connection between the sale contract and its ancillary contracts;

   c) upgraded Guidance Notes presented now as Explanatory Notes to each Incoterms® rule; and

   d) a re-ordering within the Incoterms® rules giving delivery and risk more prominence.

   All these changes, though cosmetic in appearance, are in reality substantial attempts on the part of ICC to assist the international trading community towards smoother export/import transactions.

> IX. 인코텀즈 2010과 인코텀즈 2020의 차이점
>
> 58. 인코텀즈 2020 규칙의 가장 중요한 동기는 사용자들로 하여금 매매계약에서 올바른 인코텀즈규칙을 사용하도록 유도하기 위하여 어떻게 하면 인코텀즈의 제시방식을 개선할 수 있을 것인지에 주력하는 데 있었다. 그에 따라 다음과 같은 점에 주력하였다.
>
>   a) 본 소개문(Introduction)에서 올바른 [인코텀즈규칙의] 선택을 더욱 강조하는 것
>   b) 매매계약과 부수계약 사이의 구분과 연결을 더 명확하게 설명하는 것
>   c) 각 인코텀즈규칙에 대한 기존의 사용지침(Guidance Note)을 개선하여 현재의 설명문(Explanatory Note)을 제시하는 것
>   d) 개별 인코텀즈규칙 내에서 조항의 순서를 변경하여 인도와 위험을 더욱 두드러지게 하는 것
>
>   이러한 모든 변경은 비록 외견적인 포장이긴 하나 실제로 국제거래업계로 하여금 수출/수입거래를 더욱 순조롭게 하도록 돕고자 하는 ICC 측의 실질적 시도이다.

59. Apart from these general changes, there are more substantive changes in the Incoterms® 2020 rules when compared with Incoterms® 2010. Before looking at those changes, mention must be made of a particular development in trade practice which occurred since 2010 and which ICC has decided should not lead to a change in the Incoterms® 2020 rules. namely Verified Gross Mass(VGM).

> 59. 이러한 일반적 변경 외에도 인코텀즈 2010과 비교할 때 인코텀즈 2020 규칙에는 더 실질적인 변화들이 있다. 이러한 변화를 보기 전에 먼저 꼭 언급할 것이 있는데 2010년 이후 거래관행의 특정한 발전이 있었지만 ICC는 이것 때문에 인코텀즈 2020 규칙을 개정하여야 하는 것은 아니라고 결정하였다. 검증총중량(Verified Gross Mass: VGM)(혹은 총중량검증제)이 그것이다.

60. Note on Verified Gross Mass (VGM) - Since 1 July 2016, Regulation 2 under the International Convention for the Safety of Life at Sea (SOLAS) imposed on shippers in the case of the shipment of containers the obligation either to weigh the packed container using calibrated and certified equipment, or to weigh the contents of the container and add the weight of the container when empty. In either case, the VGM is to be recorded with the carrier. A failure to comply bears the sanction under the SOLAS Convention that the container "should not be loaded onto a ship": see paragraph 4.2, MSC1/Circ.1475, 9 June 2014.

These weighing operations obviously incur expense and failure may lead to delay in loading. As this happened after 2010, it is unsurprising that there was some pressure in the consultations leading to Incoterms® 2020 for a clear indication to be given as to who, as between seller and buyer, should bear such obligations.

> 60. 검증총중량(VGM)에 관한 노트 - 2016. 7. 1. 이후 국제해사인명안전협약(International Convention for the Safety of Life at Sea: SOLAS) 하의 규정 2(Regulation 2)에서는 컨테이너 선적의 경우에 송하인에게 [적입완료]된 컨테이너의 중량을 수치로 측정되는 검증된 장비를 사용하여 측정하거나 아니면 컨테이너 내용물의 중량을 측정하고 그에 빈 컨테이너의 중량을 합할 의무를 부과한다. 각각의 경우에 VGM은 운송인에게 기록되어야 한다. 그 위반이 있으면 SOLAS 협약에 따른 제재가 부과되어 해당 컨테이너는 "선박에 적재될 수 없다" (para 4.2, MSCI/Circ.1475, 9 June 2014 참조).
> 이러한 측량작업은 분명히 비용을 발생시키고 그 불이행은 적재를 지연시킬 수 있다. 이러한 일이 2010년 후에 발생함에 따라 의견수렴과정에서 인코텀즈 2020에서는 매도인과 매수인 사이에서 누가 그러한 의무를 부담하는지에 관하여 분명한 표시가 있어야 한다는 약간의 압력이 있었다는 것은 놀랄 일이 아니다.

61. It was felt by the Drafting Group that obligations and costs relating to VGM were too specific and complex to warrant explicit mention in the Incoterms® 2020 rules.

> 61. 초안그룹(Drafting Group)은 VGM에 관한 의무와 비용이 너무 구체적이고 복잡하여 이를 인코텀즈 2020 규칙에 명시하는 것은 적절하지 않다고 느꼈다.

62. Returning to the changes made by ICC to the Incoterms® 2010 rules in the Incoterms® 2020 rules, these are:

[a] Bills of lading with an on-board notation and the FCA Incoterms® rule

[b] Costs, where they are listed

[c] Different levels of insurance cover in CIF and CIP

[d] Arranging for carriage with seller's or buyer's own means of transport in FCA, DAP, DPU and DDP

[e] Change in the three-letter initials for DAT to DPU

[f] Inclusion of security-related requirements within carriage obligations and costs

[g] Explanatory Notes for Users

62. 이에 ICC가 인코텀즈 2010 규칙을 이번 인코텀즈 2020 규칙에서 변경한 사항들은 다음과 같다.
  [a] 본선적재표기가 있는 선하증권과 인코텀즈 FCA 규칙
  [b] 비용 - 어디에 규정할 것인가
  [c] CIF와 CIP 간 부보수준의 차별화
  [d] FCA, DAP, DPU 및 DDP에서 매도인 또는 매수인 자신의 운송수단에 의한 운송 허용
  [e] DAT에서 DPU로의 명칭변경
  [f] 운송의무 및 비용 조항에 보안 관련 요건 삽입
  [g] 사용자를 위한 설명문

[a] Bills of lading with an on-board notation and the FCA Incoterms® rule

63. Where goods are sold FCA for carriage by sea, sellers or buyers (or more likely their banks where a letter of credit is in place) might want a bill of lading with an on-board notation.

[a] 본선적재표기가 있는 선하증권과 인코텀즈 FCA 규칙
63. 물품이 FCA 규칙으로 매매되고 해상운송되는 경우에 매도인 또는 매수인(또는 신용장이 개설된 경우에는 그들의 은행이 그럴 가능성이 더 크다)은 본선적재표기가 있는 선하증권을 원할 수 있다.

64. However, delivery under the FCA rule is completed before the loading of the goods on board the vessel. It is by no means certain that the seller can obtain an on-board bill of lading from the carrier. That carrier is likely, under its contract of carriage, to be bound and entitled to issue an on-board bill of lading only once the goods are actually on board.

64. 그러나 FCA 규칙에서 인도는 물품의 본선적재 전에 완료된다. 매도인이 운송인으로부터 선적선하증권(on-board bill of lading)을 취득할 수 있는지는 결코 확실하지 않다. 운송인은 자신의 운송계약상 물품이 실제로 선적된 후에야 비로소 선적선하증권을 발행할 의무와 권리가 있다.

65. To cater for this situation, FCA A6/B6 of Incoterms® 2020 now provides for an additional option. The buyer and the seller can agree that the buyer will instruct its carrier to issue an on-board bill of lading to the seller after the loading of the goods, the seller then being obliged to tender that bill of lading to the buyer, typically through the banks. ICC recognises that, despite this somewhat unhappy union between an on-board bill of lading and FCA delivery, this caters for a demonstrated need in the marketplace. Finally, it should be emphasised that even where this optional mechanism is adopted, the seller is under no obligation to the buyer as to the terms of the contract of carriage.

65. 이러한 상황에 대비하여 이제 인코텀즈 2020 FCA A6/B6에서는 추가적인 옵션을 규정한다. 매수인과 매도인은 매수인이 선적 후에 선적선하증권을 매도인에게 발행하도록 그의 운송인에게 지시할 것을 합의할 수 있고, 그렇다면 매도인은 전형적으로 은행들을 통하여 매수인에게 선적선하증권을 제공할 의무가 있다. ICC는 이러한 선적선하증권과 FCA 인도 사이의 약간의 불편한 결합에도 불구하고 이러한 규정이 시장의 증명된 필요에 부응한다고 인정한다. 끝으로 이러한 선택적 기제(optional mechanism)가 채택되더라도 매도인은 운송계약조건에 관하여 매수인에 대하여 어떠한 의무도 없다는 것을 강조한다.

66. Does it remain true to say that where containerised goods are delivered by seller to buyer by handing over to a carrier before loading onto a ship, the seller is well advised to sell on FCA terms rather than on FOB terms?
The answer to that question is Yes. Where Incoterm® 2020 have made a difference, however, is that where such a seller still wants or needs a bill of lading with an on-board notation, the new additional option in the FCA term A6/B6 makes provision for such a document.

66. 매도인이 컨테이너화물을 선적 전에 운송인에게 교부함으로써 매수인에게 인도하는 경우에 매도인은 FOB 조건 대신에 FCA 조건으로 매매하는 것이 좋다는 말은 여전히 진실인가?
이 질문에 대한 대답은 '그렇다'이다. 다만 인코텀즈 2020 규칙에서 달라진 것이 있다면 그러한 매도인이 본선적재표기가 있는 선하증권을 여전히 원하거나 필요로 하는 경우에 위와 같은 FCA 조건 A6/B6상의 새로운 추가적 옵션이 곧 그러한 서류에 관한 규정으로 작용한다는 것이다.

[b] Costs, where they are listed

67. In the new ordering of the articles within the Incoterms® 2020 rules, costs now appear at A9/B9 of each Incoterms® rule. Apart from that re-location, however, there is another change that will become obvious to users early on. The various costs which fall to be allocated by various articles within the Incoterms® rules have traditionally appeared in different parts of each Incoterms® rule. Thus, for example, costs related to the obtaining of a delivery document in FOB 2010 were mentioned in A8, the article under the heading "Delivery Document", but not in A6, the article under the heading "Allocation of Costs".

> [b] 비용 - 어디에 규정할 것인가
> 67. 인코텀즈 2020 규칙들 내의 새로운 조항순서에 따라 이제 비용은 각 인코텀즈규칙의 A9/B9에 나타난다. 그러나 이러한 위치변경 외에도 사용자들이 금방 알 수 있는 다른 변경이 있다. 인코텀즈규칙의 여러 조항에 의하여 각 당사자에게 할당되는 다양한 비용은 전통적으로 개별 인코텀즈규칙의 여러 부분에 나뉘어 규정되었다. 예컨대 FOB 2010에서 인도서류의 취득에 관한 비용은 "비용분담"("Allocation of Costs")이라는 제목의 A6이 아니라 "인도서류"("Delivery Document")라는 제목의 A8에서 언급되었다.

68. In the Incoterms® 2020 rules, however, the equivalent of A6/B6, namely A9/B9, now lists all the costs allocated by each particular Incoterms® rule. A9/B9 in the Incoterms® 2020 rules are consequently longer than A6/B6 in the Incoterms® 2010 rules.

> 68. 그러나 이제 인코텀즈 2020 규칙에서는 그러한 A6/B6에 상당하는 조항 즉 A9/B9에서 당해 인코텀즈 규칙상의 분담비용을 모두 열거한다. 따라서 인코텀즈 2020규칙의 A9/B9은 인코텀즈 2010 규칙의 A6/B6보다 더 길다.

69. The purpose is to provide users with a one-stop list of costs, so that the seller or buyer can now find in one place all the costs for which it would be responsible under that particular Incoterms® rule. Items of cost are also mentioned in their home article: thus, for example, the costs involved in obtaining documents in FOB still also appear at A6/B6 as well as at A9/B9. The thinking here was that users interested in discovering the specific allocation of documentary costs might be more inclined to go to the specific article dealing with delivery documents rather than to the general article listing all the costs.

> 69. 그 목적은 사용자들에게 비용에 관한 일람표(one-stop list)를 제공하는 데 있으며, 그에 따라 이제 매도인이나 매수인은 당해 인코텀즈규칙상 자신이 부담하는 모든 비용을 한 곳에서 찾아볼 수 있다. 비용항목은 또한 그 항목의 본래조항(home article)에도 언급되어 있고, 따라서 예컨대 FOB에서 서류를 취득하는 데 드는 비용은 A9/B9뿐만 아니라 A6/B6에도 여전히 나타난다. 이렇게 하기로 한 이유는 특정한 서류에 관한 비용분담을 알고자 하는 사용자는 모든 비용을 열거하는 일반조항보다는 인도서류를 다루는 특별조항을 보는 경향이 더 클 것이라는 생각 때문이었다.

[c] Different levels of insurance cover in CIF and CIP

70. In the Incoterms® 2010 rules, A3 of both CIF and CIP imposed on the seller the obligation to "obtain at its own expense cargo insurance complying at least with the minimum Cover as provided by Clauses (C) of the Institute Cargo Clauses (Lloyd's Market Association/International Underwriting Association 'LMA/IUA') or any similar clauses." Institute Cargo Clauses (C) provide cover for a number of listed risks, subject to itemised exclusions; Institute Cargo Clauses (A), on the other hand, cover "all risks", again subject to itemised exclusions. During the consultations leading to the Incoterms® 2020 rules, the case was made for moving from Institute Cargo Clauses (C) to Institute Cargo Clauses (A), thus increasing the cover obtained by the seller for the benefit of the buyer. This could, of course, also involve an additional cost in premium. The contrary case, namely to stay with Institute Cargo Clauses (C), was equally strongly put, particularly by those involved in the maritime trade of commodities. After considerable discussion within and beyond the Drafting Group, the decision was made to provide for different minimum cover in the CIF. Incoterms® rule and in the CIP Incoterms® rule. In the first, which is much more likely to be used in the maritime commodity trades, the status quo has been retained, with Institute Cargo Clauses (C) as the default position, although it is, of course, open to the parties to agree to higher cover. In the second, namely the CIP Incoterms® rule, the seller must now obtain insurance cover complying with Institute Cargo Clauses (A), although it is, of course, again open to the parties to agree on a lower level of cover.

[c] CIF와 CIP 간 부보수준의 차별화

70. 인코텀즈 2010 규칙에서는 CIF 및 CIP의 A3에서 매도인에게 "자신의 비용으로 (로이즈시장협회/국제보험업협회의) 협회적하약관이나 그와 유사한 약관의 C약관에서 제공하는 최소담보조건에 따른 적하보험을 취득"할 의무를 부과하였다. 협회적하약관의 C-약관은 항목별 면책위험(itemised exclusions)의 제한을 받는 다수의 담보위험을 열거한다. 한편 협회적하약관의 A-약관은 항목별 면책위험의 제한 하에 "모든 위험"("all risks")을 담보한다. 인코텀즈 2020 규칙의 초안을 위한 의견수렴과정에서 협회적하약관의 약관에서 협회적하약관의 A-약관으로 변경함으로써 매도인이 취득하는 부보의 범위를 확대하여 매수인에게 이익이 되도록 하자는 의견이 제기되었다. 당연히 이는 보험료 면에서 비용증가를 수반할 수 있다. 특히 일차산품 해상무역에 종사하는 사람들은 반대의견 즉 협회적하약관의 약관의 원칙을 유지하여야 한다는 의견을 동등하게 강력히 제기하였다. 초안그룹 내외에서 상당한 논의를 거친 후 CIF 인코텀즈규칙과 CIP 인코텀즈규칙에서 최소부보에 관하여 다르게 규정하기로 결정되었다. 전자 즉 CIF 규칙은 일차산품의 해상무역에서 사용될 가능성이 매우 높으므로 CIF 규칙에서는 현상유지 즉 협회적하약관 C-약관의 원칙을 계속 유지하되 다만 당사자들이 보다 높은 수준의 부보를 하기로 달리 합의할 수 있도록 길을 열어 두었다. 후자 즉 CIP 규칙의 경우에 이제 매도인은 협회적하약관의 A-약관에 따른 부보를 취득하여야 한다. 물론 또한 당사자들은 원한다면 보다 낮은 수준의 부보를 하기로 합의할 수 있다.

[d] Arranging for carriage with seller's or buyer's own means of transport in FCA, DAP, DPU and DDP

71. In the Incoterms® 2010 rules, it was assumed throughout that where the goods were to be carried from the seller to the buyer, they would be carried by a third-party carrier engaged for the purpose either by the seller or the buyer, depending on which Incoterms® rule was used.

> [d] FCA, DAP, DPU 및 DDP에서 매도인 또는 매수인 자신의 운송수단에 의한 운송 허용
>
> 71. 인코텀즈 2010 규칙에서는 물품이 매도인으로부터 매수인에게 운송되어야 하는 경우에 사용된 당해 인코텀즈규칙에 따라 매도인 또는 매수인이 운송을 위하여 사용하는 제3자 운송인(third-party carrier)이 물품을 운송하는 것으로 전반적으로 가정되었다.

72. It became clear in the deliberations leading to Incoterms® 2020, however, that there were some situations where, although the goods were to be carried from the seller to the buyer, they could be so carried without any third-party carrier being engaged at all. Thus, for example, there was nothing stopping a seller on a D rule from arranging for such carriage without outsourcing that function to a third party, namely by using its own means of transportation. Likewise, with an FCA purchase, there was nothing to stop the buyer from using its own vehicle for the collection of the goods and for their transport to the buyer's premises.

> 72. 그러나 인코텀즈 2020 초안의 논의과정에서 물품이 매도인으로부터 매수인에게 운송될 때 상황에 따라서는 제3자 운송인의 개입이 전혀 없이 운송될 수도 있는 경우가 있다는 것이 명백해졌다. 따라서, 예컨대 D 규칙에서 매도인이 운송을 제3자에게 아웃소싱하지 않고 즉 자신의 운송수단을 사용하여 운송하는 것을 못하도록 하는 그 어떤 것도 없다. 마찬가지로 FCA 매매에서 매수인이 물품을 수취하기 위하여 나아가 자신의 영업구내까지 운송하기 위하여 자신의 차량을 사용하는 것을 금지하는 그 어떤 것도 없다.

73. The rules appeared not to take account of these eventualities. The Incoterms® 2020 rules now do, by expressly allowing not only for the making of a contract of carriage, but also for simply arranging for the necessary carriage.

> 73. 인코텀즈 2010 규칙은 그러한 경우를 고려하지 않은 것 같았다. 이제 인코텀즈 2020 규칙에서는 운송계약을 체결하도록 허용하는 것 외에도 단순히 필요한 운송을 마련하는 것을 허용함으로써 그러한 경우를 고려한다.

[e] Change in the three-letter initials for DAT to DPU

74. The only difference between DAT and DAP in the Incoterms® 2010 was that in DAT the seller delivered the goods once unloaded from the arriving means of transport into a "terminal"; whereas in DAP, the seller delivered the goods when the goods were placed at the disposal of the buyer on the arriving means of transport for unloading. It will also be recalled that the Guidance Note for DAT in Incoterms® 2010 defined the word "terminal" broadly to include "any place, whether covered or not ...".

> [e] DAT에서 DPU로의 명칭변경
> 74. 인코텀즈 2010 규칙에서 DAT와 DAP의 유일한 차이점은, DAT의 경우에 매도인은 물품을 도착운송수단으로부터 양하한 후 "터미널"에 두어 인도하여야 하였고 DAP의 경우에 매도인은 물품을 도착운송수단에 실어둔 채 양하를 위하여 매수인의 처분하에 두었을 때 인도를 한 것으로 되었다는 점이다. 인코텀즈 2010의 DAT 사용지침(Guidance Note)에서는 "터미널"이라는 용어를 넓게 정의하여 "... 지붕의 유무를 불문하고 모든 장소"가 포함되도록 하였다는 점도 기억할 것이다.

75. ICC decided to make two changes to DAT and DAP. First, the order in which the two Incoterms® 2020 rules are presented has been inverted, and DAP, where delivery happens before unloading, now appears before DAT. Secondly, the name of the rule DAT has been changed to DPU (Delivered at Place Unloaded), emphasising the reality that the place of destination could be any place and not only a "terminal". However, if that place is not in a terminal, the seller should make sure that the place where it intends to deliver the goods is a place where it is able to unload the goods.

> 75. ICC는 DAT와 DAP에서 두 가지를 변경하기로 결정하였다. 첫째, 이러한 두 인코텀즈 2020 규칙의 등장순서가 서로 바뀌었고, 양하 전에 인도가 일어나는 DAP가 이제는 DAT 앞에 온다. 둘째, DAT 규칙의 명칭이 DPU(Delivered at Place Unloaded)로 변경되었고, 이는 "터미널"뿐만 아니라 어떤 장소든지 목적지가 될 수 있는 현실을 강조하기 위함이다. 그러나 그러한 목적지가 터미널에 있지 않은 경우에 매도인은 자신이 물품을 인도하고자 하는 장소가 물품의 양하가 가능한 장소인지 꼭 확인하여야 한다.

[f] Inclusion of security-related requirements within carriage obligations and costs

76. It will be recalled that security-related requirements made a rather subdued entry into the Incoterms® 2010 rules, through A2/B2 and A10/B10 in each rule. The Incoterms® 2010 rules were the first revision of the Incoterms® rules to come into force after security-related concerns became so prevalent in the early part of this century. Those concerns, and the associated shipping practices which they have created in their wake, are now much more established. Connected as they are to carriage requirements, an express allocation of security-related obligations has now been added to A4 and A7 of each Incoterms® rule. The costs incurred by these requirements are also now given a more prominent position in the costs article, namely A9/B9.

[f] 운송의무 및 비용 조항에 보안 관련 요건(security-related requirements) 삽입

76. 되돌아보면 인코텀즈 2010 규칙에서는 보안관련요건이 개별 규칙의 A2/B2 내지 A10/B10에 걸쳐 다소 얌전하게 들어가 있었다. 인코텀즈 2010 규칙은 21세기 초반에 들어 보안관련 우려가 널리 확산된 후 시행된 인코텀즈규칙의 최초 개정이었다. 그러한 우려 및 그에 관하여 초기에 그러한 우려 때문에 성립된 선적관행은 이제 상당히 정립되었다. 그러한 우려는 운송요건과 관련되기 때문에 이제 보안관련의무의 명시적 할당이 개별 인코텀즈규칙의 A4와 A7에 추가되었다. 그러한 요건 때문에 발생하는 비용도 또한 이제는 더 현저한 위치 즉 비용조항인 A9/B9에 규정된다.

[g] Explanatory Notes for Users

77. The Guidance Notes appearing at the start of each Incoterms® rule in the 2010 version now appear as "Explanatory Notes for Users". These Notes explain the fundamentals of each Incoterms® 2020 rule, such as when it should be used, when risk transfers and how costs are allocated between seller and buyer. The Explanatory Notes are intended (a) to help the user accurately and efficiently steer towards the appropriate Incoterms® rule for a particular transaction; and (b) to provide those deciding or advising on disputes or contracts governed by Incoterms® 2020 with guidance on matters which might require interpretation. For guidance on more fundamental issues that cut across the Incoterms® 2020 rules more generally, reference may, of course, also be made to the text of this Introduction.

[g] 사용자를 위한 설명문

77. 2010 버전에서 개별 인코텀즈규칙의 첫머리에 있던 사용지침(Guidance Note)은 이제는 "사용자를 위한 설명문"("Explanatory Notes for Users")이 되었다. 이러한 설명문은 각 규칙이 어떤 경우에 사용되어야 하는지, 위험은 언제 이전하는지 그리고 매도인과 매수인 사이에 비용분담은 어떠한지와 같은 개별 인코텀즈 2020 규칙의 기초를 설명한다. 설명문의 목적은 (a) 사용자들이 당해 거래에 적합한 인코텀즈규칙을 정확하고 효율적으로 찾도록 돕는 것과 (b) 인코텀즈 2020이 적용되는 분쟁이나 계약에 관하여 결정을 내리거나 조언하는 사람들에게 해석이 필요한 사항에 관하여 지침을 제공하는 것이다. 또한 물론 인코텀즈 2020 규칙 전반을 관통하는 보다 기초적인 쟁점들에 관한 지침에 관하여 보다 일반적으로는 본 소개문(Introduction)을 참조할 수 있다.

X. CAUTION WITH VARIANTS OF Incoterms® RULES

78. Sometimes the parties want to alter an Incoterms® rule. The Incoterms® 2020 rules do not prohibit such alteration, but there are dangers in so doing. In order to avoid any unwelcome surprises, the parties would need to make the intended effect of such alterations extremely clear in their contract. Thus, for example, if the allocation of costs in the Incoterms® 2020 rules is altered in the contract, the parties should also clearly state whether they intend to vary the point at which delivery is made and the risk transfers to the buyer.

> X. 인코텀즈규칙 변용(變用) 시 유의점
> 78. 때때로 당사자들은 인코텀즈규칙을 조금 고쳐서 사용하길 원한다. 인코텀즈 2020 규칙은 그러한 변경을 금지하지 않으나 그렇게 하는 데에는 위험이 따른다. 의외의 결과를 피하기 위하여 당사자들은 그러한 변경으로 의도하는 효과를 계약에서 매우 분명하게 표시하여야 한다. 따라서 예컨대 인코텀즈 2020 규칙상의 비용분담을 계약에서 변경하는 경우에 당사자들은 또한 인도가 이루어지고 위험이 매수인에게 이전하는 지점(point)까지도 바꾸기로 의도하는 것인지 여부를 명백하게 기술하여야 한다.

Charles Debattista[1)]

Special ICC Advisor Incoterms 2020 Drafting Group

> Charles Debattista
> ICC 특별고문

---

1) I am very grateful for comments received on earlier drafts of this personal Introduction to the new rules, both from ICC national committees and from my colleagues on the Drafting Group. The views expressed in this Introduction, however, remain my own and do not therefore form part of the Incoterms® 2020 rules themselves.

> 본인은 새로운 규칙에 대한 이러한 본인의 개인적 소개문의 이전 초안들에 대하여 ICC 국내위원회들과 초안그룹의 동료들께서 주신 의견에 매우 감사한다. 그러나 본 소개문에 나타나는 견해들은 저 자신의 것이며 따라서 인코텀즈 2020 규칙 자체의 일부를 구성하지 않는다.

RULES FOR ANY MODE OR MODES OF TRANSPORT
모든 운송방식에 적용되는 규칙

EXW | Ex Works

EXW (insert named place of delivery) Incoterms® 2020

EXPLANATORY NOTES FOR USERS

1. Delivery and risk - "Ex Works" means that the seller delivers the goods to the buyer
    - ▶ when it places the goods at the disposal of the buyer at a named place (like a factory or warehouse), and
    - ▶ that named place may or may not be the seller's premises.

    For delivery to occur, the seller does not need to load the goods on any collecting vehicle, nor does it need to clear the goods for export, where such clearance is applicable.

EXW | 공장인도

EXW (지정인도장소 기입) Incoterms® 2020

사용자를 위한 설명문

1. 인도와 위험 - "공장인도"는 매도인이 다음과 같이 한 때 매수인에게 물품을 인도하는 것을 의미한다.
    - ▶ 매도인이 물품을 (공장이나 창고와 같은) 지정장소에서 매수인의 처분하에 두는 때, 그리고
    - ▶ 그 지정장소는 매도인의 영업구내일 수도 있고 아닐 수도 있다.

    인도가 일어나기 위하여 매도인은 물품을 수취용 차량에 적재하지 않아도 되고, 물품의 수출통관이 요구되더라도 이를 수행할 필요가 없다.

---

2. Mode of transport - This rule may be used irrespective of the mode or modes of transport, if any, selected.

---

2. 운송방식 - 본 규칙은 선택되는 어떤 운송방식이 있는 경우에 그것이 어떠한 단일 또는 복수의 운송방식인지를 불문하고 사용할 수 있다.

3. Place or precise point of delivery - The parties need only name the place of delivery. However, the parties are well advised also to specify as clearly as possible the precise point within the named place of delivery. A named precise point of delivery makes it clear to both parties when the goods are delivered and when risk transfers to the buyer; such precision also marks the point at which costs are for the buyer's account. If the parties do not name the point of delivery, then they are taken to have left it to the seller to select the point "that best suits its purpose". This means that the buyer may incur the risk that the seller may choose a point just before the point at which goods are lost or damaged. Best for the buyer therefore to select the precise point within a place where delivery will occur.

> 3. 인도장소 또는 정확한 인도지점 - 당사자들은 단지 인도장소만 지정하면 된다. 그러나 당사자들은 또한 지정인도장소 내에 정확한 지점을 가급적 명확하게 명시하는 것이 좋다. 그러한 정확한 지정인도지점은 양 당사자에게 언제 물품이 인도되는지와 언제 위험이 매수인에게 이전하는지 명확하게 하며, 또한 그러한 정확한 지점은 매수인의 비용부담의 기준점을 확정한다. 당사자들이 인도지점을 지정하지 않는 경우에는 매도인이 "그의 목적에 가장 적합한" 지점을 선택하기로 한 것으로 된다. 이는 매수인으로서는 매도인이 물품의 멸실 또는 훼손이 발생한 지점이 아닌 그 직전의 지점을 선택할 수도 있는 위험이 있음을 의미한다. 따라서 매수인으로서는 인도가 이루어질 장소 내의 정확한 지점을 선택하는 것이 가장 좋다.

4. A note of caution to buyers - EXW is the Incoterms® rule which imposes the least set of obligations on the seller. From the buyer's perspective, therefore, the rule should be used with care for different reasons as set out below.

> 4. 매수인을 위한 유의사항 - EXW는 매도인에게 최소의 일련의 의무를 지우는 인코텀즈규칙이다. 따라서 매수인의 관점에서 이 규칙은 아래와 같은 여러 가지 이유로 조심스럽게 사용하여야 한다.

5. Loading risks - Delivery happens - and risk transfers - when the goods are placed, not loaded, at the buyer's disposal. However, risk of loss of or damage to the goods occurring while the loading operation is carried out by the seller, as it may well be, might arguably lie with the buyer, who has not physically participated in the loading. Given this possibility, it would be advisable, where the seller is to load the goods, for the parties to agree in advance who is to bear the risk of any loss of or damage to the goods during loading. This is a common situation simply because the seller is more likely to have the necessary loading equipment at its own premises or because applicable safety or security rules prevent access to the seller's premises by unauthorised personnel. Where the buyer is keen to avoid any risk during loading at the seller's premises, then the buyer ought to consider choosing the FCA rule (under which, if the goods are delivered at the seller's premises, the seller owes the buyer an obligation to load, with the risk of loss of or damage to the goods during that operation remaining with the seller).

5. 적재위험 - 인도는 물품이 적재된 때가 아니라 매수인의 처분하에 놓인 때에 일어난다. - 그리고 그때 위험이 이전한다. - 그러나 매도인이 적재작업을 수행하는 동안에 발생하는 물품의 멸실 또는 훼손의 위험을 적재에 물리적으로 참여하지 않은 매수인이 부담하는 것은 으레 그렇듯이 논란이 될 수 있다. 이러한 가능성 때문에 매도인이 물품을 적재하여야 하는 경우에 당사자들은 적재 중 물품의 멸실 또는 훼손의 위험을 누가 부담하는지를 미리 합의하여두는 것이 바람직하다. 단순히 매도인이 그의 영업구내에서 필요한 적재장비를 가지고 있을 가능성이 더 많기 때문에 혹은 적용가능한 안전규칙이나 보안규칙에 의하여 권한 없는 인원이 매도인의 영업구내에 접근하는 것이 금지되기 때문에 매도인이 물품을 적재하는 것은 흔한 일이다. 매도인의 영업구내에서 일어나는 적재작업 중의 위험을 피하고자 하는 경우에 매수인은 FCA 규칙을 선택하는 것을 고려하여야 한다. (FCA 규칙에서는 물품이 매도인의 영업구내에서 인도되는 경우에 매도인이 매수인에 대하여 적재의무를 부담하고 적재작업 중에 발생하는 물품의 멸실 또는 훼손의 위험은 매도인이 부담한다)

6. Export clearance - With delivery happening when the goods are at the buyer's disposal either at the seller's premises or at another named point typically within the seller's jurisdiction or within the same Customs Union, there is no obligation on the seller to organise export clearance or clearance within third countries through which the goods pass in transit. Indeed, EXW may be suitable for domestic trades, where there is no intention at all to export the goods. The seller's participation in export clearance is limited to providing assistance in obtaining such documents and information as the buyer may require for the purpose of exporting the goods. Where the buyer intends to export the goods and where it anticipates difficulty in obtaining export clearance, the buyer would be better advised to choose the FCA rule, under which the obligation and cost of obtaining export clearance lies with the seller.

6. 수출통관 - 물품이 매도인의 영업구내에서 또는 전형적으로 매도인의 국가나 관세동맹지역 내에 있는 다른 지정지점에서 매수인의 처분하에 놓인 때에 인도가 일어나므로, 매도인은 수출통관이나 운송 중에 물품이 통과할 제3국의 통관을 수행할 의무가 없다. 사실 EXW는 물품을 수출할 의사가 전혀 없는 국내거래에 적절하다. 수출통관에 관한 매도인의 참여는 물품수출을 위하여 매수인이 요청할 수 있는 서류와 정보를 취득하는 데 협력을 제공하는 것에 한정된다. 매수인이 물품을 수출하기를 원하나 수출통관을 하는 데 어려움이 예상되는 경우에, 매수인은 수출통관을 할 의무와 그에 관한 비용을 매도인이 부담하는 FCA 규칙을 선택하는 것이 더 좋다.

FCA | Free Carrier

FCA (insert named place of delivery) Incoterms® 2020

EXPLANATORY NOTES FOR USERS

1. Delivery and risk - "Free Carrier(named place)" means that the seller delivers the goods to the buyer in one or other of two ways.

   ▶ First, when the named place is the seller's premises, the goods are delivered
      ▶ when they are loaded on the means of transport arranged by the buyer.
   ▶ Second, when the named place is another place, the goods are delivered
      ▶ when, having been loaded on the seller's means of transport,
      ▶ they reach the named other place and
      ▶ are ready for unloading from that seller's means of transport and
      ▶ at the disposal of the carrier or of another person nominated by the buyer.

   Whichever of the two is chosen as the place of delivery, that place identifies where risk transfers to the buyer and the time from which costs are for the buyer's account.

   FCA | 운송인인도
   FCA (지정인도장소 기입) Incoterms® 2020
   사용자를 위한 설명문
   1. 인도와 위험 - "운송인인도(지정장소)"는 매도인이 물품을 매수인에게 다음과 같은 두 가지 방법 중 어느 하나로 인도하는 것을 의미한다.
      ▶ 첫째, 지정장소가 매도인의 영업구내인 경우, 물품은 다음과 같이 될 때 인도된다.
         ▶ 물품이 매수인이 마련한 운송수단에 적재된 때
      ▶ 둘째, 지정장소가 그 밖의 장소인 경우, 물품은 다음과 같이 될 때 인도된다.
         ▶ 매도인의 운송수단에 적재되어서
         ▶ 지정장소에 도착하고
         ▶ 매도인의 운송수단에 실린 채 양하준비된 상태로
         ▶ 매수인이 지정한 운송인이나 제3자의 처분하에 놓인 때
   그러한 두 장소 중에서 인도장소로 선택되는 장소는 위험이 매수인에게 이전하는 곳이자 또한 매수인이 비용을 부담하기 시작하는 시점이 된다.

2. Mode of transport - This rule may be used irrespective of the mode of transport selected and may also be used where more than one mode of transport is employed.

   2. 운송방식 - 본 규칙은 어떠한 운송방식이 선택되는지를 불문하고 사용할 수 있고 둘 이상의 운송방식이 이용되는 경우에도 사용할 수 있다.

3. Place or point of delivery - A sale under FCA can be concluded naming only the place of delivery, either at the seller's premises or elsewhere, without specifying the precise point of delivery within that named place. However, the parties are well advised also to specify as clearly as possible the precise point within the named place of delivery. A named precise point of delivery makes it clear to both parties when the goods are delivered and when risk transfers to the buyer; such precision also marks the point at which costs are for the buyer's account. Where the precise point is not identified, however, this may cause problems for the buyer. The seller in this case has the right to select the point "that best suits its purpose": that point becomes the point of delivery, from which risk and costs transfer to the buyer. If the precise point of delivery is not identified by naming it in the contract, then the parties are taken to have left it to the seller to select the point "that best suits its purpose". This means that the buyer may incur the risk that the seller may choose a point just before the point at which goods are lost or damaged. Best for the buyer therefore to select the precise point within a place where delivery will occur.

> 3. 인도장소 또는 인도지점 - FCA 매매는 지정장소 내에 정확한 인도지점을 명시하지 않고서 매도인의 영업구내나 그 밖의 장소 중에서 어느 하나를 단지 인도장소로 지정하여 체결될 수 있다. 그러나 당사자들은 지정인도장소 내에 정확한 지점도 가급적 명확하게 명시하는 것이 좋다. 그러한 정확한 지정인도지점은 양 당사자에게 언제 물품이 인도되는지와 언제 위험이 매수인에게 이전하는지 명확하게 하며, 또한 그러한 정확한 지점은 매수인의 비용부담의 기준점을 확정한다. 그러나 정확한 지점이 지정되지 않은 경우에는 매수인에게 문제가 생길 수 있다. 이러한 경우에 매도인은 "그의 목적에 가장 적합한" 지점을 선택할 권리를 갖는다. 즉 이러한 지점이 곧 인도지점이 되고 그곳에서부터 위험과 비용이 매수인에게 이전한다. 계약에서 이를 지정하지 않아서 정확한 인도지점이 정해지지 않은 경우에, 당사자들은 매도인이 "자신의 목적에 가장 적합한" 지점을 선택하도록 한 것으로 된다. 이는 매수인으로서는 매도인이 물품의 멸실 또는 훼손이 발생한 지점이 아닌 그 직전의 지점을 선택할 수도 있는 위험이 있음을 의미한다. 따라서 매수인으로서는 인도가 이루어질 장소 내에 정확한 지점을 선택하는 것이 가장 좋다.

4. 'or procure goods so delivered' - The reference to "procure" here caters for multiple sales down a chain("string sales"), particularly, although not exclusively, common in the commodity trades.

> 4. '또는 그렇게 인도된 물품을 조달한다' - 여기에 "조달한다"("procure")고 규정한 것은 꼭 이 분야에서 그런 것만은 아니지만 특히 일차산품거래(commodity trades)에서 일반적인 수차에 걸쳐 연속적으로 이루어지는 매매("연속매매", "string sales")에 대응하기 위함이다.

5. Export/import clearance - FCA requires the seller to clear the goods for export, where applicable. However, the seller has no obligation to clear the goods for import or for transit through third countries, to pay any import duty or to carry out any import customs formalities.

> 5. 수출/수입통관 - FCA에서는 해당되는 경우에 매도인이 물품의 수출통관을 하여야 한다. 그러나 매도인은 물품의 수입을 위한 또는 제3국 통과를 위한 통관을 하거나 수입관세를 납부하거나 수입통관절차를 수행할 의무가 없다.

6. Bills of lading with an on-board notation in FCA sales - We have already seen that FCA is intended for use irrespective of the mode or modes of transport used. Now if goods are being picked up by the buyer's roadhaulier in Las Vegas, it would be rather uncommon to expect a bill of lading with an on-board notation to be issued by the carrier from Las Vegas, which is not a port and which a vessel cannot reach for goods to be placed on board. Nonetheless, sellers selling FCA Las Vegas do sometimes find themselves in a situation where they need a bill of lading with an on-board notation (typically because of a bank collection or a letter of credit requirement), albeit necessarily stating that the goods have been placed on board in Los Angeles as well as stating that they were received for carriage in Las Vegas. To cater for this possibility of an FCA seller needing a bill of lading with an on-board notation, FCA Incoterms® 2020 has, for the first time, provided the following optional mechanism. If the parties have so agreed in the contract, the buyer must instruct its carrier to issue a bill of lading with an on-board notation to the seller. The carrier may or may not, of course, accede to the buyer's request, given that the carrier is only bound and entitled to issue such a bill of lading once the goods are on board in Los Angeles. However, if and when the bill of lading is issued to the seller by the carrier at the buyer's cost and risk, the seller must provide that same document to the buyer, who will need the bill of lading in order to obtain discharge of the goods from the carrier. This optional mechanism becomes unnecessary, of course, if the parties have agreed that the seller will present to the buyer a bill of lading stating simply that the goods have been received for shipment rather than that they have been shipped on board. Moreover, it should be emphasised that even where this optional mechanism is adopted, the seller is under no obligation to the buyer as to the terms of the contract of carriage. Finally, when this optional mechanism is adopted, the dates of delivery inland and loading on board will necessarily be different, which may well create difficulties for the seller under a letter of credit.

6. FCA 매매에서 본선적재표기가 있는 선하증권 - 이미 언급하였듯이 FCA는 사용되는 운송방식이 어떠한지를 불문하고 사용할 수 있다. 이제는 매수인의 도로운송인이 라스베이거스에서 물품을 수거(pick up)한다고 할 때, 라스베이거스에서 운송인으로부터 본선적재표기가 있는 선하증권을 발급받기를 기대하는 것이 오히려 일반적이지 않다. 라스베이거스는 항구가 아니어서 선박이 물품적재를 위하여 그곳으로 갈 수 없기 때문이다. 그럼에도 FCA Las Vegas 조건으로 매매하는 매도인은 때로는 (전형적으로 은행의 추심조건이나 신용장조건 때문에) 무엇보다도 물품이 라스베이거스에서 운송을 위하여 수령된 것으로 기재될 뿐만 아니라 그것이 로스앤젤레스에서 선적되었다고 기재된 본선적재표기가 있는 선하증권이 필요한 상황에 처하게 된다. 본선적재표기가 있는 선하증권을 필요로 하는 FCA 매도인의 이러한 가능성에 대응하기 위하여 인코텀즈 2020 FCA에서는 처음으로 다음과 같은 선택적 기제를 규정한다. 당사자들이 계약에서 합의한 경우에 매수인은 그의 운송인에게 본선적재표기가 있는 선하증권을 매도인에게 발행하도록 지시하여야 한다. 물론 운송인으로서는 물품이 로스앤젤레스에서 본선적재된 때에만 그러한 선하증권을 발행할 의무가 있고 또 그렇게 할 권리가 있기 때문에 매수인의 요청에 응할 수도 응하지 않을 수도 있다. 그러나 운송인이 매수인의 비용과 위험으로 매도인에게 선하증권을 발행하는 경우에는 매도인은 바로 그 선하증권을 매수인에게 제공하여야 하고 매수인은 운송인으로부터 물품을 수령하기 위하여 그 선하증권이 필요하다. 물론 당사자들의 합의에 의하여 매도인이 매수인에게 물품의 본선적재 사실이 아니라 단지 물품이 선적을 위하여 수령되었다는 사실을 기재한 선하증권을 제시하는 경우에는 이러한 선택적 기제는 불필요하다. 또한 강조되어야 할 것은 이러한 선택적 기제가 적용되는 경우에도 매도인은 매수인에 대하여 운송계약조건에 관한 어떠한 의무도 없다는 것이다. 끝으로, 이러한 선택적 기제가 적용되는 경우에 내륙의 인도일자와 본선적재일자는 부득이 다를 수 있을 것이고, 이로 인하여 매도인에게 신용장상 어려움이 발생할 수 있다.

CPT | Carriage Paid To

CIP | Carriage and Insurance Paid To

CPT/CIP (insert named place of destination) Incoterms® 2020

EXPLANATORY NOTES FOR USERS

1. Delivery and risk - "Carriage Paid To" means that the seller delivers the goods - and transfers the risk - to the buyer

    ▶ by handing them over to the carrier

    ▶ contracted by the seller

    ▶ or by procuring the goods so delivered.

    ▶ The seller may do so by giving the carrier physical possession of the goods in the manner and at the place appropriate to the means of transport used.

   Once the goods have been delivered to the buyer in this way, the seller does not guarantee that the goods will reach the place of destination in sound condition, in the stated quantity or indeed at all. This is because risk transfers from seller to buyer when the goods are delivered to the buyer by handing them over to the carrier; the seller must nonetheless contract for the carriage of the goods from delivery to the agreed destination. Thus, for example, goods are handed over to a carrier in Las Vegas (which is not a port) for carriage to Southampton (a port) or to Winchester (which is not a port). In either case, delivery transferring risk to the buyer happens in Las Vegas, and the seller must make a contract of carriage to either Southampton or Winchester.

CPT | 운송비지급인도

CIP | 운송비 · 보험료지급인도

CPT/CIP (지정목적지 기입) Incoterms® 2020

사용자를 위한 설명문

1. 인도와 위험 - "운송비지급인도"/"운송비 · 보험료지급인도" 매도인이 다음과 같이 매수인에게 물품을 인도하는 것을 - 그리고 위험을 이전하는 것을 - 의미한다.

    ▶ 매도인과 계약을 체결한 운송인에게

    ▶ 물품을 교부함으로써

    ▶ 또는 그렇게 인도된 물품을 조달함으로써

    ▶ 매도인은 사용되는 운송수단에 적합한 방법으로 그에 적합한 장소에서 운송인에게 물품의 물리적 점유를 이전함으로써 물품을 인도할 수 있다.

> 물품이 이러한 방법으로 매수인에게 인도되면 매도인은 그 물품이 목적지에 양호한 상태로 그리고 명시된 수량 또는 그 전량이 도착할 것을 보장하지 않는다. 왜냐하면 물품이 운송인에게 교부됨으로써 매수인에게 인도된 때 위험은 매도인으로부터 매수인에게 이전하기 때문이다. 그러나 매도인은 물품을 인도지로부터 합의된 목적지까지 운송하는 계약을 체결하여야 한다. 따라서 예컨대 (항구인) 사우스햄프턴이나 (항구가 아닌) 윈체스터까지 운송하기 위하여 (항구가 아닌) 라스베이거스에서 운송인에게 물품이 교부된다. 이러한 각각의 경우에 위험을 매수인에게 이전시키는 인도는 라스베가스에서 일어나고 매도인은 사우스햄프턴이나 윈체스터로 향하는 운송계약을 체결하여야 한다.

2. Mode of transport - This rule may be used irrespective of the mode of transport selected and may also be used where more than one mode of transport is employed.

> 2. 운송방식 - 본 규칙은 어떠한 운송방식이 선택되는지를 불문하고 사용할 수 있고 둘 이상의 운송방식이 이용되는 경우에도 사용할 수 있다.

3. Places(or points) of delivery and destination - In CPT, two locations are important: the place or point (if any) at which the goods are delivered (for the transfer of risk) and the place or point agreed as the destination of the goods (as the point to which the seller promises to contract for carriage).

> 3. 인도장소(또는 인도지점)와 목적지 - CPT에서는 두 곳이 중요하다. 물품이 (위험이전을 위하여) 인도되는 장소 또는 지점(있는 경우)이 그 하나이고, 물품의 목적지로서 합의된 장소 또는 지점이 다른 하나이다(매도인은 이 지점까지 운송계약을 체결하기로 약속하기 때문이다).

[CIP] 4. Insurance - The seller must also contract for insurance cover against the buyer's risk of loss of or damage to the goods from the point of delivery to at least the point of destination. This may cause difficulty where the destination country requires insurance cover to be purchased locally: in this case the parties should consider selling and buying under CPT. The buyer should also note that under the CIP Incoterms 2020 rule the seller is required to obtain extensive insurance cover complying with Institute Cargo Clauses (A) or similar clause, rather than with the more limited cover under Institute Cargo Clauses (C). It is, however, still open to the parties to agree on a lower level of cover.

> [CIP] 4. 보험 - 매도인은 또한 인도지점부터 적어도 목적지점까지 매수인의 물품의 멸실 또는 훼손 위험에 대하여 보험계약을 체결하여야 한다. 이는 목적지 국가가 자국의 보험자에게 부보하도록 요구하는 경우에는 어려움을 야기할 수 있다. 이러한 경우에 당사자들은 CPT로 매매하는 것을 고려하여야 한다. 또한 매수인은 인코텀즈 2020 CIP하에서 매도인은 협회적하약관의 C-약관에 의한 제한적인 담보조건이 아니라 협회적하약관의 A-약관이나 그와 유사한 약관에 따른 광범위한 담보조건으로 부보하여야 한다는 것을 유의하여야 한다. 그러나 당사자들은 여전히 더 낮은 수준의 담보조건으로 부보하기로 합의할 수 있다.

5. Identifying the place or point of delivery with precision - The parties are well advised to identify both places, or indeed points within those places, as precisely as possible in the contract of sale. Identifying the place or point (if any) of delivery as precisely as possible is important to cater for the common situation where several carriers are engaged, each for different legs of the transit from delivery to destination. Where this happens and the parties do not agree on a specific place or point of delivery, the default position is that risk transfers when the goods have been delivered to the first carrier at a point entirely of the seller's choosing and over which the buyer has no control. Should the parties wish the risk to transfer at a later stage (e.g. at a sea or river port or at an airport), or indeed an earlier one (e.g. an inland point some way away from a sea or river port), they need to specify this in their contract of sale and to carefully think through the consequences of so doing in case the goods are lost or damaged.

> 5. 정확한 인도장소 또는 인도지점 지정 - 당사자들은 매매계약에서 가급적 정확하게 두 장소(인도장소 및 목적지) 또는 그러한 두 장소 내의 실제 지점들을 지정하는 것이 좋다. 인도장소나 인도지점(있는 경우)을 가급적 정확하게 지정하는 것은 복수의 운송인이 참여하여 인도지부터 목적지까지의 사이에 각자 상이한 운송구간을 담당하는 일반적인 상황에 대응하기 위하여 중요하다. 이러한 상황에서 당사자들이 특정한 인도장소나 인도지점을 합의하지 않은 경우에 [본 규칙이 규정하는] 보충적 입장(default position)은, 위험은 물품이 매도인이 전적으로 선택하고 그에 대하여 매수인이 전혀 통제할 수 없는 지점에서 제1운송인에게 인도된 때 이전한다는 것이다. 그 후의 어느 단계에서 (예컨대 바다나 강의 항구에서 또는 공항에서) 또는 그 전의 어느 단계에서 (예컨대 바다나 강의 항구로부터 멀리 있는 내륙의 어느 지점에서) 위험이 이전되길 원한다면, 당사자들은 이를 매매계약에 명시하고 물품이 실제로 멸실 또는 훼손되는 경우에 그렇게 하는 것의 결과가 어떻게 되는지를 신중하게 생각할 필요가 있다.

6. Identifying the destination as precisely as possible - The parties are also well advised to identify as precisely as possible in the contract of sale the point within the agreed place of destination, as this is the point to which the seller must contract for carriage[CIP: and insurance] and this is the point to which the costs of carriage[CIP: and insurance] fall on the seller.

> 6. 가급적 정확한 목적지 지정 - 당사자들은 또한 매매계약에서 합의된 목적지 내의 지점을 가급적 정확하게 지정하는 것이 좋다. 그 지점까지 매도인은 운송계약[CIP: 과 보험계약]을 체결하여야 하고 그 지점까지 발생하는 운송비용[CIP: 과 보험비용]을 매도인이 부담하기 때문이다.

7. 'or procuring the goods so delivered' - The reference to "procure" here caters for multiple sales down a chain("string sales"), particularly common in the commodity trades.

> 7. '또는 그렇게 인도된 물품을 조달함' - 여기에 "조달한다"("procure")고 규정한 것은 특히 일차산품거래(commodity trades)에서 일반적인 수차에 걸쳐 연속적으로 이루어지는 매매("연속매매", "string sales")에 대응하기 위함이다.

8. Costs of unloading at destination - If the seller incurs costs under its contract of carriage related to unloading at the named place of destination, the seller is not entitled to recover such costs separately from the buyer unless otherwise agreed between the parties.

> 8. 목적지의 양하비용 - 매도인이 자신의 운송계약상 지정목적지에서 양하에 관하여 비용이 발생한 경우에 매도인은 당사자 간에 달리 합의되지 않는 한 그러한 비용을 매수인으로부터 별도로 상환받을 권리가 없다.

9. Export/import clearance - CPT requires the seller to clear the goods for export, where applicable. However, the seller has no obligation to clear the goods for import or for transit through third countries, or to pay any import duty or to carry out any import customs formalities.

> 9. 수출/수입통관 - CPT에서는 해당하는 경우에 매도인이 물품의 수출통관을 하여야 한다. 그러나 매도인은 물품의 수입을 위한 또는 제3국 통과를 위한 통관을 하거나 수입관세를 납부하거나 수입통관절차를 수행할 의무가 없다.

DAP | Delivered at Place

DPU | Delivered at Place Unloaded

DDP | Delivered Duty Paid

DAP/DPU/DDP (insert named place of destination) Incoterms® 2020

EXPLANATORY NOTES FOR USERS

1. Delivery and risk - "Delivered at Place" means that the seller delivers the goods - and transfers risk - to the buyer

   ▶ when the goods are placed at the disposal of the buyer

   ▶ [DDP] cleared for import,

   ▶ on the arriving means of transport ready for unloading [DPU: once unloaded from the arriving means of transport]

   ▶ at the named place of destination or

   ▶ at the agreed point within that place, if any such point is agreed.

   The seller bears all risks involved in bringing the goods to [DPU: and unloading them at] the named place of destination or to the agreed point within that place. In this Incoterms® rule, therefore, delivery and arrival at destination are the same.

DAP | 도착지인도
DPU | 도착지양하인도
DDP | 관세지급인도
DAP/DPU/DDP (지정목적지 기입) Incoterms® 2020

사용자를 위한 설명문

1. 인도와 위험 - "도착지인도"/"도착지양하인도"/"관세지급인도"는 다음과 같이 된 때 매도인이 매수인에게 물품을 인도하는 것을 - 그리고 위험을 이전하는 것을 - 의미한다.

   ▶ 물품이 지정목적지에서 또는
   ▶ [DDP] 수입통관 후
   ▶ 지정목적지 내에 어떠한 지점이 합의된 경우에는 그 지점에서
   ▶ 도착운송수단에 실어둔 채 양하준비된 상태로 [DPU: 도착운송수단으로부터 양하된 상태로]
   ▶ 매수인의 처분하에 놓인 때

   매도인은 물품을 지정목적지까지 또는 지정목적지 내의 합의된 지점까지 가져가는[DPU: 가져가서 그곳에서 물품을 양하하는] 데 수반되는 모든 위험을 부담한다. 따라서 본 인코텀즈규칙에서 인도와 목적지의 도착은 같은 것이다.

[DPU] DPU is the only Incoterms® rule that requires the seller to unload goods at destination. The seller should therefore ensure that it is in a position to organise unloading at the named place. Should the parties intend the seller not to bear the risk and cost of unloading, the DPU rule should be avoided and DAP should be used instead.

2. Mode of transport - This rule may be used irrespective of the mode of transport selected and may also be used where more than one mode of transport is employed.

> [DPU] DPU는 매도인이 목적지에서 물품을 양하하도록 하는 유일한 인코텀즈 규칙이다. 따라서 매도인은 자신이 그러한 지정장소에서 양하를 할 수 있는 입장에 있는지를 확실히 하여야 한다. 당사자들은 매도인이 양하의 위험과 비용을 부담하기를 원하지 않는 경우에는 DPU를 피하고 그 대신 DAP를 사용하여야 한다.
>
> 2. 운송방식 - 본 규칙은 어떠한 운송방식이 선택되는지를 불문하고 사용할 수 있고 둘 이상의 운송방식이 이용되는 경우에도 사용할 수 있다.

[DDP] 3. A note of caution to sellers: maximum responsibility - DDP, with delivery happening at destination and with the seller being responsible for the payment of import duty and applicable taxes is the Incoterms® rule imposing on the seller the maximum level of obligation of all eleven Incoterms® rules. From the seller's perspective, therefore, the rule should be used with care for different reasons as set out in paragraph 7.

> [DDP] 3. 매도인을 위한 유의사항: 최대책임 - DDP에서는 인도가 도착지에서 일어나고 매도인이 수입관세와 해당되는 세금의 납부책임을 지므로 DDP는 11개의 모든 인코텀즈 규칙 중에서 매도인에게 최고수준의 의무를 부과하는 규칙이다. 따라서 매도인의 관점에서, 본 규칙은 아래 7번 단락에서 보는 바와 같이 여러 가지 이유로 조심스럽게 사용하여야 한다.

4. Identifying the place or point of delivery/destination precisely - The parties are well advised to specify the destination place or point as clearly as possible and this for several reasons. First, risk of loss of or damage to the goods transfers to the buyer at that point of delivery/destination - and it is best for the seller and the buyer to be clear about the point at which that critical transfer happens. Secondly, the costs before that place or point of delivery/destination are for the account of the seller and the costs after that place or point are for the account of the buyer. Thirdly, the seller must contract or arrange for the carriage of the goods to the agreed place or point of delivery/destination. If it fails to do so, the seller is in breach of its obligations under the Incoterms DAP/DPU/DDP rule and will be liable to the buyer for any ensuing loss. Thus, for example, the seller would be responsible for any additional costs levied by the carrier to the buyer for any additional on-carriage.

4. 정확한 인도장소/목적지 또는 인도 목적지점 지정 - 당사자들은 몇 가지 이유로 가급적이면 명확하게 목적지나 목적지점을 명시하는 것이 좋다. 첫째, 물품의 멸실 또는 훼손의 위험은 그러한 인도/목적지점에서 매수인에게 이전한다 - 따라서 매도인과 매수인은 그러한 결정적인 이전(critical transfer)이 일어나는 지점에 대하여 명확하게 해두는 것이 가장 좋다. 둘째, 그러한 인도장소/목적지 또는 인도/목적지점 전의 비용은 매도인이 부담하고 그 후의 비용은 매수인이 부담한다. 셋째, 매도인은 물품을 합의된 인도장소/목적지 또는 인도/목적지점까지 운송하는 계약을 체결하거나 그러한 운송을 마련하여야 한다. 그렇게 하지 않을 경우에 매도인은 인코텀즈 DAP/DPU/DDP 규칙상 그의 의무를 위반한 것이 되고 매수인에 대하여 그에 따른 손해배상책임을 지게 된다. 따라서 예컨대 매도인은 추가적인 후속운송(on-carriage)을 위하여 운송인이 매수인에게 부과하는 추가비용에 대하여 책임을 지게 된다.

5. 'or procuring the goods so delivered' - The reference to "procure" here caters for multiple sales down a chain("string sales"), particularly common in the commodity trades.

5. '또는 그렇게 인도된 물품을 조달함' - 여기에 "조달한다"("procure")고 규정한 것은 특히 일차산품거래(commodity trades)에서 일반적인 수차에 걸쳐 연속적으로 이루어지는 매매("연속매매", "string sales")에 대응하기 위함이다.

[DAP/DDP] 6. Unloading costs - The seller is not required to unload the goods from the arriving means of transportation. However, if the seller incurs costs under its contract of carriage related to unloading at the place of delivery/destination, the seller is not entitled to recover such costs separately from the buyer unless otherwise agreed between the parties.

[DAP/DDP] 6. 양하비용 - 매도인은 도착운송수단으로부터 물품을 양하(unload)할 필요가 없다. 그러나 매도인이 자신의 운송계약상 인도장소/목적지에서 양하에 관하여 비용이 발생한 경우에 매도인은 당사자 간에 달리 합의되지 않은 한 그러한 비용을 매수인으로부터 별도로 상환받을 권리가 없다.

7. Export/import clearance

[DAP/DPU] - DAP/DPU requires the seller to clear the goods for export, where applicable. However, the seller has no obligation to clear the goods for import or for post-delivery transit through third countries, to pay any import duty or to carry out any import customs formalities. As a result, if the buyer fails to organise import clearance, the goods will be held up at a port or inland terminal in the destination country. Who bears the risk of any loss that might occur while the goods are thus held up at the port of entry in the destination country? The answer is the buyer: delivery will not have occurred yet, B3(a) ensuring that the risk of loss of or damage to the goods is with the buyer until transit to a named inland point can be resumed. If, in order to avoid this scenario, the parties intend the seller to clear the goods for import, pay any import duty or tax and carry out any import customs formalities, the parties might consider using DDP.

[DDP] - As set out in paragraph 3, DDP requires the seller to clear the goods for export, where applicable, as well as for import and to pay any import duty or to carry out any customs formalities. Thus if the seller is unable to obtain import clearance and would rather leave that side of things in the buyer's hands in the country of import, then the seller should consider choosing DAP or DPU, under which rules delivery still happens at destination, but with import clearance being left to the buyer. There may be tax implications and this tax may not be recoverable from the buyer: see A9(d).

7. 수출/수입통관

[DAP/DPU] - DAP/DPU에서는 해당되는 경우에 매도인이 물품의 수출통관을 하여야 한다. 그러나 매도인은 물품의 수입을 위한 또는 인도 후 제3국 통과를 위한 통관을 하거나 수입관세를 납부하거나 수입통관절차를 수행할 의무가 없다. 따라서 매수인이 수입통관을 못하는 경우에 물품은 목적지 국가의 항구나 내륙터미널에 묶이게 될 것이다. 그렇다면 물품이 목적지 국가의 입국항구(port of entry)에 묶여있는 동안에 발생하는 어떤 멸실의 위험은 누가 부담하는가? 그 답은 매수인이다. 즉 아직 인도가 일어나지 않았고, B3(a)는 내륙의 지정지점으로의 통과가 재개될 때까지 물품의 멸실 또는 훼손의 위험을 매수인이 부담하도록 하기 때문이다. 만일 이러한 시나리오를 피하기 위하여 물품의 수입통관을 하고 수입관세나 세금을 납부하고 수입통관절차를 수행하는 것을 매도인이 하도록 하고자 하는 경우에 당사자들은 DDP를 사용하는 것을 고려할 수 있다.

[DDP] - 위의 3번 단락에서 보듯이, DDP에서는 해당되는 경우에 매도인이 물품의 수출통관 및 수입 통관을 하여야 하고 또한 수입관세를 납부하거나 모든 통관절차를 수행하여야 한다. 따라서 매도인은 수입통관을 완료할 수 없어서 차라리 이러한 부분을 수입국에 있는 매수인의 손에 맡기고자 하는 경우에 인도는 여전히 목적지에서 일어나지만 수입통관은 매수인이 하도록 되어 있는 DAP나 DPU를 선택하는 것을 고려하여야 한다. 세금문제가 개재될 수 있는데 이러한 세금은 매수인으로부터 상환받을 수 없다. A9(d)를 보라.

RULES FOR SEA AND INLAND WATERWAY TRANSPORT
해상운송과 내수로운송에 적용되는 규칙

FAS | Free Alongside Ship

FAS (insert named port of shipment) Incoterms® 2020

FOB | Free On Board

FOB (insert named port of shipment) Incoterms® 2020

1. Delivery and risk - "Free Alongside Ship" means that the seller delivers the goods to the buyer

   ▶ when the goods are placed alongside the ship (e.g. on a quay or a barge)

   ▶ nominated by the buyer

   ▶ at the named port of shipment

   ▶ or when the seller procures goods already so delivered.

   The risk of loss of or damage to the goods transfers when the goods are alongside the ship, and the buyer bears all costs from that moment onwards.

해상운송과 내수로운송에 적용되는 규칙
FAS | 선측인도
FAS (지정선적항 기입) Incoterms® 2020
FOB | 본선인도
FOB (지정선적항 기입) Incoterms® 2020

1. 인도와 위험 - "선측인도"는 다음과 같이 될 때 매도인이 물품을 매수인에게 인도하는 것을 의미한다.
   ▶ 지정선적항에서
   ▶ 매수인이 지정한 선박의
   ▶ 선측에 (예컨대 부두 또는 바지(barge)에) 물품이 놓인 때
   ▶ 또는 이미 그렇게 인도된 물품을 조달한 때
   물품의 멸실 또는 훼손의 위험은 물품이 선측에 놓인 때 이전하고, 매수인은 그 순간부터 향후의 모든 비용을 부담한다.

1. Delivery and risk - "Free on Board" means that the seller delivers the goods to the buyer

    ▶ on board the vessel

    ▶ nominated by the buyer

    ▶ at the named port of shipment

    ▶ or procures the goods already so delivered.

    The risk of loss of or damage to the goods transfers when the goods are on board the vessel, and the buyer bears all costs from that moment onwards.

    > 1. 인도와 위험 - "본선인도"는 매도인이 다음과 같이 물품을 매수인에게 인도하는 것을 의미한다.
    >   ▶ 지정선적항에서
    >   ▶ 매수인이 지정한
    >   ▶ 선박에 적재함
    >   ▶ 또는 이미 그렇게 인도된 물품을 조달함
    >   물품의 멸실 또는 훼손의 위험은 물품이 선박에 적재된 때 이전하고, 매수인은 그 순간부터 향후의 모든 비용을 부담한다.

2. Mode of transport - This rule is to be used only for sea or inland waterway transport where the parties intend to deliver the goods by placing the goods on board a vessel. Thus, the FAS/FOB rule is not appropriate where goods are handed over to the carrier before they are [alongside vessel]/[on board the vessel], for example where goods are handed over to a carrier at a container terminal. Where this is the case, parties should consider using the FCA rule rather than the FAS/FOB rule.

    > 2. 운송방식 - 본 규칙은 당사자들이 물품을 선박에 적재함으로써 인도하기로 하는 해상운송이나 내수로운송에만 사용되어야 한다. 따라서 FAS/FOB 규칙은 물품이 [선측에 놓이기]/[선박에 적재되기] 전에 운송인에게 교부되는 경우, 예컨대 물품이 컨테이너터미널에서 운송인에게 교부되는 경우에는 적절하지 않다. 이러한 경우에 당사자들은 FAS/FOB 규칙 대신에 FCA 규칙을 사용하는 것을 고려하여야 한다.

[FAS] 3. Identifying the loading point precisely - The parties are well advised to specify as clearly as possible the loading point at the named port of shipment where the goods are to be transferred from the quay or barge to the ship, as the costs and risks to that point are for the account of the seller and these costs and associated handling charges may vary according to the practice of the port.

> [FAS] 3. 정확한 적재지점 지정 - 당사자들은 지정선적항에서 물품이 부두나 바지(barge)로부터 선박으로 이동하는 적재지점을 가급적 명확하게 명시하는 것이 좋다. 그 지점까지의 비용과 위험은 매도인이 부담하고, 이러한 비용과 그와 관련된 처리비용(handling charges)은 항구의 관행에 따라 다르기 때문이다.

4. 'or procuring the goods so delivered' - The seller is required either to deliver the goods on board the vessel or to procure goods already so delivered for shipment. The reference to "procure" here caters for multiple sales down a chain("string sales"), particularly common in the commodity trades.

> 4. '또는 그렇게 인도된 물품을 조달함' - 매도인은 물품을 선박에 적재하여 인도하거나 선적을 위하여 이미 그렇게 인도된 물품을 조달하여야 한다. 여기에 "조달한다"("procure")고 규정한 것은 특히 일차산품거래(commodity trades)에서 일반적인 수차에 걸쳐 연속적으로 이루어지는 매매("연속매매", "string sales")에 대응하기 위함이다.

5. Export/import clearance - FAS/FOB requires the seller to clear the goods for export, where applicable. However, the seller has no obligation to clear the goods for import or for transit through third countries, to pay any import duty or to carry out any import customs formalities.

> 5. 수출/수입통관 - FAS/FOB에서는 해당하는 경우에 매도인이 물품의 수출통관을 하여야 한다. 그러나 매도인은 물품의 수입을 위한 또는 제3국 통과를 위한 통관을 하거나 수입관세를 납부하거나 수입통관절차를 수행할 의무가 없다.

CFR | Cost and Freight

CFR (insert named port of destination) Incoterms® 2020

CIF | Cost Insurance and Freight

CIF (insert named port of destination) Incoterms® 2020

1. Delivery and risk - "Cost and Freight"/"Cost Insurance and Freight" means that the seller delivers the goods to the buyer

   ▶ on board the vessel

   ▶ or procures the goods already so delivered.

   The risk of loss of or damage to the goods transfers when the goods are on board the vessel, such that the seller is taken to have performed its obligation to deliver the goods whether or not the goods actually arrive at their destination in sound condition, in the stated quantity or, indeed, at all.

   [CFR] In CFR, the seller owes no obligation to the buyer to purchase insurance cover: the buyer would be well-advised therefore to purchase some cover for itself.

CFR | 운임포함인도

CFR (지정목적항 기입) Incoterms® 2020

CIF | 운임·보험료포함인도

CIF (지정목적항 기입) Incoterms® 2020

1. 인도와 위험 - "운임포함인도"/"운임·보험료포함인도"는 매도인이 물품을 매수인에게 다음과 같이 인도하는 것을 의미한다.

   ▶ 선박에 적재함

   ▶ 또는 이미 그렇게 인도된 물품을 조달함

   물품의 멸실 또는 훼손의 위험은 물품이 선박에 적재된 때 이전하고, 그에 따라 매도인은 명시된 수량의 물품이 실제로 목적지에 양호한 상태로 도착하는지를 불문하고 또는 사실 물품이 전혀 도착하지 않더라도 그의 물품인도의무를 이행한 것으로 된다.

   [CFR] CFR에서 매도인은 매수인에 대하여 부보의무가 없다. 따라서 매수인은 스스로 부보하는 것이 좋다.

---

2. Mode of transport - This rule is to be used only for sea or inland waterway transport. Where more than one mode of transport is to be used, which will commonly be the case where goods are handed over to a carrier at a container terminal, the appropriate rule to use is [CPT rather than CFR]/[CIP rather than CIF].

2. 운송방식 - 본 규칙은 해상운송이나 내수로운송에만 사용되어야 한다. 물품이 컨테이너터미널에서 운송인에게 교부되는 경우에 일반적으로 그러하듯이 둘 이상의 운송방식이 사용되는 경우에 사용하기 적절한 규칙은 [CFR이 아니라 CPT]/[CIF가 아니라 CIP]이다.

3. 'or procuring the goods so delivered' - The reference to "procure" here caters for multiple sales down a chain("string sales"), particularly common in the commodity trades.

3. '또는 그렇게 인도된 물품을 조달함' - 여기에 "조달한다"("procure")고 규정한 것은 특히 일차산품거래(commodity trades)에서 일반적인 수차에 걸쳐 연속적으로 이루어지는 매매("연속매매", "string sales")에 대응하기 위함이다.

4. Ports of delivery and destination - In CFR/CIF, two ports are important: the port where the goods are delivered on board the vessel and the port agreed as the destination of the goods. Risk transfers from seller to buyer when the goods are delivered to the buyer by placing them on board the vessel at the shipment port or by procuring the goods already so delivered. However, the seller must contract for the carriage of the goods from delivery to the agreed destination. Thus, for example, goods are placed on board a vessel in Shanghai (which is a port) for carriage to Southampton (also a port). Delivery here happens when the goods are on board in Shanghai, with risk transferring to the buyer at that time, and the seller must make a contract of carriage from Shanghai to Southampton.

4. 인도항(port of delivery)과 목적항(port of destination) - CFR/CIF에서는 두 항구가 중요하다. 물품이 선박에 적재되어 인도되는 항구와 물품의 목적항으로 합의된 항구가 그것이다. 위험은 물품이 선적항에서 선박에 적재됨으로써 또는 이미 그렇게 인도된 물품을 조달함으로써 매수인에게 인도된 때 매도인으로부터 매수인에게 이전한다. 그러나 매도인은 물품을 인도지부터 합의된 목적지까지 운송하는 계약을 체결하여야 한다. 따라서 예컨대 물품은 (항구인) 사우샘프턴까지 운송을 위하여 (항구인) 상하이에서 선박에 적재된다. 그러면 물품이 상하이에서 선적된 때 여기서 인도가 일어나고, 그 시점에 위험이 매수인에게 이전한다. 그리고 매도인은 상하이에서 사우샘프턴으로 향하는 운송계약을 체결하여야 한다.

5. Must the shipment port be named? - While the contract will always specify a destination port, it might not specify the port of shipment, which is where risk transfers to the buyer. If the shipment port is of particular interest to the buyer, as it may be, for example, where the buyer wishes to ascertain that the freight [CIF: or the insurance] element of the price is reasonable, the parties are well advised to identify it as precisely as possible in the contract.

5. 선적항은 반드시 지정되어야 하는가? - 계약에서 항상 목적항을 명시할 것이지만 위험이 매수인에게 이전하는 장소인 선적항은 명시하지 않을 수도 있다. 예컨대 매수인이 매매대금에서 운임요소 [CIF: 또는 보험요소]가 합리적인지 확인하고자 하는 경우에 그러하듯이 선적항이 특히 매수인의 관심사항인 경우에 당사자들은 계약에서 선적항을 가급적 정확하게 지정하는 것이 좋다.

6. Identifying the destination point at the discharge port - The parties are well advised to identify as precisely as possible the point at the named port of destination, as the costs to that point are for the account of the seller. The seller must make a contract or contracts of carriage that cover the transit of the goods from delivery to the named port or to the agreed point within that port where such a point has been agreed in the contract of sale.

6. 양륙항 내 목적지점 지정 - 당사자들은 지정목적항 내의 지점을 가급적 정확하게 지정하는 것이 좋다. 그 지점까지 비용을 매도인이 부담하기 때문이다. 매도인은 물품을 인도지로부터 지정목적항까지 또는 매매계약에서 그러한 지점이 합의된 경우에는 그 지정목적항 내의 지점까지 운송하는 단일 또는 복수의 계약을 체결하여야 한다.

7. Multiple carriers - It is possible that carriage is effected through several carriers for different legs of the sea transport, for example, first by a carrier operating a feeder vessel from Hong Kong to Shanghai, and then onto an ocean vessel from Shanghai to Southampton. The question which arises here is whether risk transfers from seller to buyer at Hong Kong or at Shanghai: where does delivery take place? The parties may well have agreed this in the sale contract itself. Where, however, there is no such agreement, the default position is that risk transfers when the goods have been delivered to the first carrier, i.e. Hong Kong, thus increasing the period during which the buyer incurs the risk of loss or damage. Should the parties wish the risk to transfer at a later stage (here, Shanghai) they need to specify this in their contract of sale.

7. 복수의 운송인 - 예컨대 먼저 홍콩에서 상하이까지 피더선(feeder vessel)을 운항하는 운송인이 담당하고 이어서 상하이에서 사우샘프턴까지 항해선박(ocean vessel)이 담당하는 경우와 같이, 상이한 해상운송구간을 각기 담당하는 복수의 운송인이 운송을 수행하는 것도 가능하다. 이때 과연 위험은 매도인으로부터 매수인에게 홍콩에서 이전하는지 아니면 상하이에서 이전하는지 의문이 발생한다. 즉 인도는 어디서 일어나는가? 당사자들이 매매계약 자체에서 이를 잘 합의하였을 수도 있다. 그러나 그러한 합의가 없는 경우에, [본 규칙이 규정하는] 보충적 입장은, 위험은 물품이 제1운송인에게 인도된 때 즉 홍콩에서 이전하고, 따라서 매수인이 멸실 또는 훼손의 위험을 부담하는 기간이 증가한다는 것이다. 당사자들은 그 뒤의 어느 단계에서 (여기서는 상하이) 위험이 이전하기를 원한다면 이를 매매계약에 명시하여야 한다.

[CIF] 8. Insurance - The seller must also contract for insurance cover against the buyer's risk of loss of or damage to the goods from the port of shipment to at least the port of destination. This may cause difficulty where the destination country requires insurance cover to be purchased locally: in this case the parties should consider selling and buying under CFR. The buyer should also note that under the CIF Incoterms 2020 rule the seller is required to obtain limited insurance cover complying with Institute Cargo Clauses (C) or similar clause, rather than with the more extensive cover under Institute Cargo Clauses (A). It is, however, still open to the parties to agree on a higher level of cover.

[CIF] 8. 보험 - 매도인은 또한 선적항부터 적어도 목적항까지 매수인의 물품의 멸실 또는 훼손 위험에 대하여 보험계약을 체결하여야 한다. 이는 목적지 국가가 자국의 보험자에게 부보하도록 요구하는 경우에는 어려움을 야기할 수 있다. 이러한 경우에 당사자들은 CFR로 매매하는 것을 고려하여야 한다. 또한 매수인은 인코텀즈 2020 CIF하에서 매도인은 협회적하약관의 A-약관에 의한 보다 광범위한 담보조건이 아니라 협회적하약관의 C-약관이나 그와 유사한 약관에 따른 제한적인 담보조건으로 부보하여야 한다는 것을 유의하여야 한다. 그러나 당사자들은 여전히 더 높은 수준의 담보조건으로 부보하기로 합의할 수 있다.

9. Unloading costs - If the seller incurs costs under its contract of carriage related to unloading at the specified point at the port of destination, the seller is not entitled to recover such costs separately from the buyer unless otherwise agreed between the parties.

9. 양하비용 - 매도인은 자신의 운송계약상 목적항 내의 명시된 지점에서 양하에 관하여 비용이 발생한 경우에 당사자 간에 달리 합의되지 않은 한 그러한 비용을 매수인으로부터 별도로 상환받을 권리가 없다.

10. Export/import clearance - CFR/CIF requires the seller to clear the goods for export, where applicable. However, the seller has no obligation to clear the goods for import or for transit through third countries, to pay any import duty or to carry out any import customs formalities.

10. 수출/수입통관 - CFR/CIF에서는 해당되는 경우에 매도인이 물품의 수출통관을 하여야 한다. 그러나 매도인은 물품의 수입을 위한 또는 제3국 통과를 위한 통관을 하거나 수입관세를 납부하거나 수입통관절차를 수행할 의무가 없다.

해커스관세사 cca.Hackers.com

해커스관세사 진민규 무역영어 2

03

International Convention for the Unification of Certain Rules of Law relating to Bills of Lading, 1924
(Hague Rules)
- 1924년 선하증권에 관한 규정의 통일을 위한 국제 협약

Article 1 용어의 정의

In this Convention the following words are employed with the meanings set out below:

a) "Carrier" includes the owner or the charterer who enters into a contract of carriage with a shipper.

b) "Contract of carriage" applies only to contracts of carriage covered by a bill of lading or any similar document of title, in so far as such document relates to the carriage of goods by sea, including any bill of lading or any similar document as aforesaid issued under or pursuant to a charter party from the moment at which such bill of lading or similar document of title regulates the relations between a carrier and a holder of the same.

c) "Goods" includes goods, wares, merchandise and articles of every kind whatsoever except live animals and cargo which by the contract of carriage is stated as being carried on deck and is so carried.

d) "Ship" means any vessel used for the carriage of goods by sea.

e) "Carriage of goods" covers the period from the time when the goods are loaded on to the time they are discharged from the ship.

> 이 협약에서 다음의 용어는 아래에 설명한 의미로 사용된다.
> a) "운송인"은 송하인과 운송계약을 체결하는 선주(船主) 또는 용선자(傭船者)를 포함한다.
> b) "운송계약"은 용선계약을 포함하며, 선하증권 및 이와 유사한 권리증서에 의하여 증명되는 운송계약에만 적용한다. 단 이러한 선하증권 또는 이와 유사한 권리증서가 운송인과 선하증권을 소지한 사람 간의 관계를 규정하는 때부터 또 이러한 증서가 해상운송에 관계되는 운송계약인 경우에만 적용된다.
> c) "물품"은 살아 있는 동물과 운송계약에 의하여 갑판적재화물이라고 기재되고 또 그렇게 운송되는 화물을 제외한 모든 종류의 물품, 제품 및 상품을 포함한다.
> d) "선박"은 해상운송에 사용되는 일체의 선박을 뜻한다.
> e) "물품운송"의 기간은 물품이 선박에 적재된 순간부터 선박으로부터 물품이 양하되는 기간을 말한다.

Article 2 운송인의 권리와 의무

Subject to the provisions of Article 6, under every contract of carriage of goods by sea the carrier, in relation to the loading, handling, stowage, carriage, custody, care and discharge of such goods, shall be subject to the responsibilities and liabilities, and entitled to the rights and immunities hereinafter set forth.

> 제6조의 규정의 경우를 제외하고 모든 해상운송계약에서 운송인은 화물의 선적, 취급, 선내작업, 운송, 보관, 관리 및 양하에 관하여 이 통일협약에서 규정한 의무와 책임을 지며 또 권리와 면책권을 갖는다.

Article 3 운송인의 의무

1. The carrier shall be bound before and at the beginning of the voyage to exercise due diligence to:

    a) Make the ship seaworthy.

    b) Properly man, equip and supply the ship.

    c) Make the holds, refrigerating and cool chambers, and all other parts of the ship in which goods are carried, fit and safe for their reception, carriage and preservation.

    > 1. 운송인은 발항(發航) 전과 발항 시에 상당한 주의를 기울여 다음 사항을 이행하여야 한다.
    >   a) 선박이 감항능력을 갖추도록 한다.
    >   b) 선박의 승조원(乘組員) 배치, 선박 의장(艤裝) 및 필수품 보급을 적절히 한다.
    >   c) 화물이 운송되어질 창내(艙內), 냉동실, 냉기실(冷氣室) 및 화물운송에 필요한 선박의 그 외의 모든 부분을 화물의 수취, 운송 및 보존에 적합하고 안전하게 한다.

2. Subject to the provisions of Article 4, the carrier shall properly and carefully load, handle, stow, carry, keep, care for, and discharge the goods carried.

    > 2. 제4조의 규정의 적용을 받는 경우를 제외하고는 운송인은 화물을 적재, 취급, 선내작업, 운송, 보관, 관리 및 양하하는 데 적절하고 신중히 하여야 한다.

3. After receiving the goods into his charge the carrier or the master or agent of the carrier shall, on demand of the shipper, issue to the shipper a bill of lading showing among other things:

    a) The leading marks necessary for identification of the goods as the same are furnished in writing by the shipper before the loading of such goods starts, provided such marks are stamped or otherwise shown clearly upon the goods if uncovered, or on the cases or coverings in which such goods are contained, in such a manner as should ordinarily remain legible until the end of the voyage.

    b) Either the number of packages or pieces, or the quantity, or weight, as the case may be, as furnished in writing by the shipper.

    c) The apparent order and condition of the goods. Provided that no carrier, master or agent of the carrier shall be bound to state or show in the bill of lading any marks, number, quantity, or weight which he has reasonable ground for suspecting not accurately to represent the goods actually received, or which he has had no reasonable means of checking.

3. 화물을 자기 책임하에 인수한 후에 운송인, 선장 또는 운송인의 대리인은 송하인이 요구 시에 다른 사항 가운데서도 다음 사항을 표시한 선하증권을 송하인에게 교부하여야 한다.
   a) 화물의 선적개시 전에 송하인이 서면으로 통지한 것과 동일한 화물임을 증명하는 데 필요한 주요 하인(荷印). 단, 이러한 하인은 포장되지 않은 화물인 경우 화물 자체에, 그리고 포장화물인 경우 화물의 상자나 포장에 항해가 종료 될 때까지 판독 가능하게 통상적으로 남아 있도록 명확히 스탬프되거나 그 밖의 방법으로 표시되어야 한다.
   b) 송하인이 서면으로 통지한 내용과 같은 포장 및 개품의 수 또는 경우에 따라 수량이나 중량.
   c) 화물의 외관상태. 단, 운송인, 선장 또는 운송인의 대리인은 화물의 하인, 수량, 용적 또는 중량이 실제로 인수한 화물을 정확히 나타내지 못한다는 상당한 의문의 근거가 있거나 또는 이를 검사할 적절한 방법이 없는 경우에는 선하증권에 이를 기재하거나 표시할 의무가 없다.

4. Such a bill of lading shall be prima facie evidence of the receipt by the carrier of the goods as therein described in accordance with paragraph 3 a), b) and c).

4. 이와 같은 선하증권은 전기 3.의 a), b), c)에 따라 기재된 대로 운송인이 화물을 인수하였다는 추정적(推定的)인 증거가 된다.

5. The shipper shall be deemed to have guaranteed to the carrier the accuracy at the time of shipment of the marks, number, quantity and weight, as furnished by him, and the shipper shall indemnify the carrier against all loss, damages and expenses arising or resulting from inaccuracies in such particulars. The right of the carrier to such indemnity shall in no way limit his responsibility and liability under the contract of carriage to any person other than the shipper.

5. 송하인은 선적 시 운송인에게 자기가 통지한 대로 하인, 숫자, 수량 및 중량의 정확성을 보증한 것으로 간주하며 또한 송하인은 이러한 사항의 부정확성의 결과로 야기되는 모든 손실, 손상 및 비용에 대해서 운송인에게 보상하여야 한다. 이러한 손해배상에 대한 운송인의 권리는 운송인의 송하인 이외의 모든 자에 대한 운송계약상의 의무와 책임을 어떠한 방법으로도 제한하지 않는다.

6. Unless notice of loss or damage and the general nature of such loss or damage be given in writing to the carrier or his agent at the port of discharge before or at the time of the removal of the goods into the custody of the person entitled to delivery thereof under the contract of carriage, or, if the loss or damage be not apparent, within three days, such removal shall be prima facie evidence of the delivery by the carrier of the goods as described in the bill of lading.

The notice in writing need not be given if the state of the goods has, at the time of their receipt, been the subject of joint survey or inspection.

In any event the carrier and the ship shall be discharged from all liability in respect of loss or damage unless suit is brought within one year after delivery of the goods or the date when the goods should have been delivered.

In the case of any actual or apprehended loss or damage the carrier and the receiver shall give all reasonable facilities to each other for inspecting and tallying the goods.

> 6. 운송계약에 의해서 화물을 인도받을 권리가 있는 자에게 화물이 이전 보관되기 이전 또는 이전 보관 시에 양하항에서 운송인 또는 그의 대리인에게 서면으로 멸실, 손상과 또 이러한 멸실 및 손상의 개략적인 설명에 대한 통지를 하지 않는 한, 또 만일 멸실이나 손상이 외관상 분명치 않는 경우에는 3일 내에 이러한 통지를 하지 않으면 이러한 화물의 이전은 선하증권에 기재된 대로 동(同) 화물을 운송인이 인도하였다는 추정적 근거가 된다.
> 화물의 인수 당시 동 화물의 상태에 관하여 공동조사나 검사의 대상이 되었을 경우에는 서면통지는 필요하지 않다.
> 실제로 화물이 인도된 날로부터 또는 동 화물이 인도되었어야 할 날로부터 1년 내에 소송이 제기되지 않으면 운송인 및 선박은 어떠한 경우에 있어서도 멸실 및 손상에 대한 모든 책임으로부터 면제된다.
> 현실적으로 또는 추정적 멸실이나 손상이 발생한 경우에는 운송인과 수하인은 화물의 검사와 검수를 위해서 모든 합리적인 편의를 상호 제공하여야 한다.

7. After the goods are loaded the bill of lading to be issued by the carrier, master, or agent of the carrier, to the shipper shall, if the shipper so demands, be a "shipped" bill of lading, provided that if the shipper shall have previously taken up any document of title to such goods, he shall surrender the same as against the issue of the "shipped" bill of lading, but at the option of the carrier such document of title may be noted at the port of shipment by the carrier, master, or agent with the name or names of the ship or ships upon which the goods have been shipped and the date or dates of shipment, and when so noted, if it shows the particulars mentioned in paragraph 3 of Article 3, shall for the purpose of this Article be deemed to constitute a "shipped" bill of lading.

> 7. 화물이 선적된 후 운송인, 선장 또는 운송인의 대리인이 송하인에게 교부하는 선하증권은 송하인의 요구가 있는 경우에 "선적" 선하증권이어야 한다. 단, 송하인이 이 화물에 대한 다른 어떤 권리증서를 수령하였을 경우에는 "선적" 선하증권의 교부와 상환하여 동 권리증서를 반환하여야 한다. 그러나 운송인의 재량에 따라 운송인, 선장 또는 운송인의 대리인은 동 권리증서에 화물이 선적된 선박명과 선적일자를 선적항에서 기재할 수 있으며, 이와 같이 기재된 권리증서가 제3조 3.에 규정된 사항을 표시할 경우 이러한 권리증서는 본 조의 취지에 따라 "선적" 선하증권의 요건을 구비한 것으로 간주한다.

8. Any clause, covenant, or agreement in a contract of carriage relieving the carrier or the ship from liability for loss or damage to, or in connection with, goods arising from negligence, fault, or failure in the duties and obligations provided in this Article or lessening such liability otherwise than as provided in this Convention, shall be null and void and of no effect.

   A benefit of insurance in favour of the carrier or similar clause shall be deemed to be a clause relieving the carrier from liability.

   8. 본 협약에 규정되어 있는 의무를 태만, 과실 또는 불이행하여 발생된 화물의 멸실, 손상 또는 화물에 관련된 멸실, 손상에 대한 책임으로부터 운송인 또는 선박을 면제시키거나, 본 협약의 규정과 달리 이러한 책임을 경감시키는 운송계약상의 일체의 조항, 계약 또는 합의사항은 무효로 한다.
   보험의 이익을 운송인에게 양도하는 조항 또는 이와 유사한 모든 조항은 운송인의 책임을 면제하는 조항으로 간주한다.

Article 4 운송인의 면책

1. Neither the carrier nor the ship shall be liable for loss or damage arising or resulting from unseaworthiness unless caused by want of due diligence on the part of the carrier to make the ship seaworthy and to secure that the ship is properly manned, equipped and supplied, and to make the holds, refrigerating and cool chambers and all other parts of the ship in which goods are carried fit and safe for their reception, carriage and preservation in accordance with the provisions of paragraph 1 of Article 3. Whenever loss or damage has resulted from unseaworthiness the burden of proving the exercise of due diligence shall be on the carrier or other person claiming exemption under this Article.

   1. 제3조 1.의 규정에 따라 선박을 감항상태로 하고 선박의 승조원 배치, 의장 및 필수보급품들을 적절히 보급하고 선박의 창내, 냉동실, 냉기실 및 물품운송에 사용되는 그 외의 모든 부분을 화물의 인수, 운송, 보관에 적합하고 안전하게 하는 데 있어서, 운송인이 상당한 주의를 하지 않은 데에 그 원인이 있지 않은 한, 선박의 불감항성의 결과로 발생되는 멸실 또는 손상 등에 대한 책임은 운송인이나 선박이 공히 지지 않는다. 선박의 불감항성 때문에 멸실이나 손상이 발생하는 경우에는 상당한 주의를 다하였다는 입증책임은 본 조의 규정에 따라 면책을 주장하는 운송인 또는 그 밖의 자에게 있다.

2. Neither the carrier nor the ship shall be responsible for loss or damage arising or resulting from:

   (a) Act, neglect, or default of the master, mariner, pilot, or the servants of the carrier in the navigation or in the management of the ship;

   (b) Fire, unless caused by the actual fault or privity of the carrier;

   (c) Perils, dangers and accidents of the sea or other navigable waters;

(d) Act of God;

(e) Act of war;

(f) Act of public enemies;

(g) Arrest or restraint or princes, rulers or people, or seizure under legal process;

(h) Quarantine restrictions;

(i) Act or omission of the shipper or owner of the goods, his agent or representative;

(j) Strikes or lockouts or stoppage or restraint of labour from whatever cause, whether partial or general;

(k) Riots and civil commotions;

(l) Saving or attempting to save life or property at sea;

(m) Wastage in bulk or weight or any other loss or damage arising from inherent defect, quality or vice of the goods;

(n) Insufficiency of packing;

(o) Insufficiency or inadequacy of marks;

(p) Latent defects not discoverable by due diligence;

(q) Any other cause arising without the actual fault or privity of the carrier, or without the actual fault or neglect of the agents or servants of the carrier, but the burden of proof shall be on the person claiming the benefit of this exception to show that neither the actual fault or privity of the carrier nor the fault or neglect of the agents or servants of the carrier contributed to the loss or damage.

2. 운송인이나 선박은 다음 각 호로 인한 멸실 또는 손상에 대하여 책임을 지지 않는다.
   (a) 선박의 운항 또는 선박관리에 있어서 선장, 선원, 도선사 또는 운송인의 고용인의 행위와 태만 또는 과실에 의한 손실
   (b) 운송인의 사실상의 과실 또는 고의에 의한 경우를 제외한 화재로 인한 손실
   (c) 해상 또는 그 외의 가항수로(可航水路)에서의 재해, 위험 또는 사고로 인한 손실
   (d) 천재지변에 의한 손실
   (e) 전쟁행위에 의한 손실
   (f) 공적(公敵)의 행위로 인한 손실
   (g) 군주, 통치자 또는 인민에 의한 구속, 억류 또는 재판상의 차압(差押)에 의한 손실
   (h) 검역상의 제한에 의한 손실
   (i) 화물의 송하인, 소유권자 또는 이들의 대리인이나 지정인의 태만행위에 의한 손실
   (j) 원인 여하를 불문하고 부분적 또는 전면적 동맹파업, 직장폐쇄, 노동의 정지 또는 방해에 의한 손실
   (k) 폭동 및 내란에 의한 손실
   (l) 해상에서의 인명 및 재산의 구조 또는 구조의 기도(企圖)에 의한 손실

- (m) 화물고유의 하자 및 화물의 특성 또는 결함에 의한 용적 또는 중량의 감손이나 그 밖의 일체의 멸실 또는 손상
- (n) 포장의 불충분에 의한 손실
- (o) 화인의 불충분 및 부적당에 의한 손실
- (p) 상당한 주의를 하여도 발견할 수 없는 잠재하자에 의한 손실
- (q) 운송인의 사실상의 과실이나 고의에 의하지 않거나 또 운송인의 대리인이나 고용인의 과실이나 태만에 의하지 않은 그 밖의 모든 원인, 그러나 화물의 멸실이나 손상이 운송인의 사실상의 과실이나 고의 또는 운송인의 대리인이나 고용인의 과실이나, 태만에 의하여 발생하지 않았다는 입증책임은 이러한 면책의 혜택을 주장하는 자에게 있다.

3. The shipper shall not be responsible for loss or damage sustained by the carrier or the ship arising or resulting from any cause without the act, fault or neglect of the shipper, his agents or his servants.

> 3. 송하인은 운송인이나 선박이 입은 멸실이나 손해에 대하여 송하인, 그의 대리인 및 그의 고용인의 행위, 과실 또는 태만에 그 원인이 있지 않는 한 책임을 지지 않는다.

4. Any deviation in saving or attempting to save life or property at sea or any reasonable deviation shall not be deemed to be an infringement or breach of this Convention or of the contract of carriage, and the carrier shall not be liable for any loss or damage resulting therefrom.

> 4. 해상에서 인명 또는 재산을 구조하거나 이러한 구조를 하기 위한 이로(離路) 또는 그 외의 합리적인 이로는 본 협약이나 운송계약의 위반이나 침해로 간주하지 않으며, 운송인은 이러한 결과로 발생된 일체의 멸실이나 손상에 대하여 책임을 지지 않는다.

5. Neither the carrier nor the ship shall in any event be or become liable for any loss or damage to or in connection with goods in an amount exceeding 100 pounds sterling per package or unit, or the equivalent of that sum in other currency unless the nature and value of such goods have been declared by the shipper before shipment and inserted in the bill of lading.

This declaration if embodied in the bill of lading shall be prima facie evidence, but shall not be binding or conclusive on the carrier. By agreement between the carrier, master or agent of the carrier and the shipper another maximum amount than that mentioned in this paragraph may be fixed, provided that such maximum shall not be less than the figure above named.

Neither the carrier nor the ship shall be responsible in any event for loss or damage to, or in connection with, goods if the nature or value thereof has been knowingly misstated by the shipper in the bill of lading.

5. 운송인이나 선박은 어떠한 경우에도 화물의 멸실이나 손상 또는 화물에 관련된 멸실이나 손상에 대하여 송하인이 선적 전에 이러한 화물의 성질과 가격을 고지하여 선하증권에 기재하지 않은 경우에는 포장당 또는 단위당 100파운드를 초과하거나 또 다른 통화로 100파운드 상당액을 초과하는 경우에는 책임을 지지 않는다.

이와 같이 화물의 성질과 가격이 선하증권에 구현(具現)되어 있을 경우 이러한 기재는 추정증거로 한다. 그러나 이러한 기재가 운송인을 구속하거나 결정적 증거가 되는 것은 아니다. 운송인, 선장 또는 운송인의 대리인과 송하인은 합의에 의하여 본 조항에 규정되어 있는 금액과 다른 최고금액을 정할 수도 있다. 단, 이러한 협정최고액은 위에 언급된 금액보다 적어서는 안 된다.

송하인이 화물의 성질과 가격을 고의로 허위통지하여 선하증권에 잘못 기재되는 경우 에는 운송인이나 선박은 화물의 멸실이나 손상 또는 화물에 관련된 멸실이나 손상에 대하여 어떠한 경우도 책임을 지지 않는다.

6. Goods of an inflammable, explosive or dangerous nature to the shipment whereof the carrier, master or agent of the carrier has not consented with knowledge of their nature and character, may at any time before discharge be landed at any place, or destroyed or rendered innocuous by the carrier without compensation, and the shipper of such goods shall be liable for all damage and expenses directly or indirectly arising out of or resulting from such shipment.

If any such goods shipped with such knowledge and consent shall become a danger to the ship or cargo, they may in like manner be landed at any place, or destroyed or rendered innocuous by the carrier without liability on the part of the carrier except to general average, if any.

6. 인화성, 폭발성 또는 위험성이 있는 선적된 화물로서 운송인, 선장 또는 운송인의 대리인이 동 물품의 이러한 성질 및 특징을 알았다면 선적을 허용하지 않았을 화물에 대하여 운송인은 양하전 언제 어디서도 손해보상의 책임 없이 양하하거나 파괴 또는 무해화(無害化)시킬 수 있다. 그리고 이러한 화물의 송하인은 이러한 화물선적으로 인하여 직접 또는 간접적으로 발생하는 모든 손해와 비용에 대해서 책임을 진다.

운송인이 이러한 화물의 성질을 알고 또 송하인에 선적된 경우에도 만일 이러한 화물이 선박 또는 적하에 위험하게 될 경우 위에 언급된 방법으로 운송인은 아무런 책임 없이 어떤 장소에든지 양하시키거나 파괴 또는 무해화시킬 수 있다. 단, 공동해손이 성립되는 경우에는 그러하지 아니하다.

Article 5 운송인의 의무증가 및 권리포기

A carrier shall be at liberty to surrender in whole or in part all or any of his rights and immunities or to increase any of his responsibilities and obligations under this Convention, provided such surrender or increase shall be embodied in the bill of lading issued to the shipper.

The provisions of this Convention shall not be applicable to charter parties, but if bills of lading are issued in the case of a ship under a charter party they shall comply with the terms of this Convention. Nothing in these rules shall be held to prevent the insertion in a bill of lading of any lawful provision regarding general average.

> 운송인은 본 협약에 규정된 그의 권리와 면책의 전부 또는 일부를 포기하거나 그의 의무와 책임을 증가시킬 수 있는 자유를 갖는다. 단, 이러한 포기나 증가는 송하인에게 교부한 선하증권에 구현(具現)되어 있어야 한다.
> 본 협약의 규정은 용선계약에는 적용되지 않는다. 그러나 용선계약 하에서도 선하증권이 발행되는 경우에는 이러한 선하증권은 이 협약의 규정에 따른다. 본 규칙의 어떠한 규정도 공동해손에 관한 합법적 조항을 선하증권에 삽입하는 것을 못하게 하지는 않는다.

Article 6 운송인의 자유계약

Notwithstanding the provisions of the preceding Articles, a carrier, master or agent of the carrier and a shipper shall in regard to any particular goods be at liberty to enter into any agreement in any terms as to the responsibility and liability of the carrier for such goods, and as to the rights and immunities of the carrier in respect of such goods, or his obligation as to seaworthiness, so far as this stipulation is not contrary to public policy, or the care or diligence of his servants or agents in regard to the loading, handling, stowage, carriage, custody, care and discharge of the goods carried by sea, provided that in this case no bill of lading has been or shall be issued and that the terms agreed shall be embodied in a receipt which shall be a non-negotiable document and shall be marked as such.

Any agreement so entered into shall have full legal effect: Provided that this Article shall not apply to ordinary commercial shipments made in the ordinary course of trade, but only to other shipments where the character or condition of the property to be carried or the circumstances, terms and conditions under which the carriage is to be performed are such as reasonably to justify a special agreement.

> 전기 각 조의 규정에도 불구하고 운송인, 선장 또는 운송인의 대리인과 송하인은 어떠한 특정화물에 관하여도 동 화물에 대한 운송인의 의무와 책임 또한 동 화물의 운송인의 권리와 면책에 관하여 이러한 약정이 공공질서에 반하지 않는 한 감항성에 대한 운송인의 의무, 해상운송화물의 선적, 취급, 선내작업, 운송, 보관, 관리 및 양하에 대한 운송인의 사용인 또는 대리인의 주의 등에 관하여 어떠한 조건으로도 자유로이 협약을 체결할 수 있다. 단, 이러한 경우 선하증권을 발행하지 않았거나 발행하지 않는 것을 조건으로 하여 약정된 비유통성 증서라고 명시된 화물수취증에 구현되어 있어야 한다.
>
> 이와 같이 체결된 약정은 완전한 법적 효력을 갖는다. 단, 본 조항은 통상의 상거래에 의하여 선적되는 통상의 상업적 적하(積荷)에 적용되는 것이 아니고 운송해야 할 재산의 특성과 상태 또는 운송이행에 따르는 사정과 조건에 대하여 특약할 만한 정당한 이유가 있는 그 밖의 적하에 한하여 적용한다.

Article 7 운송인의 계약자유

Nothing herein contained shall prevent a carrier or a shipper from entering into any agreement, stipulation, condition, reservation or exemption as to the responsibility and liability of the carrier or the ship for the loss or damage to, or in connection with, the custody and care and handling of goods prior to the loading on, and subsequent to, the discharge from the ship on which the good are carried by sea.

> 본 협약의 어떠한 규정도 해상운송화물의 선적 전과 양하 후에 있어서 화물을 보관, 관리, 취급할 때 또는 이에 관련하여 발생되는 멸실 또는 손상에 대한 운송인 또는 선박의 의무 및 책임에 관하여 운송인이나 송하인이 어떠한 협정, 계약, 조건, 유보 또는 면책을 약정하는 것을 못하게 하지는 않는다.

Article 8 선주의 책임제한

The provisions of this Convention shall not affect the rights and obligations of the carrier under any statute for the time being in force relating to the limitation of the liability of owners of sea-going vessels.

> 본 협약의 제 규정은 항해선박선주의 책임을 제한하는 데 관계되는 현행법상의 운송인의 권리와 의무에 영향을 미치지 않는다.

Article 9 화폐의 기준

The monetary units mentioned in this Convention are to be taken to be gold value.

Those contracting States in which the pound sterling is not a monetary unit reserve to themselves the right of translating the sums indicated in this Convention in terms of pound sterling into terms of their own monetary system in round figures.

The national laws may reserve to the debtor the right of discharging his debt in national currency according to the rate of exchange prevailing on the day of the arrival of the ship at the port of discharge of the goods concerned.

> 본 협약에서 언급되는 화폐단위는 금본위 가액으로 한다.
> 파운드 스털링이 화폐단위로 사용되고 있지 않는 계약 당사자 국가들은 본 협약에 파운드 스털링으로 표시된 금액을 자국의 화폐제도에 따라 개수(概數)로 환산할 권한을 유보한다.
> 채무자는 국내법에 의하여 관계된 화물을 실은 선박이 양하항에 도착하는 당일의 환율시세에 의하여 자기의 채무를 자국통화로 변제할 권리를 유보한다.

Article 10 협약의 적용범위

The provisions of this Convention shall apply to all bills of lading issued in any of the contracting States.

> 본 협약의 규정은 어느 체약국에서나 발행되는 모든 선하증권에 적용된다.

Article 11 협약의 비준(생략)

Article 12 협약에의 가입(생략)

Article 13 자치령·보호령 등의 개별가입(생략)

Article 14 효력의 발생(생략)

Article 15 협약의 폐기(생략)

Article 16 협약의 개정(생략)

PROTOCOL OF SIGNATURE 서명의정서(생략)

DONE at Brussels, in single copy, August 25th, 1924.

1924년 8월 25일, Brussels에서 본서 1통을 작성하였음.

해커스관세사 cca.Hackers.com

04

United Nations Convention on the Carriage of Goods by Sea, 1978
(Hamburg Rules)
– UN 해상화물운송 협약

PART I General provisions
제1장 통칙

Article 1 Definitions
제1조 정의

In this Convention:

1. "Carrier" means any person by whom or in whose name a contract of carriage of goods by sea has been concluded with a shipper.

> 이 협약에서,
> 1. "운송인"이라 함은 스스로 또는 자기 명의로 송하인과 해상화물운송계약을 체결한 자를 말한다.

2. "Actual carrier" means any person to whom the performance of the carriage of the goods, or of part of the carriage, has been entrusted by the carrier, and includes any other person to whom such performance has been entrusted.

> 2. "실제운송인"이라 함은 운송인으로부터 화물운송의 전부 또는 일부의 이행의 위탁을 받은 자를 말하며, 그러한 이행의 위탁을 받은 그 밖의 자를 포함한다.

3. "Shipper" means any person by whom or in whose name or on whose behalf a contract of carriage of goods by sea has been concluded with a carrier, or any person by whom or in whose name or on whose behalf the goods are actually delivered to the carrier in relation to the contract of carriage by sea.

> 3. "송하인"이라 함은 스스로 또는 자기 명의로 또는 대리인에 의하여 운송인과 해상화물운송 계약을 체결한 자 및 스스로 또는 자기명의로 또는 대리인에 의하여 해상운송계약과 관련하여 화물을 운송인에게 실제로 인도하는 자를 말한다.

4. "Consignee" means the person entitled to take delivery of the goods.

> 4. "수하인"이라 함은 화물의 인도를 받을 권리를 가지는 자를 말한다.

5. "Goods" includes live animals; where the goods are consolidated in a container, pallet or similar article of transport or where they are packed, "goods" includes such article of transport or packaging if supplied by the shipper.

> 5. "화물"이라 함은 살아있는 동물을 포함한다. 화물이 컨테이너, 파레트 또는 이와 유사한 운송용구에 혼재되어 있는 경우 또는 화물이 포장되어 있는 경우, 그러한 운송용구 또는 포장이 송하인으로부터 공급된 경우에는 "화물"은 그 운송용구 또는 포장을 포함한다.

6. "Contract of carriage by sea" means any contract whereby the carrier undertakes against payment of freight to carry goods by sea from one port to another; however, a contract which involves carriage by sea and also carriage by some other means is deemed to be a contract of carriage by sea for the purposes of this Convention only in so far as it relates to the carriage by sea.

> 6. "해상운송계약"이라 함은 운송인이 운임의 지급을 대가로 어느 항에서 다른 항으로 화물을 해상으로 운송할 것을 인수하는 계약을 말한다. 그러나 해상운송과 함께 일부 다른 수단에 의한 운송도 포함하는 계약에 대해서는 이 협약의 목적상 단지 해상운송과 관련되는 범위 내에서만 해상운송계약으로 본다.

7. "Bill of lading" means a document which evidences a contract of carriage by sea and the taking over or loading of the goods by the carrier, and by which the carrier undertakes to deliver the goods against surrender of the document. A provision in the document that the goods are to be delivered to the order of a named person, or to order, or to bearer, constitutes such an undertaking.

> 7. "선하증권"이라 함은 해상운송계약 및 운송인에 의한 물건의 수령 또는 선적을 증명하는 증권으로서, 운송인이 그 증권과 상환으로 물건을 인도할 것을 약정하는 증권을 말한다. 화물을 지명된 자의 지시인 또는 피배서인 또는 소지인에게 인도하여야 한다는 뜻의 증권상의 규정은 그러한 약정에 해당한다.

8. "Writing" includes, inter alia, telegram and telex.

> 8. "문서"라 함은, 여럿 중에서도, 전보 및 텔렉스를 포함한다.

Article 2 Scope of application
제2조 적용범위

1. The provisions of this Convention are applicable to all contract of carriage by sea between two different States, if:

    (a) The port of loading as provided for in the contract of carriage by sea is located in a Contracting State, or

    (b) The port of discharge as provided for in the contract of carriage by sea is located in a Contracting State, or

    (c) One of the optional ports of discharge provided for in the contract of carriage by sea is the actual port of discharge and such port is located in a Contracting State, or

    (d) The bill of lading or other document evidencing the contract of carriage by sea is issued in a Contracting State, or

    (e) The bill of lading or other document evidencing the contract of carriage by sea provides that the provisions of this Convention or the legislation of any State giving effect to them are to govern the contract.

> 1. 이 협약의 규정은 다음 경우의 두 국가 간의 모든 해상운송계약에 적용한다.
>   (a) 해상운송계약에서 정한 선적항이 체약국에 있는 경우, 또는
>   (b) 해상운송계약에서 정한 양륙항이 체약국에 있는 경우, 또는
>   (c) 해상운송계약에서 정한 선택적 양륙항의 하나가 실제 양륙항이고 그러한 항구가 체약국에 있는 경우, 또는
>   (d) 선하증권 또는 기타의 해상운송계약을 증명하는 증권이 체약국에서 발행된 경우, 또는
>   (e) 선하증권 또는 기타의 해상운송계약을 증명하는 증권이 이 협약의 규정 또는 이 협약의 규정을 실시하고 있는 국가의 법을 당해 해상운송계약에 적용한다는 뜻을 규정하고 있을 때.

2. The provisions of this Convention are applicable without regard to the nationality of the ship, the carrier, the actual carrier, the shipper, the consignee or any other interested person.

> 2. 이 협약의 규정은 선박, 운송인, 실제운송인, 송하인, 수하인 및 기타의 모든 이해관계인의 국적에 관계없이 적용된다.

3. The provisions of this Convention are not applicable to charter-parties. However, where a bill of lading is issued pursuant to a charter-party, the provisions of the Convention apply to such a bill of lading if it governs the relation between the carrier and the holder of the bill of lading, not being the charterer.

> 3. 이 협약의 규정은 용선계약에는 적용하지 않는다. 그러나 선하증권이 용선계약에 따라서 발행된 경우에는, 이 협약의 규정은 선하증권이 운송인과 용선자 이외의 선하증권의 소지인과의 관계를 규율하는 때에 적용된다.

4. If a contract provides for future carriage of goods in a series of shipments during an agreed period, the provisions of this Convention apply to each shipment. However, where a shipment is made under a charter-party, the provisions of paragraph 3 of this article apply.

> 4. 약정기간 중의 일련의 미래의 화물운송에 관하여 정하는 계약이 있을 때에는, 이 협약의 규정은 각 선적마다 적용된다. 그러나 선적이 용선계약 아래 이루어지는 경우에는, 본 조 제3항의 규정이 적용된다.

Article 3 Interpretation of the Convention
제3조 본 협약의 해석

In the interpretation and application of the provisions of this Convention regard shall be had to its international character and to the need to promote uniformity.

> 이 협약의 규정의 해석 및 적용에 있어서는 이 협약의 국제적 성격 및 통일을 촉진할 필요성에 유의하여야 한다.

PART II 제2장 | Liability of the carrier
운송인의 책임

Article 4 Period of responsibility
제4조 책임의 기간

1. The responsibility of the carrier for the goods under this Convention covers the period during which the carrier is in charge of the goods at the port of loading, during the carriage and at the port of discharge.

> 1. 이 협약에 의한 화물에 관한 운송인의 책임은 화물이 선적항, 운송도중 및 양륙항에서 운송인의 관리 아래 있는 기간에 적용된다.

2. For the purpose of paragraph 1 of this article, the carrier is deemed to be in charge of the goods

   (a) From the time he has taken over the goods from:

   (i) The shipper, or a person acting on his behalf; or

   (ii) An authority or other third party to whom, pursuant to law or regulations applicable at the port of loading, the goods must be handed over for shipment;

   (b) until the time he has delivered the goods:

   (i) By handing over the goods to the consignee; or

   (ii) In cases where the consignee does not receive the goods from the carrier, by placing them at the disposal of the consignee in accordance with the contract or with the law or with the usage of the particular trade, applicable at the port of discharge; or

   (iii) By handing over the goods to an authority or other third party to whom, pursuant to law or regulations applicable at the port of discharge, the goods must be handed over.

> 2. 본 조 제1항의 적용을 위하여, 다음 기간에 화물이 운송인의 관리 아래 있는 것으로 본다.
>   (a) 화물을 [다음의 자로부터] 수령한 때로부터
>   (i) 송하인 또는 송하인을 대리하여 행위하는 자, 또는
>   (ii) 선적항에서 적용되는 법령에 따라, 선적을 위하여 화물을 수령하여야 할 당국 또는 기타 제3자

(b) 화물을 [다음과 같이] 인도한 때까지
  (i) 수하인에게 화물을 교부하여, 또는
  (ii) 수하인이 운송인으로부터 화물을 수령하지 않는 경우, 양륙항에서 적용되는 계약 또는 법률이나 당해 거래의 관습에 따라서 화물을 수하인의 처분에 두어, 또는
  (iii) 양륙항에서 적용되는 법규 또는 규칙에 따라 화물을 교부 하여야 할 당국 또는 기타 제3자에게 화물을 교부하여

3. In paragraphs 1 and 2 of this article, reference to the carrier or to the consignee means, in addition to the carrier or the consignee, the servants or agents, respectively of the carrier or the consignee.

3. 본 조 제1항 및 제2항에서 말하는 운송인 또는 수하인에는, 운송인 또는 수하인 외에 운송인 또는 수하인의 사용인 또는 대리인을 포함한다.

Article 5 Basis of liability
제5조 책임의 원칙

1. The carrier is liable for loss resulting from loss of or damage to the goods, as well as from delay in delivery, if the occurrence which caused the loss, damage or delay took place while the goods were in his charge as defined in article 4, unless the carrier proves that he, his servants or agents took all measures that could reasonably be required to avoid the occurrence and its consequences.

1. 운송인은 화물의 멸실, 훼손 또는 인도지연의 원인으로 된 사고가 제4조에 정의된 운송인의 관리 아래 있는 동안에 일어날 때에는 그 멸실, 훼손 또는 지연으로 인하여 생긴 손해에 대하여 책임을 진다. 단, 운송인이 자신, 그 사용인 및 대리인이 사고 및 그 결과를 회피하기 위하여 합리적으로 요구되는 모든 조치를 취하였다는 것을 증명한 경우는 그렇지 않다.

2. Delay in delivery occurs when the goods have not been delivered at the port of discharge provided for in the contract of carriage by sea within the time expressly agreed upon or, in the absence of such agreement, within the time which it would be reasonable to require of a diligent carrier, having regard to the circumstances of the case.

2. 화물이 해상운송계약에서 정한 양륙항에서 명시적으로 합의된 기간 내에, 그러한 합의가 없는 경우 그 정황을 고려하여 성실한 운송인에게 요구되는 합리적인 기간 내에 인도되지 않은 경우 인도지연이 발생한다.

3. The person entitled to make a claim for the loss of goods may treat the goods as lost if they have not been delivered as required by article 4 within 60 consecutive days following the expiry of the time for delivery according to paragraph 2 of this article.

> 3. 화물이 본 조 제2항에 의한 인도기간의 만료일 경과 후 60일 이내에 제4조에서 요구된 대로 인도되지 않은 경우 화물의 멸실에 대하여 배상청구를 할 수 있는 자는 화물이 멸실된 것으로 취급할 수 있다.

4. (a) The carrier is liable

   (i) For loss of or damage to the goods or delay in delivery caused by fire, if the claimant proves that the fire arose from fault or neglect on the part of the carrier, his servants or agents;

   (ii) For such loss, damage or delay in delivery which is proved by the claimant to have resulted from the fault or neglect of the carrier, his servants or agents in taking all measures that could reasonably be required to put out the fire and avoid or mitigate its consequences.

   (b) In case of fire on board the ship affecting the goods, if the claimant or the carrier so desires, a survey in accordance with shipping practices must be held into the cause and circumstances of the fire, and a copy of the surveyor's report shall be made available on demand to the carrier and the claimant.

> 4. (a) 운송인은 [다음에 대하여] 책임이 있다.
>   (i) 화재가 운송인, 그 사용인 또는 대리인 측의 과실 또는 부주의로 인해 발생하였다는 것을 청구권자가 증명한 때에는 그 화재로 인하여 생긴 화물의 멸실이나 훼손 또는 인도지연에 대하여
>   (ii) 화재를 진화하고 결과를 회피하거나 경감시키기 위하여 합리적으로 요구되는 모든 조치를 취함에 있어, 운송인 또는 그 사용인이나 대리인의 과실 또는 부주의로 인하여 생긴 것이라고 청구권자가 증명하는 화물의 멸실, 훼손 또는 인도지연.
>   (b) 화물에 영향을 미치는 선박상의 화재에 있어, 청구권자 또는 운송인이 희망하는 경우, 화재의 원인과 상황을 밝히기 위하여 운송관습에 따른 검사를 실시하여야 하며, 운송인과 청구권자의 청구가 있는 때에는 그 검사인의 보고서의 사본을 이용할 수 있도록 하여야 한다.

5. With respect to live animals, the carrier is not liable for loss, damage or delay in delivery resulting from any special risks inherent in that kind of carriage. If the carrier proves that he has complied with any special instructions given to him by the shipper respecting the animals and that, in the circumstances of the case, the loss, damage or delay in delivery could be attributed to such risks, it is presumed that the loss, damage or delay in delivery was so caused, unless there is proof that all or a part of the loss, damage or delay in delivery resulted from fault or neglect on the part of the carrier, his servants or agents.

5. 살아있는 동물에 관하여는, 운송인은 그러한 종류의 운송에 고유한 특별한 위험으로 인한 멸실, 훼손 또는 인도지연에 대하여 책임을 지지 않는다. 운송인이 살아있는 동물에 관하여 송하인으로부터 받은 특별한 지시에 따랐다는 것과 해당 사안의 정황에서 그 멸실, 훼손 또는 인도지연은 그러한 위험의 탓으로 돌릴 수 있다는 것을 증명한 때에는, 그 멸실, 훼손, 또는 인도지연의 전부 또는 일부가 운송인 또는 그 사용인이나 대리인 측의 과실 또는 부주의로 인하여 생긴 것이라는 증거가 없는 한, 그 멸실, 훼손 또는 인도지연은 그러한 위험으로 인하여 생긴 것으로 추정한다.

6. The carrier is not liable, except in general average, where loss, damage or delay in delivery resulted from measures to save life or from reasonable measures to save property at sea.

6. 운송인은 공동해손의 경우를 제외하고, 인명구조를 위한 조치 또는 해상에서의 재물의 구조를 위한 합리적인 조치로 인하여 생긴 멸실, 훼손 또는 인도지연에 대하여 책임을 지지 않는다.

7. Where fault or neglect on the part of the carrier, his servants or agents combines with another cause to produce loss, damage or delay in delivery, the carrier is liable only to the extent that the loss, damage or delay in delivery is attributable to such fault or neglect, provided that the carrier proves the amount of the loss, damage or delay in delivery not attributable thereto.

7. 운송인 또는 그 사용인이나 대리인 측의 과실 또는 부주의가 다른 원인과 결합하여 멸실, 훼손 또는 인도지연을 일으킬 경우에는, 운송인은 그러한 과실 또는 부주의의 탓으로 돌릴 수 있는 멸실, 훼손 또는 인도지연의 범위 내에서만 책임을 진다. 이 경우 운송인은 그러한 과실 또는 부주의의 탓으로 돌릴 수 없는 멸실, 훼손 또는 인도지연의 손해액을 증명하여야 한다.

Article 6 Limits of liability
제6조 책임의 한도

1. (a) The liability of the carrier for loss resulting from loss of or damage to goods according to the provisions of article 5 is limited to an amount equivalent to 835 units of account per package or other shipping unit or 2.5 units of account per kilogram of gross weight of the goods lost or damaged, whichever is the higher.

   (b) The liability of the carrier for delay in delivery according to the provisions of Article 5 is limited to an amount equivalent to two and a half times the freight payable for the goods delayed, but not exceeding the total freight payable under the contact of carriage of goods by sea.

   (c) in no case shall the aggregate liability of the carrier, under both subparagraphs (a) and (b) of this paragraph, exceed the limitation which would be established under subparagraph (a) of this paragraph for total loss of the goods with respect to which such liability was incurred.

1. (a) 제5조의 규정에 의한 화물의 멸실 또는 훼손으로 인하여 생긴 손해에 대한 운송인의 책임은 1포장 또는 1선적단위에 대한 835계산단위 또는 멸실 또는 훼손된 화물의 총중량 1킬로그램에 대한 2.5계산단위에 상당하는 금액 중 높은 금액으로 제한된다.
   (b) 제5조의 규정에 의한 인도지연에 대한 운송인의 책임은 지연된 화물에 관하여 지급되는 운임의 2배반에 상당하는 금액으로 제한된다. 그러나 이는 해상화물운송계약에 의하여 지급되는 총운임을 초과하지 못한다.
   (c) 어떠한 경우에도 본항 (a) 및 (b)에 의한 운송인의 책임의 총액은 화물의 전손(全損)에 대한 책임이 생긴 경우 그 전손)에 대하여 본항 (a)에 의하여 확정되는 한도액을 초과하지 못한다.

2. For the purpose of calculating which amount is the higher in accordance with paragraph 1 (a) of this article, the following rules apply:

   (a) Where a container, pallet or similar article of transport is used to consolidate goods, the package or other shipping units enumerated in the bill of lading, if issued, or otherwise in any other document evidencing the contract of carriage by sea, as packed in such article of transport are deemed packages or shipping units. Except as aforesaid the goods in such article of transport are deemed one shipping unit.

   (b) In cases where the article of transport itself has been lost or damaged, that article of transport, if not owned or otherwise supplied by the carrier, is considered one separate shipping unit.

2. 제1항 (a)에 의한 고액의 산정을 위하여 다음 원칙을 적용한다.
   (a) 컨테이너, 파레트 기타 이와 유사한 운송용구가 화물을 혼재하기 위하여 사용되는 경우 이러한 운송용구에 적재된 것으로 선하증권 기타 해상 운송계약을 증명하는 증권이 발행된 때에는 그러한 증권에 표시되어 있는 포장 또는 선적단위를 포장 또는 그러한 선적단위로 본다. 이 경우를 제외하고 이러한 운송용구 내의 화물을 하나의 선적단위로 본다.
   (b) 운송용구 자체가 멸실 또는 훼손된 경우 그 운송용구를 운송인이 소유하거나 공급한 것이 아닌 때에는 이를 하나의 별개의 선적단위로 본다.

3. Unit of account means the unit of account mentioned in article 26.

3. 계산단위는 제26조에서 말하는 계산단위를 의미한다.

4. By agreement between the carrier and the shipper, limits of liability exceeding those provided for in paragraph 1 may be fixed.

4. 운송인과 운송인 간의 합의에 의하여 제1항에 규정된 책임의 한도를 초과하는 한도를 정할 수 있다.

Article 7 Application to non-contractual claims
제7조 비계약적 청구에 대한 적용

1. The defences and limits of liability provided for in this Convention apply in any action against the carrier in respect of loss of or damage to the goods covered by the contract of carriage by sea, as well as of delay in delivery whether the action is founded in contract, in tort or otherwise.

> 1. 이 협약에서 정하는 책임에 관한 항변 및 한도는 소송이 계약에 의한 것이든, 불법행위 또는 기타에 의한 것이든 관계없이, 해상운송계약이 적용되는 화물의 멸실 또는 훼손 또한 인도지연에 관한 운송인에 대한 모든 소송에 적용한다.

2. If such an action is brought against a servant or agent of the carrier, such servant or agent, if he proves that he acted within the scope of his employment, is entitled to avail himself of the defences and limits of liability which the carrier is entitled to invoke under this Convention.

> 2. 이러한 소송이 운송인의 사용인 또는 대리인에게 제기된 경우, 그가 그 직무의 범위 내에서 행위 하였다는 것을 증명한 때에는, 그 사용인 또는 대리인은 이 협약 하에 운송인이 원용(援用)할 수 있는 책임에 관한 항변 및 한도를 이용할 권리가 있다.

3. Except as provided in article 8, the aggregate of the amounts recoverable from the carrier and from any persons referred to in paragraph 2 of this article shall not exceed the limits of liability provided for in this Convention.

> 3. 제8조에 규정된 경우를 제외하고, 운송인 및 본 조 제2항에서 정하는 모든 자로부터 배상을 받아야 할 총액은 이 협약에 규정된 책임의 한도를 초과하지 못한다.

Article 8 Loss of right to limit responsibility
제8조 책임한도의 권리의 상실

1. The carrier is not entitled to the benefit of the limitation of liability provided for in article 6 if it is proved that the loss, damage or delay in delivery resulted from an act or omission of the carrier done with the intent to cause such loss, damage or delay, or recklessly and with knowledge that such loss, damage or delay would probably result.

> 1. 운송인은 멸실, 훼손 또는 인도지연이 그러한 멸실, 훼손 또는 지연을 일으킬 의도로써 또한 그러한 멸실, 훼손 또는 지연이 일어나리라는 것을 알면서 무모하게 한 운송인의 작위 또는 부작위로 인한 것이 증명된 때에는, 제6조에 규정된 책임제한의 이익에 대한 권리를 가지지 못한다.

2. Notwithstanding the provisions of paragraph 2 of article 7, a servant or agent of the carrier is not entitled to the benefit of the limitation of liability provided for in article 6 if it is proved that the loss, damage or delay in delivery resulted from an act or omission of such servant or agent, done with the intent to cause such loss, damage or delay, or recklessly and with knowledge that such loss, damage or delay would probably result.

> 2. 제7조 제2항의 규정에도 불구하고, 운송인의 사용인 또는 대리인은 멸실, 훼손 또는 인도지연이 그러한 멸실, 훼손 또는 지연을 일으킬 의도로써 또한 그러한 멸실, 훼손 또는 지연이 일어나리라는 것을 알면서 무모하게 행한 그러한 사용인 또는 대리인의 작위 또는 부작위로 인하여 생긴 것이 증명된 때에는, 제6조에 규정된 책임제한의 이익에 대한 권리를 가지지 못한다.

Article 9 Deck cargo
제9조 갑판적(甲板積)화물

1. The carrier is entitled to carry the goods on deck only if such carriage is in accordance with an agreement with the shipper or with the usage of the particular trade or is required by statutory rules or regulations.

> 1. 운송인은 송하인과의 합의, 특정 상거래의 관습 또는 법령화된 규칙이나 규정에 의하여 이루어지는 경우에 한하여, 화물을 갑판적으로 운송할 권리가 있다.

2. If the carrier and the shipper have agreed that the goods shall or may be carried on deck, the carrier must insert in the bill of lading or other document evidencing the contract of carriage by sea a statement to that effect.
   In the absence of such a statement the carrier has the burden of proving that an agreement for carriage on deck has been entered into; however, the carrier is not entitled to invoke such an agreement against a third party, including a consignee, who has acquired the bill of lading in good faith.

> 2. 운송인과 송하인이 화물을 갑판적으로 운송될 것 또는 갑판적으로 운송할 수 있다는 것을 합의한 경우에는, 운송인은 선하증권 또는 기타의 해상운송계약을 증명하는 증권에 그러한 취지의 문언을 기재하여야 한다. 그러한 기재가 없을 때에는, 운송인은 갑판적운송에 관한 합의가 되어 있다는 것을 증명할 책임이 있다. 그러나 운송인은 수하인을 포함하여 선의로 선하증권을 취득한 제3자에 대하여는 그러한 합의를 원용할 권리가 없다.

3. Where the goods have been carried on deck contrary to the provisions of paragraph 1 of this article or where the carrier may not under paragraph 2 of this article invoke an agreement for carriage on deck; the carrier, notwithstanding the provisions of paragraph 1 of article 5, is liable for loss of or damage to the goods, as well as for delay in delivery, resulting solely from the carriage on deck, and the extent of his liability is to be determined in accordance with the provisions of article 6 or article 8 of this Convention, as the case may be.

> 3. 본 조 제1항의 규정에 위반하여 화물을 갑판적으로 운송한 때 또는 운송인이 본 조 제2항에 의한 갑판적운송에 관한 합의를 원용할 수 없는 경우에는, 운송인은 제5조 제1항의 규정에도 불구하고, 오로지 갑판적운송으로부터 인한 화물의 멸실, 훼손 또는 인도지연에 대하여 책임을 지며, 이러한 경우 운송인의 책임범위는 이 협약 제6조 또는 제8조의 규정에 의하여 결정된다.

4. Carriage of goods on deck contrary to express agreement for carriage under deck is deemed to be an act or omission of the carrier within the meaning of article 8.

> 4. 창내적운송(艙內積運送)에 관한 명시적 합의에 위반된 화물의 갑판적운송은 제8조의 의미에 해당되는 작위 또는 부작위로 본다.

Article 10 Liability of the carrier and actual carrier
제10조 운송인과 실제운송인의 책임

1. Where the performance of the carriage or part thereof has been entrusted to an actual carrier, whether or not in pursuance of a liberty under the contract of carriage by sea to do so, the carrier nevertheless remains responsible for the entire carriage according to the provisions of this Convention. The carrier is responsible, in relation to the carriage performed by the actual carrier, for the acts and omissions of the actual carrier and of his servants and agents acting within the scope of their employment.

> 1. 운송의 전부 또는 일부의 이행이 실제운송인에게 위탁된 때에는, 그것이 해상운송계약에 의한 자유조항에 의한 것인지 관계없이, 운송인은 이 협약의 규정에 따라서 전운송에 대하여 책임을 진다. 운송인은 실제운송인에 의하여 이행된 운송에 관하여, 그들의 직무의 범위 내에서 행위를 하는 실제운송인 및 실제운송인의 사용인 또는 대리인의 작위 또는 작위 및 부작위에 대하여 책임을 진다.

2. All the provisions of this Convention governing the responsibility of the carrier also apply to the responsibility of the actual carrier for the carriage performed by him. The provisions of paragraphs 2 and 3 of article 7 and of paragraph 2 of article 8 apply if an action is brought against a servant or agent of the actual carrier.

> 2. 운송인의 책임을 규율하는 이 협약의 모든 규정은 실제운송인이 이행한 운송에 대한 실제운송인의 책임에 관하여도 적용한다. 제7조 제2항과 제3항 및 제8조 제2항의 규정은 실제운송인의 사용인 또는 대리인에 대하여 소송이 제기된 경우에 적용한다.

3. Any special agreement under which the carrier assumes obligations not imposed by this Convention or waives rights conferred by this Convention affects the actual carrier only if agreed to by him expressly and in writing. Whether or not the actual carrier has so agreed, the carrier nevertheless remains bound by the obligations or waivers resulting from such special agreement.

> 3. 운송인이 이 협약에 의해 부과되지 않는 의무를 인수하거나 이 협약에 의하여 부여된 권리를 포기한다는 특약은 실제운송인이 명시적으로 또한 문서로 합의한 때에 한하여 실제운송인에 대하여도 그 효력이 미친다. 실제운송인이 그러한 합의를 하였는지 여부에 관계없이 운송인은 그러한 특약으로부터 생기는 의무 또는 권리의 포기에 기속(羈束)된다.

4. Where and to the extent that both the carrier and the actual carrier are liable, their liability is joint and several.

> 4. 운송인과 실제운송인이 함께 책임을 지는 경우 또한 그 한도에서, 그들은 연대책임을 진다.

5. The aggregate of the amounts recoverable from the carrier, the actual carrier and their servants and agents shall not exceed the limits of liability provided for in this Convention.

> 5. 운송인, 실제운송인 및 그 사용인과 대리인으로부터 배상을 받을 수 있는 총액은 이 협약에 규정된 책임한도액을 초과하지 못한다.

6. Nothing in this article shall prejudice any right of recourse as between the carrier and the actual carrier.

> 6. 본 조의 어떠한 규정도 운송인과 실제운송인간의 구상권(求償權)을 침해하지 않는다.

Article 11 Through carriage
제11조 통운송(通運送)

1. Notwithstanding the provisions of paragraph 1 of article 10, where a contract of carriage by sea provides explicitly that a specified part of the carriage covered by the said contract is to be performed by a named person other than the carrier, the contract may also provide that the carrier is not liable for loss, damage or delay in delivery caused by an occurrence which takes place while the goods are in the charge of the actual carrier during such part of the carriage. Nevertheless, any stipulation limiting or excluding such liability is without effect if no judicial proceedings can be instituted against the actual carrier in a court competent under paragraph 1 or 2 of article 21, The burden of proving that any loss, damage or delay in delivery has been caused by such an occurrence rests upon the carrier.

> 1. 제10조 제1항의 규정에도 불구하고, 해상운송계약에서 그 계약이 적용되는 운송의 특정부분이 운송인 이외의 지명된 자에 의하여 이행된다는 것이 명시적으로 규정되어 있는 경우에는, 화물이 그러한 운송부분에서 실제운송인의 관리 아래 있는 동안에 일어난 사고로 인하여 생긴 멸실, 훼손 또는 인도지연에 대하여 운송인이 책임을 지지 않는다는 것을 그 계약에 규정할 수 있다. 그러나 제21조 제1항 또는 제2항에 의하여 정당한 관할권을 가지는 법원에 실제운송인에 대하여 소송을 제기할 수 없는 경우에는, 그러한 책임을 제한하거나 면제하는 조항은 효력이 없다. 멸실, 훼손 또는 인도 지연이 그러한 사고로 인하여 일어났다는 것을 증명할 책임은 운송인이 진다.

2. The actual carrier is responsible in accordance with the provisions of paragraph 2 of article 10 for loss, damage or delay in delivery caused by an occurrence which takes place while the goods are in his charge.

> 2. 실제운송인은 제10조 제2항의 규정에 따라서 화물이 자기의 관리 아래 있는 동안에 일어난 사고로 인하여 생긴 멸실, 훼손 또는 인도지연에 대하여 책임을 진다.

PART III Liability of the shippers
제3장 송하인의 책임

Article 12 General rule
제12조 일반원칙

The shipper is not liable for loss sustained by the carrier or actual carrier, or for damage sustained by the ship, unless such loss or damage was caused by the fault or neglect of the shipper, his servants or agents. Nor is any servant or agent of the shipper liable for such loss or damage unless the loss or damage was caused by fault or neglect on his part.

> 송하인은 운송인 또는 실제운송인이 입은 손실 또는 선박이 입은 손상이 송하인 또는 그 사용인이나 대리인의 과실 또는 부주의로 인하여 생긴 것이 아닌 한, 그러한 손실 또는 손상에 대하여 책임을 지지 않는다. 송하인의 사용인 또는 대리인도 그러한 손실 또는 손상이 사용인 또는 대리인 측의 과실 또는 부주의로 인하여 생긴 것이 아닌 한, 그 손실 또는 손상에 대하여 책임을 지지 않는다.

Article 13 Special rules on dangerous goods
제13조 위험물에 관한 특칙(特則)

1. The shipper must mark or label in a suitable manner dangerous goods as dangerous.

   > 1. 송하인은 위험물에 적절한 방법으로 위험의 화인 또는 표시를 하여야 한다.

2. Where the shipper hands over dangerous goods to the carrier or an actual carrier, as the case may be, the shipper must inform him of the dangerous character of the goods and, if necessary, of the precautions to be taken. If the shipper fails to do so and such carrier or actual carrier does not otherwise have knowledge of their dangerous character:

   (a) the shipper is liable to the carrier and any actual carrier for the loss resulting from the shipment of such goods, and

   (b) The goods may at any time be unloaded, destroyed or rendered innocuous, as the circumstances may require, without payment of compensation.

> 2. 송하인이 운송인 또는 실제운송인에게 위험물을 교부할 때에는, 송하인은 각 경우에 따라서 화물의 위험성 및 필요시 취하여야 할 예방조치에 관하여 운송인 또는 실제운송인에게 통지하여야 한다. 송하인이 그 통지를 하지 않고 그 운송인 또는 실제운송인이 화물의 위험성에 대해 달리 인식하지 못한 때에는;
>   (a) 송하인은 그러한 화물의 선적으로부터 생기는 손실에 대하여 운송인 및 실제운송인에게 책임을 지며,
>   (b) 그 화물은 필요한 상황에서는 배상금을 지급하지 않고 언제든지 이를 양하하고 파괴하거나 무해화(無害化)시킬 수 있다.

3. The provisions of paragraph 2 of this article may not be invoked by any person if during the carriage he has taken the goods in his charge with knowledge of their dangerous character.

> 3. 운송 중 화물의 위험성을 인식하고 그 화물을 자기의 관리 아래 수령한 자는 본 조 제2항의 규정을 원용할 수 없다.

4. If. in cases where the provisions of paragraph 2, subparagraph (b), of this article do not apply or may not be invoked, dangerous goods become an actual danger to life or property, they may be unloaded, destroyed or rendered innocuous, as the circumstances may require, without payment of compensation except where there is an obligation to contribute in general average or where the carrier is liable in accordance with the provisions of article 5.

> 4. 본 조 제2항 (b)의 규정이 적용되지 않거나 이를 원용할 수 없는 경우에 위험물이 인명 또는 재산에 실제의 위험을 미치게 될 때에는, 그 위험물은 필요한 상황에서는 공동해손분담금을 부담할 의무를 지는 경우 또는 운송인이 제5조의 규정에 따라서 책임을 지는 경우를 제외하고, 배상금의 지급 없이, 이를 양하하고 파괴하거나 또는 무해화시킬 수 있다.

PART IV 제4장 Transport documents 운송서류

Article 14 Issue of bill of lading
제14조 선하증권의 발행

1. When the carrier or the actual carrier takes the goods in his charge, the carrier must on demand of the shipper, issue to the shipper a bill of lading.

> 1. 운송인 또는 실제운송인이 화물을 자기의 관리하에 인수한 때에는, 운송인은 송하인의 청구에 따라서 송하인에게 선하증권을 발행하여야 한다.

2. The bill of lading may be signed by a person having authority from the carrier. A bill of lading signed by the master of the ship carrying the goods is deemed to have been signed on behalf of the carrier.

> 2. 선하증권은 운송인으로부터 수권받은 자가 서명할 수 있다. 화물을 운송하는 선박의 선장이 서명한 선하증권은 운송인을 대리하여 서명한 것으로 본다.

3. The signature on the bill of lading may be in handwriting, printed in facsimile, perforated, stamped, in symbols, or made by any other mechanical or electronic means, if not inconsistent with the law of the country where the bill of lading is issued.

> 3. 선하증권이 발행되는 국가의 법률에 저촉되지 않는 한, 선하증권의 서명은 수기, 복사인쇄, 천공, 압인, 부호 또는 기타의 기계적 또는 전자적 방법으로 할 수 있다.

Article 15 Contents of bill of lading
제15조 선하증권의 내용

1. The bill of lading must include, inter alia, the following particulars:

   (a) the general nature of the goods, the leading marks necessary for identification of the goods, an express statement, if applicable, as to the dangerous character of the goods, the number of packages or pieces, and the weight of the goods or their quantity otherwise expressed, all such particulars as furnished by the shipper;

   (b) the apparent condition of the goods;

   (c) the name and principal place of business of the carrier;

(d) the name of the shipper;

(e) the consignee if named by the shipper;

(f) the port of loading under the contract of carriage by sea and the date on which the goods were taken over by the carrier at the port of loading;

(g) the port of discharge under the contract of carriage by sea;

(h) the number of originals of the bill of lading, if more than one;

(i) the place of issuance of the bill of lading;

(j) the signature of the carrier or a person acting on his behalf;

(k) the freight to the extent payable by the consignee or other indication that freight is payable by him;

(l) the statement referred to in paragraph 3 of article 23;

(m) the statement, if applicable, that the goods shall or may be earned on deck;

(n) the date or the period of delivery of the goods at the port of discharge if expressly agreed upon between the parties; and

(o) any increased limit or limits of liability where agreed in accordance with paragraph 4 of article 6

1. 선하증권에는, 다른 사항 중에서도, 다음 사항을 기재되어야 한다.
    (a) 송하인에 의해 제출된 화물의 일반적인 종류, 화물의 식별에 필요한 주요 화인, 해당되는 경우 화물의 위험성에 관한 명시적 기재, 포장, 또는 개품의 수 및 화물의 중량 또는 그 밖의 표시에 의한 수량
    (b) 화물의 외관 상태
    (c) 운송인의 명칭 및 주된 영업소의 소재지
    (d) 송하인의 명칭
    (e) 송하인이 지명한 때에는 수하인
    (f) 해상운송 계약상의 선적항 및 운송인이 선적항에서 화물을 인수받은 날
    (g) 해상운송계약상의 양륙항
    (h) 1통 이상이 발행된 때에는 선하증권의 원본의 수
    (i) 선하증권의 발행지
    (j) 운송인 또는 운송인을 대리하여 행위하는 자의 서명
    (k) 수하인이 지급할 범위의 운임 또는 운임은 수하인이 지급한다는 뜻의 표시
    (l) 제2조 제3항과 관련된 문언
    (m) 해당되는 경우, 화물을 갑판적으로 운송하여야 한다는 또는 갑판적으로 운송되어 질 수 있다는 뜻의 문언
    (n) 당사자 간 명시적으로 합의된 때에는 양륙항에서 화물을 인도할 날짜 또는 기간
    (o) 제6조 제4항에 따라서 합의된 때에는 증가시킨 한도 혹은 책임의 한도

2. After the goods have been loaded on board, if the shipper so demands, the carrier must issue to the shipper a "shipped" bill of lading which, in addition to the particulars required under paragraph 1 of this article, must state that the goods are on board a named ship or ships, and the date or dates of loading. If the carrier has previously issued to the shipper a bill of lading or other document of title with respect to any of such goods, on request of the carrier the shipper must surrender such document in exchange for a "shipped" bill of lading. The carrier may amend any previously issued document in order to meet the shipper's demand for a "shipped" bill of lading if, as amended, such document includes all the information required to be contained in a "shipped" bill of lading.

> 2. 화물이 선적된 후 송하인의 청구가 있을 때에는, 운송인은 송하인에 대하여 본 조 제1항에 의하여 필요로 하는 사항에 추가하여 화물이 지정된 선박에 적재되었다는 사실 및 선적의 일자를 기재한 "선적" 선하증권을 발행하여야 한다.
> 운송인이 이미 수하인에게 그 화물에 관하여 선하증권 또는 기타 권리증권을 발행한 때에는, 수하인은 운송인의 요구에 의하여 "선적" 선하증권과 상환으로 그러한 증권을 반환하여야 한다.
> 운송인은 이미 발행된 증권을 수정함으로써 "선적" 선하증권에 기재할 것을 요하는 모든 정보를 포함하는 경우에는 송하인의 "선적" 선하증권의 청구에 응하기 위하여 이미 발행된 증권을 수정할 수 있다.

3. The absence in the bill of lading of one or more particulars referred to in this article does not affect the legal character of the document as a bill of lading provided that it nevertheless meets the requirements set out in paragraph 7 of article 1.

> 3. 선하증권에 본 조에서 정하는 사항의 하나 이상의 결함이 있더라도, 제1조 제7항에 규정된 요건을 충족하는 한 선하증권으로서의 증권의 법률적 성질에 영향을 미치지 않는다.

Article 16 Bills of lading: reservations and evidentiary effect
제16조 선하증권: 유보(留保)와 증거력(證據力)

1. If the bill of lading contains particulars concerning the general nature, leading marks, number of packages of pieces, weight or quantity of the goods which the carrier or other person issuing the bill of lading on his behalf knows or has reasonable grounds to suspect do not accurately represent the goods actually taken over or, where a "shipped" bill of lading is issued, loaded, or if he had no reasonable means of checking such particulars, the carrier or such other person must insert in the bill of lading a reservation specifying these inaccuracies, grounds of suspicion or the absence of reasonable means of checking.

1. 선하증권에 기재된 화물의 일반적 종류, 주화인, 포장 또는 개품의 수, 중량 또는 수량에 관한 사항이 실제로 인수한 화물 또는 "선적" 선하증권이 발행되어 있는 때에는 실제로 선적된 화물을 정확하게 표현하고 있지 않다는 것을 운송인 또는 운송인을 대리하여 선하증권을 발행하는 자가 알고 있거나, 그렇게 의심할 만한 정당한 이유가 있을 때, 또는 그러한 사항을 확인할 적당한 방법이 없는 때에는, 운송인 또는 운송인을 대리하여 선하증권을 발행하는 자는 이러한 부정확성, 의심할 만한 이유 또는 적당한 확인방법의 부재를 명기하는 유보를 선하증권에 삽입하여야 한다.

2. If the carrier or other person issuing the bill of lading on his behalf fails to note on the bill of lading the apparent condition of the goods, he is deemed to have noted on the bill of lading that the goods were in apparent good condition.

2. 운송인 또는 운송인을 대리하여 선하증권을 발행하는 자가 선하증권에 화물의 외관상태를 기재하지 않은 경우 화물이 외관상 양호한 상태에 있었다는 것을 선하증권에 기재한 것으로 본다.

3. Except for particulars in respect of which and to the extent to which a reservation permitted under paragraph 1 of this article has been entered:

   (a) the bill of lading is prima facie evidence of the taking over or, where a "shipped" bill of lading is issued, loading, by the carrier of the goods as described in the bill of lading; and

   (b) proof to the contrary by the carrier is not admissible if the bill of lading has been transferred to a third party, including a consignee, who in good faith has acted in reliance on the description of the goods therein.

3. 본 조 제1항에 의하여 허용되는 유보에 관한 사항 및 그 유보의 범위를 제외하고:
   (a) 선하증권은 운송인이 선하증권에 기재된 대로 화물을 인수받았다는 것 또는 "선적" 선하증권이 발행된 때에는 선적하였다는 것에 대한 추정증거가 된다. 그리고
   (b) 선하증권이 수하인을 포함하여 그 화물의 명세를 신뢰하여 선의로 취득한 제3자에게 양도되어 있는 때에는 반증(反證)은 허용되지 않는다.

4. A bill of lading which does not, as provided in paragraph 1, subparagraph (k), of article 15, set forth the freight or otherwise indicate that freight is payable by the consignee or does not set forth demurrage incurred at the port of loading payable by the consignee, is prima facie evidence that no freight or such demurrage is payable by him. However, proof to the contrary by the carrier is not admissible when the bill of lading has been transferred to a third party, including a consignee, who in good faith has acted in reliance on the absence in the bill of lading of any such indication.

4. 제15조 제1항 k에 규정된 바에 따라서 운임을 기재하지 않거나 기타의 방법으로 운임을 수하인이 지급한다는 뜻을 표시하지 않거나, 또는 수하인이 선적항에서 발생된 체선료를 지급한다는 뜻을 기재하지 않은 선하증권은 수하인이 운임 또는 그러한 체선료를 지급하지 않는다는 추정증거가 된다. 그러나 그러한 선하증권에 그러한 표시가 없는 데 대하여 신뢰하고 선의로 행위를 한 수하인을 포함한 제3자에게 선하증권이 양도된 때에는, 운송인에 의한 반증은 허용되지 않는다.

Article 17 Guarantees by the shipper
제17조 송하인에 의한 보증

1. The shipper is deemed to have guaranteed to the carrier the accuracy of particulars relating to the general nature of the goods, their marks, number, weight and quantity as furnished by him for insertion in the bill of lading. The shipper must indemnify the carrier against the loss resulting from inaccuracies in such particulars. The shipper remains liable even if the bill of lading has been transferred by him. The right of the carrier to such indemnity in no way limits his liability under the contract of carriage by sea to any person other than the shipper.

1. 송하인은 선하증권의 기재를 위하여 자기가 제출한 화물의 일반적 종류, 그 하인(荷印), 번호, 중량 및 수량에 관한 사항이 정확하다는 것을 운송인에게 담보한 것으로 본다. 송하인은 그러한 사항의 부정확으로 인하여 생긴 손실에 대하여 운송인에게 보상하여야 한다. 송하인은 선하증권을 양도한 경우에도 그 책임을 면하지 못한다. 그러한 보상에 관한 운송인의 권리는 해상운송계약에 의하여 송하인 이외의 모든 자에 대한 운송인의 책임을 결코 제한하지 못한다.

2. Any letter of guarantee or agreement by which the shipper undertakes to indemnify the carrier against loss resulting from the issuance of the bill of lading by the carrier, or by a person acting on his behalf, without entering a reservation relating to particulars furnished by the shipper for insertion in the bill of lading, or to the apparent condition of the goods, is void and of no effect as against any third party, including a consignee, to whom the bill of lading has been transferred.

2. 선하증권에 기재하기 위하여 송하인이 제출한 사항 또는 화물의 외관 상태에 관하여, 운송인 또는 운송인 대리인으로 행위를 하는 자가 유보를 삽입하지 않고 선하증권을 발행함으로써 생긴 손실에 대하여, 송하인이 운송인에게 보상할 의무를 진다는 것을 약정하는 어떠한 보증서 또는 합의서도 수하인을 포함한 선하증권의 양도를 받은 제3자에 대해서는 무효로 한다.

3. Such a letter of guarantee or agreement is valid as against the shipper unless the carrier or the person acting on his behalf, by omitting the reservation referred to in paragraph 2 of this article, intends to defraud a third party, including a consignee, who acts in reliance on the description of the goods in the bill of lading. In the latter case, if the reservation omitted relates to particulars furnished by the shipper for insertion in the bill of lading the carrier has no right of indemnity from the shipper pursuant to paragraph 1 of this article.

> 3. 운송인 또는 운송인을 대리하여 행위를 하는 자가 본 조 제2항에 규정된 유보를 생략함으로써 수하인을 포함하여 선하증권의 화물의 기재를 신뢰하고 행위를 하는 제3자를 기만할 것을 의도한 경우를 제외하고, 그러한 보증장 또는 합의서는 송하인에 대해서는 효력이 있다. 후자의 경우 그 생략된 유보가 선하증권에 기재하기 위하여 송하인이 제출한 사항에 관한 것인 때에는, 운송인은 본 조 제1항에 의하여 송하인으로부터 보상을 받을 권리를 가지지 못한다.

4. In the case of intended fraud referred to in paragraph 3 of this article, the carrier is liable, without the benefit of the limitation of liability provided for in this Convention, for the loss incurred by a third party, including a consignee, because he has acted in reliance on the description of the goods in the bill of lading.

> 4. 본 조 제3항에 규정된 기만의 의도가 있는 때에는, 운송인은 수하인을 포함하여 선하증권상의 화물의 기재를 신뢰하고 행위를 한 제3자가 입은 손실에 대하여 이 협약에 규정된 책임제한의 혜택도 없이 책임을 진다.

Article 18 Documents other than bills of lading
제18조 선하증권 이외의 증권

Where a carrier issues a document other than a bill of lading to evidence the receipt of the goods to be carried, such a document is prima facie evidence of the conclusion of the contract of carriage by sea and the taking over by the carrier of the goods as therein described.

> 운송인이 운송될 화물의 인수를 증명하기 위한 선하증권 이외의 증권을 발행한 때에는, 그러한 증권은 해상운송계약의 성립과 운송인이 화물을 그 증권에 기재된 대로 인수받았다는 추정증거가 된다.

PART V Claims and actions
제5장 청구 및 소송

Article 19 Notice of loss, damage or delay
제19조 멸실, 훼손 또는 지연의 통지

1. Unless notice of loss or damage, specifying the general nature of such loss or damage, is given in writing by the consignee to the carrier not later than the working day after the day when the goods were handed over to the consignee, such handing over is prima facie evidence of the delivery by the carrier of the goods as described in the document of transport or, if no such document has been issued, in good condition.

   1. 화물이 수하인에게 인도된 날의 바로 다음 거래일 중에 수하인이 운송인에 대하여 문서로 멸실 또는 훼손의 개황을 명기하여 통지 하지 않은 때에는, 그러한 인도는 운송인이 화물을 선하증권에 기재된 대로, 또는 그러한 증권이 발행하지 않은 때에는 양호한 상태로 인도하였다는 추정증거로 된다.

2. Where the loss or damage is not apparent, the provisions of paragraph 1 of this article apply correspondingly if notice in writing is not given within 15 consecutive days after the day when the goods were handed over to the consignee.

   2. 멸실 또는 훼손이 외관으로 확인되지 않은 경우, 화물이 수하인에게 인도될 날로부터 연속되는 15일 이내에 문서에 의한 통지가 되지 않은 때에는 본 조 제1항의 규정이 그대로 적용된다.

3. If the state of the goods at the time they were handed over to the consignee has been the subject of a joint survey or inspection by the parties, notice in writing need not be given of loss or damage ascertained during such survey or inspection.

   3. 화물이 수하인에게 인도될 때에 그 화물의 상태가 양 당사자의 공동의 조사 또는 검사의 대상이 된 때에는, 그 조사 또는 검사 중에 확인된 멸실 또는 훼손에 관하여는 문서에 의한 통지를 요하지 않는다.

4. In the case of any actual or apprehended loss or damage, the carrier and the consignee must give all reasonable facilities to each other for inspecting and tallying the good.

   4. 멸실 또는 훼손이 실제로 일어났거나 또는 일어났을 것이라는 의심이 있을 때에는, 운송인 및 수하인은 화물의 검사 및 검수를 위하여 서로 상당한 편의를 제공하여야 한다.

5. No compensation shall be payable for loss resulting from delay in delivery unless a notice has been given in writing to the carrier within 60 consecutive days after the day when the goods were handed over to the consignee.

> 5. 화물이 수하인에게 인도된 날로부터 연속되는 60일 이내에 운송인에게 문서로 통지를 하지 않은 때에는, 인도지연으로부터 생긴 손실에 대한 배상금은 지급하지 않는다.

6. If the goods have been delivered by an actual carrier, any notice given under this article to him shall have the same effect as if it had been given to the carrier and any notice given to the carrier shall have effect as if given to such actual carrier.

> 6. 화물을 실제운송인이 인도할 때에는, 본 조에 의하여 실제운송인에 대하여 한 어떠한 통지도 운송인에 대하여 한 경우와 동일한 효력이 있고, 또 운송인에 대하여 한 어떠한 통지도 실제운송인에 대하여 한 경우와 동일한 효력이 있다.

7. Unless notice of loss or damage, specifying the general nature of the loss or damage, is given in writing by the career or actual carrier to the shipper not later than 90 consecutive days after the occurrence of such loss or damage or after the delivery of the goods in accordance with paragraph 2 of article 4, whichever is later the failure to give such notice is prima facie evidence that the carrier or the actual carrier has sustained no loss or damage due to the fault or neglect of the shipper, his servants or agents.

> 7. 멸실 또는 훼손이 생긴 날 또는 화물을 제4조 제2항에 따라서 인도된 날 중 늦은 날로부터 연속되는 60일 이내에 운송인 또는 실제운송인이 송하인에 대하여 문서로 멸실 또는 훼손의 개황을 명기하여 통지를 하지 않았다면, 그러한 통지의 태만은 운송인 또는 실제운송인이 송하인 또는 그 사용인이나 대리인의 과실 또는 부주의로 인하여 멸실 또는 훼손을 입지 않았다는 추정증거가 된다.

8. For the purpose of this article, notice given to a person acting on the carrier's or the actual carrier's behalf, including the master or the officer in charge of the ship, or to a person acting on the shipper's behalf is deemed to have been given to the carrier, to the actual carrier or to the shipper, respectively.

> 8. 본 조의 적용에 있어서 선장 및 선박의 관리를 하는 선박사관(船舶士官)을 포함한 운송인 또는 실제운송인을 대리하여 행위하는 자 또는 송하인을 대리하여 행위하는 자에 대한 통지는 각각 운송인이나 실제운송인 또는 송하인에 대하여 한 것으로 본다.

Article 20 Limitation of actions
제20조 제소(提訴)의 제한

1. Any action relating to carriage of goods under this Convention is time-barred if judicial or arbitral proceedings have not been instituted within a period of two years.

   1. 법적 절차 또는 중재절차가 2년의 기간 내에 개시되지 않은 때에는, 이 협약에 의한 화물운송에 관한 어떠한 소송도 시효소멸(時效消滅)한다.

2. The limitation period commences on the day on which the carrier has delivered the goods or part thereof or, in cases where no goods have been delivered, on the last day on which the goods should have been delivered.

   2. 제한기간은 운송인이 화물의 전부 또는 일부를 인도한 날 또는 화물의 인도가 없었던 경우에는 화물을 인도하였어야 할 최종일에 개시한다.

3. The day on which the limitation period commences is not included in the period.

   3. 제한기간이 개시되는 날은 그 기간에 산입하지 않는다.

4. The person against whom a claim is made may at any time during the running of the limitation period extend that period by a declaration in writing to the claimant. This period may be further extended by another declaration or declarations.

   4. 청구를 받은 자는 제한기간의 진행 중에 언제라도 청구자에 대한 문서에 의한 통고로 그 기간을 연장할 수 있다. 이 기간은 그 후의 다른 통고에 의하여 다시 연장할 수 있다.

5. An action for indemnity by a person held liable may be instituted even after the expiration of the limitation period provided for in the preceding paragraphs if instituted within the time allowed by the law of the State where proceedings are instituted. However, the time allowed shall not be less than 90 days commencing from the day when the person instituting such action for indemnity has settled the claim or has been served with process in the action against himself.

   5. 책임을 져야 하는 사람에 의한 구상청구소송(求償請求訴訟)은 전항들에 규정된 제한기간의 만료 후에도 소송절차를 개시하는 국가의 법률에 의하여 허용된 기간 내에는 이를 제기할 수 있다. 그러나 그 허용기간은 그러한 구상청구소송을 제기하는 자가 자기에 대한 청구를 해결한 날 또는 자기에 대한 소송에서 소장의 송달을 받은 날로부터 기산하여 90일 미만이 아니어야 한다.

Article 21 Jurisdiction(생략)
제21조 재판관할권(裁判管轄權)

Article 22 Arbitration(생략)
제22조 중재

PART VI 제6장 Supplementary provisions
보칙

Article 23 Contractual stipulations
제23조 계약조항

1. Any stipulation in a contract of carriage by sea, in a bill of lading, or in any other document evidencing the contract of carriage by sea is null and void to the extent that it derogates, directly or indirectly, from the provisions of this Convention. The nullity of such a stipulation does not affect the validity of the other provisions of the contract or document of which it forms a part. A clause assigning benefit of insurance of goods in favour of the carrier, or any similar clause, is null and void.

> 1. 해상운송계약 중의 조항, 선하증권 또는 기타의 해상운송계약을 증명하는 증권에 포함되어 있는 조항은 이 협약의 규정을 직접 또는 간접으로 해하는 범위에서 이를 무효로 한다. 이러한 조항의 무효는 그것이 일부를 이루고 있는 계약 또는 증권의 다른 규정의 효력에 영향을 미치지 않는다. 화물에 관한 보험의 이익을 운송인을 위하여 양도한다는 조항 혹은 기타 이와 유사한 조항은 무효로 한다.

2. Notwithstanding the provisions of paragraph 1 of this article, a carrier may increase his responsibilities and obligations under this Convention.

> 2. 본 조 제1항의 규정에도 불구하고 운송인은 이 협약상의 자기의 책임 및 의무를 가중할 수 있다.

3. Where a bill of lading or any other document evidencing the contract of carriage by sea is issued, it must contain a statement that the carriage is subject to the provisions of this Convention which nullify any stipulation derogating therefrom to the detriment of the shipper or the consignee.

> 3. 선하증권 또는 기타의 해상운송계약을 증명하는 증권이 발행되는 경우에는, 당해 운송이 송하인 또는 수하인의 불이익으로 이 협약을 해하는 조항을 무효로 한다는 본 협약의 규정의 적용을 받는다는 뜻의 기재를 포함하여야 한다.

4. Where the claimant in respect of the goods has incurred loss as a result of a stipulation which is null and void by virtue of the present article, or as a result of the omission of the statement referred to in paragraph 3 of this article, the carrier must pay compensation to the extent required in order to give the claimant compensation in accordance with the provisions of this Convention for any loss of or damage to the goods as well as for delay in delivery. The carrier must, in addition, pay compensation for costs incurred by the claimant for the purpose of exercising his right, provided that costs incurred in the action where the foregoing provision is invoked are to be determined in accordance with the law of the State where proceedings are instituted.

> 4. 화물에 관한 청구권자가 본 조에 의한 무효조항으로 인하여 또는 본 조 제3항에서 정하는 기재의 누락으로 인하여 손실을 입은 경우에는, 운송인은 청구권자에게 화물의 멸실, 훼손 또는 인도지연에 대하여 이 협약의 규정에 따라서 배상을 하기 위하여 요구되는 범위 내에서 손상배상을 하여야 한다. 또한 운송인은 청구권자가 그 권리의 실현을 위하여 부담한 비용에 대하여도 배상을 하여야 한다. 그러나 위의규정이 원용되는 소송에서 부담한 비용은 당해 소송이 제기된 법정지(法廷地)의 법에 따라서 결정된다.

Article 24 General average
제24조 공동해손

1. Nothing in this Convention shall prevent the application of provisions in the contract of carriage by sea or national law regarding the adjustment of general average.

> 1. 이 협약의 어떠한 규정도 공동해손의 정산에 관한 해상운송계약 또는 국내법의 규정의 적용을 방해하지 않는다.

2. With the exception of article 20, the provisions of this Convention relating to the liability of the carrier for loss of or damage to the goods also determine whether the consignee may refuse contribution in general average and the liability of the carrier to indemnify the consignee in respect of any such contribution made or any salvage paid.

> 2. 제20조의 규정이 적용되는 경우를 제외하고, 화물의 멸실 또는 손해에 관한 운송인의 책임에 관한 이 협약의 규정들은, 수하인이 공동해손분담금을 거절할 수 있는가의 여부를 결정하고, 부담한 그러한 분담금 또는 지급한 구조료에 관하여 수하인에게 보상할 운송인의 책임을 결정한다.

Article 25 Other conventions(생략)
제25조 타 협약

Article 26 Unit of account
제26조 계산단위

1. The unit of account referred to in article 6 of this Convention is the special drawing right as defined by the International Monetary Fund. The amounts mentioned in article 6 are to be converted into the national currency of a State according to the value of such currency at the date of judgement or the date agreed upon by the parties. The value of a national currency, in terms of the special drawing right, of a Contracting State which is a member of the International Monetary Fund is to be calculated in accordance with the method of valuation applied by the International Monetary Fund in effect at the date in question for its operations and transactions. The value of a national currency, in terms of the special drawing right, of a Contracting State which is not a member of the International Monetary Fund is to be calculated in a manner determined by that State.

> 1. 이 협약 제6조에 규정된 계산단위는 국제통화기금(IMF)에서 정의하는 특별인출권(SDR)으로 한다. 제6조에 의한 금액은 판결의 선고일 또는 당사자가 합의한 날의 국내통화가치에 따라서 그 국가의 국내통화로 이를 환산한다. 국제통화기금의 회원인 체약국의 특별인출권에 의한 국내 통화가치는 그 운영과 거래에 관하여 당해 일자에 실시되고 있는 국제통화기금이 적용하는 평가방법에 따라서 이를 산출한다. 국제통화기금의 회원이 아닌 체약국의 특별인출권에 의한 국내통화가치는 그 국가에서 결정하는 방법에 따라서 이를 산출한다.

2. Nevertheless, those States which are not members of the International Monetary Fund and whose law does not permit the application of the provisions of paragraph 1 of this article may, at the time of signature, or at the time of ratification, acceptance, approval or accession or at any time thereafter, declare that the limits of liability provided for in this Convention to be applied in their territories shall be fixed as: 12,500 monetary units per package or other shipping unit or 37.5 monetary units per kilogram of gross weight of the goods.

> 2. 그러나 국제통화기금의 회원이 아닌 국가로서 그 법률상 본 조 제1항의 규정의 적용이 허용되지 않는 국가는 서명 시나 비준, 수락, 승인 또는 가입 시 또는 그 후 어느 때라도 자국의 영토 내에서 이 협약에 규정된 책임한도를 다음과 같이 결정한다는 것을 선언할 수 있다: 1포장 혹은 기타의 선적 단위당 12,500화폐단위 또는 화물의 총중량의 1kg당 37.5화폐단위.

3. The monetary unit referred to in paragraph 2 of this article corresponds to sixty-five and a half milligrams of gold of millesimal fineness nine hundred. The conversion of the amounts referred to in paragraph 2 into the national currency is to be made according to the law of the State concerned.

> 3. 본 조 제2항에 규정된 화폐단위는 순도 1,000분의 9000의 금 65.6mg에 상당한다. 제2항에 의한 금액의 국내통화로의 환산은 관계법의 법률에 따라서 이루어진다.

4. (생략)

PART VII Final clauses
제7장 최종조항

Article 27 Depositary(생략)
제27조 수탁자

Article 28 Signature · Ratification · Acceptance · Approval · Accession(생략)
제28조 서명 · 비준 · 수락 · 승인 · 가입

Article 29 Reservations
제29조 유보

No reservations may be made to this Convention.

> 이 협약에는 어떠한 유보도 붙일 수 없다.

Article 30 Entry into force(생략)
제30조 발효

Article 31 Denunciation of other conventions(생략)
제31조 타 협약의 폐기

Article 32 Revision and amendment(생략)
제32조 개정 및 수정

Article 33 Revision of the limitation amounts and unit of account or monetary unit(생략)
제33조 책임한도액 및 계산단위 또는 화폐단위의 개정

Article 34 Denunciation(생략)
제34조 폐기

해커스관세사 cca.Hackers.com

05

UNITED NATIONS CONVENTION ON INTERNATIONAL MULTIMODAL TRANSPORT OF GOODS, 1980
(MT Convention)
- UN 국제복합운송 협약

PART 1 GENERAL PROVISIONS
제1장 총칙

Article 1 Definitions
제1조 정의

For the purposes of this Convention:

1. "International multimodal transport" means the carriage of goods by at least two different modes of transport on the basis of a multimodal transport contract from a place in one country at which the goods are taken in charge by the multimodal transport operator to a place designated for delivery situated in a different country. The operations of pick-up and delivery of goods carried out in the performance of a unimodal transport contract, as defined in such contract, shall not be considered as international multimodal transport.

> 이 협약을 위해
> 1. "국제복합운송"이라 함은, 복합운송인이 화물을 자기의 보관 아래 인수한 한 국가의 지점에서 다른 국가에 위치하고 있는 지정 인도지점까지의, 복합운송계약에 기초한 적어도 2종류 이상의 운송수단에 의한 화물운송을 의미한다. 단일 운송수단에 의한 운송계약의 이행으로 그러한 계약에 정의된 바 대로 행한 집하와 인도는 국제복합운송으로 간주하지 않는다.

2. "Multimodal transport operator" means any person who on his own behalf or through another person acting on his behalf concludes a multimodal transport contract and who acts as a principal, not as an agent or on behalf of the consignor or of the carriers participating in the multimodal transport operations, and who assumes responsibility for the performance of the contract.

> 2. "복합운송인"이라 함은, 스스로 혹은 자신을 대리한 타인을 통하여 복합운송계약을 체결하고, 송하인이나 복합운송운영에 관여하는 운송인의 대리인으로서 또는 그러한 사람을 대리하여서가 아니라, 주체로서 행위를 하고, 또한 계약의 이행에 관한 책임을 지는 사람을 말한다.

3. "Multimodal transport contract" means a contract whereby a multimodal transport operator undertakes, against payment of freight, to perform or to procure the performance of international multimodal transport.

> 3. "복합운송계약"이라 함은, 복합운송인이 운임의 지급을 대가로 국제복합운송을 실행하거나 또는 그 실행을 확보할 것을 인수하는 계약을 말한다.

4. "Multimodal transport document" means a document which evidences a multimodal transport contract, the taking in charge of the goods by the multimodal transport operator, and an undertaking by him to deliver the goods in accordance with the terms of that contract.

> 4. "복합운송증권"이라 함은, 복합운송계약과 복합운송인이 자기의 보관 아래 화물을 인수하였다는 것 및 그 계약의 내용에 따라서 운송인이 화물을 인도할 의무를 부담하는 것을 증명하는 증권을 말한다.

5. "Consignor" means any person by whom or in whose name or on whose behalf a multimodal transport contract has been concluded with the multimodal transport operator, or any person by whom or in whose name or on whose behalf the goods are actually delivered to the multimodal transport operator in relation to the multimodal transport contract.

> 5. "송하인"이라 함은, 스스로 또는 자기명의로 또는 대리인에 의하여 복합운송인과 복합운송계약을 체결한 사람, 또는 스스로 또는 자기 명의로 또는 대리인에 의하여 복합운송계약과 관련하여 화물을 운송인에게 실제로 인도하는 사람을 말한다.

6. "Consignee" means the person entitled to take delivery of the goods.

> 6. "수하인"이라 함은, 화물을 인도받을 권리를 가진 자를 말한다.

7. "Goods" includes any container, pallet or similar article of transport or packaging, if supplied by the consignor.

> 7. "화물"은 만일 송하인이 공급한 것인 경우에는 컨테이너, 팔레트 또는 유사한 운송이나 포장용구를 포함한다.

8. "International convention" means an international agreement concluded among States in written form and governed by international law.

> 8. "국제협약"이라 함은, 국가들 간에 문서형식으로 체결된 국제협약으로서 국제법에 의해 지배되는 국제협약을 말한다.

9. "Mandatory national law" means any statutory law concerning carriage of goods the provisions of which cannot be departed from by contractual stipulation to the detriment of the consignor.

> 9. "강행국내법"이라 함은, 화물운송에 관한 법으로서 계약조항으로 그 규정을 송하인에게 불이익되게 변경할 수 없는 제정법(制定法)을 의미한다.

10. "Writing" means, inter alia, telegram or telex.

> 10. "문서"라 함은 특히 전보 및 텔렉스를 포함한다.

Article 2 Scope of Application
제2조 적용범위

The provisions of this Convention shall apply to all contracts of multimodal transport between places in two States, if:

(a) The place for the taking in charge of the goods by the multimodal transport operator as provided for in the multimodal transport contract is located in a Contracting State, or

(b) The place for delivery of the goods by the multimodal transport operator as provided for in the multimodal transport contract is located in a Contracting State.

> 이 협약의 규정은 다음 경우의 두 국가 간의 모든 복합운송계약에 적용한다.
> (a) 복합운송인이 화물을 복합운송계약에 규정된 대로 자기의 보관 아래 인수한 곳이 체약국에 있을 때, 또는
> (b) 복합운송인이 화물을 복합운송계약에 규정된 대로 인도할 곳이 체약국에 있을 때

Article 3 Mandatory application
제3조 강행적 적용

1. When a multimodal transport contract has been concluded which according to article 2 shall be governed by this Convention, the provisions of this Convention shall be mandatorily applicable to such contract.

> 1. 제2조에 의거 본 협약에 의해 지배되는 복합운송계약이 체결된 때에는 본 협약의 규정은 그러한 계약에 강행적으로 적용된다.

2. Nothing in this Convention shall affect the right of the consignor to choose between multimodal transport and segmented transport.

> 2. 본 협약의 여하한 규정도 화주가 복합운송과 구간별 운송 중 선택할 수 있는 권리에 영향을 미치지 않는다.

Article 4 Regulation and control of multimodal transport(생략)
제4조 복합운송의 규율과 규제

Article 5 Issue of multimodal transport document
제5조 복합운송증권의 발급

1. When the goods are taken in charge by the multimodal transport operator, he shall issue a multimodal transport document which, at the option of the consignor, shall be in either negotiable or non-negotiable form.

   1. 복합운송인은 화물을 자기의 보관으로 인수한 때에는 송하인의 선택에 따라서 유통성 증권 형태 혹은 비유통성 증권 형태의 복합운송증권을 발급하여야 한다.

2. The multimodal transport document shall be signed by the multimodal transport operator or by a person having authority from him.

   2. 복합운송증권은 복합운송인 또는 그로부터 권리를 부여받은 자에 의해 서명되어져야 한다.

3. The signature on the multimodal transport document may be in hand writing, printed in facsimile, perforated, stamped, in symbols, or made by any other mechanical or electronic means, if not inconsistent with the law of the country where the multimodal transport document is issued.

   3. 복합운송증권의 발급지법에 저촉되지 않는 한, 복합운송증권의 서명은 자필(自筆), 복사(複寫), 인쇄(印刷), 천공(穿孔), 압인(押印), 부호(符號) 기타의 기계적 또는 전자적 방법으로 할 수 있다.

4. If the consignor so agrees, a non-negotiable multimodal transport document may be issued by making use of any mechanical or other means preserving a record of the particulars stated in article 8 to be contained in the multimodal transport document. In such a case the multimodal transport operator, after having taken the goods in charge, shall deliver to the consignor a readable document containing all the particulars so recorded, and such document shall for the purposes of the provisions of this Convention be deemed to be a multimodal transport document.

4. 송하인이 합의할 경우에는, 제8조에 규정된 복합운송증권에 포함되어야 할 명세들의 기록을 보존하는 기계적 또는 타 방법을 사용해서 비유통성 복합운송증권을 발급할 수 있다. 그러한 경우 복합운송인은 화물을 자신의 보관으로 인수한 후 기록되어 있는 모든 명세를 포함하고 있는 판독 가능한 증권을 송하인에게 인도하여야 하며, 그러한 증권은 본 협약규정의 목적상 복합운송증권으로 간주되어진다.

Article 6 Negotiable multimodal transport document
제6조 유통성 복합운송증권

1. Where a multimodal transport document is issued in negotiable form:

    (a) It shall be made out to order or to bearer;

    (b) If made out to order it shall be transferable by endorsement;

    (c) If made out to bearer it shall be transferable without endorsement;

    (d) If issued in a set of more than one original it shall indicate the number of originals in the set;

    (e) If any copies are issued each copy shall be marked "non-negotiable copy".

1. 복합운송증권이 유통성 증권 형태로 발급되었을 경우
    (a) 지시식 또는 소지인식으로 작성되어야 하며,
    (b) 지시식으로 작성된 경우에는, 배서에 의하여 증권을 양도할 수 있어야 하며,
    (c) 소지인식으로 작성된 경우에는 배서에 의하지 않고 증권을 양도할 수 있어야 하며,
    (d) 1통 이상의 원본이 1조(組)로 발급된 때는 조를 이루고 있는 원본의 통수를 기재하여야 하고,
    (e) 사본을 발급할 때는 매 사본마다 "비유통성 사본"이라는 표시를 하여야 한다.

2. Delivery of the goods may be demanded from the multimodal transport operator or a person acting on his behalf only against surrender of the negotiable multimodal transport document duly endorsed where necessary.

2. 화물의 인도는 필요한 경우 정당하게 배서된 유통성 복합운송증권과의 상환으로만 복합운송인 또는 그를 대리하여 행위하는 사람에게 청구할 수 있다.

3. The multimodal transport operator shall be discharged from his obligation to deliver the goods if, where a negotiable multimodal transport document has been issued in a set of more than one original, he or a person acting on his behalf has in good faith delivered the goods against surrender of one of such originals.

3. 유통성 복합운송증권이 2통 이상의 원본을 1조로 발급된 경우, 복합운송인 또는 그를 대리하여 행위하는 사람이 선의로 그러한 원본 중 1통과 상환으로 화물을 인도하는 때에는, 복합운송인은 화물을 인도할 그의 의무로부터 면제된다.

Article 7 Non-negotiable multimodal transport document
제7조 비유통성 복합운송증권

1. Where a multimodal transport document is issued in non-negotiable form it shall indicate a named consignee.

   1. 복합운송증권이 비유통성 증권 형태로 발급될 경우에는 지명된 수하인을 증권에 기재하여야 한다.

2. The multimodal transport operator shall be discharged from his obligation to deliver the goods if he makes delivery thereof to the consignee named in such non-negotiable multimodal transport document or to such other person as he may be duly instructed, as a rule, in writing.

   2. 복합운송인은 그러한 비유통성 복합운송증권에 지명되어 있는 수하인 또는 그가 일반적으로 서면으로 정당하게 지시를 받은 그 밖의 사람에게 화물을 인도한 경우에는 화물을 인도할 의무로부터 면책된다.

Article 8 Contents of the multimodal transport document
제8조 복합운송증권의 내용

1. The multimodal transport document shall contain the following particulars:

   (a) The general nature of the goods, the leading marks necessary for identification of the goods, an express statement, if applicable, as to the dangerous character of the goods, the number of packages or pieces, and the gross weight of the goods or their quantity otherwise expressed, all such particulars as furnished by the consignor;

   (b) The apparent condition of the goods;

   (c) The name and principal place of business of the multimodal transport operator;

   (d) The name of the consignor;

   (e) The consignee, if named by the consignor;

   (f) The place and date of taking in charge of the goods by the multimodal transport operator;

   (g) The place of delivery of the goods;

   (h) The date or the period of delivery of the goods at the place of delivery, if expressly agreed upon between the parties;

   (i) A statement indicating whether the multi-modal transport document is negotiable or non-negotiable;

   (j) The place and date of issue of the multimodal transport document;

(k) The signature of the multimodal transport operator or of a person having authority from him;

(l) The freight for each mode of transport, if expressly agreed between the parties, or the freight, including its currency, to the extent payable by the consignee or other indication that freight is payable by him.

(m) The intended journey route, modes of transport and places of transhipment, if known at the time of issuance of the multimodal transport document;

(n) The statement referred to in paragraph 3 of article 28;

(o) Any other particulars which the parties may agree to insert in the multimodal transport document, if not inconsistent with the law of the country where the multimodal transport document is issued.

1. 복합운송증권에는 다음 사항을 포함시켜야 한다.
   (a) 화물의 일반적인 종류, 화물의 식별에 필요한 주요 하인(荷印), 해당되는 경우 화물의 위험성에 관한 명시적 기재, 포장 및 개품의 수, 화물의 총중량 또는 그 밖의 표시에 의한 수량, 기타 송하인이 제출한 모든 사항들
   (b) 화물의 외관상태
   (c) 복합운송인의 명칭 및 주된 영업소의 소재지
   (d) 송하인의 명칭
   (e) 송하인이 지명한 경우는 수하인
   (f) 복합운송인이 화물을 자기 보관 아래 인수한 장소 및 일자
   (g) 화물의 인도지
   (h) 당사자 간에 명시적으로 합의된 경우에도 인도지에서 화물을 인도할 날 또는 기간
   (i) 복합운송증권이 유통성인지 비유통성인지를 나타내는 표시
   (j) 복합운송증권의 발급지 및 발급일
   (k) 복합운송인 또는 그로부터 수권받은 자의 서명
   (l) 당사자 간에 명시적으로 합의된 경우 각 운송수단별 운임 혹은 수하인이 지급할 범위의 운임과 운임으로 지급할 통화 및 운임을 수하인이 지급할 것임을 나타내는 기타 표시
   (m) 예정된 운송경로, 운송수단 및 복합운송증권 발급 시 알려진 경우에는 환적지
   (n) 제28조 3항에 언급된 내용의 기재
   (o) 그 밖에 당사자 간에 복합운송증권에 기재하기로 합의된 사항으로 복합운송증권이 발급된 나라의 법에 저촉되지 않는 것

2. The absence from the multimodal document of one or more of the particulars referred to in paragraph 1 of this article shall not affect the legal character of the document as a multimodal transport document provided that it nevertheless meets the requirements set out in paragraph 4 of article 1.

> 2. 복합운송증권에 본 조 제1항에서 언급된 사항 중 하나 이상의 결여가 있더라도 제1조 4항에 규정된 요건을 충족하는 한, 복합운송증권으로서의 증권의 법률적 성질에 영향을 미치지 않는다.

Article 9 Reservations in the multimodal transport document
제9조 복합운송증권상의 유보(留保)

1. If the multimodal transport document contains particulars concerning the general nature, leading marks, number of packages or pieces, weight or quantity of the goods which the multimodal transport operator or a person acting on his behalf knows, or has reasonable grounds to suspect, do not accurately represent the goods actually taken in charge, or if he has no reasonable means of checking such particulars, the multimodal transport operator or a person acting on his behalf shall insert in the multimodal transport document a reservation specifying these inaccuracies, grounds of suspicion or the absence of reasonable means of checking.

> 1. 복합운송증권에 기재된 화물의 일반적 종류, 주요하인, 포장 또는 개품의 수, 중량 또는 수량에 관한 사항이 실제로 자기의 보관 아래 인수한 물건을 정확하게 표시하고 있지 않음을 복합운송인 또는 복합운송인을 대리하여 행위하는 사람이 알고 있거나, 그렇게 의심할 만한 정당한 이유가 있을 때, 또는 그러한 사항을 확인할 적당한 방법이 없을 때에는, 복합운송인 또는 복합운송인을 대리하여 행위하는 사람은 그러한 부정확성, 의심할 이유 또는 적당한 확인방법의 결여에 관하여 유보를 복합운송증권에 삽입하여야 한다.

2. If the multimodal transport operator or a person acting on his behalf fails to note on the multimodal transport document the apparent condition of the goods, he is deemed to have noted on the multimodal transport document that the goods were in apparent good condition.

> 2. 운송인 또는 운송인을 대리하여 행위하는 사람이 복합운송증권에 화물의 외관상태를 기재하지 않은 때에는 화물이 외관상 양호한 상태에 있었다는 것을 복합운송증권에 기재한 것으로 본다.

Article 10 Evidentiary effect of the multimodal transport document
제10조 복합운송증권의 증거력

Except for particulars in respect of which and to the extent to which a reservation permitted under article 9 has been entered:

(a) The multimodal transport document shall be prima facie evidence of the taking in charge by the multimodal transport operator of the goods as described therein; and

(b) Proof to the contrary by the multimodal transport operator shall not be admissible if the multimodal transport document is issued in negotiable form and has been transferred to a third party, including a consignee, who has acted in good faith in reliance on the description of the goods therein.

> 제9조에 의하여 허용되는 유보에 관한 사항 및 그 유보의 범위를 제외하고,
> (a) 복합운송증권은 복합운송인이 동 증권에 기재된 대로 화물을 자기의 보관아래 인수하였다는 것에 대한 추정증거가 된다.
> (b) 복합운송증권이 유통증권서식으로 발행되어, 수하인을 포함하여, 그 화물의 기재를 신뢰하고 선의로 행위를 한 제3자에게 양도되었을 때에는, 복합운송인에 의한 반증은 허용되지 않는다.

Article 11 Liability for intentional misstatements or omissions
제11조 의도적인 부실기재나 기재의 누락에 대한 책임

When the multimodal transport operator, with intent to defraud, gives in the multimodal transport document false information concerning the goods or omits any information required to be included under paragraph 1 (a) or (b) of article 8 or under article 9, he shall be liable, without the benefit of the limitation of liability provided for in this Convention, for any loss, damage or expenses incurred by a third party, including a consignee, who acted in reliance on the description of the goods in the multimodal transport document issued.

> 복합운송인이 사기(詐欺)를 목적으로 복합운송증권상에 허위정보를 표시하거나, 제8조 제1항 a) 또는 b) 또는 제9조에 의하여 포함시켜야 할 정보를 기재하지 않은 경우, 복합운송인은 수하인을 포함하여 발급된 복합운송증권상의 화물명세를 신뢰하고 행위를 한 제3자가 입은 손실, 손해 또는 비용에 대하여, 이 협약에 규정된 책임제한의 혜택 없이, 배상할 책임이 있다.

Article 12 Guarantee by the consignor
제12조 송하인에 의한 보증

1. The consignor shall be deemed to have guaranteed to the multimodal transport operator the accuracy, at the time the goods were taken in charge by the multimodal transport operator, of particulars relating to the general nature of the goods, their marks, number, weight and quantity and, if applicable, to the dangerous character of the goods, as furnished by him for insertion in the multimodal transport document.

> 1. 송하인은 복합운송인이 화물을 자기의 보관 아래 인수할 때에, 복합운송증권의 기재를 위하여 자기가 제출한 화물의 일반적 종류, 그 하인, 번호, 중량 및 수량 그리고, 해당되는 경우, 화물의 위험성에 관한 사항이 정확하다는 것을 복합운송인에게 담보한 것으로 본다.

2. The consignor shall indemnify the multimodal transport operator against loss resulting from inaccuracies in or inadequacies of the particulars referred to in paragraph 1 of this article. The consignor shall remain liable even if the multi-modal transport document has been transferred by him. The right of the multimodal transport operator to such indemnity shall in no way limit his liability under the multimodal transport contract to any person other than the consignor.

> 2. 송하인은 본 조 제1항에 관한 사항이 부정확 또는 불충분하여 야기된 손실에 대하여 복합운송인에게 보상하여야 한다. 송하인은 복합운송증권을 양도한 경우에도 그 책임을 면하지 못한다. 그러한 보상에 관한 복합운송인의 권리는 복합운송계약에 의한 송하인 이외의 모든 사람에 대한 복합운송인의 책임을 결코 제한하지 않는다.

Article 13 Other Documents
제13조 기타 서류

The issue of the multimodal transport document does not preclude the issue, if necessary, of other documents relating to transport or other services involved in international multimodal transport, in accordance with applicable international conventions or national law. However, the issue of such other documents shall not affect the legal character of the multimodal transport document.

> 복합운송증권의 발급은 적용되는 국제협약 또는 국내법에 따라 필요한 경우 운송 또는 국제복합운송에 관련된 기타 업무에 대한 다른 증권의 발급을 배제하지 않는다. 그러나 그러한 다른 증권의 발행은 복합운송증권의 법률적 성질에 영향을 미치지 않는다.

PART III LIABILITY OF THE MULTIMODAL TRANSPORT OPERATOR
제3장 복합운송인의 책임

Article 14 Period of Responsibility
제14조 책임의 기간

1. The responsibility of the multimodal transport operator for the goods under this Convention covers the period from the time he takes the goods in his charge to the time of their delivery.

> 1. 이 협약에 의한 화물에 대한 복합운송인의 책임은 화물을 복합운송인의 보관 아래 인수한 때로부터 화물을 인도할 때까지의 기간에 미친다.

2. For the purpose of this article, the multi-modal transport operator is deemed to be in charge of the goods:

   (a) from the time he has taken over the goods from:

   (i) the consignor or a person acting on his behalf; or

   (ii) an authority or other third party to whom, pursuant to law or regulations applicable at the place of taking in charge, the goods must be handed over for transport;

   (b) until the time he has delivered the goods:

   (i) by handing over the goods to the consignee; or

   (ii) in cases where the consignee does not receive the goods from the multimodal transport operator, by placing them at the disposal of the consignee in accordance with the multimodal transport contractor with the law or with the usage of the particular trade applicable at the place of delivery; or

   (iii) by handing over the goods to an authority or other third party to whom, pursuant to law or regulations applicable at the place of delivery, the goods must be handed over.

> 2. 본 조 적용의 목적상, 다음 기간에 화물이 복합운송인의 보관 아래 있는 것으로 본다.
>   (a) 복합운송인이 다음의 사람으로부터 인수한 때부터
>   (i) 송하인 또는 송하인을 대리하여 행위하는 사람, 또는
>   (ii) 인수지에서 적용되는 법령에 따라서 운송을 위하여 화물을 교부하여야 할 당국 또는 기타의 제3자;

(b) 복합운송인이 다음과 같이 인도한 때까지
  (i) 수하인에게 화물을 교부함으로써,
  (ii) 수하인이 복합운송인으로부터 화물을 수령하지 않는 경우, 복합운송계약과 인도지에서 적용 가능한 법률 또는 해당 거래의 관습에 따라 화물을 수하인의 처분에 둠으로써, 또는
  (iii) 인도지에서 적용되는 법령에 따라서 화물을 교부하여야 할 당국 또는 기타의 제 3자에게 교부함으로써

3. In paragraphs 1 and 2 of this article, reference to the multimodal transport operator shall include his servants or agents or any other person of whose services he makes use for the performance of the multimodal transport contract, and reference to the consignor or consignee shall include their servants or agents.

3. 본 조 제1항 및 제2항에서 말하는 복합운송인은 복합운송계약의 이행을 위하여 복합운송인이 고용하는 사용인이나 대리인 및 기타 그의 업무수행에 필요한 자를 포함하며, 송하인 또는 수하인에는 송하인 또는 수하인의 사용인 또는 대리인을 포함한다.

Article 15 The liability of the multimodal transport operator for his servants, agents and other persons
제15조 복합운송인, 그 사용인 대리인 및 그 밖의 사람에 관한 책임

Subject to article 21, the multimodal transport operator shall be liable for the acts and omissions of his servants or agents, when any such servant or agent is acting within the scope of his employment, or of any other person of whose services he makes use for the performance of the multimodal transport contract, when such person is acting in the performance of the contract, as if such acts and omissions were his own.

제21조에 따라, 복합운송인은 그 직무의 범위 내에서 행위하는 복합운송인의 사용인이나 대리인 또는 그 밖에 복합운송계약의 이행을 위하여 사용하는 사람의 작위 또는 부작위에 대하여 그러한 작위 또는 부작위가 복합운송인 자신의 작위 또는 부작위인 것처럼 책임을 진다.

Article 16 Basis of Liability
제16조 책임의 원칙

1. The multimodal transport operator shall be liable for loss resulting from loss of or damage to the goods, as well as from delay in delivery, if the occurrence which caused the loss, damage or delay in delivery took place while the goods were in his charge as defined in article 14, unless the multimodal transport operator proves that he, his servants or agents or any other person referred to in article 15 took all measures that could reasonably be required to avoid the occurrence and its consequences.

1. 복합운송인은 화물의 멸실, 훼손 또는 인도지연의 원인으로 된 사고가 제14조에 정의된 운송인의 보관 아래 있는 동안에 일어난 때에는 그 멸실, 훼손 또는 지연으로 인하여 생긴 손실에 대하여 책임을 진다. 그러나 복합운송인이 자신 또는 제15조에서 말하는 그 사용인이나 대리인 또는 그 밖의 사람이 사고 및 그 결과를 방지하기 위하여 합리적으로 요구되는 모든 조치를 취하였다는 것을 증명한 때에는 그렇지 않다.

2. Delay in delivery occurs when the goods have not been delivered within the time expressly agreed upon or, in the absence of such agreement, within the time which it would be reasonable to require of a diligent multimodal transport operator, having regard to the circumstances of the case.

2. 인도지연은 화물이 명시적으로 합의된 기한 내에, 또 그러한 합의가 없는 경우에는 당해 사안의 정황을 고려하여 성실한 복합운송인에게 합리적으로 요구되는 기한 내에 인도되지 않은 때에 발생한다.

3. If the goods have not been delivered within 90 consecutive days following the date of delivery determined according to paragraph 2 of this article, the claimant may treat the goods as lost.

3. 화물이 본 조 제2항에 의한 인도기한 경과 후 연속되는 90일 내에 인도되지 않으면, 배상 청구인은 화물이 멸실된 것으로 간주할 수 있다.

Article 17 Concurrent Causes
제17조 원인의 경합

Where fault or neglect on the part of the multi-modal transport operator, his servants or agents or any other person referred to in article 15 combines with another cause to produce loss, damage or delay in delivery, the multimodal transport operator shall be liable only to the extent that the loss, damage or delay in delivery is attributable to such fault or neglect, provided that the multimodal transport operator proves the part of the loss, damage or delay in delivery not attributable thereto.

복합운송인 또는 제15조에서 말하는 그 사용인이나 대리인 또는 그 밖의 사람에 의한 과실 또는 부주의가 다른 원인과 경합하여 멸실, 훼손 또는 인도지연을 일으킨 경우, 복합운송인은 그러한 과실 또는 부주의의 탓으로 돌릴 수 있는 멸실, 훼손 또는 인도지연의 범위 내에서만 책임을 진다. 단, 이러한 경우 복합운송인은 그러한 과실 또는 부주의의 탓으로 돌릴 수 없는 멸실, 훼손 또는 인도지연의 부분을 증명하여야 한다.

Article 18 Limitation of Liability
제18조 책임의 한도

1. When the multimodal transport operator is liable for loss resulting from loss of or damage to the goods according to article 16, his liability shall be limited to an amount not exceeding 920 units of account per package or other shipping unit or 2.75 units of account per kilogram of gross weight of the goods lost or damaged, whichever is the higher.

> 1. 복합운송인이 제16조에 의하여 화물의 멸실 또는 훼손으로 인한 손해에 대하여 책임을 지는 경우, 그 책임은 1포장물 또는 기타의 적재단위에 대해 920계산단위를 초과하지 않는 금액 또는 멸실 또는 훼손된 화물의 총중량 1킬로그램에 대한 2.75계산단위 중 많은 금액으로 제한된다.

2. For the purpose of calculating which amount is the higher in accordance with paragraph 1 of this article, the following rules apply:

   (a) Where a container, pallet or similar article of transport is used to consolidate goods, the packages or other shipping units enumerated in the multimodal transport document as packed in such article of transport are deemed packages or shipping units. Except as aforesaid the goods in such article of transport are deemed one shipping unit.

   (b) In cases where the article of transport itself has been lost or damaged, that article of transport, if not owned or otherwise supplied by the multimodal transport operator, is considered one separate shipping unit,

> 2. 본 조 제1항에 의한 고액의 산정을 위하여 다음 원칙을 적용한다.
>   (a) 컨테이너, 파레트 기타 이와 유사한 운송용구가 화물을 혼재하기 위하여 사용되는 경우, 이러한 운송용구에 포장된 것으로 복합운송증권에 표시되어 있는 포장물 또는 적재단위는 포장물 또는 적재단위로 본다. 상기 경우를 제외하고는 이러한 운송용구 내의 화물을 하나의 적재단위로 본다.
>   (b) 운송용구 자체가 멸실 또는 훼손된 경우, 그 운송용구를 복합운송인이 소유하거나 공급한 것이 아닌 때에는 이를 하나의 별개의 적재단위로 본다.

3. Notwithstanding the provisions of paragraphs 1 and 2 of this article, if the international multimodal transport does not, according to the contract, include carriage of goods by sea or by inland waterways, the liability of the multimodal transport operator shall be limited to an amount not exceeding 8.33 units of account per kilogram of gross weight of the goods lost or damaged.

> 3. 본 조 제1항과 제2항의 규정에도 불구하고, 만일 국제복합운송이, 계약에 의거, 내수로 또는 해상운송을 포함하지 않는 경우, 복합운송인의 책임은 멸실 혹은 손상된 화물의 총중량 킬로그램당 8.33계산단위를 초과하지 않는 금액으로 제한된다.

4. The liability of the .multimodal transport operator for loss resulting from delay in delivery according to the provisions of article 16 shall be limited to an amount equivalent to two and a half times the freight payable for the goods delayed, but not exceeding the total freight payable under the multimodal transport contract.

> 4. 제16조 규정에 의한 인도지연으로 인한 손해에 대한 복합운송인의 책임은 지연된 화물에 대하여 지급되는 운임의 2.5배에 상당하는 금액으로 제한하되 복합운송계약하에서 지급되는 운임총액을 초과할 수 없다.

5. The aggregate liability of the multimodal transport operator, under paragraphs 1 and 4 or paragraphs 3 and 4 of this article, shall not exceed the limit of liability for total loss of the goods as determined by paragraph 1 or 3 of this article.

> 5. 본 조 제1항과 제4항 또는 제3항과 제4항에 의한 복합운송인의 책임의 총액은 본 조 제1항 혹은 제3항에 의해 결정되는 화물의 전손(全損)에 대한 책임의 한도를 초과하지 못한다.

6. By agreement between the multimodal transport operator and the consignor, limits of liability exceeding those provided for in paragraphs 1, 3 and 4 of this article may be fixed in the multimodal transport document.

> 6. 복합운송인과 송하인 사이의 합의에 의해 본 조 제1항, 제3항 및 제4항에 설정된 한도를 초과하는 책임한도를 복합운송증권에 규정할 수 있다.

7. "Unit of account" means the unit of account mentioned in article 31.

> 7. "계산단위"란 제31조에서 말하는 계산단위를 의미한다.

Article 19 Localized Damage
제19조 국지적(局地的) 손해

When the loss of or damage to the goods occurred during one particular stage of the multimodal transport, in respect of which an applicable international convention or mandatory national law provides a higher limit of liability than the limit that would follow from application of paragraphs 1 to 3 of article 18, then the limit of the multimodal transport operator's liability for such loss or damage shall be determined by reference to the provisions of such convention or mandatory national law.

> 화물의 멸실 또는 손상이 복합운송의 어느 한 특정구간에서 발생하고, 그 구간에 관하여 적용되는 국제협약 또는 강행적 국내법이 제18조 제1항부터 제3항까지의 적용으로 산출되는 한도보다 높은 한도를 규정하는 경우, 그러한 멸실 또는 손상에 대한 복합운송인의 책임의 한도는 그러한 협약 또는 국내법의 규정에 따라서 결정된다.

Article 20 Non-contractual Liability
제20조 계약 외적 책임

1. The defences and limits of liability provided for in this Convention shall apply in any action against the multimodal transport operator in respect of loss resulting from loss of or damage to the goods, as well as from delay in delivery, whether the action be founded in contract, in tort or otherwise.

> 1. 이 협약에 정하는 책임에 관한 항변 및 제한은 소송이 계약에 의한 것이든, 불법행위 혹은 기타에 의한 것이든 불문하고, 화물의 멸실, 손상 또는 인도지연에 관한 복합운송인에 대한 모든 소송에 적용된다.

2. If an action in respect of loss resulting from loss of or damage to the goods or from delay in delivery is brought against the servant or agent of the multimodal transport operator, if such servant or agent proves that he acted within the scope of his employment, or against any other person of whose services he makes use for the performance of the multimodal transport contract, if such other person proves that he acted within the performance of the contract, the servant or agent or such other person shall be entitled to avail himself of the defences and limits of liability which the multimodal transport operator is entitled to invoke under this Convention.

> 2. 화물의 멸실, 손상 또는 인도지연에 관한 소송이 복합운송인의 사용인 또는 대리인에 대하여 제기된 경우, 그러한 사용인 또는 대리인이 그 직무의 범위 내에서 행위를 하였다는 것을 증명한 경우 또는 그러한 소송이 복합운송계약의 이행을 위하여 복합운송인이 고용한 그 밖의 사람에 대하여 제기된 경우에, 만일 그러한 사람이 그가 계약이행의 범위 내에서 행위하였음을 입증한 때에는, 그 사용인이나 대리인 또는 그 밖의 사람은 이 협약 아래서 복합운송인이 원용할 수 있는 책임에 관한 항변 및 한도를 이용할 권리가 있다.

3. Except as provided in article 21, the aggregate of the amounts recoverable from the multimodal transport operator and from a servant or agent or any other person of whose services he makes use for the performance of the multimodal transport contract shall not exceed the limits of liability provided for in this Convention.

> 3. 제21조에 규정된 경우를 제외하고, 복합운송인 및 사용인이나 대리인 또는 복합운송계약의 이행을 위하여 복합운송인이 고용한 그 밖의 사람으로부터 배상받을 수 있는 총액은 이 협약에 규정된 책임의 한도를 초과하지 못한다.

Article 21 Loss of the right to limit liability
제21조 책임제한의 권리 상실

1. The multimodal transport operator is not entitled to the benefit of the limitation of liability provided for in this Convention if it is proved that the loss, damage or delay in delivery resulted from an act or omission of the multimodal transport operator done with the intent to cause such loss, damage or delay or recklessly and with knowledge that such loss, damage or delay would probably result.

> 1. 멸실, 손상 또는 인도지연이 그러한 멸실, 손상 또는 지연을 일으킬 의도로써, 또는 무모하게 그리고 그러한 멸실, 손상 또는 지연이 일어나리라는 것을 알면서 한 복합운송인 또는 그 사용인이나 대리인 또는 복합운송계약의 이행을 위하여 복합운송인이 고용한 그 밖의 사람의 작위 또는 부작위로 인하여 생긴 것이 증명된 때에는 복합운송인은 본 협약에 규정된 책임제한의 이익에 대한 권리를 갖지 못한다.

2. Notwithstanding paragraph 2 of article 20, a servant or agent of the multimodal transport operator or other person of whose services he makes use for the performance of the multimodal transport contract is not entitled to the benefit of the limitation of liability provided for in this Convention if it is proved that the loss, damage or delay in delivery resulted from an act or omission of such servant, agent or other person, done with the intent to cause such loss, damage or delay or recklessly and with knowledge that such loss, damage or delay would probably result.

> 2. 제20조 제2항의 규정에도 불구하고, 멸실, 손상 또는 지연이 그러한 멸실, 손상 또는 지연을 일으킬 의도로써 또는 무모하게 그리고 그러한 멸실, 손상 또는 지연이 일어나리라는 것을 알면서 한 사용인이나 대리인 또는 복합운송 계약의 이행을 위하여 복합운송인이 고용한 그 밖의 사람의 작위 또는 부작위로 인하여 생긴 것이 증명된 때에는 그러한 사용인이나 대리인 또는 그 밖의 사람은 본 협약에 규정된 책임제한의 이익에 대한 권리를 갖지 못한다.

PART IV 제4장
LIABILITY OF THE CONSIGNOR
송하인의 책임

Article 22 General Rule
제22조 일반원칙

The consignor shall be liable for loss sustained by the multimodal transport operator if such loss is caused by the fault or neglect of the consignor, or his servants or agents when such servants or agents are acting within the scope of their employment. Any servant or agent of the consignor shall be liable for such loss if the loss is caused by fault or neglect on his part.

> 송하인은 송하인 자신 또는 그 사용인이나 대리인이 그 직무의 범위 내에서 행위를 하고 있을 때의 과실이나 부주의로 인하여 복합운송인이 입은 손실에 대하여 책임을 져야 한다. 송하인의 사용인 또는 대리인도 그러한 손실이 그 사용인 또는 대리인 측의 과실 또는 부주의로 인한 경우 그러한 손실에 대하여 책임을 진다.

Article 23 Special rules on dangerous goods
제23조 위험물에 관한 특별규칙

1. The consignor shall mark or label in a suitable manner dangerous goods as dangerous,

   > 1. 송하인은 적절한 방법으로 위험물에 위험성 표식을 하거나 라벨을 붙여야 한다.

2. Where the consignor hands over dangerous goods to the multimodal transport operator or any person acting on his behalf, the consignor shall inform him of the dangerous character of the goods and, if necessary, the precautions to be taken. If the consignor fails to do so and the multimodal transport operator does not otherwise have knowledge of their dangerous character:

   (a) The consignor shall be liable to the multimodal transport operator for all loss resulting from the shipment of such goods; and

   (b) The goods may at any time be unloaded, destroyed or rendered innocuous, as the circumstances may require, without payment of compensation.

2. 송하인이 복합운송인 또는 복합운송인을 대리하여 행위하는 사람에게 위험물을 인도할 때에는 송하인은 화물의 위험성 및 필요한 경우, 취하여야 할 예방 조치에 대하여 복합운송인에게 통지하여야 한다. 송하인이 그와 같은 조치를 취하지 않고 복합운송인이 화물의 위험성을 인지하지 못한 경우
   (a) 송하인은 그러한 화물의 적재로 인하여 발생하는 모든 손실에 대하여 복합운송인에게 책임을 지고, 그리고
   (b) 그 화물은 필요한 상황에서는, 배상금의 지급 없이, 언제든지 양하되거나 파괴되거나 무해화처리 될 수 있다.

3. The provisions of paragraph 2 of this article may not be invoked by any person if during the multimodal transport he has taken the goods in his charge with knowledge of their dangerous character.

3. 복합운송 중 화물의 위험성을 알고 그 화물을 자기의 보관 아래 수령한 사람은 본 조 제2항의 규정을 원용할 수 없다.

4. If, in cases where the provisions of paragraph 2 (b) of this article do not apply or may not be invoked, dangerous goods become an actual danger to life or property, they may be unloaded, destroyed or rendered innocuous, as the circumstances may require, without payment of compensation except where there is an obligation to contribute in general average or where the multimodal transport operator is liable in accordance with the provisions of article 16.

4. 본 조 제2항 (b)의 규정이 적용되지 않거나 원용할 수 없고, 위험물이 인명 또는 재산에 실제의 위험이 되는 경우 그 위험물은 필요한 상황에서는 공동해손분담금을 부담할 의무를 지는 경우 또는 복합운송인이 제16조의 규정에 따라서 책임을 지는 경우를 제외하고, 배상금을 지급하지 않고 양하되거나 파괴되거나 무해화처리될 수 있다.

Article 24 Notice of loss, damage or delay
제24조 멸실, 손상 또는 지연의 통지

1. Unless notice of loss or damage, specifying the general nature of such loss or damage, is given in writing by the consignee to the multimodal transport operator not later than the working day after the day when the goods were handed over to the consignee, such handing over is prima facie evidence of the delivery by the multimodal transport operator of the goods as described in the multimodal transport document.

> 1. 화물의 수하인에게 교부된 바로 다음 영업일 중에 수하인이 복합운송인에 대하여 문서로 멸실 또는 손상의 개황을 명기하여 통지하지 않은 경우, 그러한 교부는 복합운송인이 화물을 복합운송증권에 기재된 대로 인도하였다는 추정증거가 된다.

2. Where the loss or damage is not apparent, the provisions of paragraph 1 of this article apply correspondingly if notice in writing is not given within six consecutive days after the day when the goods were handed over to the consignee.

> 2. 멸실 또는 손상이 외관으로 확인될 수 없는 경우, 화물이 수하인에게 교부된 날로부터 연속된 6일 이내에 문서에 의한 통지가 되지 않은 때에는, 본 조 제1항의 규정이 그대로 적용된다.

3. If the state of the goods at the time they were handed over to the consignee has been the subject of a joint survey or inspection by the parties or their authorized representatives at the place of delivery, notice in writing need not be given of loss or damage ascertained during such survey or inspection.

> 3. 화물이 수하인에게 교부될 때에 그 상태가 양 당사자 또는 인도지의 권한이 부여된 대리인들에 의한 공동의 조사 또는 검사의 대상이 된 경우, 그 조사 또는 검사 중에 확인된 멸실 또는 손상에 대한 서면 통지는 필요치 않다.

4. In the case of any actual or apprehended loss or damage the multimodal transport operator and the consignee shall give all reasonable facilities to each other for inspecting and tallying the goods.

> 4. 멸실 또는 손상이 실제로 일어났거나 또는 일어났을 것이라는 우려가 있을 때에는, 복합운송인 및 수하인은 화물의 검사 및 검수를 위하여 서로 모든 상당한 편의를 제공하여야 한다.

5. No compensation shall be payable for loss resulting from delay in delivery unless notice has been given in writing to the multimodal transport operator within 60 consecutive days after the day when the goods were delivered by handing over to the consignee or when the consignee has been notified that the goods have been delivered in accordance with paragraph 2 (b) (ii) or (iii) of article 14.

> 5. 화물이 수하인에게 교부됨으로써 인도된 날 혹은 제14조 제2항 (b) (ii) 혹은 (iii)에 따라 인도되었음이 수하인에게 통지된 날로부터 연속된 60일 이내에 복합운송인에 대하여 문서로 통지하지 않은 경우, 인도지연으로 인한 손실에 대한 배상금은 지급되지 않는다.

6. Unless notice of loss or damage, specifying the general nature of the loss or damage, is given in writing by the multimodal transport operator to the consignor not later than 90 consecutive days after the occurrence of such loss or damage or after the delivery of the goods in accordance with paragraph 2 (b) of article 14 whichever is later, the failure to give such notice is prima facie evidence that the multimodal transport operator has sustained no loss or damage due to the fault or neglect of the consignor, his servants or agents.

> 6. 멸실 또는 손상이 생긴 날 또는 화물을 제14조 제2항 (b)에 따라 인도한 날 중 더 늦은 날로부터 연속된 90일 이내에 복합운송인이 송하인에 대하여 문서로 멸실 또는 손상의 개황을 명기하여 통지를 하지 않은 경우, 그러한 통지를 하지 않은 것은 복합운송인이 송하인 또는 그 사용인이나 대리인의 과실 또는 부주의로 인하여 멸실 또는 손상을 입지 않았다는 추정증거가 된다.

7. If any of the notice periods provided for in paragraphs 2, 5 and 6 of this article terminates on a day which is not a working day at the place of delivery, such period shall be extended until the next working day.

> 7. 본 조 제2항과 제5항 및 제6항에 규정된 통지기간이 인도지의 영업일이 아닌 날에 만료되는 때에는, 그러한 기간은 다음 영업일까지 연장된다.

8. For the purpose of this article, notice given to a person acting on the multimodal transport operator's behalf, including any person of whose services he makes use at the place of delivery, or to a person acting on the consignor's behalf, shall be deemed to have been given to the multimodal transport operator, or to the consignor, respectively.

> 8. 본 조의 적용을 위하여, 인도지에서 복합운송인이 고용한 사람을 포함하여, 복합운송인을 대리하여 행위하는 사람 또는 송하인을 대리하여 행위하는 사람에게 한 통지는, 각각 복합운송인 또는 송하인에게 한 통지로 본다.

Article 25 Limitation of Actions
제25조 제소(提訴)의 제한

1. Any action relating to international multimodal transport under this Convention shall be time-barred if judicial or arbitral proceedings have not been instituted within a period of two years. However, if notification in writing, stating the nature and main particulars of the claim, has not been given within six months after the day when the goods were delivered or, where the goods have not been delivered, after the day on which they should have been delivered, the action shall be time-barred at the expiry of this period.

> 1. 법적 수속 또는 중재 수속이 2년의 기간 내에 제기되지 않으면 본 협약에 의한 국제복합운송에 관한 어떠한 소송도 시효소멸(時效消滅)한다. 그러나 배상청구의 종류와 주요사항을 명기한 서면에 의한 통지가 화물이 인도된 날로부터, 또는 화물이 인도되지 않았을 때는 인도되었어야 했을 날로부터 6개월 이내에 행해지지 않은 경우 소송은 그 기간 만료 시에 시효소멸한다.

2. The limitation period commences on the day after the day on which the multimodal transport operator has delivered the goods or part thereof or, where the goods have not been delivered, on the day after the last day on which the goods should have been delivered.

> 2. 제한기간은 운송인이 화물의 전부 또는 일부를 인도한 날의 익일 또는 화물이 인도되지 않았을 때는 화물이 인도되었어야 했을 마지막 날의 익일에 개시한다.

3. The person against whom a claim is made may at any time during the running of the limitation period extend that period by a declaration in writing to the claimant. This period may be further extended by another declaration or declarations.

> 3. 배상청구를 받은 자는 제한기간의 진행 중에 언제라도 배상청구자에 대한 서면에 의한 통고로 그 기간을 연장할 수 있다. 이 기간은 그 후의 다른 통고나 통고들에 의하여 더 연장될 수 있다.

4. Provided that the provisions of another applicable international convention are not to the contrary, a recourse action for indemnity by a person held liable under this Convention may be instituted even after the expiration of the limitation period provided for in the preceding paragraphs if instituted within the time allowed by the law of the State where proceedings are instituted; however, the time allowed shall not be less than 90 days commencing from the day when the person instituting such action for indemnity has settled the claim or has been served with process in the action against himself.

4. 적용되는 다른 국제적인 협약의 규정에 저촉되지 않는 한, 본 협약에서 책임을 지게 된 사람에 의한 구상청구소송은 전 항들에 규정된 제한기간의 만료 후에도 소송절차를 개시하는 국가의 법률에 의하여 허용된 기간 내에 제기할 수 있다. 그러나 그 허용기간은 그러한 구상청구소송을 제기하는 사람이 자기에 대한 청구를 해결한 날 또는 자기에 대한 소송에서 소장의 송달을 받은 날로부터 90일 미만이 아니어야 한다.

Article 26 Jurisdiction(생략)
제26조 재판관할권

Article 27 Arbitration(생략)
제27조 중재

PART VI 제6장
SUPPLEMENTARY PROVISIONS
보칙

Article 28 Contractual Stipulations
제28조 계약조항

1. Any stipulation in a multimodal transport contract or multimodal transport document shall be null and void to the extent that it derogates, directly or indirectly, from the provisions of this Convention. The nullity of such a stipulation shall not affect the validity of other provisions of the contract or document of which it forms a part. A clause assigning benefit of insurance of the goods in favour of the multimodal transport operator or any similar clause shall be null and void.

> 1. 복합운송계약 또는 복합운송증권에 있는 조항 중 이 협약의 규정을 직접 또는 간접적으로 해하는 범위 내에서 이를 무효로 한다. 이러한 조항의 무효는 그것이 일부를 이루고 있는 계약 또는 증권의 다른 규정의 효력에 영향을 미치지 않는다. 화물에 관한 보험의 이익을 운송인을 위하여 양도한다는 조항 또는 기타 이와 유사한 조항은 무효로 한다.

2. Notwithstanding the provisions of paragraph 1 of this article, the multimodal transport operator may, with the agreement of the consignor, increase his responsibilities and obligations under this Convention.

> 2. 본 조 제1항의 규정에도 불구하고, 복합운송인은 송하인의 동의를 얻어 이 협약하의 자기의 책임 및 의무를 증가시킬 수 있다.

3. (생략)

4. (생략)

Article 29 General Average
제29조 공동해손

1. Nothing in this Convention shall prevent the application of provisions in the multimodal transport contract or national law regarding the adjustment of general average, if and to the extent applicable.

> 1. 이 협약의 어떠한 규정도 공동해손의 정산에 관한 복합운송계약 또는 국내법의 규정이 있는 경우 또한 적용가능한 범위 내에서, 그 적용을 해하지 않는다.

2. With the exception of article 25, the provisions of this Convention relating to the liability of the multimodal transport operator for loss of or damage to the goods shall also determine whether the consignee may refuse contribution in general average and the liability of the multimodal transport operator to indemnify the consignee in respect of any such contribution made or any salvage paid.

> 2. 제25조의 규정을 제외하고, 화물의 멸실 또는 손상에 관한 복합운송인의 책임에 관한 이 협약의 규정들은 수하인이 공동해손분담금을 거절할 수 있는가의 여부를 결정하고, 또 부담한 그러한 분담금 또는 지급한 구조비에 관하여 수하인에게 보상할 복합운송인의 책임을 결정한다.

Article 30 Other Conventions(생략)
제30조 타 협약

Article 31 Unit of account or monetary unit and conversion
제31조 계산단위 또는 통화단위 및 환산

1. The unit of account referred to in article 18 of this Convention is the Special Drawing Right as defined by the International Monetary Fund. The amounts referred to in article 18 shall be converted into the national currency of a State according to the value of such currency on the date of the judgement or award or the date agreed upon by the parties. The value of a national currency, in terms of the Special Drawing Right, of a Contracting State which is a member of the International Monetary Fund, shall be calculated in accordance with the method of valuation applied by the International Monetary Fund, in effect on the date in question, for its operations and transactions. The value of a national currency in terms of the Special Drawing Right of a Contracting State which is not a member of the International Monetary Fund, shall be calculated in a manner determined by that State.

> 1. 이 협약 제18조에 규정된 계산단위는 국제통화기금(IMF)에서 정의하는 특별인출권(S.D.R)으로 한다. 제18조에 의한 금액은 판결이나 중재판정이 있은 날 또는 당사자가 합의한 날의 국내통화가치에 따라서 그 국가의 국내통화로 이를 환산한다. 국제통화기금의 회원인 체약국의 특별인출권에 의한 국내통화가치는 그 운영과 거래에 관하여 해당 일자에 실시되고 있는 국제통화기금이 적용되는 평가방법에 따라서 산출한다. 국제통화기금의 회원이 아닌 체약국의 특별인출권에 의한 국내통화가치는 그 국가에서 결정하는 방법에 따라서 산출한다.

2. Nevertheless, a State which is not a member of the International Monetary Fund and whose law does not permit the application of the provisions of paragraph 1 of this article may, at the time of signature, ratification, acceptance, approval or accession or at any time thereafter, declare that the limits of liability provided for in this Convention to be applied in its territory shall be fixed as follows: with regard to the limits provided for in paragraph 1 of article 18 to 13,750 monetary units per package or other shipping unit or 41.25 monetary units per kilogram of gross weight of the goods, and with regard to the limit provided for in paragraph 3 of article 18 to 124 monetary units.

> 2. 그러나 국제통화기금의 회원국이 아닌 국가로서, 그 법률상 본 조 제1항의 규정의 적용이 허용되지 않는 국가는 서명 시나 비준(批准), 수락(受諾), 승인(承認) 또는 가입 시(加入時) 또는 그 후 어느 때라도 자국의 영토 내에서 이 협약에 규정된 책임한도를 다음과 같이 결정한다는 것을 선언할 수 있다. 즉, 제18조 제1항에 규정되어 있는 책임한도에 대해서는 포장 혹은 선적단위당 13,750화폐단위 또는 화물총중량의 킬로그램당 41.25화폐단위 그리고 제18조 3항에 규정된 한도에 대해서는 124화폐단위로 한다.

3. The monetary unit referred to in paragraph 2 of this article corresponds to sixty-five and a half milligrams of gold of millesimal fineness nine hundred. The conversion of the amount referred to in paragraph 2 of this article into national currency shall be made according to the law of the State concerned.

> 3. 본 조 제2항에 규정된 화폐단위는 순도 1,000분의 900의 금 65.5mg에 상당한다. 제2항에 의한 금액의 국내통화로의 환산은 관련국의 법률에 따라서 이루어진다.

4. (생략)

5. (생략)

PART VII CUSTOMS MATTERS
제7장 통관문제

Article 32 Customs Transit
제32조 보세운송

1. Contracting States shall authorize the use of the procedure of customs transit for international multimodal transport.

   > 1. 체약국은 국제복합운송을 위한 보세운송 절차의 이용을 승인하여야 한다.

2. Subject to provisions of national law or regulations and intergovernmental agreements, the customs transit of goods in international multimodal transport shall be in accordance with the rules and principles contained in articles I to VI of the Annex to this Convention.

   > 2. 국내법이나 규칙 및 국가 간의 협약에 따라서 국제복합운송에 있어서의 화물의 보세운송은 본 협약 부속서 제1조부터 제6조에 포함되어 있는 규칙과 원칙에 준하여야 한다.

3. When introducing laws or regulations in respect of customs transit procedures relating to multimodal transport of goods, Contracting States should take into consideration articles I to VI of the Annex to this Convention.

   > 3. 화물의 복합운송과 관련, 보세운송절차에 관한 법이나 규칙을 도입할 때에 체약국은 본 협약 부속서 제1조부터 제6조를 고려하여야 한다.

PART VIII 제8장 FINAL CLAUSES 최종조항

Article 33 Depositary(생략)
제33조 수탁자

Article 34 Signature, Ratification, Acceptance, Approval, and Accession(생략)
제34조 서명, 비준, 수락, 승인 및 가입

Article 35 Reservations
제35조 유보(留保)

No reservation may be made to this Convention.

> 본 협약에 대한 유보는 불허한다.

Article 36 Entry into Force(생략)
제36조 발효

Article 37 Date of Application(생략)
제37조 적용일자

Article 38 Rights and Obligations under existing conventions(생략)
제38조 기존계약 하에서의 제 권리와 의무

Article 39 Revision and Amendments(생략)
제39조 개정과 수정

Article 40 Denunciation(생략)
제40조 폐기

IN WITNESS WHEREOF the undersigned, being duly authorized thereto, have affixed their signatures hereunder on the dates indicated.

DONE at Geneva on 24 May 1980 in one original in the Arabic, Chinese, English, French, Russian and Spanish languages, all texts being equally authentic.

이상의 증거로서 서명자는 정당하게 위임을 받고 기재일자에 서명하였다.
1980년 5월 24일 제네바에서 아랍어, 중국어, 영어, 프랑스어, 러시아어 및 스페인어로 된 동일한 내용의 정본(正本) 1통 작성하였다.

Annex 부속서
PROVISIONS ON CUSTOMS MATTERS RELATING TO INTERNATIONAL MULTIMODAL TRANSPORT OF GOODS
국제복합운송에 관한 통관규정

Article I

For the purposes of this Convention:

"Customs transit procedure" means the customs procedure under which goods are transported under customs control from one customs office to another.

"Customs office of destination" means any customs office at which a customs transit operation is terminated.

"Import/export duties and taxes" means customs duties and all other duties, taxes, fees or other charges which are collected on or in connection with the import/export of goods but not including fees and charges which are limited in amount to the approximate cost of services rendered.

"Customs transit document" means a form containing the record of data entries and information required for the customs transit operation.

제1조

본 협약을 위해:

"보세운송절차"란 화물이 한 세관으로부터 타 세관으로 보세상태로 운송되는 세관절차를 의미한다.

"도착지세관"이란 보세운송작업이 종료되는 지점의 세관을 의미한다.

"수입/수출 관세와 세금"이란 화물의 수입/수출 또는 그와 관련하여 징수한 모든 비용 혹은 수수료, 관세 기타 세금을 의미하나, 제공한 서비스의 개략적인 실비로 금액이 제한되어 있는 비용과 수수료는 제외한다.

"보세운송서류"란 보세운송작업에 요구되는 정보나 자료를 수록한 양식을 의미한다.

Article II

1. Subject to the provisions of the law, regulations and international conventions in force in their territories, Contracting States shall grant freedom of transit to goods in international multimodal transport.

> 제2조
> 1. 체약국들은 그들의 영역 내에서 유효한 법, 규칙 및 정부 간 협약의 규정에 따라, 국제복합운송하의 화물의 자유로운 통과를 허용해야 한다.

2. Provided that the conditions laid down in the customs transit procedure used for the transit operation are fulfilled to the satisfaction of the customs authorities, goods in international multimodal transport:

   (a) shall not, as a general rule, be subject to customs examination during the journey except to the extent deemed necessary to ensure compliance with rules and regulations which the Customs are responsible for enforcing. Flowing from this, the customs authorities shall normally restrict themselves to the control of customs seals and other security measures at points of entry and exit;

   (b) without prejudice to the application of law and regulations concerning public or national security, public morality or public health, shall not be subject to any customs formalities or requirements additional to those of the customs transit regime used for the transit operation.

> 2. 통과운송을 위해 보세운송절차에 이용되는 조건들이 세관당국이 만족할 만큼 충족되었다는 전제하에, 국제복합운송하의 화물은:
>   (a) 세관이 시행하여야 할 책임이 있는 규칙이나 법규의 이행을 확인하기 위해 필요하다고 간주되는 범위까지를 제외하고, 일반 규칙으로서, 운송과정 중 세관검사 대상이 되어서는 안 된다. 이와 관련하여 세관당국은 통상적으로 화물의 입출(入出)시점에서의 세관봉인 및 기타 안전조치의 관리에만 자신들의 권한을 한정하여야 한다.
>   (b) 공공 혹은 국가안전, 공중도덕, 위생에 관한 법이나 규정의 적용을 해함이 없이, 통과운송에 사용되는 보세운송제도의 수속 또는 요건 이상의 세관수속이나 요건의 대상이 되어서는 안 된다.

Article III

In order to facilitate the transit of the goods, each Contracting State shall:

(a) If it is the country of shipment, as far as practicable, take all measures to ensure the completeness and accuracy of the information required for the subsequent transit operations;

(b) If it is the country of destination:

    (i) take all necessary measures to ensure that goods in customs transit shall be cleared, as a rule, at the customs office of destination of the goods;

    (ii) endeavour to carry out the clearance of goods at a place as near as is possible to the place of final destination of the goods, provided that national law and regulations do not require otherwise.

제3조

화물의 통과를 용이하게 하기 위하여 각 체약국은:

(a) 선적국의 경우, 그 다음의 통과운송을 위해 요구되는 정보의 정확성 및 완전성을 보증하기 위해 실행가능한 모든 조치를 다해야 한다.

(b) 목적국의 경우,

    (i) 원칙으로서, 보세운송 중인 화물이 도착지 세관에서 통과수속이 끝날 수 있도록 보증하기 위해 모든 필요한 조치를 다하여야 한다.

    (ii) 국내법이나 규정이 달리 요구하고 있지 않는 한, 화물의 최종목적지와 가장 인접한 지점에서 통관수속이 이행될 수 있도록 노력하여야 한다.

Article IV

1. Provided that the conditions laid down in the customs transit procedure are fulfilled to the satisfaction of the customs authorities, the goods in international multimodal transport shall not be subject to the payment of import/export duties and taxes or deposit in lieu thereof in transit countries.

   제4조
   1. 보세운송수속의 조건들이 세관당국이 만족할 만큼 이행되었음을 전제로, 국제복합운송 중에 있는 화물은 통과국에서 수입/수출 관세와 세금이나 이와 유사한 공탁금 지급의 대상이 되어서는 안 된다.

2. The provisions of the preceding paragraph shall not preclude:

   (a) The levy of fees and charges by virtue of national regulations on grounds of public security or public health;

   (b) The levy of fees and charges, which are limited in amount to the approximate cost of services rendered, provided they are imposed under conditions of equality.

   2. 전항의 규정들은 다음을 배제하지 않는다.
      (a) 공공안전이나 공중위생을 근거로 한, 국내규정에 의한 수수료나 비용의 징수.
      (b) 평등한 조건으로 부과된다는 전제하에, 제공된 서비스의 개략적인 실비로 금액이 제한되어 있는 수수료나 비용의 징수.

Article V

1. Where a financial guarantee for the customs transit operation is required, it shall be furnished to the satisfaction of the customs authorities of the transit country concerned in conformity with its national law and regulations and international conventions.

   제5조
   1. 보세운송수속을 위해 금전적 담보가 요구될 경우 통과국의 국내법, 규정 및 국제협약에 따라 통과국 세관당국이 만족할 수 있도록 담보가 제공되어야 한다.

2. With a view to facilitating customs transit, the system of customs guarantee shall be simple, efficient, moderately priced and shall cover import/export duties and taxes chargeable and, in countries where they are covered by guarantees, any penalties due.

   2. 보세운송을 용이하도록 하기 위하여, 관세 담보제도는 단순하고, 효율적이며 적정금액이 부과되어야 하고, 수입/수출 관세와 부과될 수 있는 제세금을 포함하여야 하며, 그리고 이들이 담보에 포함되는 국가에서는 여타 벌과금을 포함하여야 한다.

Article VI

1. Without prejudice to any other documents which may be required by virtue of an international convention or national law and regulations, customs authorities of transit countries shall accept the multimodal transport document as a descriptive part of the customs transit document.

제6조
1. 국제협약이나 국내법 및 규정들에 의해 요구되는 타 문서의 효력을 해함 없이, 통과국의 세관당국은 복합운송증권을 보세운송서류의 서술부분으로 인정하여야 한다.

2. With a view to facilitating customs transit, customs transit documents shall be aligned, as far as possible, with the layout reproduced below.

2. 보세운송을 용이하도록 하기 위하여, 보세운송서류는 가능한 한 아래의 배열(配列)에 따라 작성되어져야 한다.

해커스관세사 cca.Hackers.com

06

Convention for the Unification of Certain Rules for International Carriage by Air
(Montreal Convention)
- 국제항공운송에 있어서의 일부 규칙 통일에 관한 협약

Chapter 1 General Provisions
제1장 총칙

Article 1 Scope of Application
제1조 적용 범위

1. This Convention applies to all international carriage of persons, baggage or cargo performed by aircraft for reward. It applies equally to gratuitous carriage by aircraft performed by an air transport undertaking.

> 1. 이 협약은 항공기에 의하여 유상으로 수행되는 승객·수하물 또는 화물의 모든 국제운송에 적용된다. 이 협약은 항공운송기업이 항공기에 의하여 무상으로 수행되는 운송에도 동일하게 적용된다.

2. For the purposes of this Convention, the expression international carriage means any carriage in which, according to the agreement between the parties, the place of departure and the place of destination, whether or not there be a break in the carriage or a transhipment, are situated either within the territories of two States Parties, or within the territory of a single State Party if there is an agreed stopping place within the territory of another State, even if that State is not a State Party. Carriage between two points within the territory of a single State Party without an agreed stopping place within the territory of another State is not international carriage for the purposes of this Convention.

> 2. 이 협약의 목적상, 국제운송이라 함은 운송의 중단 또는 환적이 있는지 여부를 불문하고, 당사자 간 합의에 따라 출발지와 도착지가 두 개의 당사국의 영역 내에 있는 운송, 또는 출발지와 도착지가 단일의 당사국 영역 내에 있는 운송으로서 합의된 예정 기항지가 타 국가의 영역 내에 존재하는 운송을 말한다. 이때 예정 기항지가 존재한 타 국가가 이 협약의 당사국인지 여부는 불문한다. 단일의 당사국 영역 내의 두 지점 간 수행하는 운송으로서 타 국가의 영역 내에 합의된 예정 기항지가 존재하지 아니하는 것은 이 협약의 목적상 국제운송이 아니다.

3. Carriage to be performed by several successive carriers is deemed, for the purposes of this Convention, to be one undivided carriage if it has been regarded by the parties as a single operation, whether it had been agreed upon under the form of a single contract or of a series of contracts, and it does not lose its international character merely because one contract or a series of contracts is to be performed entirely within the territory of the same State.

> 3. 2인 이상의 운송인이 연속적으로 수행하는 운송은 이 협약의 목적상, 당사자가 단일의 취급을 한 때에는, 단일의 계약형식 또는 일련의 계약형식으로 합의하였는지 여부를 불문하고 하나의 불가분의 운송이라고 간주되며, 이러한 운송은 단지 단일의 계약 또는 일련의 계약이 전적으로 동일국의 영역 내에서 이행된다는 이유로 국제적 성질이 상실되는 것은 아니다.

4. This Convention applies also to carriage as set out in Chapter 5, subject to the terms contained therein.

> 4. 이 협약은 또한 제5장의 조건에 따라, 동 장에 규정된 운송에도 적용된다.

Article 2 Carriage Performed by State and Carriage of Postal Items
제2조 국가가 수행하는 운송 및 우편물의 운송

1. This Convention applies to carriage performed by the State or by legally constituted public bodies provided it falls within the conditions laid down in Article 1.

> 1. 이 협약은 제1조에 규정된 조건에 합치하는 한, 국가 또는 법적으로 설치된 공공기관이 수행하는 운송에도 적용된다.

2. In the carriage of postal items, the carrier shall be liable only to the relevant postal administration in accordance with the rules applicable to the relationship between the carriers and the postal administrations.

> 2. 우편물의 운송의 경우, 운송인은 운송인과 우정당국 간 관계에 적용되는 규칙에 따라 관련 우정당국에 대해서만 책임을 진다.

3. Except as provided in paragraph 2 of this Article, the provisions of this Convention shall not apply to the carriage of postal items.

> 3. 본 조 제2항에서 규정하고 있는 경우를 제외한 이 협약의 규정은 우편물의 운송에 적용되지 아니한다.

Chapter II 제2장
Documentation and Duties of the Parties Relating to the Carriage of Passengers, Baggage and Cargo
승객·수하물 및 화물의 운송과 관련된 증권과 당사자 의무

Article 3 Passengers and Baggage
제3조 승객 및 수하물

1. In respect of carriage of passengers, an individual or collective document of carriage shall be delivered containing:

   (a) an indication of the places of departure and destination;

   (b) if the places of departure and destination are within the territory of a single State Party, one or more agreed stopping places being within the territory of another State, an indication of at least one such stopping place.

   > 1. 승객의 운송에 관하여 다음 사항을 포함한 개인용 또는 단체용 운송증권을 교부한다.
   >   (a) 출발지 및 도착지의 표시
   >   (b) 출발지 및 도착지가 단일의 당사국 영역 내에 있고 하나 또는 그 이상의 예정 기항지가 타 국가의 영역 내에 존재하는 경우에는 그러한 예정 기항지 중 최소한 한 곳의 표시

2. Any other means which preserves the information indicated in paragraph 1 may be substituted for the delivery of the document referred to in that paragraph. If any such other means is used, the carrier shall offer to deliver to the passenger a written statement of the information so preserved.

   > 2. 제1항에 명시된 정보를 보존하는 다른 수단도 동항에 언급된 증권의 교부를 대체할 수 있다. 그러한 수단이 사용되는 경우, 운송인은 보존된 정보에 관한 서면 신고서의 교부를 승객에게 제안한다.

3. The carrier shall deliver to the passenger a baggage identification tag for each piece of checked baggage.

   > 3. 운송인은 개개의 위탁수하물에 대한 수하물 식별표를 여객에게 교부한다.

4. The passenger shall be given written notice to the effect that where this Convention is applicable it governs and may limit the liability of carriers in respect of death or injury and for destruction or loss of, or damage to, baggage, and for delay.

   > 4. 운송인은 이 협약이 적용가능한 경우 승객의 사망 또는 부상 및 수하물의 파괴·분실 또는 손상 및 지연에 대한 운송인의 책임을 이 협약이 규율하고 제한할 수 있음을 승객에게 서면으로 통고한다.

5. Non-compliance with the provisions of the foregoing paragraphs shall not affect the existence or the validity of the contract of carriage, which shall, nonetheless, be subject to the rules of this Convention including those relating to limitation of liability.

> 5. 전항의 규정에 따르지 아니한 경우에도 운송계약의 존재 및 유효성에는 영향을 미치지 아니하며, 책임의 한도에 관한 규정을 포함한 이 협약의 규정이 적용된다.

Article 4 Cargo
제4조 화물

1. In respect of the carriage of cargo, an air waybill shall be delivered.

> 1. 화물운송의 경우, 항공운송장이 교부된다.

2. Any other means which preserves a record of the carriage to be performed may be substituted for the delivery of an air waybill. If such other means are used, the carrier shall, if so requested by the consignor, deliver to the consignor a cargo receipt permitting identification of the consignment and access to the information contained in the record preserved by such other means.

> 2. 운송에 관한 기록을 보존하는 다른 수단도 항공운송장의 교부를 대체할 수 있다. 그러한 수단이 사용되는 경우, 운송인은 송하인의 요청에 따라 송하인에게 운송을 증명하고 그러한 수단에 의하여 보존되는 기록에 포함된 정보를 수록한 화물수령증을 교부한다.

Article 5 Contents of Air Waybill or Cargo Receipt
제5조 항공운송장 또는 화물수령증의 기재사항

The air waybill or the cargo receipt shall include:

(a) an indication of the places of departure and destination;

(b) if the places of departure and destination are within the territory of a single State Party, one or more agreed stopping places being within the territory of another State, an indication of at least one such stopping place; and

(c) an indication of the weight of the consignment.

> 항공운송장 또는 화물수령증에는 다음의 사항을 기재한다.
> (a) 출발지 및 도착지의 표시
> (b) 출발지 및 도착지가 단일의 당사국 영역 내에 존재하고 하나 또는 그 이상의 예정 기항지가 타 국가의 영역 내에 존재하는 경우에는 그러한 예정 기항지의 최소한 한 곳의 표시
> (c) 화물의 중량 표시

Article 6 Document Relating to the Nature of the Cargo
제6조 화물의 성질에 관련된 서류

The consignor may be required, if necessary to meet the formalities of customs, police and similar public authorities, to deliver a document indicating the nature of the cargo. This provision creates for the carrier no duty, obligation or liability resulting therefrom.

> 세관·경찰 및 유사한 공공기관의 절차를 이행하기 위하여 필요한 경우, 송하인은 화물의 성질을 명시한 서류를 교부할 것을 요구받을 수 있다. 이 규정은 운송인에게 어떠한 의무·구속 또는 그에 따른 책임을 부과하지 아니한다.

Article 7 Description of Air Waybill
제7조 항공운송장의 서식

1. The air waybill shall be made out by the consignor in three original parts.

   > 1. 항공운송장은 송하인에 의하여 원본 3통이 작성된다.

2. The first part shall be marked "for the carrier"; it shall be signed by the consignor. The second part shall be marked "for the consignee"; it shall be signed by the consignor and by the carrier. The third part shall be signed by the carrier who shall hand it to the consignor after the cargo has been accepted.

   > 2. 제1의 원본에는 "운송인용"이라고 기재하고 송하인이 서명한다. 제2의 원본에는 "수하인용"이라고 기재하고 송하인 및 운송인이 서명한다. 제3의 원본에는 운송인이 서명하고, 화물을 접수받은 후 송하인에게 인도한다.

3. The signature of the carrier and that of the consignor may be printed or stamped.

   > 3. 운송인 및 송하인의 서명은 인쇄 또는 날인하여도 무방하다.

4. If, at the request of the consignor, the carrier makes out the air waybill, the carrier shall be deemed, subject to proof to the contrary, to have done so on behalf of the consignor.

   > 4. 송하인의 청구에 따라 운송인이 항공운송장을 작성하였을 경우, 반증이 없는 한 운송인은 송하인을 대신하여 항공운송장을 작성한 것으로 간주된다.

Article 8 Documentation for Multiple Packages
제8조 복수화물을 위한 증권

When there is more than one package:

(a) the carrier of cargo has the right to require the consignor to make out separate air waybills;

(b) the consignor has the right to require the carrier to deliver separate cargo receipts when the other means referred to in paragraph 2 of Article 4 are used.

> 1개 이상의 화물이 있는 경우:
> (a) 화물의 운송인은 송하인에게 개별적인 항공운송장을 작성하여 줄 것을 청구할 권리를 갖는다.
> (b) 송하인은 제4조 제2항에 언급된 다른 수단이 사용되는 경우에는 운송인에게 개별적인 화물수령증의 교부를 청구할 권리를 갖는다.

Article 9 Non-compliance with Documentary Requirements
제9조 증권상 요건의 불이행

Non-compliance with the provisions of Articles 4 to 8 shall not affect the existence or the validity of the contract of carriage, which shall, nonetheless, be subject to the rules of this Convention including those relating to limitation of liability.

> 제4조 내지 제8조의 규정에 따르지 아니하는 경우에도 운송계약의 존재 및 유효성에는 영향을 미치지 아니하며, 책임의 한도에 관한 규정을 포함한 이 협약의 규정이 적용된다.

Article 10 Responsibility for Particulars of Documentation
제10조 증권의 기재사항에 대한 책임

1. The consignor is responsible for the correctness of the particulars and statements relating to the cargo inserted by it or on its behalf in the air waybill or furnished by it or on its behalf to the carrier for insertion in the cargo receipt or for insertion in the record preserved by the other means referred to in paragraph 2 of Article 4. The foregoing shall also apply where the person acting on behalf of the consignor is also the agent of the carrier.

> 1. 송하인은 본인 또는 대리인이 화물에 관련하여 항공운송장에 기재한 사항, 본인 또는 대리인이 화물수령증에의 기재를 위하여 운송인에게 제공한 사항, 또는 제4조 제2항에 언급된 다른 수단에 의하여 보존되는 기록에의 기재를 위하여 운송인에게 제공한 사항의 정확성에 대하여 책임진다. 이는 송하인을 대신하여 행동하는 자가 운송인의 대리인인 경우에도 적용된다.

2. The consignor shall indemnify the carrier against all damage suffered by it, or by any other person to whom the carrier is liable, by reason of the irregularity, incorrectness or incompleteness of the particulars and statements furnished by the consignor or on its behalf.

> 2. 송하인은 본인 또는 대리인이 제공한 기재사항의 불비·부정확 또는 불완전으로 인하여 운송인이나 운송인이 책임을 부담하는 자가 당한 모든 손해에 대하여 운송인에게 보상한다.

3. Subject to the provisions of paragraphs 1 and 2 of this Article, the carrier shall indemnify the consignor against all damage suffered by it, or by any other person to whom the consignor is liable, by reason of the irregularity, incorrectness or incompleteness of the particulars and statements inserted by the carrier or on its behalf in the cargo receipt or in the record preserved by the other means referred to in paragraph 2 of Article 4.

> 3. 본 조 제1항 및 제2항의 규정을 조건으로, 운송인은 본인 또는 대리인이 화물수령증 또는 제4조 제2항에 언급된 다른 수단에 의하여 보존되는 기록에 기재한 사항의 불비·부정확 또는 불완전으로 인하여 송하인이나 송하인이 책임을 부담하는 자가 당한 모든 손해에 대하여 송하인에게 보상한다.

Article 11 Evidentiary Value of Documentation
제11조 증권의 증거력

1. The air waybill or the cargo receipt is prima facie evidence of the conclusion of the contract, of the acceptance of the cargo and of the conditions of carriage mentioned therein.

> 1. 항공운송장 또는 화물수령증은 반증이 없는 한, 그러한 증권에 언급된 계약의 체결, 화물의 인수 및 운송의 조건에 관한 증거가 된다.

2. Any statements in the air waybill or the cargo receipt relating to the weight, dimensions and packing of the cargo, as well as those relating to the number of packages, are prima facie evidence of the facts stated; those relating to the quantity, volume and condition of the cargo do not constitute evidence against the carrier except so far as they both have been, and are stated in the air waybill or the cargo receipt to have been, checked by it in the presence of the consignor, or relate to the apparent condition of the cargo.

2. 화물의 개수를 포함한, 화물의 중량·크기 및 포장에 관한 항공운송장 및 화물수령증의 기재사항은 반증이 없는 한, 기재된 사실에 대한 증거가 된다. 화물의 수량·부피 및 상태는 운송인이 송하인의 입회하에 점검하고, 그러한 사실을 항공운송장이나 화물수령증에 기재한 경우 또는 화물의 외양에 관한 기재의 경우를 제외하고는 운송인에게 불리한 증거를 구성하지 아니한다.

Article 12 Right of Disposition of Cargo
제12조 화물의 처분권

1. Subject to its liability to carry out all its obligations under the contract of carriage, the consignor has the right to dispose of the cargo by withdrawing it at the airport of departure or destination, or by stopping it in the course of the journey on any landing, or by calling for it to be delivered at the place of destination or in the course of the journey to a person other than the consignee originally designated, or by requiring it to be returned to the airport of departure. The consignor must not exercise this right of disposition in such a way as to prejudice the carrier or other consignors and must reimburse any expenses occasioned by the exercise of this right.

1. 송하인은 운송계약에 따른 모든 채무를 이행할 책임을 조건으로, 출발공항 또는 도착공항에서 화물을 회수하거나, 운송 도중 착륙할 때에 화물을 유치하거나, 최초 지정한 수하인 이외의 자에 대하여 도착지에서 또는 운송 도중에 화물을 인도할 것을 요청하거나 또는 출발공항으로 화물을 반송할 것을 청구함으로써 화물을 처분할 권리를 보유한다. 송하인은 운송인 또는 다른 송하인을 해하는 방식으로 이러한 처분권을 행사해서는 아니 되며, 이러한 처분권의 행사에 의하여 발생한 어떠한 비용도 변제하여야 한다.

2. If it is impossible to carry out the instructions of the consignor, the carrier must so inform the consignor forthwith.

2. 송하인의 지시를 이행하지 못할 경우, 운송인은 즉시 이를 송하인에게 통보하여야 한다.

3. If the carrier carries out the instructions of the consignor for the disposition of the cargo without requiring the production of the part of the air waybill or the cargo receipt delivered to the latter, the carrier will be liable, without prejudice to its right of recovery from the consignor, for any damage which may be caused thereby to any person who is lawfully in possession of that part of the air waybill or the cargo receipt.

3. 운송인은 송하인에게 교부한 항공운송장 또는 화물수령증의 제시를 요구하지 아니하고 화물의 처분에 관한 송하인의 지시에 따른 경우, 이로 인하여 항공운송장 또는 화물수령증의 정당한 소지인에게 발생한 어떠한 손해에 대하여도 책임을 진다. 단, 송하인에 대한 운송인의 구상권은 침해받지 아니한다.

4. The right conferred on the consignor ceases at the moment when that of the consignee begins in accordance with Article 13. Nevertheless, if the consignee declines to accept the cargo, or cannot be communicated with, the consignor resumes its right of disposition.

> 4. 송하인에게 부여된 권리는 수하인의 권리가 제13조에 따라 발생할 때 소멸한다. 그럼에도 불구하고 수하인이 화물의 수취를 거절하거나 또는 수하인을 알 수 없는 때에는 송하인은 처분권을 회복한다.

Article 13 Delivery of the Cargo
제13조 화물의 인도

1. Except when the consignor has exercised its right under Article 12, the consignee is entitled, on arrival of the cargo at the place of destination, to require the carrier to deliver the cargo to it, on payment of the charges due and on complying with the conditions of carriage.

> 1. 송하인이 제12조에 따른 권리를 행사하는 경우를 제외하고, 수하인은 화물이 도착지에 도착하였을 때 운송인에게 정당한 비용을 지급하고 운송의 조건을 충족하면 화물의 인도를 요구할 권리를 가진다.

2. Unless it is otherwise agreed, it is the duty of the carrier to give notice to the consignee as soon as the cargo arrives.

> 2. 별도의 합의가 없는 한, 운송인은 화물이 도착한 때 수하인에게 통지를 할 의무가 있다.

3. If the carrier admits the loss of the cargo, or if the cargo has not arrived at the expiration of seven days after the date on which it ought to have arrived, the consignee is entitled to enforce against the carrier the rights which flow from the contract of carriage.

> 3. 운송인이 화물의 분실을 인정하거나 또는 화물이 도착하였어야 할 날로부터 7일이 경과하여도 도착하지 아니하였을 때에는 수하인은 운송인에 대하여 계약으로부터 발생한 권리를 행사할 수 있다.

Article 14 Enforcement of the Rights of Consignor and Consignee
제14조 송하인과 수하인의 권리행사

The consignor and the consignee can respectively enforce all the rights given to them by Articles 12 and 13, each in its own name, whether it is acting in its own interest or in the interest of another, provided that it carries out the obligations imposed by the contract of carriage.

> 송하인과 수하인은 운송계약에 의하여 부과된 채무를 이행할 것을 조건으로 하여 자신 또는 타인의 이익을 위하여 행사함을 불문하고 각각 자기의 명의로 제12조 및 제13조에 의하여 부여된 모든 권리를 행사할 수 있다.

Article 15 Relations of Consignor and Consignee or Mutual Relations of Third Parties
제15조 송하인과 수하인의 관계 또는 제3자와의 상호관계

1. Articles 12, 13 and 14 do not affect either the relations of the consignor and the consignee with each other or the mutual relations of third parties whose rights are derived either from the consignor or from the consignee.

   > 1. 제12조·제13조 및 제14조는 송하인과 수하인의 상호관계 또는 송하인 및 수하인과 이들 중 어느 한 쪽으로부터 권리를 취득한 제3자와의 상호관계에는 영향을 미치지 아니한다.

2. The provisions of Articles 12, 13 and 14 can only be varied by express provision in the air waybill or the cargo receipt.

   > 2. 제12조·제13조 및 제14조의 규정은 항공운송장 또는 화물수령증에 명시적인 규정에 의해서만 변경될 수 있다.

Article 16 Formalities of Customs, Police or Other Public Authorities
제16조 세관·경찰 및 기타 공공기관의 절차

1. The consignor must furnish such information and such documents as are necessary to meet the formalities of customs, police and any other public authorities before the cargo can be delivered to the consignee. The consignor is liable to the carrier for any damage occasioned by the absence, insufficiency or irregularity of any such information or documents, unless the damage is due to the fault of the carrier, its servants or agents.

   > 1. 송하인은 화물이 수하인에게 인도될 수 있기 전에 세관·경찰 또는 기타 공공기관의 절차를 이행하기 위하여 필요한 정보 및 서류를 제공한다. 송하인은 그러한 정보 및 서류의 부재·불충분 또는 불비로부터 발생한 손해에 대하여 운송인에게 책임을 진다. 단, 그러한 손해가 운송인·그의 고용인 또는 대리인의 과실에 기인한 경우에는 그러하지 아니한다.

2. The carrier is under no obligation to enquire into the correctness or sufficiency of such information or documents.

   > 2. 운송인은 그러한 정보 또는 서류의 정확성 또는 충분성 여부를 조사할 의무가 없다.

Chapter III 제3장 | Liability of the Carrier and Extent of Compensation for Damage
운송인의 책임 및 손해배상의 범위

Article 17 Death and Injury of Passengers – Damage to Baggage
제17조 승객의 사망 및 부상 – 수하물에 대한 손해

1. The carrier is liable for damage sustained in case of death or bodily injury of a passenger upon condition only that the accident which caused the death or injury took place on board the aircraft or in the course of any of the operations of embarking or disembarking.

   1. 운송인은 승객의 사망 또는 신체 부상의 경우에 입은 손해에 대하여 사망 또는 부상을 야기한 사고가 항공기상에서 발생하였거나 또는 탑승과 하강의 과정에서 발생하였을 때에 한하여 책임을 진다.

2. The carrier is liable for damage sustained in case of destruction or loss of, or of damage to, checked baggage upon condition only that the event which caused the destruction, loss or damage took place on board the aircraft or during any period within which the checked baggage was in the charge of the carrier. However, the carrier is not liable if and to the extent that the damage resulted from the inherent defect, quality or vice of the baggage. In the case of unchecked baggage, including personal items, the carrier is liable if the damage resulted from its fault or that of its servants or agents.

   2. 운송인은 위탁수하물의 파괴 · 분실 또는 손상으로 인한 손해에 대하여 파괴 · 분실 또는 손상을 야기한 사고가 항공기상에서 발생하였거나 또는 위탁수하물이 운송인의 관리하에 있는 기간 중 발생한 경우에 한하여 책임을 진다. 그러나 운송인은 손해가 수하물 고유의 결함 · 성질 또는 수하물의 불완전에 기인하는 경우 및 그러한 범위 내에서는 책임을 부담하지 아니한다. 개인소지품을 포함한 휴대수하물의 경우, 운송인 · 그의 고용인 또는 대리인의 과실에 기인하였을 때에만 책임을 진다.

3. If the carrier admits the loss of the checked baggage, or if the checked baggage has not arrived at the expiration of twenty-one days after the date on which it ought to have arrived, the passenger is entitled to enforce against the carrier the rights which flow from the contract of carriage.

   3. 운송인이 위탁수하물의 분실을 인정하거나 또는 위탁수하물이 도착하였어야 하는 날로부터 21일이 경과하여도 도착하지 아니하였을 때 승객은 운송인에 대하여 운송계약으로부터 발생되는 권리를 행사할 권한을 가진다.

4. Unless otherwise specified, in this Convention the term "baggage" means both checked baggage and unchecked baggage.

> 4. 별도의 구체적인 규정이 없는 한, 이 협약에서 "수하물"이라는 용어는 위탁수하물 및 휴대수하물 모두를 의미한다.

Article 18 Damage to Cargo
제18조 화물에 대한 손해

1. The carrier is liable for damage sustained in the event of the destruction or loss of, or damage to, cargo upon condition only that the event which caused the damage so sustained took place during the carriage by air.

> 1. 운송인은 화물의 파괴·분실 또는 손상으로 인한 손해에 대하여 손해를 야기한 사고가 항공운송 중에 발생하였을 경우에 한하여 책임을 진다.

2. However, the carrier is not liable if and to the extent it proves that the destruction, or loss of, or damage to, the cargo resulted from one or more of the following:

   (a) inherent defect, quality or vice of that cargo;

   (b) defective packing of that cargo performed by a person other than the carrier or its servants or agents;

   (c) an act of war or an armed conflict;

   (d) an act of public authority carried out in connection with the entry, exit or transit of the cargo.

> 2. 그러나 운송인은 화물의 파괴·분실 또는 손상이 다음 중 하나 이상의 사유에 기인하여 발생하였다는 것이 입증되었을 때에는 책임을 지지 아니한다.
>   (a) 화물의 고유한 결함·성질 또는 화물의 불완전성
>   (b) 운송인·그의 고용인 또는 대리인 이외의 자가 수행한 화물의 결함이 있는 포장
>   (c) 전쟁 또는 무력분쟁행위
>   (d) 화물의 입출국 또는 통과와 관련하여 행한 공공기관의 행위

3. The carriage by air within the meaning of paragraph 1 of this Article comprises the period during which the cargo is in the charge of the carrier.

> 3. 본 조 제1항의 의미상 항공운송은 화물이 운송인의 관리하에 있는 기간도 포함된다.

4. The period of the carriage by air does not extend to any carriage by land, by sea or by inland waterway performed outside an airport. If, however, such carriage takes place in the performance of a contract for carriage by air, for the purpose of loading, delivery or transshipment, any damage is presumed, subject to proof to the contrary, to have been the result of an event which took place during the carriage by air. If a carrier, without the consent of the consignor, substitutes carriage by another mode of transport for the whole or part of a carriage intended by the agreement between the parties to be carriage by air, such carriage by another mode of transport is deemed to be within the period of carriage by air.

> 4. 항공운송의 기간에는 공항외부에서 행한 육상·해상운송 또는 내륙수로운송은 포함되지 아니한다. 그러나 그러한 운송이 항공운송계약을 이행함에 있어서, 화물의 적재·인도 또는 환적을 목적으로 하여 행하여졌을 때에는 반증이 없는 한 어떠한 손해도 항공운송 중에 발생한 사고의 결과라고 추정된다. 운송인이 송하인의 동의 없이 당사자 간 합의에 따라 항공운송으로 행할 것이 예정되어 있었던 운송의 전부 또는 일부를 다른 운송수단의 형태에 의한 운송으로 대체하였을 때에는 다른 운송수단의 형태에 의한 운송은 항공운송의 기간 내에 있는 것으로 간주된다.

Article 19 Delay
제19조 지연

The carrier is liable for damage occasioned by delay in the carriage by air of passengers, baggage or cargo. Nevertheless, the carrier shall not be liable for damage occasioned by delay if it proves that it and its servants and agents took all measures that could reasonably be required to avoid the damage or that it was impossible for it or them to take such measures.

> 운송인은 승객·수하물 또는 화물의 항공운송 중 지연으로 인한 손해에 대한 책임을 진다. 그럼에도 불구하고, 운송인은 본인·그의 고용인 또는 대리인이 손해를 피하기 위하여 합리적으로 요구되는 모든 조치를 다하였거나 또는 그러한 조치를 취할 수 없었다는 것을 증명한 경우에는 책임을 지지 아니한다.

Article 20 Exoneration
제20조 책임 면제

If the carrier proves that the damage was caused or contributed to by the negligence or other wrongful act or omission of the person claiming compensation, or the person from whom he or she derives his or her rights, the carrier shall be wholly or partly exonerated from its liability to the claimant to the extent that such negligence or wrongful act or omission caused or contributed to the damage. When by reason of death or injury of a passenger compensation is claimed by a person other than the passenger, the carrier shall likewise be wholly or partly exonerated from its liability to the extent that it proves that the damage was caused or contributed to by the negligence or other wrongful act or omission of that passenger. This Article applies to all the liability provisions in this Convention, including paragraph 1 of Article 21.

> 운송인이 손해배상을 청구하는 자 또는 그로부터 권한을 위임받은 자의 과실·기타 불법적인 작위 또는 부작위가 손해를 야기하였거나 또는 손해에 기여하였다는 것을 증명하였을 때에는 그러한 과실·불법적인 작위 또는 부작위가 손해를 야기하였거나 손해에 기여한 정도에 따라 청구자에 대하여 책임의 전부 또는 일부를 면제받는다. 승객의 사망 또는 부상을 이유로 하여 손해배상이 승객 이외의 자에 의하여 청구되었을 때, 운송인은 손해가 승객의 과실·불법적인 작위 또는 부작위에 기인하였거나 이에 기여하였음을 증명한 정도에 따라 책임의 전부 또는 일부를 면제받는다. 본 조는 제21조 제1항을 포함한 이 협약의 모든 배상책임규정에 적용된다.

Article 21 Compensation in Case of Death or Injury of Passengers
제21조 승객의 사망 또는 부상에 대한 배상

1. For damages arising under paragraph 1 of Article 17 not exceeding 100,000 Special Drawing Rights for each passenger, the carrier shall not be able to exclude or limit its liability.

> 1. 운송인은 승객당 100,000SDR을 초과하지 아니한 제17조 제1항상의 손해에 대한 책임을 배제하거나 제한하지 못한다.

2. The carrier shall not be liable for damages arising under paragraph 1 of Article 17 to the extent that they exceed for each passenger 100,000 Special Drawing Rights if the carrier proves that:

   (a) such damage was not due to the negligence or other wrongful act or omission of the carrier or its servants or agents; or

   (b) such damage was solely due to the negligence or other wrongful act or omission of a third party.

> 2. 승객당 100,000SDR을 초과하는 제17조 제1항상의 손해에 대하여, 운송인이 다음을 증명하는 경우에는 책임을 지지 아니한다.
>   (a) 그러한 손해가 운송인·그의 고용인 또는 대리인의 과실·기타 불법적인 작위 또는 부작위에 기인하지 아니하였거나,
>   (b) 그러한 손해가 오직 제3자의 과실·기타 불법적인 작위 또는 부작위에 기인하였을 경우

Article 22 Limits of Liability in Relation to Delay, Baggage and Cargo
제22조 지연수하물 및 화물과 관련한 배상책임의 한도

1. In the case of damage caused by delay as specified in Article 19 in the carriage of persons, the liability of the carrier for each passenger is limited to 4,150 Special Drawing Rights.

   > 1. 승객의 운송에 있어서 제19조에 규정되어 있는 지연에 기인한 손해가 발생한 경우, 운송인의 책임은 승객 1인당 4,150SDR로 제한된다.

2. In the carriage of baggage, the liability of the carrier in the case of destruction, loss, damage or delay is limited to 1,000 Special Drawing Rights for each passenger unless the passenger has made, at the time when the checked baggage was handed over to the carrier, a special declaration of interest in delivery at destination and has paid a supplementary sum if the case so requires. In that case the carrier will be liable to pay a sum not exceeding the declared sum, unless it proves that the sum is greater than the passenger's actual interest in delivery at destination.

   > 2. 수하물의 운송에 있어서 수하물의 파괴·분실·손상 또는 지연이 발생한 경우 운송인의 책임은 승객 1인당 1,000SDR로 제한된다. 단, 승객이 위탁수하물을 운송인에게 인도할 때에 도착지에서 인도 시 이익에 관한 특별신고를 하였거나 필요에 따라 추가요금을 지급한 경우에는 그러하지 아니한다. 이러한 경우, 운송인은 신고가액이 도착지에서 인도 시 승객의 실질이익을 초과한다는 것을 증명하지 아니하는 한 신고가액을 한도로 하는 금액을 지급할 책임을 진다.

3. In the carriage of cargo, the liability of the carrier in the case of destruction, loss, damage or delay is limited to a sum of 17 Special Drawing Rights per kilogramme, unless the consignor has made, at the time when the package was handed over to the carrier, a special declaration of interest in delivery at destination and has paid a supplementary sum if the case so requires. In that case the carrier will be liable to pay a sum not exceeding the declared sum, unless it proves that the sum is greater than the consignor's actual interest in delivery at destination.

   > 3. 화물의 운송에 있어서 화물의 파괴·분실·손상 또는 지연이 발생한 경우 운송인의 책임은 1킬로그램당 17SDR로 제한된다. 단, 송하인이 화물을 운송인에게 인도할 때에 도착지에서 인도 시 이익에 관한 특별신고를 하였거나 필요에 따라 추가 요금을 지급한 경우에는 그러하지 아니하다. 이러한 경우, 운송인은 신고가액이 도착지에 있어서 인도 시 송하인의 실질이익을 초과한다는 것을 증명하지 아니하는 한 신고가액을 한도로 하는 금액을 지급할 책임을 진다.

4. In the case of destruction, loss, damage or delay of part of the cargo, or of any object contained therein, the weight to be taken into consideration in determining the amount to which the carrier's liability is limited shall be only the total weight of the package or packages concerned. Nevertheless, when the destruction, loss, damage or delay of a part of the cargo, or of an object contained therein, affects the value of other packages covered by the same air waybill, or the same receipt or, if they were not issued, by the same record preserved by the other means referred to in paragraph 2 of Article 4, the total weight of such package or packages shall also be taken into consideration in determining the limit of liability.

4. 화물의 일부 또는 화물에 포함된 물건의 파괴·분실·손상 또는 지연의 경우, 운송인의 책임한도를 결정함에 있어서 고려하여야 할 중량은 관련 화물의 총 중량이다. 그럼에도 불구하고 화물의 일부 또는 화물에 포함된 물건의 파괴·분실·손상 또는 지연이 동일한 항공운송장 또는 화물수령증에 기재하거나 또는 이러한 증권이 발행되지 아니하였을 때에는 제4조 제2항에 언급된 다른 수단에 의하여 보존되고 있는 동일한 기록에 기재되어 있는 기타 화물의 가액에 영향을 미칠 때에는 운송인의 책임한도를 결정함에 있어 그러한 화물의 총 중량도 고려되어야 한다.

5. The foregoing provisions of paragraphs 1 and 2 of this Article shall not apply if it is proved that the damage resulted from an act or omission of the carrier, its servants or agents, done with intent to cause damage or recklessly and with knowledge that damage would probably result; provided that, in the case of such act or omission of a servant or agent, it is also proved that such servant or agent was acting within the scope of its employment.

5. 손해가 운송인·그의 고용인 또는 대리인이 손해를 야기할 의도를 가지거나 또는 무모하게 손해가 야기될 것을 인지하고 행한 작위 또는 부작위로부터 발생되었다는 것이 입증되었을 때에는 본 조 제1항 및 제2항에 전술한 규정은 적용되지 아니한다. 단, 고용인 또는 대리인이 작위 또는 부작위를 행한 경우에는 그가 자기의 고용업무의 범위 내에서 행하였다는 것이 입증되어야 한다.

6. The limits prescribed in Article 21 and in this Article shall not prevent the court from awarding, in accordance with its own law, in addition, the whole or part of the court costs and of the other expenses of the litigation incurred by the plaintiff, including interest. The foregoing provision shall not apply if the amount of the damages awarded, excluding court costs and other expenses of the litigation, does not exceed the sum which the carrier has offered in writing to the plaintiff within a period of six months from the date of the occurrence causing the damage, or before the commencement of the action, if that is later.

> 6. 제21조 및 본 조에 규정된 책임제한은 자국법에 따라 법원이 원고가 부담하는 소송비용 및 소송과 관련된 기타 비용에 이자를 포함한 금액의 전부 또는 일부를 재정하는 것을 방해하지 아니한다. 전기 규정은 소송비용 및 소송과 관련된 기타 비용을 제외한, 재정된 손해액이 손해를 야기한 사건의 발생일로부터 6월의 기간 내에 또는 소송의 개시가 상기 기간 이후일 경우에는 소송 개시 전에 운송인이 원고에게 서면으로 제시한 액수를 초과하지 아니한 때에는 적용되지 아니한다.

Article 23 Conversion of Monetary Units
제23조 화폐단위의 환산

1. The sums mentioned in terms of Special Drawing Right in this Convention shall be deemed to refer to the Special Drawing Right as defined by the International Monetary Fund. Conversion of the sums into national currencies shall, in case of judicial proceedings, be made according to the value of such currencies in terms of the Special Drawing Right at the date of the judgement. The value of a national currency, in terms of the Special Drawing Right, of a State Party which is a Member of the International Monetary Fund, shall be calculated in accordance with the method of valuation applied by the International Monetary Fund, in effect at the date of the judgement, for its operations and transactions. The value of a national currency, in terms of the Special Drawing Right, of a State Party which is not a Member of the International Monetary Fund, shall be calculated in a manner determined by that State.

> 1. 이 협약에서 특별인출권으로 환산되어 언급된 금액은 국제통화기금이 정의한 특별인출권을 의미하는 것으로 간주된다. 재판절차에 있어서 국내통화로의 환산은 판결일자에 특별인출권의 국내통화환산액에 따라 정한다. 국제통화기금 회원국의 특별인출권의 국내통화환산금액은 국제통화기금의 운영과 거래를 위하여 적용하는 평가방식에 따라 산출하게 되며, 동 방식은 판결일자에 유효하여야 한다. 국제통화기금의 비회원국인 당사국의 특별인출권의 국내통화환산금액은 동 당사국이 결정한 방식에 따라 산출된다.

2. Nevertheless, those States which are not Members of the International Monetary Fund and whose law does not permit the application of the provisions of paragraph 1 of this Article may, at the time of ratification or accession or at any time thereafter, declare that the limit of liability of the carrier prescribed in Article 21 is fixed at a sum of 1 500 000 monetary units per passenger in judicial proceedings in their territories; 62 500 monetary units per passenger with respect to paragraph 1 of Article 22; 15 000 monetary units per passenger with respect to paragraph 2 of Article 22; and 250 monetary units per kilogramme with respect to paragraph 3 of Article 22. This monetary unit corresponds to sixty-five and a half milligrammes of gold of millesimal fineness nine hundred. These sums may be converted into the national currency concerned in round figures. The conversion of these sums into national currency shall be made according to the law of the State concerned.

2. 그럼에도 불구하고, 국제통화기금의 비회원국이며 자국법에 따라 본 조 제1항의 적용이 허용되지 아니하는 국가는 비준·가입 시 또는 그 이후에 언제라도 제21조에 규정되어 있는 운송인의 책임한도가 자국의 영역에서 소송이 진행 중인 경우 승객 1인당 1,500,000화폐단위, 제22조 제1항과 관련해서는 승객 1인당 62,500화폐단위, 제22조 제2항과 관련해서는 승객 1인당 15,000화폐단위 및 제22조 제3항과 관련해서는 1킬로그램당 250화폐단위로 고정된다고 선언할 수 있다. 이와 같은 화폐단위는 1000분의 900의 순도를 가진 금 65.5밀리그램에 해당한다. 국내통화로 환산된 금액은 관계국 통화의 단수가 없는 금액으로 환산할 수 있다. 국내통화로 환산되는 금액은 관련국가의 법률에 따른다.

3. The calculation mentioned in the last sentence of paragraph 1 of this Article and the conversion method mentioned in paragraph 2 of this Article shall be made in such manner as to express in the national currency of the State Party as far as possible the same real value for the amounts in Articles 21 and 22 as would result from the application of the first three sentences of paragraph 1 of this Article. States Parties shall communicate to the depositary the manner of calculation pursuant to paragraph 1 of this Article, or the result of the conversion in paragraph 2 of this Article as the case may be, when depositing an instrument of ratification, acceptance, approval of or accession to this Convention and whenever there is a change in either.

3. 본 조 제1항 후단에 언급된 계산 및 제2항에 언급된 환산방식은 본 조 제1항의 전 3단의 적용에 기인되는 제21조 및 제22조의 가액과 동일한 실질가치를 가능한 한 동 당사국의 국내통화로 표시하는 방법으로 할 수 있다. 당사국들은 본 조 제1항에 따른 산출방식 또는, 경우에 따라 본 조 제2항에 의한 환산의 결과를 이 협약의 비준서·수락서·승인서 또는 가입서 기탁 시 또는 상기 산출방식이나 환산결과의 변경 시 수탁자에게 통보한다.

Article 24 Review of Limits
제24조 한도의 검토

1. Without prejudice to the provisions of Article 25 of this Convention and subject to paragraph 2 below, the limits of liability prescribed in Articles 21, 22 and 23 shall be reviewed by the Depositary at five-year intervals, the first such review to take place at the end of the fifth year following the date of entry into force of this Convention, or if the Convention does not enter into force within five years of the date it is first open for signature, within the first year of its entry into force, by reference to an inflation factor which corresponds to the accumulated rate of inflation since the previous revision or in the first instance since the date of entry into force of the Convention. The measure of the rate of inflation to be used in determining the inflation factor shall be the weighted average of the annual rates of increase or decrease in the Consumer Price Indices of the States whose currencies comprise the Special Drawing Right mentioned in paragraph 1 of Article 23.

> 1. 이 협약 제25조의 규정을 침해하지 아니하고 하기 제2항을 조건으로 하여, 제21조 내지 제23조에 규정한 책임한도는 5년 주기로 수탁자에 의하여 검토되어야 하며, 최초의 검토는 이 협약의 발효일로부터 5년이 되는 해의 연말에 실시된다. 만일 이 협약이 서명을 위하여 개방된 날로부터 5년 내에 발효되지 못하면 발효되는 해에 협약의 발효일 이후 또는 이전 수정 이후 누적 물가상승률에 상응하는 물가상승요인을 참고하여 검토된다. 물가상승요인의 결정에 사용되는 물가상승률의 기준은 제23조 제1항에 언급된 특별인출권을 구성하는 통화를 가진 국가의 소비자물가지수의 상승 또는 하강률의 가중평균치를 부여하여 산정한다.

2. If the review referred to in the preceding paragraph concludes that the inflation factor has exceeded 10 per cent, the Depositary shall notify States Parties of a revision of the limits of liability. Any such revision shall become effective six months after its notification to the States Parties. If within three months after its notification to the States Parties a majority of the States Parties register their disapproval, the revision shall not become effective and the Depositary shall refer the matter to a meeting of the States Parties. The Depositary shall immediately notify all States Parties of the coming into force of any revision.

> 2. 전항의 규정에 따라 검토를 행한 결과 인플레이션 계수가 10퍼센트를 초과하였다면 수탁자는 당사국에게 책임한도의 수정을 통고한다. 이러한 수정은 당사국에게 통고된 후 6월 경과 시 효력을 발생한다. 만일 당사국에게 통고된 후 3월 이내에 과반수의 당사국들이 수정에 대한 불승인을 표명한 때에는 수정은 효력이 발생하지 아니하며, 수탁자는 동 문제를 당사국의 회합에 회부한다. 수탁자는 모든 당사국에게 수정의 발효를 즉시 통보한다.

3. Notwithstanding paragraph 1 of this Article, the procedure referred to in paragraph 2 of this Article shall be applied at any time provided that one-third of the States Parties express a desire to that effect and upon condition that the inflation factor referred to in paragraph 1 has exceeded 30 per cent since the previous revision or since the date of entry into force of this Convention if there has been no previous revision. Subsequent reviews using the procedure described in paragraph 1 of this Article will take place at five-year intervals starting at the end of the fifth year following the date of the reviews under the present paragraph.

3. 본 조 제1항에도 불구하고, 본 조 제2항에 언급된 절차는 당사국의 3분의 1 이상이 이전의 수정 또는 이전에 수정이 없었다면 이 협약의 발효일이래 본 조 제1항에 언급된 인플레이션계수가 30퍼센트를 초과할 것을 조건으로 하여 그러한 효과에 대한 의사를 표시한 경우에는 언제나 적용 가능하다. 본 조 제1항에 기술된 절차를 사용한 추가검토는 본 항에 따른 검토일로부터 5년이 되는 해의 연말에 개시하여 5년 주기로 한다.

Article 25 Stipulation on Limits
제25조 한도의 규정

A carrier may stipulate that the contract of carriage shall be subject to higher limits of liability than those provided for in this Convention or to no limits of liability whatsoever.

운송인은 이 협약이 정한 책임한도보다 높은 한도를 정하거나 어떤 경우에도 책임의 한도를 두지 아니한다는 것을 운송계약에 규정할 수 있다.

Article 26 Invalidity of Contractual Provisions
제26조 계약조항의 무효

Any provision tending to relieve the carrier of liability or to fix a lower limit than that which is laid down in this Convention shall be null and void, but the nullity of any such provision does not involve the nullity of the whole contract, which shall remain subject to the provisions of this Convention.

운송인의 책임을 경감하거나 또는 이 협약에 규정된 책임한도보다 낮은 한도를 정하는 어떠한 조항도 무효다. 그러나 그러한 조항의 무효는 계약 전체를 무효로 하는 것은 아니며 계약은 이 협약의 조항에 따른다.

Article 27 Freedom to Contract
제27조 계약의 자유

Nothing contained in this Convention shall prevent the carrier from refusing to enter into any contract of carriage, from waiving any defences available under the Convention, or from laying down conditions which do not conflict with the provisions of this Convention.

> 이 협약의 어떠한 규정도 운송인이 운송계약의 체결을 거절하거나, 이 협약상의 항변권을 포기하거나 또는 이 협약의 규정과 저촉되지 아니하는 운송조건을 설정하는 것을 방해하지 못한다.

Article 28 Advance Payments
제28조 선배상지급

In the case of aircraft accidents resulting in death or injury of passengers, the carrier shall, if required by its national law, make advance payments without delay to a natural person or persons who are entitled to claim compensation in order to meet the immediate economic needs of such persons. Such advance payments shall not constitute a recognition of liability and may be offset against any amounts subsequently paid as damages by the carrier.

> 승객의 사망 또는 부상을 야기하는 항공기사고 시, 운송인은 자국법이 요구하는 경우 자연인 또는 배상을 받을 권한이 있는 자의 즉각적인 경제적 필요성을 충족시키기 위하여 지체 없이 선배상금을 지급한다. 이러한 선배상지급은 운송인의 책임을 인정하는 것은 아니며, 추후 운송인이 지급한 배상금과 상쇄될 수 있다.

Article 29 Basis of Claims
제29조 청구의 기초

In the carriage of passengers, baggage and cargo, any action for damages, however founded, whether under this Convention or in contract or in tort or otherwise, can only be brought subject to the conditions and such limits of liability as are set out in this Convention without prejudice to the question as to who are the persons who have the right to bring suit and what are their respective rights. In any such action, punitive, exemplary or any other non-compensatory damages shall not be recoverable.

> 승객·수하물 및 화물의 운송에 있어서, 손해에 관한 어떠한 소송이든지 이 협약·계약·불법행위 또는 기타 어떠한 사항에 근거하는지 여부를 불문하고, 소를 제기할 권리를 가지는 자와 그들 각각의 권리에 관한 문제를 침해함이 없이, 이 협약에 규정되어 있는 조건 및 책임한도에 따르는 경우에만 제기될 수 있다. 어떠한 소송에 있어서도, 징벌적 배상 또는 비보상적 배상은 회복되지 아니한다.

Article 30 Servants, Agents – Aggregation of Claims
제30조 고용인 · 대리인 – 청구의 총액

1. If an action is brought against a servant or agent of the carrier arising out of damage to which the Convention relates, such servant or agent, if they prove that they acted within the scope of their employment, shall be entitled to avail themselves of the conditions and limits of liability which the carrier itself is entitled to invoke under this Convention.

   1. 이 협약과 관련된 손해로 인하여 운송인의 고용인 또는 대리인을 상대로 소송이 제기된 경우, 그들이 고용범위 내에서 행동하였음이 증명된다면 이 협약하에서 운송인 자신이 주장할 수 있는 책임의 조건 및 한도를 원용할 권리를 가진다.

2. The aggregate of the amounts recoverable from the carrier, its servants and agents, in that case, shall not exceed the said limits.

   2. 그러한 경우, 운송인 · 그의 고용인 및 대리인으로부터 회수가능한 금액의 총액은 전술한 한도를 초과하지 아니한다.

3. Save in respect of the carriage of cargo, the provisions of paragraphs 1 and 2 of this Article shall not apply if it is proved that the damage resulted from an act or omission of the servant or agent done with intent to cause damage or recklessly and with knowledge that damage would probably result.

   3. 화물운송의 경우를 제외하고는 본 조 제1항 및 제2항의 규정은 고용인 또는 대리인이 손해를 야기할 의도로 무모하게, 또는 손해가 발생할 것을 알고 행한 작위 또는 부작위에 기인한 손해임이 증명된 경우에는 적용되지 아니한다.

Article 31 Timely Notice of Complaints
제31조 이의제기의 시한

1. Receipt by the person entitled to delivery of checked baggage or cargo without complaint is prima facie evidence that the same has been delivered in good condition and in accordance with the document of carriage or with the record preserved by the other means referred to in paragraph 2 of Article 3 and paragraph 2 of Article 4.

   1. 위탁수하물 또는 화물을 인도받을 권리를 가지고 있는 자가 이의를 제기하지 아니하고 이를 수령하였다는 것은 반증이 없는 한 위탁수하물 또는 화물이 양호한 상태로 또한 운송서류 또는 제3조 제2항 및 제4조 제2항에 언급된 기타 수단으로 보존된 기록에 따라 인도되었다는 명백한 증거가 된다.

2. In the case of damage, the person entitled to delivery must complain to the carrier forthwith after the discovery of the damage, and, at the latest, within seven days from the date of receipt in the case of checked baggage and fourteen days from the date of receipt in the case of cargo. In the case of delay, the complaint must be made at the latest within twenty-one days from the date on which the baggage or cargo have been placed at his or her disposal.

> 2. 손상의 경우, 인도받을 권리를 가지는 자는 손상을 발견한 즉시 또한 늦어도 위탁수하물의 경우에는 수령일로부터 7일 이내에 그리고 화물의 경우에는 수령일로부터 14일 이내에 운송인에게 이의를 제기하여야 한다. 지연의 경우, 이의는 인도받을 권리를 가지는 자가 수하물 또는 화물을 처분할 수 있는 날로부터 21일 이내에 제기되어야 한다.

3. Every complaint must be made in writing and given or dispatched within the times aforesaid.

> 3. 개개의 이의는 서면으로 작성되어야 하며, 전술한 기한 내에 발송하여야 한다.

4. If no complaint is made within the times aforesaid, no action shall lie against the carrier, save in the case of fraud on its part.

> 4. 전술한 기한 내에 이의가 제기되지 아니한 때에는 운송인에 대하여 제소할 수 없다. 단, 운송인 측의 사기인 경우에는 그러하지 아니한다.

Article 32 Death of Person Liable
제32조 책임 있는 자의 사망

In the case of the death of the person liable, an action for damages lies in accordance with the terms of this Convention against those legally representing his or her estate.

> 책임 있는 자가 사망하는 경우, 손해에 관한 소송은 이 협약의 규정에 따라 동인의 재산의 법정 대리인에 대하여 제기할 수 있다.

Article 33 Jurisdiction
제33조 재판관할권

1. An action for damages must be brought, at the option of the plaintiff, in the territory of one of the States Parties, either before the court of the domicile of the carrier or of its principal place of business, or where it has a place of business through which the contract has been made or before the court at the place of destination.

1. 손해에 관한 소송은 원고의 선택에 따라 당사국 중 하나의 영역 내에서 운송인의 주소지, 운송인의 주된 영업소 소재지, 운송인이 계약을 체결한 영업소 소재지의 법원 또는 도착지의 법원 중 어느 한 법원에 제기한다.

2. In respect of damage resulting from the death or injury of a passenger, an action may be brought before one of the courts mentioned in paragraph 1 of this Article, or in the territory of a State Party in which at the time of the accident the passenger has his or her principal and permanent residence and to or from which the carrier operates services for the carriage of passengers by air, either on its own aircraft, or on another carrier's aircraft pursuant to a commercial agreement, and in which that carrier conducts its business of carriage of passengers by air from premises leased or owned by the carrier itself or by another carrier with which it has a commercial agreement.

2. 승객의 사망 또는 부상으로 인한 손해의 경우, 소송은 본 조 제1항에 언급된 법원 또는 사고발생 당시 승객의 주소지와 주된 거주지가 있고 운송인이 자신이 소유한 항공기 또는 상업적 계약에 따른 타 운송인의 항공기로 항공운송서비스를 제공하는 장소이며, 운송인 자신 또는 상업적 계약에 의하여 타 운송인이 소유하거나 임대한 건물로부터 항공운송사업을 영위하고 있는 장소에서 소송을 제기할 수 있다.

3. For the purposes of paragraph 2,
    (a) "commercial agreement" means an agreement, other than an agency agreement, made between carriers and relating to the provision of their joint services for carriage of passengers by air;
    (b) "principal and permanent residence" means the one fixed and permanent abode of the passenger at the time of the accident. The nationality of the passenger shall not be the determining factor in this regard.

3. 제2항의 목적을 위하여,
    (a) "상업적 계약"이라 함은 대리점 계약을 제외한, 항공승객운송을 위한 공동서비스의 제공과 관련된 운송인 간의 계약을 말한다.
    (b) "주소지 및 영구거주지"라 함은 사고발생 당시 승객의 고정적이고 영구적인 하나의 주소를 말한다. 이 경우 승객의 국적은 결정요인이 되지 않는다.

4. Questions of procedure shall be governed by the law of the court seized of the case.

4. 소송절차에 관한 문제는 소송이 계류 중인 법원의 법률에 의한다.

Article 34 Arbitration
제34조 중재

1. Subject to the provisions of this Article, the parties to the contract of carriage for cargo may stipulate that any dispute relating to the liability of the carrier under this Convention shall be settled by arbitration. Such agreement shall be in writing.

> 1. 본 조의 규정에 따를 것을 조건으로, 화물운송계약의 당사자들은 이 협약에 따른 운송인의 책임에 관련된 어떠한 분쟁도 중재에 의하여 해결한다고 규정할 수 있다.

2. The arbitration proceedings shall, at the option of the claimant, take place within one of the jurisdictions referred to in Article 33.

> 2. 중재절차는 청구인의 선택에 따라 제33조에 언급된 재판관할권 중 하나에서 진행된다.

3. The arbitrator or arbitration tribunal shall apply the provisions of this Convention.

> 3. 중재인 또는 중재법원은 이 협약의 규정을 적용한다.

4. The provisions of paragraphs 2 and 3 of this Article shall be deemed to be part of every arbitration clause or agreement, and any term of such clause or agreement which is inconsistent therewith shall be null and void.

> 4. 본 조 제2항 및 제3항의 규정은 모든 중재조항 또는 협정의 일부라고 간주되며, 이러한 규정과 일치하지 아니하는 조항 또는 협정의 어떠한 조건도 무효이다.

Article 35 Limitation of Actions
제35조 제소기한

1. The right to damages shall be extinguished if an action is not brought within a period of two years, reckoned from the date of arrival at the destination, or from the date on which the aircraft ought to have arrived, or from the date on which the carriage stopped.

> 1. 손해에 관한 권리가 도착지에 도착한 날·항공기가 도착했었어만 했던 날 또는 운송이 중지된 날로부터 기산하여 2년 내에 제기되지 않을 때에는 소멸된다.

2. The method of calculating that period shall be determined by the law of the court seised of the case.

> 2. 그러한 기간의 산정방법은 소송이 계류된 법원의 법률에 의하여 결정된다.

Article 36 Successive Carriage
제36조 순차운송

1. In the case of carriage to be performed by various successive carriers and falling within the definition set out in paragraph 3 of Article 1, each carrier which accepts passengers, baggage or cargo is subject to the rules set out in this Convention and is deemed to be one of the parties to the contract of carriage in so far as the contract deals with that part of the carriage which is performed under its supervision.

> 1. 2인 이상의 운송인이 순차로 행한 운송으로서 이 협약 제1조 제3항에 규정된 정의에 해당하는 운송의 경우, 승객·수하물 또는 화물을 인수하는 각 운송인은 이 협약에 규정된 규칙에 따라야 하며, 또한 운송계약이 각 운송인의 관리하에 수행된 운송부분을 다루고 있는 한 동 운송계약의 당사자 중 1인으로 간주된다.

2. In the case of carriage of this nature, the passenger or any person entitled to compensation in respect of him or her can take action only against the carrier which performed the carriage during which the accident or the delay occurred, save in the case where, by express agreement, the first carrier has assumed liability for the whole journey.

> 2. 이러한 성질을 가지는 운송의 경우, 승객 또는 승객에 관하여 손해배상을 받을 권한을 가지는 자는, 명시적 합의에 의하여 최초의 운송인이 모든 운송구간에 대한 책임을 지는 경우를 제외하고는, 사고 또는 지연이 발생된 동안에 운송을 수행한 운송인에 대하여 소송을 제기할 수 있다.

3. As regards baggage or cargo, the passenger or consignor will have a right of action against the first carrier, and the passenger or consignee who is entitled to delivery will have a right of action against the last carrier, and further, each may take action against the carrier which performed the carriage during which the destruction, loss, damage or delay took place. These carriers will be jointly and severally liable to the passenger or to the consignor or consignee.

> 3. 수하물 또는 화물과 관련하여, 승객 또는 송하인은 최초 운송인에 대하여 소송을 제기할 수 있는 권리를 가지며, 인도받을 권리를 가진 승객 또는 수하인은 최종 운송인에 대하여 소송을 제기할 권리를 가지며, 또한, 각자는 파괴·분실·손상 또는 지연이 발생한 기간 중에 운송을 수행한 운송인에 대하여 소송을 제기할 수 있다. 이들 운송인은 여객·송하인 또는 수하인에 대하여 연대하거나 또는 단독으로 책임을 진다.

Article 37 Right of Recourse against Third Parties
제37조 제3자에 대한 구상권

Nothing in this Convention shall prejudice the question whether a person liable for damage in accordance with its provisions has a right of recourse against any other person.

> 이 협약의 어떠한 규정도 이 협약의 규정에 따라 손해에 대하여 책임을 지는 자가 갖고 있는 다른 사람에 대한 구상권을 행사할 권리가 있는지 여부에 관한 문제에 영향을 미치지 아니한다.

Chapter IV 제4장 Combined Carriage 복합운송

Article 38 Combined Carriage
제38조 복합운송

1. In the case of combined carriage performed partly by air and partly by any other mode of carriage, the provisions of this Convention shall, subject to paragraph 4 of Article 18, apply only to the carriage by air, provided that the carriage by air falls within the terms of Article 1.

> 1. 운송이 항공과 다른 운송형식에 의하여 부분적으로 행하여지는 복합운송의 경우에는 이 협약의 규정들은, 제18조 제4항을 조건으로 하여, 항공운송에 대하여만 적용된다. 단, 그러한 항공운송이 제1조의 조건을 충족시킨 경우에 한한다.

2. Nothing in this Convention shall prevent the parties in the case of combined carriage from inserting in the document of air carriage conditions relating to other modes of carriage, provided that the provisions of this Convention are observed as regards the carriage by air.

> 2. 이 협약의 어떠한 규정도 복합운송의 경우 당사자가 다른 운송형식에 관한 조건을 항공운송의 증권에 기재하는 것을 방해하지 아니한다. 단, 항공운송에 관하여 이 협약의 규정이 준수되어야 한다.

Chapter V
제5장
Carriage by Air Performed by a Person other than the Contracting Carrier
계약운송인 이외의 자에 의한 항공운송

Article 39 Contracting Carrier – Actual Carrier
제39조 계약운송인 – 실제운송인

The provisions of this Chapter apply when a person (hereinafter referred to as "the contracting carrier") as a principal makes a contract of carriage governed by this Convention with a passenger or consignor or with a person acting on behalf of the passenger or consignor, and another person (hereinafter referred to as "the actual carrier") performs, by virtue of authority from the contracting carrier, the whole or part of the carriage, but is not with respect to such part a successive carrier within the meaning of this Convention. Such authority shall be presumed in the absence of proof to the contrary.

본 장의 규정은 어떤 사람(이하 "계약운송인"이라 한다.)이 승객 또는 송하인·승객 또는 송하인을 대신하여 행동하는 자와 이 협약에 의하여 규율되는 운송계약을 체결하고, 다른 사람(이하 "실제운송인"이라 한다.)이 계약운송인으로부터 권한을 받아 운송의 전부 또는 일부를 행하지만 이 협약의 의미 내에서 그러한 운송의 일부에 관하여 순차운송인에는 해당되지 않는 경우에 적용된다. 이와 같은 권한은 반증이 없는 한 추정된다.

Article 40 Respective Liability of Contracting and Actual Carriers
제40조 계약운송인과 실제운송인의 개별적 책임

If an actual carrier performs the whole or part of carriage which, according to the contract referred to in Article 39, is governed by this Convention, both the contracting carrier and the actual carrier shall, except as otherwise provided in this Chapter, be subject to the rules of this Convention, the former for the whole of the carriage contemplated in the contract, the latter solely for the carriage which it performs.

실제운송인이 제39조에 언급된 계약에 따라 이 협약이 규율하는 운송의 전부 또는 일부를 수행한다면, 본 장에 달리 정하는 경우를 제외하고, 계약운송인 및 실제운송인 모두는 이 협약의 규칙에 따른다. 즉, 계약운송인이 계약에 예정된 운송의 전부에 관하여 그리고 실제운송인은 자기가 수행한 운송에 한하여 이 협약의 규칙에 따른다.

Article 41 Mutual Liability
제41조 상호 책임

1. The acts and omissions of the actual carrier and of its servants and agents acting within the scope of their employment shall, in relation to the carriage performed by the actual carrier, be deemed to be also those of the contracting carrier.

   > 1. 실제운송인이 수행한 운송과 관련하여, 실제운송인·자신의 고용업무의 범위 내에서 행동한 고용인 및 대리인의 작위 또는 부작위도 또한 계약운송인의 작위 또는 부작위로 간주된다.

2. The acts and omissions of the contracting carrier and of its servants and agents acting within the scope of their employment shall, in relation to the carriage performed by the actual carrier, be deemed to be also those of the actual carrier. Nevertheless, no such act or omission shall subject the actual carrier to liability exceeding the amounts referred to in Articles 21, 22, 23 and 24. Any special agreement under which the contracting carrier assumes obligations not imposed by this Convention or any waiver of rights or defences conferred by this Convention or any special declaration of interest in delivery at destination contemplated in Article 22 shall not affect the actual carrier unless agreed to by it.

   > 2. 실제운송인이 수행한 운송과 관련하여, 계약운송인, 자신의 고용업무의 범위 내에서 행동한 고용인 및 대리인의 작위 또는 부작위도 또한 실제운송인의 작위 및 부작위로 간주된다. 그럼에도 불구하고, 그러한 작위 및 부작위로 인하여 실제운송인은 이 협약 제21조 내지 제24조에 언급된 금액을 초과하는 책임을 부담하지 아니한다. 이 협약이 부과하지 아니한 의무를 계약운송인에게 부과하는 특별 합의·이 협약이 부여한 권리의 포기 또는 이 협약 제22조에서 예정된 도착지에서의 인도 이익에 관한 특별신고는 실제운송인이 합의하지 아니하는 한 그에게 영향을 미치지 아니한다.

Article 42 Addressee of Complaints and Instructions
제42조 이의제기 및 지시의 상대방

Any complaint to be made or instruction to be given under this Convention to the carrier shall have the same effect whether addressed to the contracting carrier or to the actual carrier. Nevertheless, instructions referred to in Article 12 shall only be effective if addressed to the contracting carrier.

> 이 협약에 근거하여 운송인에게 행한 이의나 지시는 계약운송인 또는 실제운송인 어느 쪽에 행하여도 동일한 효력이 있다. 그럼에도 불구하고, 이 협약 제12조에 언급된 지시는 계약운송인에게 행한 경우에 한하여 효력이 있다.

Article 43 Servants and Agents
제43조 고용인 및 대리인

In relation to the carriage performed by the actual carrier, any servant or agent of that carrier or of the contracting carrier shall, if they prove that they acted within the scope of their employment, be entitled to avail themselves of the conditions and limits of liability which are applicable under this Convention to the carrier whose servant or agent they are, unless it is proved that they acted in a manner that prevents the limits of liability from being invoked in accordance with this Convention.

실제운송인이 수행한 운송과 관련하여, 실제운송인 또는 계약운송인의 고용인 또는 대리인은 자기의 고용업무의 범위 내의 행위를 증명할 경우 이 협약하에서 자신이 귀속되는 운송인에게 적용할 이 협약상 책임의 조건 및 한도를 원용할 권리를 가진다. 단, 그들이 책임한도가 이 협약에 따라 원용되는 것을 방지하는 방식으로 행동하는 것이 증명된 경우에는 그러하지 아니한다.

Article 44 Aggregation of Damages
제44조 손해배상총액

In relation to the carriage performed by the actual carrier, the aggregate of the amounts recoverable from that carrier and the contracting carrier, and from their servants and agents acting within the scope of their employment, shall not exceed the highest amount which could be awarded against either the contracting carrier or the actual carrier under this Convention, but none of the persons mentioned shall be liable for a sum in excess of the limit applicable to that person.

실제운송인이 수행한 운송과 관련하여, 실제운송인과 계약운송인, 또는 자기의 고용업무의 범위 내에서 행동한 고용인 및 대리인으로부터 회수가능한 배상총액은 이 협약에 따라 계약운송인 또는 실제운송인의 어느 한쪽에 대하여 재정할 수 있는 최고액을 초과하여서는 아니 된다. 그러나 상기 언급된 자중 누구도 그에게 적용가능한 한도를 초과하는 금액에 대하여 책임을 지지 아니한다.

Article 45 Addressee of Claims
제45조 피청구자

In relation to the carriage performed by the actual carrier, an action for damages may be brought, at the option of the plaintiff, against that carrier or the contracting carrier, or against both together or separately. If the action is brought against only one of those carriers, that carrier shall have the right to require the other carrier to be joined in the proceedings, the procedure and effects being governed by the law of the court seized of the case.

실제운송인이 수행한 운송과 관련하여, 손해에 관한 소송은 원고의 선택에 따라 실제운송인 또는 계약운송인에 대하여 공동 또는 개별적으로 제기될 수 있다. 소송이 이들 운송인 중 하나에 한하여 제기된 때에는 동 운송인은 다른 운송인에게 소송절차에 참가할 것을 요구할 권리를 가지며, 그 절차와 효과는 소송이 계류되어 있는 법원의 법률에 따르게 된다.

Article 46 Additional Jurisdiction
제46조 추가재판관할권

Any action for damages contemplated in Article 45 must be brought, at the option of the plaintiff, in the territory of one of the States Parties, either before a court in which an action may be brought against the contracting carrier, as provided in Article 33, or before the court having jurisdiction at the place where the actual carrier has its domicile or its principal place of business.

제45조에 예정된 손해에 대한 소송은 원고의 선택에 따라 이 협약 제33조에 규정된 바에 따라 당사국 중 하나의 영역 내에서 계약운송인에 대한 소송이 제기될 수 있는 법원 또는 실제운송인의 주소지나 주된 영업소 소재지에 대하여 관할권을 가지는 법원에 제기되어야 한다.

Article 47 Invalidity of Contractual Provisions
제47조 계약조항의 무효

Any contractual provision tending to relieve the contracting carrier or the actual carrier of liability under this Chapter or to fix a lower limit than that which is applicable according to this Chapter shall be null and void, but the nullity of any such provision does not involve the nullity of the whole contract, which shall remain subject to the provisions of this Chapter.

본 장에 따른 계약운송인 또는 실제운송인의 책임을 경감하거나 또는 본 장에 따라 적용가능한 한도보다 낮은 한도를 정하는 것은 무효로 한다. 그러나 그러한 조항의 무효는 계약 전체를 무효로 하는 것은 아니며 계약은 이 협약의 조항에 따른다.

Article 48 Mutual Relations of Contracting and Actual Carriers
제48조 계약운송인 및 실제운송인의 상호관계

Except as provided in Article 45, nothing in this Chapter shall affect the rights and obligations of the carriers between themselves, including any right of recourse or indemnification.

제45조에 규정된 경우를 제외하고는 본 장의 여하한 규정도 여하한 구상권 또는 손실보상청구권을 포함하는, 계약운송인 또는 실제운송인 간 운송인의 권리 및 의무에 영향을 미치지 아니한다.

Chapter VI Other Provisions
제6장 기타 규정

Article 49 Mandatory Application
제49조 강제적용

Any clause contained in the contract of carriage and all special agreements entered into before the damage occurred by which the parties purport to infringe the rules laid down by this Convention, whether by deciding the law to be applied, or by altering the rules as to jurisdiction, shall be null and void.

> 적용될 법을 결정하거나 관할권에 관한 규칙을 변경함으로써 이 협약에 규정된 규칙을 침해할 의도를 가진 당사자에 의하여 손해가 발생하기 전에 발효한 운송계약과 모든 특별합의에 포함된 조항은 무효로 한다.

Article 50 Insurance
제50조 보험

States Parties shall require their carriers to maintain adequate insurance covering their liability under this Convention. A carrier may be required by the State Party into which it operates to furnish evidence that it maintains adequate insurance covering its liability under this Convention.

> 당사국은 이 협약에 따른 손해배상책임을 담보하는 적절한 보험을 유지하도록 운송인에게 요구한다. 운송인은 취항지국으로부터 이 협약에 따른 손해배상책임을 담보하는 보험을 유지하고 있음을 증명하는 자료를 요구받을 수 있다.

Article 51 Carriage Performed in Extraordinary Circumstances
제51조 비정상적인 상황하에서의 운송

The provisions of Articles 3 to 5, 7 and 8 relating to the documentation of carriage shall not apply in the case of carriage performed in extraordinary circumstances outside the normal scope of a carrier's business.

> 운송증권과 관련된 제3조 내지 제5조 제7조 및 제8조의 규정은 운송인의 정상적인 사업범위를 벗어난 비정상적인 상황에는 적용되지 아니한다.

Article 52 Definition of Days
제52조 일의 정의

The expression "days" when used in this Convention means calendar days, not working days.

> 이 협약에서 사용되는 "일(日)"이라 함은 영업일(營業日)이 아닌 역일(曆日)을 말한다.

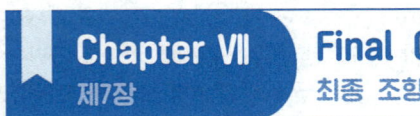

Article 53 Signature, Ratification and Entry into Force
제53조 서명·비준 및 발효

1. This Convention shall be open for signature in Montreal on 28 May 1999 by States participating in the International Conference on Air Law held at Montreal from 10 to 28 May 1999. After 28 May 1999, the Convention shall be open to all States for signature at the Headquarters of the International Civil Aviation Organization in Montreal until it enters into force in accordance with paragraph 6 of this Article.

> 1. 이 협약은 1999년 5월 10일부터 28일간 몬트리올에서 개최된 항공법에 관한 국제회의에 참가한 국가의 서명을 위하여 1999년 5월 28일에 개방된다. 1999년 5월 28일 이후에는 본 조 제6항에 따라 이 협약이 발효하기 전까지 국제민간항공기구 본부에서 서명을 위하여 모든 국가에 개방된다.

2. This Convention shall similarly be open for signature by Regional Economic Integration Organisations. For the purpose of this Convention, a "Regional Economic Integration Organisation" means any organisation which is constituted by sovereign States of a given region which has competence in respect of certain matters governed by this Convention and has been duly authorized to sign and to ratify, accept, approve or accede to this Convention. A reference to a "State Party" or "States Parties" in this Convention, otherwise than in paragraph 2 of Article 1, paragraph 1 (b) of Article 3, paragraph (b) of Article 5, Articles 23, 33, 46 and paragraph (b) of Article 57, applies equally to a Regional Economic Integration Organisation. For the purpose of Article 24, the references to "a majority of the States Parties" and "one-third of the States Parties" shall not apply to a Regional Economic Integration Organisation.

2. 이 협약은 지역경제통합기구의 서명을 위하여 동일하게 개방된다. 이 협약의 목적상, "지역경제통합기구"라 함은 이 협약이 규율하는 특정 문제에 관하여 권한을 가진, 일정지역의 주권국가로 구성된 기구이며, 이 협약의 서명·비준·수락·승인 및 가입을 위한 정당한 권한을 가진 기구를 말한다. 이 협약상의 "당사국"이란 용어는 제1조 제2항·제3조 제1항 (b)·제5조 (b)·제23조·제33조·제46조 및 제57조 (b)를 제외하고, 지역경제통합기구에도 동일하게 적용된다. 제24조의 목적상, "당사국의 과반수" 및 "당사국의 3분의 1"이란 용어는 지역경제통합기구에는 적용되지 아니한다.

3. This Convention shall be subject to ratification by States and by Regional Economic Integration Organisations which have signed it.

3. 이 협약은 서명한 당사국 및 지역경제통합기구의 비준을 받는다.

4. Any State or Regional Economic Integration Organisation which does not sign this Convention may accept, approve or accede to it at any time.

4. 이 협약에 서명하지 아니한 국가 및 지역경제통합기구는 언제라도 이를 수락·승인하거나 또는 이에 가입할 수 있다.

5. Instruments of ratification, acceptance, approval or accession shall be deposited with the International Civil Aviation Organization, which is hereby designated the Depositary.

5. 비준서·수락서·승인서 또는 가입서는 국제민간항공기구 사무총장에게 기탁된다. 국제민간항공기구 사무총장은 이 협약의 수탁자가 된다.

6. This Convention shall enter into force on the sixtieth day following the date of deposit of the thirtieth instrument of ratification, acceptance, approval or accession with the Depositary between the States which have deposited such instrument. An instrument deposited by a Regional Economic Integration Organisation shall not be counted for the purpose of this paragraph.

6. 이 협약은 30번째 비준서, 수락서, 승인서 또는 가입서가 기탁된 날로부터 60일이 되는 날 기탁한 국가 간에 발효한다. 지역경제통합기구가 기탁한 문서는 본 항의 목적상 산입되지 아니한다.

7. For other States and for other Regional Economic Integration Organisations, this Convention shall take effect sixty days following the date of deposit of the instrument of ratification, acceptance, approval or accession.

7. 다른 국가 및 지역경제통합기관에 대하여 이 협약은 비준서·수락서·승인서 또는 가입서가 기탁된 날로부터 60일이 경과하면 효력을 발생한다.

8. The Depositary shall promptly notify all signatories and States Parties of:

   (a) each signature of this Convention and date thereof;

   (b) each deposit of an instrument of ratification, acceptance, approval or accession and date thereof;

   (c) the date of entry into force of this Convention;

   (d) the date of the coming into force of any revision of the limits of liability established under this Convention;

   (e) any denunciation under Article 54.

> 8. 수탁자는 아래의 내용을 모든 당사국에 지체 없이 통고한다.
>   (a) 이 협약의 서명자 및 서명일
>   (b) 비준서·수락서·승인서 또는 가입서의 제출 및 제출일
>   (c) 이 협약의 발효일
>   (d) 이 협약이 정한 배상책임한도의 수정의 효력발생일
>   (e) 제54조에 의한 모든 폐기사항

Article 54 Denunciation
제54조 폐기

1. Any State Party may denounce this Convention by written notification to the Depositary.

> 1. 모든 당사국은 수탁자에 대한 서면통고로써 이 협약을 폐기할 수 있다.

2. Denunciation shall take effect one hundred and eighty days following the date on which notification is received by the Depositary.

> 2. 폐기에 관한 통고는 수탁자에게 접수된 날로부터 180일 경과 후 효력을 갖는다.

Article 55 Relationship with other Warsaw Convention Instruments
제55조 기타 바르샤바 협약문서와의 관계

This Convention shall prevail over any rules which apply to international carriage by air:

1. between States Parties to this Convention by virtue of those States commonly being Party to

   (a) the Convention for the Unification of Certain Rules Relating to International Carriage by Air Signed at Warsaw on 12 October 1929 (hereinafter called the Warsaw Convention);

(b) the Protocol to Amend the Convention for the Unification of Certain Rules Relating to International Carriage by Air Signed at Warsaw on 12 October 1929, Done at The Hague on 28 September 1955 (hereinafter called The Hague Protocol);

(c) the Convention, Supplementary to the Warsaw Convention, for the Unification of Certain Rules Relating to International Carriage by Air Performed by a Person Other than the Contracting Carrier, signed at Guadalajara on 18 September 1961 (hereinafter called the Guadalajara Convention);

(d) the Protocol to Amend the Convention for the Unification of Certain Rules Relating to International Carriage by Air Signed at Warsaw on 12 October 1929 as Amended by the Protocol Done at The Hague on 28 September 1955 Signed at Guatemala City on 8 March 1971 (hereinafter called the Guatemala City Protocol);

(e) Additional Protocol Nos. 1 to 3 and Montreal Protocol No. 4 to amend the Warsaw Convention as amended by The Hague Protocol or the Warsaw Convention as amended by both The Hague Protocol and the Guatemala City Protocol Signed at Montreal on 25 September 1975 (hereinafter called the Montreal Protocols); or

---

기타 바르샤바 협약문서와의 관계
1. 이 협약은 아래 협약들의 당사국인 이 협약의 당사국 간에 국제항공운송에 적용되는 모든 규칙에 우선하여 적용된다.
   (a) 1929년 10월 12일 바르샤바에서 서명된 '국제항공운송에 있어서의 일부 규칙의 통일에 관한 협약'(이하 바르샤바협약이라 부른다.)
   (b) 1955년 9월 28일 헤이그에서 작성된 '1929년 10월 12일 바르샤바에서 서명된 국제항공운송에 있어서의 일부 규칙의 통일에 관한 협약의 개정의정서'(이하 헤이그의정서라 부른다.)
   (c) 1961년 9월 18일 과달라하라에서 서명된 '계약운송인을 제외한 자에 의하여 수행된 국제항공운송에 있어서의 일부 규칙의 통일을 위한 협약'(이하 과달라하라협약이라 부른다.)
   (d) 1971년 3월 8일 과테말라시티에서 서명된 '1955년 9월 28일 헤이그에서 작성된 의정서에 의하여 개정된, 1929년 10월 12일 바르샤바에서 서명된 국제항공운송에 있어서의 일부 규칙의 통일에 관한 협약의 개정의정서'(이하 과테말라시티의정서라 부른다.)
   (e) 1975년 9월 25일 몬트리올에서 서명된 '헤이그의정서와 과테말라시티의정서 또는 헤이그의정서에 의하여 개정된 바르샤바협약을 개정하는 몬트리올 제1.2.3.4. 추가의정서'(이하 몬트리올의정서라 부른다.)

---

2. within the territory of any single State Party to this Convention by virtue of that State being Party to one or more of the instruments referred to in sub-paragraphs (a) to (e) above.

2. 이 협약은 상기 가목 내지 마목의 협약 중 하나 이상의 당사국인 이 협약의 단일당사국 영역 내에서 적용된다.

Article 56 States with more than one System of Law
제56조 하나 이상의 법체계를 가진 국가

1. If a State has two or more territorial units in which different systems of law are applicable in relation to matters dealt with in this Convention, it may at the time of signature, ratification, acceptance, approval or accession declare that this Convention shall extend to all its territorial units or only to one or more of them and may modify this declaration by submitting another declaration at any time.

> 1. 이 협약에서 다루는 사안과 관련하여 서로 상이한 법체계가 적용되는 둘 이상의 영역단위를 가지는 국가는 이 협약의 서명·비준·수락·승인 및 가입 시 이 협약이 모든 영역에 적용되는지 또는 그중 하나 또는 그 이상의 지역에 미치는가를 선언한다. 이는 언제든지 다른 선언을 제출함으로써 변경할 수 있다.

2. Any such declaration shall be notified to the Depositary and shall state expressly the territorial units to which the Convention applies.

> 2. 그러한 선언은 수탁자에게 통고되어야 하며, 이 협약이 적용되는 영역단위에 대하여 명시적으로 진술하여야 한다.

3. In relation to a State Party which has made such a declaration:

   (a) references in Article 23 to "national currency" shall be construed as referring to the currency of the relevant territorial unit of that State; and

   (b) the reference in Article 28 to "national law" shall be construed as referring to the law of the relevant territorial unit of that State.

> 3. 그러한 선언을 행한 당사국과 관련하여,
>   (a) 제23조상 "국내통화"라는 용어는 당사국의 관련 영역단위의 통화를 의미하는 것으로 해석된다.
>   (b) 제28조상 "국내법"이라는 용어는 당사국의 관련 영역단위의 법을 의미하는 것으로 해석된다.

Article 57 Reservations
제57조 유보

No reservation may be made to this Convention except that a State Party may at any time declare by a notification addressed to the Depositary that this Convention shall not apply to:

(a) international carriage by air performed and operated directly by that State Party for non-commercial purposes in respect to its functions and duties as a sovereign State; and/or

(b) the carriage of persons, cargo and baggage for its military authorities on aircraft registered in or leased by that State Party, the whole capacity of which has been reserved by or on behalf of such authorities.

> 이 협약은 유보될 수 없다. 그러나 당사국이 아래의 내용에 대하여 이 협약이 적용되지 않음을 수탁자에 대한 통고로서 선언한 경우에는 그러하지 아니하다.
> (a) 주권국가로서의 기능과 의무에 관하여 비상업적 목적을 위하여 당사국이 직접 수행하거나 운영하는 국제운송
> (b) 당사국에 등록된 항공기 또는 당사국이 임대한 항공기로서 군당국을 위한 승객·화물 및 수하물의 운송. 그러한 권한 전체는 상기 당국에 의하여 또는 상기 당국을 대신하여 보유된다.

IN WITNESS WHEREOF the undersigned Plenipotentiaries, having been duly authorized, have signed this Convention.

DONE at Montreal on the 28th day of May of the year one thousand nine hundred and ninety-nine in the English, Arabic, Chinese, French, Russian and Spanish languages, all texts being equally authentic. This Convention shall remain deposited in the archives of the International Civil Aviation Organization, and certified copies thereof shall be transmitted by the Depositary to all States Parties to this Convention, as well as to all States Parties to the Warsaw Convention, The Hague Protocol, the Guadalajara Convention, the Guatemala City Protocol, and the Montreal Protocols.

> 이상의 증거로써 아래 전권대표는 정당하게 권한을 위임받아 이 협약에 서명하였다.
> 이 협약은 1999년 5월 28일 몬트리올에서 영어·아랍어·중국어·프랑스어·러시아어 및 스페인어로 작성되었으며, 동등하게 정본이다. 이 협약은 국제민간항공기구 문서보관소에 기탁되며, 수탁자는 인증등본을 바르샤바협약·헤이그의정서·과달라하라협약·과테말라시티의정서 및 몬트리올 추가의정서의 당사국과 이 협약의 모든 당사국에 송부한다.

해커스관세사 cca.Hackers.com

07

Uniform Rules for Collections 1995 Revision, ICC Publication No. 522
(URC 522)
- 추심에 관한 통일 규칙

A. GENERAL PROVISIONS AND DEFINITIONS
A. 총칙 및 정의

Article 1 APPLICATION OF URC 522
제1조 통일규칙의 적용

a. The Uniform Rules for Collections, 1995 Revision, ICC Publication No. 522, shall apply to all collections as defined in Article 2 where such rules are incorporated into the text of the "collection instruction" referred to in Article 4 and are binding on all parties thereto unless otherwise expressly agreed or contrary to the provisions of a national, state or local law and/or regulation which cannot be departed from.

> a. 1995년 개정, ICC간행물 번호 522, 추심에 관한 통일규칙은 본 규칙의 준거문언이 제4조에 언급된 "추심지시서"의 본문에 삽입된 경우에 제2조에 정의된 모든 추심에 적용되며, 모든 관계 당사자를 구속한다. 단, 별도의 명시적인 합의가 있거나 국가, 주 또는 지방의 법률 및/또는 위반할 수 없는 규칙의 규정에 위배되는 경우는 제외한다.

b. Banks shall have no obligation to handle either a collection or any collection instruction or subsequent related instructions.

> b. 은행은 추심 또는 추심지시 또는 관련된 후속지시를 취급해야 할 의무를 지지 않는다.

c. If a bank elects, for any reason, not to handle a collection or any related instructions received by it, it must advise the party from whom it received the collection or the instructions by telecommunication or, if that is not possible, by other expeditious means, without delay.

> c. 은행이 어떠한 이유에서 접수된 추심 또는 관련 지시를 취급하지 않을 것을 선택한 경우에는 추심 또는 지시를 송부한 당사자에게 전신 또는 전신이 가능하지 않은 경우, 다른 신속한 수단으로 지체 없이 통지해야 한다.

Article 2 DEFINITION OF COLLECTION
제2조 추심의 정의

For the purposes of these Articles:

a. "Collection" means the handling by banks of documents as defined in sub-Article 2(b), in accordance with instructions received, in order to:

  i. obtain payment and/or acceptance, or

  ii. deliver documents against payment and/or against acceptance, or

  iii. deliver documents on other terms and conditions.

> 본 규칙의 목적상,
> a. "추심"이란 은행이 접수된 지시에 따라 [다음을] 목적으로 아래 제2조 b항에 정의된 서류를 취급하는 것을 의미한다.
>   i. 지급 및/또는 인수받기, 또는
>   ii. 서류의 지급인도 및/또는 인수인도, 또는
>   iii. [기타] 다른 조건으로 서류의 인도

b. "Documents" means financial documents and/or commercial documents:

   i. "Financial documents" means bills of exchange, promissory notes, cheques, or other similar instruments used for obtaining the payment of money

   ii. "Commercial documents" means invoices, transport documents, documents of title or other similar documents, or any other documents whatsoever, not being financial documents.

> b. "서류"란 [다음의] 금융서류 및/또는 상업서류를 의미한다.
>   i. "금융서류"란 환어음, 약속어음, 수표 또는 기타 금전의 지급을 받기 위하여 사용되는 이와 유사한 증서를 의미하며,
>   ii. "상업서류"란 송장, 운송서류, 권리증권 또는 이와 유사한 서류, 또는 그밖에 금융서류가 아닌 모든 서류를 의미한다.

c. "Clean collection" means collection of financial documents not accompanied by commercial documents.

> c. "무화환추심"이란 상업서류가 첨부되지 않은 금융서류의 추심을 의미한다.

d. "Documentary collection" means collection of:

   i. Financial documents accompanied by commercial documents;

   ii. Commercial documents not accompanied by financial documents

> d. "화환추심"이란 [다음과 같은] 추심을 의미한다.
>   i. 상업서류가 첨부된 금융서류의 추심
>   ii. 금융서류가 첨부되지 않은 상업서류의 추심

Article 3 PARTIES TO A COLLECTION
제3조 추심 당사자

a. For the purposes of these Articles the "parties thereto" are:

   i. the "principal" who is the party entrusting the handling of a collection to a bank.

   ii. the "remitting bank" which is the bank to which the principal has entrusted the handling of a collection;

   iii. the "collecting bank" which is any bank, other than the remitting bank, involved in processing the collection;

   iv. the "presenting bank" which is the collecting bank making presentation to the drawee.

> a. 본 조항들의 목적상 "관계당사자"란 [다음을] 의미한다.
>   i. 은행에 추심업무를 의뢰하는 당사자인 "추심의뢰인"
>   ii. 추심의뢰인으로부터 추심업무를 의뢰받은 은행인 "추심의뢰은행"
>   iii. 추심의뢰은행 이외에 추심의뢰 과정에 참여하는 모든 은행인 "추심은행"
>   iv. 지급인에게 제시를 행하는 추심은행인 "제시은행"

b. The "drawee" is the one to whom presentation is to be made in accordance with the collection instruction.

> b. "지급인"이란 추심지시서에 따라 제시를 받아야 할 자를 말한다.

B. FORM AND STRUCTURE OF COLLECTIONS
B. 추심의 형식과 구조

Article 4 COLLECTION INSTRUCTION
제4조 추심지시서

a. i. All documents sent for collection must be accompanied by a collection instruction indicating that the collection is subject to URC 522 and giving complete and precise instructions. Banks are only permitted to act upon the instructions given in such collection instruction, and in accordance with these Rules.

   ii. Banks will not examine documents in order to obtain instructions.

   iii. Unless otherwise authorised in the collection instruction, banks will disregard any instructions from any party/bank other than the party/bank from whom they received the collection.

> a. ⅰ. 추심을 위해 송부되는 모든 서류에는 그 본 규칙(URC 522)의 적용을 받고 있음을 명시하고 완전하고 정확한 지시가 기재된 추심지시서를 첨부해야 한다. 은행은 그러한 추심지시서에 기재된 지시에 의거하여, 그리고 본 규칙에 따라서만 업무를 수행하여야 한다.
> ⅱ. 은행은 지시를 얻기 위해 서류를 검토하지 않는다.
> ⅲ. 추심지시서에 별도의 수권이 없으면 은행은 추심을 송부한 당사자/은행 이외의 어느 당사자/은행으로부터의 어떠한 지시도 무시한다.

b. A collection instruction should contain the following items of information, as appropriate.

  ⅰ. Details of the bank from which the collection was received including full name, postal and SWIFT addresses, telex, telephone, facsimile numbers and reference.

  ⅱ. Details of the principal including full name, postal address, and if applicable telex, telephone and facsimile numbers.

  ⅲ. Details of the drawee including full name, postal address, or the domicile at which presentation is to be made and if applicable telex, telephone and facsimile numbers.

  ⅳ. Details of the presenting bank, if any, including full name, postal address, and if applicable telex, telephone and facsimile numbers.

  ⅴ. Amount(s) and currency(ies) to be collected.

  ⅵ. List of documents enclosed and the numerical count of each document.

  ⅶ. a) Terms and conditions upon which payment and/or acceptance is to be obtained.

   b) Terms of delivery of documents against:

     1) payment and/or acceptance

     2) other terms and conditions

  It is the responsibility of the party preparing the collection instruction to ensure that the terms for the delivery of documents are clearly and unambiguously stated, otherwise banks will not be responsible for any consequences arising therefrom.

  ⅷ. Charges to be collected, indicating whether they may be waived or not.

  ⅸ. Interest to be collected, if applicable, indicating whether it may be waived or not, including:

   a) rate of interest

   b) interest period

   c) basis of calculation (for example 360 or 365 days in a year) as applicable.

  ⅹ. Method of payment and form of payment advice.

xi. Instructions in case of non-payment, non-acceptance and/or non-compliance with other instructions.

---

b. 추심지시서는 다음과 같은 정보를 적절하게 포함하여야 한다.
  i. 추심을 송부한 은행의 정식명칭, 우편주소 및 SWIFT 주소, 텔렉스, 전화, 팩스 번호 및 참조사항을 포함한 세부사항
  ii. 추심의뢰인의 정식명칭, 우편주소, 그리고 해당되는 경우, 텔렉스, 전화, 팩스 번호를 포함한 세부사항
  iii. 지급인의 정식명칭, 우편주소 또는 제시가 행해질 주소(domicile) 및 해당되는 경우 텔렉스, 전화, 팩스 번호를 포함한 세부사항
  iv. 있는 경우, 제시은행의 정식명칭, 우편주소, 및 해당되는 경우 텔렉스, 전화, 팩스번호를 포함한 세부사항
  v. 추심될 금액과 통화
  vi. 동봉한 서류의 목록과 각 서류의 숫자
  vii. a) 지급 및/또는 인수의 조건
       b) 다음과 상환으로 서류의 인도조건
          1) 지급 그리고/또는 인수
          2) 기타 조건
       추심지시서를 송부하는 당사자는 서류의 인도조건이 분명하고 명확하게 기술되도록 할 책임이 있으며, 그렇지 않은 경우 은행은 이로 인해 발생하는 어떠한 결과에 대해서도 책임지지 않는다.
  viii. 수수료가 포기될 수 있는지의 여부를 포함하여, 추심될 수수료.
  ix. 추심될 이자. 해당되는 경우, 포기될 수 있는지의 여부와 다음 사항을 포함한다.
       a) 이자율
       b) 이자[가 적용될] 기간
       c) 해당되는 경우, 계산 기준(예를 들어 1년을 365일로 할지 아니면 360일로 할 것인지)
  x. 지급방법과 지급통지의 형식
  xi. 지급거절, 인수거절 및/또는 다른 지시의 준수 거절의 경우에 대한 지시

---

c. i. Collection instructions should bear the complete address of the drawee or of the domicile at which the presentation is to be made. If the address is incomplete or incorrect, the collecting bank may, without any liability and responsibility on its part, endeavour to ascertain the proper address.

  ii. The collecting bank will not be liable or responsible for any ensuing delay as a result of an incomplete/incorrect address being provided.

---

c. i. 추심지시서에는 지급인의 완전한 주소 또는 제시가 행해져야 할 곳(domicile)의 완전한 주소가 포함되어야 한다. 주소가 불완전하거나 부정확한 경우에는 추심은행은 의무나 책임 없이 올바른 주소를 확인하기 위해 시도할 수 있다.
  ii. 추심은행은 불완전하거나 부정확한 주소로 인해 발생하는 어떠한 지연에 대해서도 책임지지 않는다.

C. FORM OF PRESENTATION
C. 제시의 형식

Article 5 PRESENTATION
제5조 제시

a. For the purposes of these Articles, presentation is the procedure whereby the presenting bank makes the documents available to the drawee as instructed.

> a. 이 조항들의 목적상, 제시란 제시은행이 지시받은 대로 서류를 지급인이 이용할 수 있도록 만드는 절차이다.

b. The collection instruction should state the exact period of time within which any action is to be taken by the drawee.
Expressions such as "first", "prompt", "immediate", and the like should not be used in connection with presentation or with reference to any period of time within which documents have to be taken up or for any other action that is to be taken by the drawee. If such terms are used banks will disregard them.

> b. 추심지시서는 지급인이 행해야 하는 어떠한 조치의 정확한 기한을 기재하여야 한다.
> 제시 또는 지급인에 의해 서류가 인수되거나 다른 조치가 행하여져야 할 기간의 언급과 관련하여, "첫 번째로", "신속히", "즉시" 및 이와 유사한 표현들은 사용되어서는 안 된다. 만일 그러한 용어가 사용된 경우 은행은 이를 무시한다.

c. Documents are to be presented to the drawee in the form in which they are received, except that banks are authorised to affix any necessary stamps, at the expense of the party from whom they received the collection unless otherwise instructed, and to make any necessary endorsements or place any rubber stamps or other identifying marks or symbols customary to or required for the collection operation.

> c. 서류는 접수된 형태로 지급인에게 제시된다. 단, 은행이, 따로 지시받지 않은 한, 추심의뢰인의 비용으로 필요한 인지를 첨부할 수 있도록 수권된 경우, 그리고 추심업무에 관습적이거나 요구되는, 필수적 배서 또는 고무인 또는 기타 인식이나 부호 표시를 하도록 수권되어 있는 경우는 제외한다.

d. For the purpose of giving effect to the instructions of the principal, the remitting bank will utilise the bank nominated by the principal as the collecting bank. In the absence of such nomination, the remitting bank will utilise any bank of its own, or another bank's choice in the country of payment or acceptance or in the country where other terms and conditions have to be complied with.

> d. 추심의뢰인의 [추심]지시 이행을 위하여, 추심의뢰은행은 추심의뢰인이 지정한 은행을 추심은행으로 이용한다. 그러한 지정이 없는 경우, 추심의뢰은행은 지급 또는 인수 국가 또는 기타 조건이 이행되어야 할 국가의 자신 또는 다른 은행이 선택한 어떤 은행[이라도] 이용[할 수 있]다.

e. The documents and collection instruction may be sent directly by the remitting bank to the collecting bank or through another bank as intermediary.

> e. 서류와 추심지시서는 추심의뢰은행에 의해 추심은행으로 직접 송부되거나, 중개인으로서 다른 은행을 통해 송부될 수 있다.

f. If the remitting bank does not nominate a specific presenting bank, the collecting bank may utilise a presenting bank of its choice.

> f. 만일 추심의뢰은행이 특정한 제시은행을 지정하지 않으면, 추심은행은 자신이 선택한 제시은행을 이용할 수 있다.

Article 6 SIGHT / ACCEPTANCE
제6조 일람출급 / 인수

In the case of documents payable at sight the presenting bank must make presentation for payment without delay. In the case of documents payable at a tenor other than sight the presenting bank must, where acceptance is called for, make presentation for acceptance without delay, and where payment is called for, make presentation for payment not later than the appropriate maturity date.

> 서류가 일람지급인 경우 제시은행은 지체 없이 지급을 위한 제시를 하여야 한다. 서류가 일람지급이 아닌 기한부지급인 경우 제시은행은 반드시, 인수가 요구되는 때에는 지체 없이 인수를 위한 제시를, 그리고 지급이 요구되는 때에는, 적합한 만기일 이전에 지급을 위한 제시를 해야 한다.

Article 7 RELEASE OF COMMERCIAL DOCUMENTS
제7조 상업서류의 인도

Documents Against Acceptance(D/A) vs. Documents Against Payment(D/P)

a. Collections should not contain bills of exchange payable at a future date with instructions that commercial documents are to be delivered against payment.

> 인수인도(D/A) vs. 지급인도(D/P)
> a. 추심은 지급과 상환으로 상업서류를 인도하라는 지시와 함께 장래기일에 지급되는 환어음을 포함해서는 안 된다.

b. If a collection contains a bill of exchange payable at a future date, the collection instruction should state whether the commercial documents are to be released to the drawee against acceptance(D/A) or against payment(D/P).
In the absence of such statement commercial documents will be released only against payment and the collecting bank will not be responsible for any consequences arising out of any delay in the delivery of documents.

> b. 만일 추심에 장래기일에 지급되는 환어음이 포함되면, 추심지시서는 상업서류가 지급인에게 인수인도(D/A) 또는 지급인도(D/P)[중 어느 조건과] 상환으로 인도되어야 하는 지를 명시해야 한다.
> 그러한 명시가 없는 경우, 상업서류는 지급과 상환(D/P)으로만 인도되며, 추심은행은 서류인도의 지연에 기인하는 어떠한 결과에 대해서도 책임지지 않는다.

c. If a collection contains a bill of exchange payable at a future date and the collection instruction indicates that commercial documents are to be released against payment, documents will be released only against such payment and the collecting bank will not be responsible for any consequences arising out of any delay in the delivery of documents.

> c. 만일 추심이 장래기일에 지급되는 환어음을 포함하고 추심지시서에 상업서류가 지급과 상환으로 인도된다고 표시하는 경우, 서류는 그러한 지급과 상환(D/P)으로만 인도되며, 추심은행은 서류인도의 지연에서 기인하는 어떠한 결과에 대해서도 책임지지 않는다.

Article 8 CREATION OF DOCUMENTS
제8조 서류의 작성

Where the remitting bank instructs that either the collecting bank or the drawee is to create documents (bills of exchange, promissory notes, trust receipts, letters of undertaking or other documents) that were not included in the collection, the form and wording of such documents shall be provided by the remitting bank, otherwise the collecting bank shall not be liable or responsible for the form and wording of any such document provided by the collecting bank and/or the drawee.

> 추심의뢰은행이 추심은행 또는 지급인이 추심에 포함되어 있지 않은 서류(환어음, 약속어음, 수입화물대도증서(trust receipts), 약정서(letter of undertaking) 또는 기타 서류)를 작성할 것을 지시하는 경우에는 그러한 서류의 형식과 문구는 추심의뢰은행에 의해 제공되어야 한다. 그렇지 않은 경우 추심은행은 추심은행 및/또는 지급인에 의해 제공된 그러한 서류의 형식과 문구에 대하여 의무나 책임을 지지 않는다.

D. LIABILITIES AND RESPONSIBILITIES
D. 의무 및 책임

Article 9 GOOD FAITH AND REASONABLE CARE
제9조 신의와 상당한 주의

Banks will act in good faith and exercise reasonable care.

> 은행은 신의에 따라 행동하고 상당한 주의를 다하여야 한다.

Article 10 DOCUMENTS vs. GOODS, SERVICES, PERFORMANCES
제10조 서류 vs. 물품, 용역, 이행

a. Goods should not be despatched directly to the address of a bank or consigned to or to the order of a bank without prior agreement on the part of that bank.
Nevertheless, in the event that goods are despatched directly to the address of a bank or consigned to or to the order of a bank for release to a drawee against payment or acceptance or upon other terms and conditions without prior agreement on the part of that bank, such bank shall have no obligation to take delivery of the goods, which remain at the risk and responsibility of the party despatching the goods.

> a. 물품은 해당 은행과 사전협의 없이 은행의 주소로 직접 발송되거나 은행 또는 은행의 지시식으로 탁송되어서는 안 된다.
> 그럼에도 불구하고 물품이 해당 은행과 사전협의 없이 지급인에게 지급인도, 인수인도, 또는 기타의 조건으로 인도하기 위하여 직접 은행의 주소로 발송되거나 은행 또는 은행의 지시식으로 탁송된 경우, 해당 은행은 물품을 인수하여야 할 의무를 지지 않으며 그 물품은 물품을 발송하는 당사자의 위험과 책임으로 남는다.

b. Banks have no obligation to take any action in respect of the goods to which a documentary collection relates, including storage and insurance of the goods even when specific instructions are given to do so. Banks will only take such action if, when, and to the extent that they agree to do so in each case.
Notwithstanding the provisions of sub-Article 1(c) this rule applies even in the absence of any specific advice to this effect by the collecting bank.

> b. 은행은 그러한 조치를 하도록 지시를 받은 경우에도 화환추심에 관계되는 물품에 관하여 물품의 보관, 보험을 포함한 어떠한 조치도 취할 의무가 없다. 은행은 그러한 조치를 취할 것을 동의한다면, 동의한 때에 동의한 한도까지만 그러한 조치를 취한다.
> 제1조 c의 규정에도 불구하고 이 규칙은 추심은행의 이러한 취지의 어떠한 명확한 통지가 없는 경우에도 적용된다.

c. Nevertheless, in the case that banks take action for the protection of the goods, whether instructed or not, they assume no liability or responsibility with regard to the fate and/or condition of the goods and/or for any acts and/or omissions on the part of any third parties entrusted with the custody and/or protection of the goods. However, the collecting bank must advise without delay the bank from which the collection instruction was received of any such action taken.

> c. 그럼에도 불구하고, 은행이 지시를 받았는지에 관계없이, 그 물품의 보호를 위해 조치를 취한 경우에는 그 결과 및/또는 물품의 상태 및/또는 물품의 보관 및/또는 보호를 위임받은 어떠한 제3자 측의 어떠한 작위 및/또는 부작위에 대해 어떠한 의무나 책임도 지지 않는다. 그러나 추심은행은 취한 조치에 대하여 지체 없이 추심지시를 송부한 은행에게 통지해야 한다.

d. Any charges and/or expenses incurred by banks in connection with any action taken to protect the goods will be for the account of the party from whom they received the collection.

> d. 물품을 보호하기 위해 취해진 조치와 관련하여 은행에 발생한 어떠한 수수료 및/또는 비용은 추심을 송부한 당사자의 부담으로 한다.

e. 1. Notwithstanding the provisions of sub-Article 10(a), where the goods are consigned to or to the order of the collecting bank and the drawee has honoured the collection by payment, acceptance or other terms and conditions, and the collecting bank arranges for the release of the goods, the remitting bank shall be deemed to have authorized the collecting bank to do so.

   2. Where a collecting bank on the instructions of the remitting bank or in terms of sub-Article 10(e) 1, arranges for the release of the goods, the remitting bank shall indemnify such collecting bank for all damages and expenses incurred.

> e. 1. 제10조 a의 규정에도 불구하고, 물품이 추심은행으로 또는 추심은행의 지시식으로 탁송되고, 지급인이 추심에 대해 지급, 인수, 또는 기타 조건에 따라 이행하였으며, 추심은행이 물품의 인도를 주선하는 경우에는, 추심의뢰은행이 추심은행에게 그렇게 하도록 수권한 것으로 간주된다.
>   2. 추심은행이 추심의뢰은행의 지시에 의거하여 또는 제10조 e의 1과 관련하여 물품의 인도를 주선하는 경우에는 추심의뢰은행은 그 추심은행에게 발생한 모든 손해와 비용을 보상해야 한다.

Article 11 DISCLAIMER FOR ACTS OF AN INSTRUCTED PARTY
제11조 지시받은 당사자의 행동에 대한 면책

a. Banks utilising the services of another bank or other banks for the purpose of giving effect to the instructions of the principal, do so for the account and at the risk of such principal.

> a. 추심의뢰인의 지시를 이행하기 위하여 다른 은행의 서비스를 이용하는 은행은 그 추심의뢰인의 [이익을] 위하여 그리고 [추심의뢰인의] 위험부담으로 그렇게 하는 것이다.

b. Banks assume no liability or responsibility should the instructions they transmit not be carried out, even if they have themselves taken the initiative in the choice of such other bank(s).

> b. 은행이 전달한 지시가 이행되지 않는 경우 그 은행은 의무나 책임을 지지 않으며, 그 은행 자신이 그러한 다른 은행의 선택을 주도한 경우에도 그러하다.

c. A party instructing another party to perform services shall be bound by and liable to indemnify the instructed party against all obligations and responsibilities imposed by foreign laws and usages.

> c. 다른 당사자에게 서비스를 이행하도록 지시하는 당사자는 외국 법률과 관행에 의해 부과되는 모든 의무와 책임을 부담하며 이에 대하여 지시받은 당사자에게 보상하여야 한다.

Article 12 DISCLAIMER ON DOCUMENTS RECEIVED
제12조 접수된 서류에 대한 면책

a. Banks must determine that the documents received appear to be as listed in the collection instruction and must advise by telecommunication or, if that is not possible, by other expeditious means, without delay, the party from whom the collection instruction was received of any documents missing, or found to be other than listed. Banks have no further obligation in this respect.

> a. 은행은 접수된 서류가 추심지시서에 열거된 것[목록]과 외관상 일치하는지를 판단하여야 하며, 누락되거나 열거된 것[목록]과 다른 서류에 대하여 지체 없이 전신으로, 만일 가능하지 않은 경우 다른 신속한 수단으로 추심지시서를 송부한 당사자에게 통지해야 한다. 은행은 이와 관련한 더 이상의 의무를 지지 않는다.

b. If the documents do not appear to be listed, the remitting bank shall be precluded from disputing the type and number of documents received by the collecting bank.

> b. 서류가 열거된 것으로 보이지 않는 경우 [서류 리스트에는 없는 서류가 송부된 경우] 추심의뢰은행은 추심은행에 접수된 서류의 종류와 숫자를 반박할 수 없다.

c. Subject to sub-Article 5(c) and sub-Articles 12(a) and 12(b) above, banks will present documents as received without further examination.

> c. 제5조 c항 그리고 제12조 a항과 b항에 따라, 은행은 서류를 더 이상 심사하지 않고 접수된 대로 제시한다.

Article 13 DISCLAIMER ON EFFECTIVENESS OF DOCUMENTS
제13조 서류의 유효성에 대한 면책

Banks assume no liability or responsibility for the form, sufficiency, accuracy, genuineness, falsification or legal effect of any document(s), or for the general and/or particular conditions stipulated in the document(s) or superimposed thereon; nor do they assume any liability or responsibility for the description, quantity, weight, quality, condition, packing, delivery, value or existence of the goods represented by any document(s), or for the good faith or acts and/or omissions, solvency, performance or standing of the consignors, the carriers, the forwarders, the consignees or the insurers of the goods, or any other person whomsoever.

> 은행은 서류의 형식, 충분성, 정확성, 진정성, 허위 또는 법적 효력에 대하여, 서류에 규정되거나 첨부된 일반적 조건 및/또는 특정조건에 대하여 어떠한 의무나 책임도 지지 않는다. 또한 은행은 서류에 의해 표시되는 물품의 명세, 수량, 무게, 품질, 상태, 포장, 인도, 가격 또는 물품의 존재에 대하여 또는 물품의 탁송인, 운송인, 운송주선인, 수하인, 또는 보험자 또는 다른 모든 사람의 신의성실, 작위 및/또는 부작위, 파산, 이행 또는 상태에 대하여 어떠한 의무나 책임도 지지 않는다.

Article 14 DISCLAIMER ON DELAYS, LOSS IN TRANSIT AND TRANSLATION
제14조 송달과정의 지연, 멸실과 번역에 대한 면책

a. Banks assume no liability or responsibility for the consequences arising out of delay and/or loss in transit of any message(s), letter(s) or document(s), or for delay, mutilation or other error(s) arising in transmission of any telecommunication or for error(s) in translation and/or interpretation of technical terms.

> a. 은행은 모든 통보, 서신 또는 서류의 송달중의 지연 및/또는 멸실에 기인하여 발생하는 결과 또는 모든 전기통신의 송신 중에 발생하는 지연, 훼손 또는 기타의 오류 또는 전문용어의 번역이나 해석상의 오류에 대하여 어떠한 의무나 책임을 지지 않는다.

b. Banks will not be liable or responsible for any delays resulting from the need to obtain clarification of any instructions received.

> b. 은행은 접수된 지시에 대한 확인이 필요하여 발생한 어떠한 지연에 대해 책임지지 않는다.

Article 15 FORCE MAJEURE
제15조 불가항력

Banks assume no liability or responsibility for consequences arising out of the interruption of their business by Acts of God, riots, civil commotions, insurrections, wars, or any other causes beyond their control or by strikes or lockouts.

> 은행은 천재지변, 소요, 폭동, 반란, 전쟁 또는 기타 불가항력의 사유 또는 파업이나 직장폐쇄로 인해 발생하는 결과에 대하여 어떠한 의무나 책임을 지지 않는다.

E. PAYMENT
E. 지급

Article 16 PAYMENT WITHOUT DELAY
제16조 지체 없는 지급

a. Amounts collected (less charges and/or disbursements and/or expenses where applicable) must be made available without delay to the party from whom the collection instruction was received in accordance with the terms and conditions of the collection instruction.

> a. 추심된 금액은 (해당되는 경우 수수료 및/또는 지출금 및/또는 비용을 공제하고) 추심지시서의 조건에 따라 추심지시서를 송부한 당사자에게 지체 없이 지급되어야 한다.

b. Notwithstanding the provisions of sub-Article 1(c), and unless otherwise agreed, the collecting bank will effect payment of the amount collected in favour of the remitting bank only.

> b. 제1조 c항의 규정에도 불구하고, 별도의 합의가 없는 경우에는 추심은행은 추심의뢰은행으로만 추심금액을 지급한다.

Article 17 PAYMENT IN LOCAL CURRENCY
제17조 내국통화에 의한 지급

In the case of documents payable in the currency of the country of payment (local currency), the presenting bank must, unless otherwise instructed in the collection instruction, release the documents to the drawee against payment in local currency only if such currency is immediately available for disposal in the manner specified in the collection instruction.

> 지급국가의 통화(내국통화)로 지급하도록 한 서류의 경우에는, 제시은행은 추심지시서에 별도의 지시가 없는 한, 내국통화가 추심지시서에 명시된 방법으로 즉시 처분할 수 있는 경우에만 내국통화에 의한 지급과 상환으로 지급인에게 서류를 인도해야 한다.

Article 18 PAYMENT IN FOREIGN CURRENCY
제18조 외국통화에 의한 지급

In the case of documents payable in a currency other than that of the country of payment (foreign currency), the presenting bank must, unless otherwise instructed in the collection instruction, release the documents to the drawee against payment in the designated foreign currency only if such foreign currency can immediately be remitted in accordance with the instructions given in the collection instruction.

> 지급국가의 통화 이외의 통화(외국통화)로 지급하도록 한 서류의 경우에는, 제시은행은 추심지시서에 별도의 지시가 없는 한, 그 외국통화가 추심지시서의 지시에 따라 즉시 송금될 수 있는 경우에 한하여 그 외국통화에 의한 지급과 상환으로 지급인에게 서류를 인도해야 한다.

Article 19 PARTIAL PAYMENTS
제19조 분할 지급

a. In respect of clean collections, partial payments may be accepted if and to the extent to which and on the conditions on which partial payments are authorized by the law in force in the place of payment. The financial document(s) will be released to the drawee only when full payment thereof has been received.

> a. 무화환추심에 있어서 분할지급은 지급지의 유효한 법률에 의하여 허용되는 경우에 그 허용되는 범위와 조건에 따라 인정될 수 있다. 금융서류는 지급 전액이 수령되었을 때에만 지급인에게 인도된다.

b. In respect of documentary collections, partial payments will only be accepted if specifically authorized in the collection instruction. However, unless otherwise instructed, the presenting bank will release the documents to the drawee only after full payment has been received, and the presenting bank will not be responsible for any consequences arising out of any delay in the delivery of documents.

> b. 화환추심에 있어 분할지급은 추심지시서에서 특별히 허용된 경우에만 인정된다. 그러나 별도의 지시가 없는 한, 제시은행은 지급 전액을 수령한 때에만 서류를 지급인에게 인도하며, 제시은행은 서류인도의 지체에서 비롯되는 어떠한 결과에 대해서도 책임을 지지 않는다.

c. In all cases partial payments will be accepted only subject to compliance with the provisions of either Article 17 or Article 18 as appropriate. Partial payment, if accepted, will be dealt with in accordance with the provisions of Article 16.

> c. 모든 경우 분할지급은 제17조 또는 제18조의 해당되는 규정에 따라서만 허용된다. 분할지급은 허용되는 경우 제16조의 규정에 따라 취급된다.

F. INTEREST, CHARGES AND EXPENSES
F. 이자, 수수료, 비용

Article 20 INTEREST
제20조 이자

a. If the collection instruction specifies that interest is to be collected and the drawee refuses to pay such interest, the presenting bank may deliver the document(s) against payment or acceptance or on other terms and conditions as the case may be, without collecting such interest, unless sub-Article 20(c) applies.

> a. 추심지시서에서 이자가 추심되어야 함을 명시하고 지급인이 그 이자의 지급을 거절할 경우, 제20조 c항에 해당되지 않는 한, 제시은행은 그 이자를 추심하지 않고 서류를 경우에 따라 지급인도 또는 인수인도 또는 기타의 조건으로 인도할 수 있다.

b. Where such interest is to be collected, the collection instruction must specify the rate of interest, interest period and basis of calculation.

> b. 그러한 이자가 추심되어야 하는 경우 추심지시서에 이자율, 적용기간과 계산방법이 기재되어야 한다.

c. Where the collection instruction expressly states that interest may not be waived and the drawee refuses to pay such interest the presenting bank will not deliver documents and will not be responsible for any consequences arising out of any delay in the delivery of document(s). When payment of interest has been refused, the presenting bank must inform by telecommunication or, if that is not possible, by other expeditious means without delay the bank from which the collection instruction was received.

> c. 추심지시서가 이자는 포기될 수 없음을 명확하게 기재하고, 지급인이 그 이자의 지급을 거절하는 경우, 제시은행은 서류를 인도하지 않으며 서류인도의 지연에서 비롯되는 어떠한 결과에 대해서도 책임지지 않는다. 이자의 지급이 거절되었을 때, 제시은행은 전신으로, 가능하지 않은 경우 다른 신속한 수단으로 지체 없이 추심지시서를 송부한 은행에 통지해야 한다.

Article 21 CHARGES AND EXPENSES
제21조 수수료 및 비용

a. If the collection instruction specifies that collection charges and/or expenses are to be for account of the drawee and the drawee refuses to pay them, the presenting bank may deliver the document(s) against payment or acceptance or on other terms and conditions as the case may be, without collecting charges and/or expenses, unless sub-Article 21(b) applies. Whenever collection charges and/or expenses are so waived they will be for the account of the party from whom the collection was received and may be deducted from the proceeds.

> a. 추심지시서에 추심수수료 및/또는 비용을 지급인의 부담으로 하도록 명시하고 있으나 그 지급인이 이의 지급을 거절하는 경우 제시은행은, 제21조 b항에 해당하지 않는 한, 수수료 및/또는 비용을 추심하지 않고, 경우에 따라 지급인도, 인수인도 또는 기타 조건으로 서류를 인도할 수 있다. 이렇게 포기되는 추심수수료 및/또는 비용은 언제나 추심을 송부한 당사자의 부담으로 하며 대금으로부터 공제될 수 있다.

b. Where the collection instruction expressly states that charges and/or expenses may not be waived and the drawee refuses to pay such charges and/or expenses, the presenting bank will not deliver documents and will not be responsible for any consequences arising out of any delay in the delivery of the document(s). When payment of collection charges and/or expenses has been refused the presenting bank must inform by telecommunication or, if that is not possible, by other expeditious means without delay the bank from which the collection instruction was received.

b. 추심지시서에 수수료 및/또는 비용이 포기되지 않음이 명확하게 기재되고 지급인이 이의 지급을 거절하는 경우, 제시은행은 서류를 인도하지 않으며 서류인도의 어떠한 지체에서 비롯되는 어떠한 결과에 대해서도 책임지지 않는다. 추심 수수료 및/또는 비용의 지급이 거절되었을 때 제시은행은 반드시 전신, 가능하지 않은 경우 다른 신속한 수단으로 추심지시서를 송부한 은행에 지체 없이 통지하여야 한다.

c. In all cases where in the express terms of a collection instruction or under these Rules, disbursements and/or expenses and/or collection charges are to be borne by the principal, the collecting bank(s) shall be entitled to recover promptly outlays in respect of disbursements, expenses and charges from the bank from which the collection instruction was received, and the remitting bank shall be entitled to recover promptly from the principal any amount so paid out by it, together with its own disbursements, expenses and charges, regardless of the fate of the collection.

c. 추심지시서에 명시된 조건 또는 이 규칙에 따라 지출금 및/또는 비용 및/또는 추심수수료를 추심의뢰인의 부담으로 하는 모든 경우, 추심은행은 지출금, 비용, 수수료와 관련한 지출경비를 추심지시서를 송부한 은행으로부터 즉시 회수할 권리가 있다. 또 추심의뢰은행은 추심의 결과에 관계없이 그가 이렇게 지급한 모든 금액과 자신의 지출금, 비용 및 수수료를 추심의뢰인으로부터 즉시 회수할 권리가 있다.

d. Banks reserve the right to demand payment of charges and/or expenses in advance from the party from whom the collection instruction was received, to cover costs in attempting to carry out any instructions, and pending receipt of such payment also reserve the right not to carry out such instructions.

d. 은행은 어떤 지시의 이행 시도에 있어 소요된 경비를 충당하기 위하여 수수료 및/또는 비용의 사전지급을 추심지시서를 송부한 당사자에게 요구할 권리를 갖는다. 또한 그 지급을 수령할 때까지 그 지시를 이행하지 않을 권리를 갖는다.

G. OTHER PROVISIONS
G. 기타 규정

Article 22 ACCEPTANCE
제22조 인수

The presenting bank is responsible for seeing that the form of the acceptance of a bill of exchange appears to be complete and correct, but is not responsible for the genuineness of any signature or for the authority of any signatory to sign the acceptance.

제시은행은 환어음의 인수의 형식이 완전하고 정확한지 확인해야 할 책임이 있다. 그러나 제시은행은 어떠한 서명의 진정성이나 인수의 서명을 한 어떠한 서명인의 권한에 대하여도 책임지지 않는다.

Article 23 PROMISSORY NOTES AND OTHER INSTRUMENTS
제23조 약속어음 및 기타 증서

The presenting bank is not responsible for the genuineness of any signature or for the authority of any signatory to sign a promissory note, receipt, or other instruments.

제시은행은 어떠한 서명의 진정성 또는 약속어음, 영수증, 또는 기타 증서에 서명을 한 어떠한 서명인의 권한에 대하여도 책임지지 않는다.

Article 24 PROTEST
제24조 거절증서

The collection instruction should give specific instructions regarding protest (or other legal process in lieu thereof), in the event of non-payment or non-acceptance. In the absence of such specific instructions, the banks concerned with the collection have no obligation to have the document(s) protested (or subjected to other legal process in lieu thereof) for non-payment or non-acceptance. Any charges and/or expenses incurred by banks in connection with such protest, or other legal process, will be for the account of the party from whom the collection instruction was received.

추심지시서에는 인수거절 또는 지급거절의 경우에 있어서의 거절증서 (또는 이에 갈음하는 기타 법적절차)에 관한 별도의 지시를 명기하여야 한다. 그러한 별도의 지시가 없는 경우, 추심에 관여하는 은행은 지급거절 또는 인수거절에 대하여 서류의 거절증서를 작성토록 하거나 (또는 이에 갈음하는 법적절차가 취해지도록 할) 아무런 의무를 지지 않는다. 그러한 거절증서 또는 기타 법적 절차와 관련하여 은행에게 발생하는 모든 수수료 및/또는 비용은 추심지시서를 송부한 당사자가 부담한다.

Article 25 CASE-OF-NEED
제25조 예비지급인

If the principal nominates a representative to act as case-of-need in the event of non-payment and/or non-acceptance the collection instruction should clearly and fully indicate the powers of such case-of-need. In the absence of such indication banks will not accept any instructions from the case-of-need.

추심의뢰인이 인수거절 및/또는 지급거절의 경우 예비지급인으로서 행동할 대표자를 지명하는 경우, 추심지시서에 그러한 예비지급인의 권한을 명확하고 완전하게 기재하여야 한다. 그러한 지시가 없는 경우 은행은 예비지급인으로부터의 어떠한 지시에도 응하지 않는다.

Article 26 ADVICES
제26조 통지

Collecting banks are to advise fate in accordance with the following rules:

a. FORM OF ADVICE
    All advices or information from the collecting bank to the bank from which the collection instruction was received, must bear appropriate details including, in all cases, the latter bank's reference as stated in the collection instruction.

> 추심은행은 다음과 같은 규칙에 따라 추심결과를 통지하여야 한다.
> a. 통지의 형식
>   추심은행이 추심지시서를 송부한 은행으로 보내는 모든 지시 또는 정보에는 항상 추심지시서에 기재된 것과 같은 은행참조번호를 포함한 적절한 세부사항이 기재되어야 한다.

b. METHOD OF ADVICE
    It shall be the responsibility of the remitting bank to instruct the collecting bank regarding the method by which the advices detailed in sub-Articles (c)i, (c)ii and (c)iii are to be given. In the absence of such instructions, the collecting bank will send the relative advices by the method of its choice at the expense of the bank from which the collection instruction was received.

> b. 통지의 방법
>   추심의뢰은행은 추심은행에게 c1, c2 및 c3에 상술된 통지가 행해져야 하는 방법에 대해 지시해야 할 의무가 있다. 그러한 지시가 없는 경우에는, 추심은행은 자신이 선택한 방법으로 추심지시서를 송부한 은행의 부담으로 관련된 통지를 송부한다.

c. 1. ADVICE OF PAYMENT
        The collecting bank must send without delay advice of payment to the bank from which the collection instruction was received, detailing the amount or amounts collected, charges and/or disbursements and/or expenses deducted, where appropriate, and method of disposal of the funds.

    2. ADVICE OF ACCEPTANCE
        The collecting bank must send without delay advice of acceptance to the bank from which the collection instruction was received.

3. ADVICE OF NON-PAYMENT AND/OR NON-ACCEPTANCE

The presenting bank should endeavour to ascertain the reasons for non-payment and/or non-acceptance and advise accordingly, without delay, the bank from which it received the collection instruction.

The presenting bank must send without delay advice of non-payment and/or advice of non-acceptance to the bank from which it received the collection instruction. On receipt of such advice the remitting bank must give appropriate instructions as to the further handling of the documents. If such instructions are not received by the presenting bank within 60 days after its advice of non-payment and/or non-acceptance, the documents may be returned to the bank from which the collection instruction was received without any further responsibility on the part of the presenting bank.

c. 1. 지급통지

추심은행은 지체 없이 추심의뢰서를 송부한 은행으로 자세한 내역의 추심된 금액, 적합한 경우 공제한 수수료 및/또는 지출금 및/또는 비용 그리고 해당 자금의 처분방법이 [기재된] 지급통지를 송부하여야 한다.

2. 인수통지

추심은행은 지체 없이 추심의뢰서를 송부한 은행으로 인수통지를 송부하여야 한다.

3. 지급거절 또는 인수거절의 통지

제시은행은 지급거절 또는 인수거절의 사유를 확인하기 위하여 노력하고 그 결과를 추심지시서를 송부한 은행으로 지체 없이 통지하여야 한다.

제시은행은 지체 없이 지급거절 또는 인수거절의 통지를 추심지시서를 송부한 은행으로 송부하여야 한다.

추심의뢰은행은 그러한 통지를 수령한 때에 이후의 서류취급에 대한 적절한 지시를 하여야 한다. 만일 그러한 지시가 지급거절 또는 인수거절을 통지한 후 60일 이내에 제시은행에 의해 접수되지 않은 경우, 서류는 제시은행 측의 더 이상의 책임 없이 추심지시서를 송부한 은행으로 반송될 수 있다.

해커스관세사 cca.Hackers.com

해커스관세사 진민규 무역영어 2

08

Uniform Customs and Practice for Documentary Credits 2007 revision, ICC Publication No. 600
(UCP 600)
- 신용장 통일 규칙

Article 1 Application of UCP
제1조 UCP의 적용

The Uniform Customs and Practice for Documentary Credits, 2007 Revision, ICC Publication no. 600("UCP") are rules that apply to any documentary credit ("credit") (including, to the extent to which they may be applicable, any standby letter of credit) when the text of the credit expressly indicates that it is subject to these rules. They are binding on all parties thereto unless expressly modified or excluded by the credit.

> 신용장 통일 규칙, 2007년 개정, 국제상업회의소 간행물 제600호("UCP")는 신용장의 문면에 위 규칙이 적용된다는 것을 명시적으로 표시한 경우 모든 화환신용장("신용장") (위 규칙이 적용 가능한 범위 내에서는 모든 보증신용장(standby letter of credit)을 포함한다)에 적용된다. 이 규칙은 신용장에서 명시적으로 수정되거나 그 적용이 배제되지 않는 한 모든 당사자를 구속한다.

Article 2 Definitions
제2조 정의

For the purpose of these rules:

"Advising bank" means the bank that advises the credit at the request of the issuing bank.

"Applicant" means the party on whose request the credit is issued.

"Banking day" means a day on which a bank is regularly open at the place at which an act subject to these rules is to be performed.

"Beneficiary" means the party in whose favour a credit is issued.

"Complying presentation" means a presentation that is in accordance with the terms and conditions of the credit, the applicable provisions of these rules and international standard banking practice.

"Confirmation" means a definite undertaking of the confirming bank, in addition to that of the issuing bank, to honour or negotiate a complying presentation.

"Confirming bank" means the bank that adds its confirmation to a credit upon the issuing bank's authorization or request.

"Credit" means any arrangement, however named or described, that is irrevocable and thereby constitutes a definite undertaking of the issuing bank to honour a complying presentation.

> 이 규칙에서는 [다음과 같이 해석한다.]
> "통지은행"은 개설은행의 요청에 따라 신용장을 통지하는 은행을 의미한다.
> "개설의뢰인"은 그의 요청에 의해 신용장이 개설되는 당사자를 의미한다.
> "은행영업일"은 이 규칙이 적용되는 행위가 이루어지는 장소에서 은행이 통상적으로 영업하는 날을 의미한다.
> "수익자"는 신용장 개설[의 이익]을 받는 당사자를 의미한다.
> "일치하는 제시"는 신용장 조건, 적용 가능한 범위 내에서의 이 규칙의 규정, 그리고 국제표준은행관행에 따른 제시를 의미한다.
> "확인"은 일치하는 제시에 대하여 결제(honour) 또는 매입하겠다는 개설은행의 확약에 추가하여 확인은행이 하는 확약을 의미한다.
> "확인은행"은 개설은행의 수권 또는 요청에 의하여 신용장에 확인을 한 은행을 의미한다.
> "신용장"은 그 명칭이나 서술에 관계없이 개설은행이 일치하는 제시에 대하여 결제(honour)하겠다는 확약으로서 취소가 불가능한 모든 약정을 의미한다.

"Honour" means:

　　a. to pay at sight if the credit is available by sight payment.

　　b. to incur a deferred payment undertaking and pay at maturity if the credit is available by deferred payment.

　　c. to accept a bill of exchange ("draft") drawn by the beneficiary and pay at maturity if the credit is available by acceptance.

"Issuing bank" means the bank that issues a credit at the request of an applicant or on its own behalf.

"Negotiation" means the purchase by the nominated bank of drafts (drawn on a bank other than the nominated bank) and/or documents under a complying presentation, by advancing or agreeing to advance funds to the beneficiary on or before the banking day on which reimbursement is due to the nominated bank.

"Nominated bank" means the bank with which the credit is available or any bank in the case of a credit available with any bank.

"Presentation" means either the delivery of documents under a credit to the issuing bank or nominated bank or the documents so delivered.

"Presenter" means a beneficiary, bank or other party that makes a presentation.

"결제(honour)"는 [다음을] 의미한다.
    a. 신용장이 일람불로 사용가능한 경우 일람지급으로 지급하는 것.
    b. 신용장이 연지급으로 사용가능한 경우 연지급을 확약하고 만기에 지급하는 것.
    c. 신용장이 인수로써 사용가능하다면 수익자가 발행한 환어음을 인수하고 만기에 지급하는 것.

"개설은행"은 개설의뢰인의 신청 또는 그 자신을 위하여 신용장을 개설한 은행을 의미한다.

"매입"은 지정은행이, 해당 지정은행에 상환되어야 하는 은행영업일 또는 그 전에 대금을 지급 또는 대금지급에 동의함으로써 환어음(지정은행이 아닌 은행 앞으로 발행된) 및/또는 일치하는 제시의 서류를 매수하는 것을 의미한다.

"지정은행"은 신용장이 사용 가능한 은행을 의미하고, 모든 은행에서 사용 가능한 신용장의 경우에는 모든 은행을 의미한다.

"제시"는 신용장에 의하여 이루어지는 개설은행 또는 지정은행에 대한 서류의 인도 또는 그렇게 인도된 그 서류를 의미한다.

"제시자"는 제시를 하는 수익자, 은행 또는 다른 당사자를 의미한다.

Article 3 Interpretations
제3조 해석

For the purpose of these rules:

Where applicable, words in the singular include the plural and in the plural include the singular.

A credit is irrevocable even if there is no indication to that effect.

A document may be signed by handwriting, facsimile signature, perforated signature, stamp, symbol or any other mechanical or electronic method of authentication.

A requirement for a document to be legalized, visaed, certified or similar will be satisfied by any signature, mark, stamp or label on the document which appears to satisfy that requirement.

Branches of a bank in different countries are considered to be separate banks.

Terms such as "first class", "well known", "qualified", "independent", "official", "competent" or "local" used to describe the issuer of a document allow any issuer except the beneficiary to issue that document.

Unless required to be used in a document, words such as "prompt", "immediately" or "as soon as possible" will be disregarded.

The expression "on or about" or similar will be interpreted as a stipulation that an event is to occur during a period of five calendar days before until five calendar days after the specified date, both start and end dates included.

The words "to", "until", "till", "from" and "between" when used to determine a period of shipment include the date or dates mentioned, and the words "before" and "after" exclude the date mentioned.

The words "from" and "after" when used to determine a maturity date exclude the date mentioned.

The terms "first half" and "second half" of a month shall be construed respectively as the 1st to the 15th and the 16th to the last day of the month, all dates inclusive.

The terms "beginning", "middle" and "end" of a month shall be construed respectively as the 1st to the 10th, the 11th to the 20th and the 21st to the last day of the month, all dates inclusive.

이 규칙에서는 [다음과 같이 해석한다.]
해당되는 경우, 단수의 단어는 복수를 포함하고, 복수는 단수를 포함한다.
신용장은 [취소불능이라는] 취지의 표시가 없더라도 취소불능이다.
서류는 자필, 팩시밀리서명, 천공서명, 스탬프, 표식 또는 그 외 기계식 또는 전자식 인증방법으로 서명될 수 있다.
서류에 대한 공인, 사증, 증명 또는 이와 유사한 요건은 그 요건에 부합하는 것으로 보이는 서류에 [표시된] 어떠한 서명, 표시, 스탬프 또는 라벨에 의하여도 충족된다.
서로 다른 국가에 위치한 같은 은행의 지점들은 다른 은행으로 본다.
서류의 발행자를 표현하기 위하여 사용되는 "일류의", "잘 알려진", "자격 있는", "독립적인", "공식적인", "능력 있는" 또는 "현지의" 같은 용어들은 수익자를 제외한, 어떤 발행자도 사용할 수 있다.
[특정] 서류에 사용하도록 요구되지 않았다면 "신속히", "즉시" 또는 "가능한 한 빨리"와 같은 단어들은 무시된다.
"on or about" 또는 이와 유사한 표현은 어떠한 사건이 첫날과 마지막 날을 포함한 특정 일자의 이전 5일부터 이후 5일까지의 기간 중에 발생하는 조건으로 해석된다.
선적기간을 정하기 위하여 "to", "until", "till", "from" 그리고 "between"이라는 단어가 사용된 경우 명시된 일자 또는 일자들을 포함하고, "before"와 "after"라는 단어는 명시된 일자를 제외한다.
만기(滿期)를 정하기 위하여 단어 "from"과 "after"가 사용된 경우에는 언급된 일자를 제외한다.
어느 월의 "전반"과 "후반"이라는 용어는 각각 해당 월의 1일부터 15일까지, 16일부터 해당 월의 마지막 날까지, 모든 날짜를 포함하는 것으로 해석된다.
어느 월의 "초", "중", "말"이라는 용어는 각각 해당 월의 1일부터 10일, 11일부터 20일, 21일부터 해당 월의 말일까지, 모든 날짜를 포함하는 것으로 해석된다.

Article 4 Credits vs. Contracts
제4조 신용장과 원인계약

a. A credit by its nature is a separate transaction from the sale or other contract on which it may be based. Banks are in no way concerned with or bound by such contract, even if any reference whatsoever to it is included in the credit. Consequently, the undertaking of a bank to honour, to negotiate or to fulfil any other obligation under the credit is not subject to claims or defences by the applicant resulting from its relationships with the issuing bank or the beneficiary. Beneficiary can in no case avail itself of the contractual relationships existing between banks or between the applicant and the issuing bank.

> a. 신용장은 그 본질상 그 기초가 되는 매매 또는 다른 계약과는 별개의 거래이다. 신용장에 그러한 계약에 대한 언급이 있더라도 은행은 그 계약과 아무런 관련이 없으며 그 계약 내용에 구속되지 않는다. 따라서 신용장에 의한 결제(honour), 매입 또는 다른 의무이행의 확약은 개설의뢰인과 개설은행 또는 수익자의 관계에서 비롯된 개설의뢰인의 주장이나 항변의 대상이 되지 않는다. 수익자는 어떠한 경우에도 은행들 사이 또는 개설의뢰인과 개설은행 사이의 계약관계를 원용할 수 없다.

b. An issuing bank should discourage any attempt by the applicant to include, as an integral part of the credit, copies of the underlying contract, pro forma invoice and the like.

> b. 개설은행은 개설의뢰인이 원인계약이나 견적송장 등의 사본을 신용장의 일부분으로 포함시키려는 어떠한 시도도 제지하여야 한다.

Article 5 Documents vs. Goods, Services or Performance
제5조 서류와 물품, 용역 또는 의무이행

Banks deal with documents and not with goods, services or performance to which the documents may relate.

> 은행은 서류를 다루며 그 서류와 관계될 수 있는 물품, 용역 또는 [의무]이행은 다루지 않는다.

Article 6 Availability, Expiry Date and Place for Presentation
제6조 이용가능성, 유효기일 그리고 제시장소

a. A credit must state the bank with which it is available or whether it is available with any bank. A credit available with a nominated bank is also available with the issuing bank.

> a. 신용장은 그 신용장이 이용 가능한 은행을 명시하거나 모든 은행에서 이용가능한지 여부를 명시하여야 한다. 지정은행에서 이용 가능한 신용장은 또한 개설은행에서도 이용 가능하다.

b. A credit must state whether it is available by sight payment, deferred payment, acceptance or negotiation.

> b. 신용장은 그 신용장이 일람지급, 연지급, 인수 또는 매입에 의하여 이용가능한지 여부를 명시하여야 한다.

c. A credit must not be issued available by a draft drawn on the applicant.

> c. 신용장은 개설의뢰인을 지급인으로 하는 환어음에 의하여 이용 가능하도록 개설되어서는 안 된다.

d. ⅰ. A credit must state an expiry date for presentation. An expiry date stated for honour or negotiation will be deemed to be an expiry date for presentation.

   ⅱ. The place of the bank with which the credit is available is the place for presentation. The place for presentation under a credit available with any bank is that of any bank. A place for presentation other than that of the issuing bank is in addition to the place of the issuing bank.

> d. ⅰ. 신용장은 제시를 위한 유효기일을 명시하여야 한다. 신용장 대금의 결제(honour) 또는 매입을 위한 유효기일은 제시를 위한 유효기일로 본다.
> ⅱ. 신용장이 이용 가능한 은행의 장소[소재지, 위치]가 제시를 위한 장소이다. 모든 은행에서 이용 가능한 신용장에서의 제시장소는 그 모든 은행의 장소이다. 개설은행의 장소가 아닌 제시장소는 개설은행의 장소에 그 장소를 추가한 것이다.

e. Except as provided in sub-article 29 (a), a presentation by or on behalf of the beneficiary must be made on or before the expiry date.

> e. 제29조 a항에 규정된 경우를 제외하고, 수익자에 의한 또는 수익자를 대리하는 제시는 유효기일 또는 그 전에 이루어져야 한다.

Article 7 Issuing Bank Undertaking
제7조 개설은행의 의무

a. Provided that the stipulated documents are presented to the nominated bank or to the issuing bank and that they constitute a complying presentation, the issuing bank must honour if the credit is available by:

ⅰ. sight payment, deferred payment or acceptance with the issuing bank;

ⅱ. sight payment with a nominated bank and that nominated bank does not pay;

ⅲ. deferred payment with a nominated bank and that nominated bank does not incur its deferred payment undertaking or, having incurred its deferred payment undertaking, does not pay at maturity;

ⅳ. acceptance with a nominated bank and that nominated bank does not accept a draft drawn on it or, having accepted a draft drawn on it, does not pay at maturity;

ⅴ. negotiation with a nominated bank and that nominated bank does not negotiate.

> a. 신용장에서 규정된 서류들이 지정은행 또는 개설은행에 제시되고 그것이 신용장 조건에 일치하는 제시일 경우, 개설은행은 [다음과 같이] 결제 의무를 부담한다.
> ⅰ. 개설은행의 일람지급, 연지급 또는 인수 신용장 경우;
> ⅱ. 일람지급 신용장에 대해 지정은행에서 지급하지 않는 경우;
> ⅲ. 연지급 신용장에 대해 지정은행에서 연지급의 확약을 하지 않는 경우, 또는 그와 같은 연지급을 확약하였으나 만기에 대금을 지급하지 않는 경우;
> ⅳ. 인수 신용장에 대해 지정은행에서 지정은행을 지급인으로 한 환어음을 인수하지 않거나 인수한 환어음을 만기에 지급하지 않는 경우;
> ⅴ. 매입 신용장에 대해 지정은행이 매입하지 않는 경우.

b. An issuing bank is irrevocably bound to honour as of the time it issues the credit.

> b. 개설은행은 신용장의 개설 시로부터 취소불능의 결제 의무를 부담한다.

c. An issuing bank undertakes to reimburse a nominated bank that has honoured or negotiated a complying presentation and forwarded the documents to the issuing bank.

Reimbursement for the amount of a complying presentation under a credit available by acceptance or deferred payment is due at maturity, whether or not the nominated bank prepaid or purchased before maturity. An issuing bank's undertaking to reimburse a nominated bank is independent of the issuing bank's undertaking to the beneficiary.

> c. 개설은행은 일치하는 제시에 대하여 결제 또는 매입하고, 그 서류를 개설은행에 송부한 지정은행에 대하여 신용장 대금을 상환할 의무를 부담한다.
> 인수신용장 또는 연지급신용장의 경우 일치하는 제시에 대한 대금의 상환은 지정은행이 만기 이전에 대금을 선지급하였거나 매수하였는지 여부와 관계없이 만기에 이루어진다. 개설은행의 지정은행에 대한 상환의무는 개설은행의 수익자에 대한 의무로부터 독립적이다.

Article 8 Confirming Bank Undertaking
제8조 확인은행의 의무

a. Provided that the stipulated documents are presented to the confirming bank or to any other nominated bank and that they constitute a complying presentation, the confirming bank must:

   i. honour, if the credit is available by

      a) sight payment, deferred payment or acceptance with the confirming bank;

      b) sight payment with another nominated bank and that nominated bank does not pay;

      c) deferred payment with another nominated bank and that nominated bank does not incur its deferred payment undertaking or, having incurred its deferred payment undertaking, does not pay at maturity;

      d) acceptance with another nominated bank and that nominated bank does not accept a draft drawn on it or, having accepted a draft drawn on it, does not pay at maturity;

      e) negotiation with another nominated bank and that nominated bank does not negotiate.

   ii. negotiate, without recourse, if the credit is available by negotiation with the confirming bank.

---

a. 신용장에서 규정된 서류들이 확인은행 또는 다른 지정은행에 제시되고, 그것이 신용장 조건에 일치하는 제시일 경우 확인은행은 반드시:

   i. 그 신용장이 [다음에 따라] 이용 가능한 경우, 결제한다.

      a) 신용장이 확인은행에서 일람지급, 연지급 또는 인수에 의하여 이용될 수 있는 경우;

      b) 일람지급 신용장의 또 다른 지정은행이 대금을 지급하지 않는 경우;

      c) 연지급 신용장에 대해 또 다른 지정은행이 연지급을 확약하지 않거나 연지급을 확약하고 만기에 대금을 지급하지 않는 경우;

      d) 인수 신용장에 대해 또 다른 지정은행이 그 지정은행을 지급인으로 한 환어음을 인수하지 않거나 인수한 환어음을 만기에 지급하지 않는 경우;

      e) 매입 신용장에 대해 또 다른 지정은행이 매입하지 않는 경우

   ii. 신용장이 확인은행에서 매입으로 이용 가능하다면, 상환청구권 없이 매입하여야 한다.

---

b. A confirming bank is irrevocably bound to honour or negotiate as of the time it adds its confirmation to the credit.

---

b. 확인은행은 신용장에 확인을 추가하는 시점으로부터 취소불능의 결제 또는 매입의 의무를 부담한다.

c. A confirming bank undertakes to reimburse another nominated bank that has honoured or negotiated a complying presentation and forwarded the documents to the confirming bank. Reimbursement for the amount of a complying presentation under a credit available by acceptance or deferred payment is due at maturity, whether or not another nominated bank prepaid or purchased before maturity. A confirming bank's undertaking to reimburse another nominated bank is independent of the confirming bank's undertaking to the beneficiary.

> c. 확인은행은 일치하는 제시에 대하여 결제 또는 매입을 하고 그 서류를 확인은행에 송부한 다른 지정은행에 대하여 신용장 대금을 상환할 의무를 부담한다. 인수신용장 또는 연지급신용장의 경우 일치하는 제시에 대응하는 대금의 상환은 다른 지정은행이 그 신용장의 만기 이전에 대금을 선지급하였거나 매수하였는지 여부와 관계없이 만기에 이루어진다. 확인은행의 다른 지정은행에 대한 상환의무는 확인은행의 수익자에 대한 의무로부터 독립적이다.

d. If a bank is authorized or requested by the issuing bank to confirm a credit but is not prepared to do so, it must inform the issuing bank without delay and may advise the credit without confirmation.

> d. 개설은행으로부터 신용장에 대한 확인의 권한 또는 요청받은 은행이 준비되지 않았다면, 지체 없이 개설은행에 통보해야 하고, 신용장에 대한 확인 없이 통지할 수 있다.

Article 9 Advising of Credits and Amendments
제9조 신용장 및 이에 대한 조건변경의 통지

a. A credit and any amendment may be advised to a beneficiary through an advising bank. An advising bank that is not a confirming bank advises the credit and any amendment without any undertaking to honour or negotiate.

> a. 신용장 및 이에 대한 조건변경은 통지은행을 통하여 수익자에게 통지될 수 있다. 확인은행이 아닌 통지은행은 결제나 매입에 대한 어떤 의무의 부담 없이 신용장 및 이에 대한 조건변경을 통지한다.

b. By advising the credit or amendment, the advising bank signifies that it has satisfied itself as to the apparent authenticity of the credit or amendment and that the advice accurately reflects the terms and conditions of the credit or amendment received.

> b. 통지은행은 신용장 또는 그 조건변경을 통지함으로써 신용장 또는 그 조건변경에 대한 외견상의 진정성이 충족된다는 점과 그 통지가 송부받은 신용장 또는 그 조건변경의 조건들을 정확하게 반영하고 있다는 것을 나타낸다.

c. An advising bank may utilize the services of another bank ("second advising bank") to advise the credit and any amendment to the beneficiary. By advising the credit or amendment, the second advising bank signifies that it has satisfied itself as to the apparent authenticity of the advice it has received and that the advice accurately reflects the terms and conditions of the credit or amendment received.

> c. 통지은행은 수익자에게 신용장 및 그 조건변경을 통지하기 위하여 다른 은행("제2통지은행")을 이용할 수 있다. 제2통지은행은 신용장 또는 그 조건변경을 통지함으로써 신용장 또는 그 조건변경에 대한 외견상의 진정성이 충족된다는 점과 그 통지가 송부 받은 신용장 또는 그 조건변경의 조건들을 정확하게 반영하고 있다는 것을 나타낸다.

d. A bank utilizing the services of an advising bank or second advising bank to advise a credit must use the same bank to advise any amendment thereto.

> d. 신용장을 통지하기 위하여 통지은행 또는 제2통지은행을 이용하는 은행은 해당 신용장의 조건변경의 통지를 위해 동일한 은행을 이용하여야 한다.

e. If a bank is requested to advise a credit or amendment but elects not to do so, it must so inform, without delay, the bank from which the credit, amendment or advice has been received.

> e. 은행이 신용장 또는 조건변경을 통지하도록 요청 받았으나 이를 수락하지 않을 경우 신용장, 조건변경 또는 통지를 송부한 은행에 지체 없이 통지하여야 한다.

f. If a bank is requested to advise a credit or amendment but cannot satisfy itself as to the apparent authenticity of the credit, the amendment or the advice, it must so inform, without delay, the bank from which the instructions appear to have been received. If the advising bank or second advising bank elects nonetheless to advise the credit or amendment, it must inform the beneficiary or second advising bank that it has not been able to satisfy itself as to the apparent authenticity of the credit, the amendment or the advice.

> f. 은행이 신용장 또는 그 조건변경을 통지하도록 요청 받았으나 신용장, 조건변경 또는 통지의 외견상의 진정성에 대하여 충족하지 못한 경우, 지체 없이 그 지시를 송부한 것으로 보이는 은행에 그 사실을 통지하여야 한다. 그럼에도 불구하고 통지은행 또는 제2통지은행이 신용장 또는 그 조건변경을 통지하기로 한 경우, 그 은행은 수익자 또는 제2통지은행에게 신용장, 그 조건변경 또는 통지의 외견상 진위성에 대해 충족하지 못했다는 것을 통지하여야 한다.

Article 10 Amendments
제10조 조건변경

a. Except as otherwise provided by article 38, a credit can neither be amended nor cancelled without the agreement of the issuing bank, the confirming bank, if any, and the beneficiary.

> a. 제38조에서 규정한 경우를 제외하고, 신용장은 개설은행, 있는 경우 확인은행 그리고 수익자의 동의가 없이 조건변경되거나 취소될 수 없다.

b. An issuing bank is irrevocably bound by an amendment as of the time it issues the amendment. A confirming bank may extend its confirmation to an amendment and will be irrevocably bound as of the time it advises the amendment. A confirming bank may, however, choose to advise an amendment without extending its confirmation and, if so, it must inform the issuing bank without delay and inform the beneficiary in its advice.

> b. 개설은행은 신용장의 조건변경 시점으로부터 변경 내용에 대해 취소불능으로 구속된다. 확인은행은 조건변경에 대한 확인을 연장할 수 있고, 그 조건변경의 통지시점으로부터 취소불능으로 그 내용에 구속된다. 그러나 확인은행이 조건변경에 대하여 확인을 연장함 없이 통지만을 하기로 선택한 경우, 지체 없이 개설은행에 통보하여야 하고 그 통지에서 수익자에게 알려야 한다.

c. The terms and conditions of the original credit (or a credit incorporating previously accepted amendments) will remain in force for the beneficiary until the beneficiary communicates its acceptance of the amendment to the bank that advised such amendment. The beneficiary should give notification of acceptance or rejection of an amendment. If the beneficiary fails to give such notification, a presentation that complies with the credit and to any not yet accepted amendment will be deemed to be notification of acceptance by the beneficiary of such amendment. As of that moment the credit will be amended.

> c. 원신용장(또는 이전에 조건변경이 수락된 신용장)의 조건은 수익자가 조건변경을 통지한 은행에 대하여 변경된 내용을 수락한다는 뜻을 알려줄 때까지는 수익자에 대하여 효력을 가진다. 수익자는 조건변경 내용에 대한 수락 또는 거절의 뜻을 통보하여야 한다. 수익자가 그 통보를 하지 않은 경우, 신용장 및 아직 수락되지 않은 조건변경에 부합하는 제시는 수익자에 의한 조건변경의 수락 통지로 간주한다. [그러한 경우] 그 때로부터 신용장은 조건변경된다.

d. A bank that advises an amendment should inform the bank from which it received the amendment of any notification of acceptance or rejection.

> d. 신용장의 조건변경을 통지하는 은행은 조건변경을 송부한 은행에 조건변경에 대한 수락 또는 거절을 통보하여야 한다.

e. Partial acceptance of an amendment is not allowed and will be deemed to be notification of rejection of the amendment.

> e. 조건변경에 대한 일부수락은 허용되지 않으며 이는 조건변경에 대한 거절의 통보로 간주한다.

f. A provision in an amendment to the effect that the amendment shall enter into force unless rejected by the beneficiary within a certain time shall be disregarded.

> f. 수익자가 일정한 시간 내에 조건변경을 거절하지 않으면 조건변경이 효력을 가지게 된다는 규정이 조건변경 내용에 있는 경우 이는 무시된다.

Article 11 Teletransmitted and Pre-Advised Credits and Amendments
제11조 전신 및 사전 통지된 신용장과 조건변경

a. An authenticated teletransmission of a credit or amendment will be deemed to be the operative credit or amendment, and any subsequent mail confirmation shall be disregarded. If a teletransmission states "full details to follow"(or words of similar effect), or states that the mail confirmation is to be the operative credit or amendment, then the teletransmission will not be deemed to be the operative credit or amendment.

The issuing bank must then issue the operative credit or amendment without delay in terms not inconsistent with the teletransmission.

> a. 진정성이 확인된 신용장 또는 조건변경의 전신은 유효한 신용장 또는 조건변경으로 간주되고 어떠한 추가적인 우편확인도 무시된다. 전신의 내용에서 "상세 명세 추후 송부"(또는 유사한 취지의 문구)라고 표현되어 있거나 [추후의] 우편확인이 유효한 신용장 또는 조건변경이라고 표현되어 있는 경우, 이러한 전신은 유효한 신용장 또는 조건변경으로 보지 않는다.
> 그 경우 개설은행은 지체 없이 전신과 불일치하지 않는 조건으로 유효한 신용장을 개설하거나 조건변경을 하여야 한다.

b. A preliminary advice of the issuance of a credit or amendment("pre-advice") shall only be sent if the issuing bank is prepared to issue the operative credit or amendment. An issuing bank that sends a pre-advice is irrevocably committed to issue the operative credit or amendment, without delay, in terms not inconsistent with the pre-advice.

> b. 신용장의 개설 또는 조건변경에 대한 사전적인 통지("사전통지")는 개설은행이 유효한 신용장을 개설하거나 조건변경의 준비가 된 경우에만 송부되어질 수 있다. 사전통지를 보낸 개설은행은 사전통지와 불일치하지 않는 조건으로 지체 없이 유효한 신용장을 개설하거나 조건변경을 하도록 취소불능적으로 구속된다.

Article 12 Nomination
제12조 지정

a. Unless a nominated bank is the confirming bank, an authorization to honour or negotiate does not impose any obligation on that nominated bank to honour or negotiate, except when expressly agreed to by that nominated bank and so communicated to the beneficiary.

> a. 지정은행이 확인은행이 아닌 경우, 결제 또는 매입에 대한 수권은 지정은행이 결제 또는 매입에 대하여 명백하게 동의하고 이를 수익자에게 통보한 경우를 제외하고는 그 지정은행에 대하여 결제 또는 매입에 대한 어떤 의무도 부과하지 않는다.

b. By nominating a bank to accept a draft or incur a deferred payment undertaking, an issuing bank authorizes that nominated bank to prepay or purchase a draft accepted or a deferred payment undertaking incurred by that nominated bank.

> b. 개설은행은 어떤 은행이 환어음을 인수하거나 연지급의 의무를 부담하도록 지정함으로써 해당 지정은행이 인수한 환어음 또는 연지급의 확약에 대해 선지급 또는 매수[의 권리]를 수권한다.

c. Receipt or examination and forwarding of documents by a nominated bank that is not a confirming bank does not make that nominated bank liable to honour or negotiate, nor does it constitute honour or negotiation.

> c. 확인은행이 아닌 지정은행이 서류를 수취하거나 또는 심사 후 서류를 송부하는 것은 그 지정은행에게 결제 또는 매입에 대한 책임을 부담시키는 것이 아니며 그것이 결제 또는 매입이 되는 것도 아니다.

Article 13 Bank-to-Bank Reimbursement Arrangements
제13조 은행 간 상환약정

a. If a credit states that reimbursement is to be obtained by a nominated bank("claiming bank") claiming on another party("reimbursing bank"), the credit must state if the reimbursement is subject to the ICC rules for bank-to-bank reimbursements in effect on the date of issuance of the credit.

> a. 신용장에서 상환이 지정은행("청구은행")이 다른 당사자("상환은행")에게 청구하여 이루어지도록 명시하고 있으면, 그 신용장은 해당 상환과 관련하여 신용장 개설일에 유효한 '은행 간 상환에 대한 국제상업회의소 규칙'의 적용을 받는지 여부를 명시하여야 한다.

b. If a credit does not state that reimbursement is subject to the ICC rules for bank-to-bank reimbursements, the following apply:

　ⅰ. An issuing bank must provide a reimbursing bank with a reimbursement authorization that conforms with the availability stated in the credit. The reimbursement authorization should not be subject to an expiry date.

　ⅱ. A claiming bank shall not be required to supply a reimbursing bank with a certificate of compliance with the terms and conditions of the credit.

　ⅲ. An issuing bank will be responsible for any loss of interest, together with any expenses incurred, if reimbursement is not provided on first demand by a reimbursing bank in accordance with the terms and conditions of the credit.

　ⅳ. A reimbursing bank's charges are for the account of the issuing bank. However, if the charges are for the account of the beneficiary, it is the responsibility of an issuing bank to so indicate in the credit and in the reimbursement authorization.

　　If a reimbursing bank's charges are for the account of the beneficiary, they shall be deducted from the amount due to a claiming bank when reimbursement is made. If no reimbursement is made, the reimbursing bank's charges remain the obligation of the issuing bank.

> b. 신용장이 상환과 관련하여 '은행 간 상환에 대한 국제상업회의소 규칙'의 적용을 받는다는 사실을 명시하지 않으면, 다음이 적용된다.
> 　ⅰ. 개설은행은 신용장에 명시된 이용가능성에 부합하는 상환권한을 상환은행에 수여하여야 한다. 상환권한은 유효기일의 적용을 받지 않아야 한다.
> 　ⅱ. 청구은행은 신용장의 조건에 일치한다는 증명서를 상환은행에 제시하도록 요구받아서는 안 된다.
> 　ⅲ. 신용장의 조건에 따른 상환은행의 최초 지급청구 시에 상환이 이루어지지 않으면, 개설은행은 그로 인하여 발생한 모든 비용과 함께 모든 이자 손실에 대하여도 책임을 부담한다.
> 　ⅳ. 상환은행의 수수료는 개설은행이 부담한다. 그러나 그 수수료가 수익자의 부담인 경우, 개설은행이 신용장과 상환수권서에 그러한 사실을 명시할 책임을 부담한다.

> 상환은행의 수수료가 수익자의 부담인 경우, 그 수수료는 상환이 이루어질 때 청구은행에 지급하여야 할 금액으로부터 공제된다. 상환이 이루어지지 않으면, 상환은행의 수수료는 개설은행의 부담으로 남는다.

c. An issuing bank is not relieved of any of its obligations to provide reimbursement if reimbursement is not made by a reimbursing bank on first demand.

> c. 최초 지급청구 시에 상환은행에 의한 상환이 이루어지지 않은 경우, 개설은행은 상환을 제공할 의무로부터 면제되지 않는다.

Article 14 Standard for Examination of Documents
제14조 서류심사의 기준

a. A nominated bank acting on its nomination, a confirming bank, if any, and the issuing bank must examine a presentation to determine, on the basis of the documents alone, whether or not the documents appear on their face to constitute a complying presentation.

> a. 지정에 따라 행동하는 지정은행, 있는 경우 확인은행 그리고 개설은행은 제시에 대하여 단지 서류만을 기준으로, 서류의 문면이 일치하는 제시로 보이는지 심사하여야 한다.

b. A nominated bank acting on its nomination, a confirming bank, if any, and the issuing bank shall each have a maximum of five banking days following the day of presentation to determine if a presentation is complying. This period is not curtailed or otherwise affected by the occurrence on or after the date of presentation of any expiry date or last day for presentation.

> b. 지정에 따라 행동하는 지정은행, 있는 경우 확인은행 그리고 개설은행은 각각 제시가 일치하는지 여부를 결정하기 위하여 제시일의 다음날로부터 최장 5 은행영업일을 가진다. 이 기간은 제시일 또는 그 이후의 유효기일 또는 최종제시일의 발생[제시일 이후의 심사기간 중에 유효기일의 만기일이나 최종제시일이 오게 됨]에 의해서 단축되거나 달리 영향을 받지 않는다.

c. A presentation including one or more original transport documents subject to articles 19, 20, 21, 22, 23, 24 or 25 must be made by or on behalf of the beneficiary not later than 21 calendar days after the date of shipment as described in these rules, but in any event not later than the expiry date of the credit.

> c. 제19조, 제20조, 제21조, 제22조, 제23조, 제24조 또는 제25조에 따른 하나 이상의 운송서류 원본이 포함된 제시는, 이 규칙에서 정하고 있는 선적일 후 21일보다 늦지 않게 수익자에 의하거나 또는 그를 대신하여 이루어져야 하나, 어떠한 경우라도 신용장의 유효기일보다 늦어져서는 안 된다.

d. Data in a document, when read in context with the credit, the document itself and international standard banking practice, need not be identical to, but must not conflict with, data in that document, any other stipulated document or the credit.

> d. 서류상의 정보는 문맥상 신용장, 서류 그 자체 그리고 국제표준은행관행과 [완전히] 동일할 필요는 없으나 해당 서류, 어떠한 명시 서류 또는 신용장의 정보와 상충되어서는 안 된다.

e. In documents other than the commercial invoice, the description of the goods, services or performance, if stated, may be in general terms not conflicting with their description in the credit.

> e. 상업송장 이외의 서류에서, 물품, 서비스 또는 의무이행의 명세는, 만약 기재되는 경우, 신용장상의 명세와 상충되지 않는 일반적인 용어로 기재될 수 있다.

f. If a credit requires presentation of a document other than a transport document, insurance document or commercial invoice, without stipulating by whom the document is to be issued or its data content, banks will accept the document as presented if its content appears to fulfil the function of the required document and otherwise complies with sub-article 14(d).

> f. 신용장에서 누가 서류를 발행하여야 하는지 또는 그 정보의 내용을 명시함이 없이 운송서류, 보험서류 또는 상업송장 이외의 다른 어떠한 서류의 제시를 요구하는 경우, 그 서류의 내용이 요구되는 서류의 기능을 충족하는 것으로 보이고 또한 제14조 (d)항에 부합하는 한 은행은 제시된 대로 그 서류를 수리한다.

g. A document presented but not required by the credit will be disregarded and may be returned to the presenter.

> g. 제시되었으나 신용장에서 요구되지 않은 서류는 무시되고 제시자에게 반환될 수 있다.

h. If a credit contains a condition without stipulating the document to indicate compliance with the condition, banks will deem such condition as not stated and will disregard it.

> h. 신용장이 그 조건과 일치함을 나타낼 서류를 명시하지 않고 어떠한 조건을 포함하는 경우, 은행은 그러한 조건이 기재되지 않은 것으로 간주하고 무시한다.

i. A document may be dated prior to the issuance date of the credit, but must not be dated later than its date of presentation.

> i. 서류는 신용장 개설일 이전 일자[에 작성된 것]일 수 있으나 제시일 이후 일자이어서는 안 된다.

j. When the addresses of the beneficiary and the applicant appear in any stipulated document, they need not be the same as those stated in the credit or in any other stipulated document, but must be within the same country as the respective addresses mentioned in the credit.

Contact details(telefax, telephone, email and the like) stated as part of the beneficiary's and the applicant's address will be disregarded. However, when the address and contact details of the applicant appear as part of the consignee or notify party details on a transport document subject to articles 19, 20, 21, 22, 23, 24 or 25, they must be as stated in the credit.

> j. 수익자와 개설의뢰인의 주소가 어떠한 명시된 서류에 나타나는 경우, 신용장 또는 다른 요구서류상에 기재된 것과 동일할 필요는 없으나 신용장에 기재된 각각의 주소와 동일한 국가 내에 있어야 한다. 수익자 및 개설의뢰인의 주소의 일부로 기재된 세부 연락처(팩스, 전화, 이메일 및 이와 유사한 것)는 무시된다. 그러나 개설의뢰인의 주소와 세부 연락처가 제19조, 제20조, 제21조, 제22조, 제23조, 제24조 또는 제25조의 적용을 받는 운송서류상의 수하인 또는 [착화]통지처의 일부로서 보이는 경우에는 신용장에 명시된 대로 기재되어야 한다.

k. The shipper or consignor of the goods indicated on any document need not be the beneficiary of the credit.

> k. 어떠한 서류상에 표시된 물품의 송하인 또는 탁송인은 신용장의 수익자일 필요는 없다.

l. A transport document may be issued by any party other than a carrier, owner, master or charterer provided that the transport document meets the requirements of articles 19, 20, 21, 22, 23 or 24 of these rules.

> l. 운송서류가 이 규칙 제19조, 제20조, 제21조, 제22조, 제23조 또는 제24조의 요건을 충족하는 한, 해당 운송서류는 운송인, 소유자, 선장 또는 용선자가 아닌 어느 누구에 의해서도 발행될 수 있다.

Article 15 Complying Presentation
제15조 일치하는 제시

a. When an issuing bank determines that a presentation is complying, it must honour.

> a. 개설은행은 제시가 일치한다고 판단할 경우 결제하여야 한다.

b. When a confirming bank determines that a presentation is complying, it must honour or negotiate and forward the documents to the issuing bank.

> b. 확인은행은 제시가 일치한다고 판단할 경우 결제 또는 매입하고 그 서류들을 개설은행에 송부하여야 한다.

c. When a nominated bank determines that a presentation is complying and honours or negotiates, it must forward the documents to the confirming bank or issuing bank.

> c. 지정은행은 제시가 일치한다고 판단하여 결제 또는 매입하는 경우 그 서류들을 확인은행 또는 개설은행에 송부하여야 한다.

Article 16 Discrepant Documents, Waiver and Notice
제16조 불일치 서류, 권리포기 및 통지

a. When a nominated bank acting on its nomination, a confirming bank, if any, or the issuing bank determines that a presentation does not comply, it may refuse to honour or negotiate.

> a. 지정에 따라 행동하는 지정은행, 있는 경우 확인은행 또는 개설은행이 제시가 일치하지 않는다고 판단하는 때에는, 결제 또는 매입을 거절할 수 있다.

b. When an issuing bank determines that a presentation does not comply, it may in its sole judgement approach the applicant for a waiver of the discrepancies. This does not, however, extend the period mentioned in sub-article 14 (b).

> b. 개설은행이 제시가 일치하지 않는다고 판단하는 때에는, 자신의 독자적인 판단으로 하자에 대한 권리포기(Waiver)를 위하여 개설의뢰인과 교섭할 수 있다. 그러나 이는 제14조 b항에 규정된 기간을 연장시키지는 않는다.

c. When a nominated bank acting on its nomination, a confirming bank, if any, or the issuing bank decides to refuse to honour or negotiate, it must give a single notice to that effect to the presenter.

The notice must state:

i. that the bank is refusing to honour or negotiate; and

ii. each discrepancy in respect of which the bank refuses to honour or negotiate; and

iii. a) that the bank is holding the documents pending further instructions from the presenter; or

b) that the issuing bank is holding the documents until it receives a waiver from the applicant and agrees to accept it, or receives further instructions from the presenter prior to agreeing to accept a waiver; or

c) that the bank is returning the documents; or

d) that the bank is acting in accordance with instructions previously received from the presenter.

---

c. 지정에 따라 행동하는 지정은행, 있는 경우 확인은행 또는 개설은행이 결제 또는 매입을 거절하기로 결정하는 때에는, 제시자에게 그러한 취지로 한 번에 통지하여야 한다.
통지는 [다음 내용을] 반드시 기재하여야 한다.
i. 은행이 결제 또는 매입을 거절한다는 사실, 그리고
ii. 은행이 결제 또는 매입 거절과 관련된 각각의 하자, 그리고
iii. a) 제시자의 추가지시가 있을 때까지 은행이 서류를 보관할 것임, 또는
b) 개설의뢰인으로부터 권리포기를 받고 이를 승낙하기로 동의하거나 권리포기를 승낙하기로 동의하기 이전에 제시자로부터 추가지시를 받을 때까지 개설은행이 서류를 보관할 것임, 또는
c) 은행이 서류를 반환한다는 것, 또는
d) 은행이 사전에 제시자로부터 받은 지시에 따라 행동할 것임

---

d. The notice required in sub-article 16 (c) must be given by telecommunication or, if that is not possible, by other expeditious means no later than the close of the fifth banking day following the day of presentation.

---

d. 제16조 c항에서 요구되는 통지는 전신으로, 불가능하다면 다른 신속한 수단으로, 제시일의 다음날로부터 5영업일의 영업종료보다 늦지 않게 이루어져야 한다.

e. A nominated bank acting on its nomination, a confirming bank, if any, or the issuing bank may, after providing notice required by sub-article 16 c iii a) or b), return the documents to the presenter at any time.

> e. 지정에 따라 행동하는 지정은행, 있는 경우 확인은행 또는 개설은행은, 제16조의 c항 iii호 a) 또는 b)에서 요구되는 통지를 한 후에는, 언제든지 제시자에게 서류를 반환할 수 있다.

f. If an issuing bank or a confirming bank fails to act in accordance with the provisions of this article, it shall be precluded from claiming that the documents do not constitute a complying presentation.

> f. 개설은행 또는 확인은행이 이 조항의 규정에 따라 행동하지 않으면, 그 은행은 서류가 일치하는 제시가 아니라는 주장을 할 수 없다.

g. When an issuing bank refuses to honour or a confirming bank refuses to honour or negotiate and has given notice to that effect in accordance with this article, it shall then be entitled to claim a refund, with interest, of any reimbursement made.

> g. 개설은행이 결제를 거절하거나 확인은행이 결제 또는 매입을 거절하고 이 조항에 따라 그 취지의 통지를 한 때에는, 그 은행은 이미 지급된 상환 대금을 이자와 함께 반환 청구할 권리를 갖는다.

Article 17 Original Documents and Copies
제17조 원본 서류와 사본

a. At least one original of each document stipulated in the credit must be presented.

> a. 적어도 신용장에서 명시된 각각의 서류의 원본 한 통이 제시되어야 한다.

b. A bank shall treat as an original any document bearing an apparently original signature, mark, stamp, or label of the issuer of the document, unless the document itself indicates that it is not an original.

> b. 은행은 서류 자체가 원본이 아니라고 표시하고 있지 않은 한, 외관상 서류 발행인의 원본 서명, 마크, 스탬프 또는 라벨이 된 어떤 서류도 원본으로 취급한다.

c. Unless a document indicates otherwise, a bank will also accept a document as original if it:

  i. appears to be written, typed, perforated or stamped by the document issuer's hand; or

  ii. appears to be on the document issuer's original stationery; or

  iii. states that it is original, unless the statement appears not to apply to the document presented.

> c. 서류가 달리 표시하지 않는 한, 은행은 또한 다음과 같은 서류를 원본으로 수리한다.
>   i. 서류 발행자가 직접 수기, 타이핑, 천공서명 또는 스탬프된 것으로 보이는 것 또는
>   ii. 서류 발행자의 원본 서류용지에 작성된 것으로 보이는 것 또는
>   iii. 원본이라는 표시가 있는 것 단, 제시된 서류에 적용되지 않는 것으로 보이는 경우는 제외한다.

d. If a credit requires presentation of copies of documents, presentation of either originals or copies is permitted.

> d. 신용장이 서류 사본의 제시를 요구하는 경우, 원본 또는 사본의 제시가 모두 허용된다.

e. If a credit requires presentation of multiple documents by using terms such as "in duplicate", "in two fold" or "in two copies", this will be satisfied by the presentation of at least one original and the remaining number in copies, except when the document itself indicates otherwise.

> e. 신용장이 "in duplicate", "in two folds" 또는 "in two copies"와 같은 용어를 사용하여 복수의 서류의 제시를 요구하는 경우, 이 조건은 그 서류 자체에 달리 정함이 없는 한 적어도 한 통의 원본과 나머지 수량의 사본의 제시로 충족된다.

Article 18 Commercial Invoice
제18조 상업송장

a. A commercial invoice:

  i. must appear to have been issued by the beneficiary (except as provided in article 38);

  ii. must be made out in the name of the applicant (except as provided in sub-article 38 (g));

  iii. must be made out in the same currency as the credit; and

  iv. need not be signed.

a. 상업송장은,
   i. 수익자가 발행한 것으로 보여야 하고 (제38조가 적용되는 경우는 제외)
   ii. 개설의뢰인 앞으로 발행되어야 하며 (제38조 g항이 적용되는 경우는 제외)
   iii. 신용장과 같은 통화로 발행되어야 하며
   iv. 서명될 필요는 없다.

b. A nominated bank acting on its nomination, a confirming bank, if any, or the issuing bank may accept a commercial invoice issued for an amount in excess of the amount permitted by the credit, and its decision will be binding upon all parties, provided the bank in question has not honoured or negotiated for an amount in excess of that permitted by the credit.

b. 지정에 따라 행동하는 지정은행, 있는 경우 확인은행 또는 개설은행은 신용장에서 허용된 금액을 초과하여 발행된 상업송장을 수리할 수 있고, 이러한 결정은, 문제의 은행이 신용장에서 허용된 금액을 초과한 금액을 결제 또는 매입하지 않았음을 전제로 모든 당사자를 구속한다.

c. The description of the goods, services or performance in a commercial invoice must correspond with that appearing in the credit.

c. 상업송장상의 물품, 서비스 또는 의무이행의 명세는 신용장상의 그것과 일치하여야 한다.

Article 19 Transport Document Covering at Least Two Different Modes of Transport
제19조 최소 둘 이상의 다른 운송방법을 포괄하는 운송서류

a. A transport document covering at least two different modes of transport (multimodal or combined transport document), however named, must appear to:

   i. indicate the name of the carrier and be signed by:

      a) the carrier or a named agent for or on behalf of the carrier, or
      b) the master or a named agent for or on behalf of the master.

   Any signature by the carrier, master or agent must be identified as that of the carrier, master or agent. Any signature by an agent must indicate whether the agent has signed for or on behalf of the carrier or for or on behalf of the master.

ii. indicate that the goods have been dispatched, taken in charge or shipped on board at the place stated in the credit, by:

a) pre-printed wording, or

b) a stamp or notation indicating the date on which the goods have been dispatched, taken in charge or shipped on board.

The date of issuance of the transport document will be deemed to be the date of dispatch, taking in charge or shipped on board, and the date of shipment. However, if the transport document indicates, by stamp or notation, a date of dispatch, taking in charge or shipped on board, this date will be deemed to be the date of shipment.

iii. indicate the place of dispatch, taking in charge or shipment and the place of final destination stated in the credit, even if:

a) the transport document states, in addition, a different place of dispatch, taking in charge or shipment or place of final destination, or

b) the transport document contains the indication "intended" or similar qualification in relation to the vessel, port of loading or port of discharge.

iv. be the sole original transport document or, if issued in more than one original, be the full set as indicated on the transport document.

v. contain terms and conditions of carriage or make reference to another source containing the terms and conditions of carriage (short form or blank back transport document). Contents of terms and conditions of carriage will not be examined.

vi. contain no indication that it is subject to a charter party.

---

a. 최소 둘 이상의 다른 운송방법을 포괄하는 운송서류(복합운송서류)는 어떤 명칭을 사용하든 [다음과 같이] 보여야 한다.

　i. 운송인의 명칭을 표시하고 [다음의 자에] 의하여 서명되어야 한다.

　　a) 운송인, 또는 운송인을 위한 기명대리인 또는 그의 대리인

　　b) 선장, 또는 선장을 위한 또는 그를 대리하는 기명대리인

　운송인, 선장 또는 대리인의 서명은 운송인, 선장 또는 대리인의 서명으로 확인되어야 한다. 대리인의 서명은 그가 운송인을 위하여 또는 대리하여 또는 선장을 위하여 또는 대리하여 서명한 것인지를 표시하여야 한다.

　ii. 물품이 신용장에 명시된 장소에서 발송, 수탁 또는 본선적재되었다는 것을 다음의 방법으로 표시하여야 한다.

　　a) 미리 인쇄된 문구 또는

　　b) 물품이 발송, 수탁 또는 본선적재된 일자를 표시하는 스탬프 또는 부기

　운송서류의 발행일은 발송일, 수탁일 또는 본선적재일과 선적일로 본다. 그러나 운송서류가 스탬프 또는 부기에 의하여 발송일, 수탁일 또는 본선적재일을 표시하는 경우 그 일자를 선적일로 본다.

iii. [다음의] 경우에도, 신용장에 기재된 발송지, 수탁지, 선적지와 최종목적지를 표시하여야 한다.
   a) 운송서류가 추가적으로 다른 발송지, 수탁지 또는 선적지 또는 최종목적지를 기재하는 경우 또는
   b) 운송서류가 선박, 선적항 또는 양륙항과 관련하여 "예정된"이라는 표시 또는 이와 유사한 제한을 포함하는 경우
iv. 유일한 운송서류 원본이거나, 복수의 원본이 발행된 경우에는 해당 운송서류에 표시된 전통이어야 한다.
v. 운송조건을 포함하거나 또는 운송조건을 포함하는 다른 출처를 언급하여야 한다(약식 또는 뒷면 백지 운송서류). 운송조건의 내용은 심사되지 않는다.
vi. 용선계약에 따른다는 어떤 표시도 포함하지 않아야 한다.

b. For the purpose of this article, transhipment means unloading from one means of conveyance and reloading to another means of conveyance (whether or not in different modes of transport) during the carriage from the place of dispatch, taking in charge or shipment to the place of final destination stated in the credit.

b. 이 조항의 목적상, 환적은 신용장에 기재된 발송지, 수탁지 또는 선적지로부터 최종목적지까지의 운송 도중에 하나의 운송수단으로부터 양하되어 다른 운송수단(운송방법이 다른지 여부에 관계없이)으로 재적재되는 것을 의미한다.

c. i. A transport document may indicate that the goods will or may be transhipped provided that the entire carriage is covered by one and the same transport document.

ii. A transport document indicating that transhipment will or may take place is acceptable, even if the credit prohibits transhipment.

c. i. 운송서류는 전 운송이 하나의 동일한 운송서류에 의하여 포괄된다는 것을 전제로 물품이 환적될 것이라거나 환적될 수 있다는 것을 표시할 수 있다.
ii. 환적이 될 것이라거나 될 수 있다고 표시하는 운송서류는 신용장이 환적을 금지하는 경우에도 수리될 수 있다.

Article 20 Bill of Lading
제20조 선하증권

a. A bill of lading, however named, must appear to:

   i. indicate the name of the carrier and be signed by:

   a) the carrier or a named agent for or on behalf of the carrier, or

   b) the master or a named agent for or on behalf of the master.

   Any signature by the carrier, master or agent must be identified as that of the carrier, master or agent. Any signature by an agent must indicate whether the agent has signed for or on behalf of the carrier or for or on behalf of the master.

   ii. indicate that the goods have been shipped on board a named vessel at the port of loading stated in the credit by:

   a) pre-printed wording, or

   b) an on board notation indicating the date on which the goods have been shipped on board.

   The date of issuance of the bill of lading will be deemed to be the date of shipment unless the bill of lading contains an on board notation indicating the date of shipment, in which case the date stated in the on board notation will be deemed to be the date of shipment. If the bill of lading contains the indication "intended vessel" or similar qualification in relation to the name of the vessel, an on board notation indicating the date of shipment and the name of the actual vessel is required.

   iii. indicate shipment from the port of loading to the port of discharge stated in the credit. If the bill of lading does not indicate the port of loading stated in the credit as the port of loading, or if it contains the indication "intended" or similar qualification in relation to the port of loading, an on board notation indicating the port of loading as stated in the credit, the date of shipment and the name of the vessel is required. This provision applies even when loading on board or shipment on a named vessel is indicated by pre-printed wording on the bill of lading.

   iv. be the sole original bill of lading or, if issued in more than one original, be the full set as indicated on the bill of lading.

   v. contain terms and conditions of carriage or make reference to another source containing the terms and conditions of carriage (short form or blank back bill of lading). Contents of terms and conditions of carriage will not be examined.

   vi. contain no indication that it is subject to a charter party.

a. 선하증권은 어떤 명칭을 사용하든 간에 [다음과 같이] 보여야 한다.
  i. 운송인의 명칭이 표시되고 [다음의] 자에 의하여 서명되어야 한다.
    a) 운송인, 또는 운송인을 위한 기명대리인 또는 그의 대리인
    b) 선장, 또는 선장을 위한 기명대리인 또는 그의 대리인

    운송인, 선장 또는 대리인의 서명은 운송인, 선장 또는 대리인의 서명으로서 확인되어야 한다. 대리인의 서명은 그가 운송인을 위하여 또는 대리하여 또는 선장을 위하여 또는 대리하여 서명한 것인지를 표시하여야 한다.
  ii. 물품이 신용장에서 명시된 선적항에서 기명된 선박에 본선적재되었다는 것을 다음의 방법으로 표시하여야 한다.
    a) 미리 인쇄된 문구 또는
    b) 물품이 본선적재된 일자를 표시하는 본선적재표기

    선하증권이 선적일자를 표시하는 본선적재표기를 포함하지 않는 경우에는 선하증권 발행일을 선적일로 보고 선하증권에 본선적재표기가 된 경우에는 본선적재표기에 기재된 일자를 선적일로 본다. 선하증권이 선박명과 관련하여 "예정선박" 또는 이와 유사한 표시를 포함하는 경우에는 선적일과 실제 선박명을 표시하는 본선적재표기가 요구된다.
  iii. 신용장에 기재된 선적항으로부터 양륙항까지의 선적을 표시하여야 한다. 선하증권이 신용장에 기재된 선적항을 선적항으로 표시하지 않는 경우 또는 선적항과 관련하여 "예정된"이라는 표시 또는 이와 유사한 제한을 포함하는 경우에는, 신용장에 기재된 선적항과 선적일 및 선적 선박명을 표시하는 본선적재표기가 요구된다. 이 조항은 지명된 선박에의 본선적재 또는 선적이 미리 인쇄된 문구에 의하여 선하증권에 표시된 경우에도 적용된다.
  iv. 유일한 선하증권 원본이거나, 복수의 원본이 발행된 경우 해당 선하증권에 표시된 전통이어야 한다.
  v. 운송조건을 포함하거나 또는 운송조건을 포함하는 다른 출처를 언급하여야 한다(약식 또는 이면 백지 선하증권). 운송조건의 내용은 심사되지 않는다.
  vi. 용선계약에 따른다는 어떤 표시도 포함하지 않아야 한다.

b. For the purpose of this article, transhipment means unloading from one vessel and reloading to another vessel during the carriage from the port of loading to the port of discharge stated in the credit.

b. 이 조항의 목적상, 환적은 신용장에 기재된 선적항으로부터 양륙항까지의 운송 도중에 하나의 선박으로부터 양하되어 다른 선박으로 재적재되는 것을 의미한다.

c. i. A bill of lading may indicate that the goods will or may be transhipped provided that the entire carriage is covered by one and the same bill of lading.

   ii. A bill of lading indicating that transhipment will or may take place is acceptable, even if the credit prohibits transhipment, if the goods have been shipped in a container, trailer or LASH barge as evidenced by the bill of lading.

> c. ⅰ. 선하증권은 전 운송이 하나의 동일한 선하증권에 의하여 포괄된다는 전제하에 물품이 환적될 것이라거나 환적될 수 있다는 것을 표시할 수 있다.
>
>   ⅱ. 환적이 될 것이라거나 될 수 있다고 표시하는 선하증권은, 물품이 컨테이너, 트레일러 또는 래시바지에 선적되었다는 것이 선하증권에 의하여 증명되는 경우에는 신용장이 환적을 금지하는 경우에도 수리될 수 있다.

d. Clauses in a bill of lading stating that the carrier reserves the right to tranship will be disregarded.

> d. 운송인이 환적할 권리를 갖고 있음을 기재한 선하증권의 조항은 무시된다.

Article 21 Non-Negotiable Sea Waybill
제21조 비유통성 해상화물운송장

a. A non-negotiable sea waybill, however named, must appear to:

  ⅰ. indicate the name of the carrier and be signed by:

   a) the carrier or a named agent for or on behalf of the carrier, or

   b) the master or a named agent for or on behalf of the master.

   Any signature by the carrier, master or agent must be identified as that of the carrier, master or agent.

   Any signature by an agent must indicate whether the agent has signed for or on behalf of the carrier or for or on behalf of the master.

  ⅱ. indicate that the goods have been shipped on board a named vessel at the port of loading stated in the credit by:

   a) pre-printed wording, or

   b) an on board notation indicating the date on which the goods have been shipped on board.

   The date of issuance of the non-negotiable sea waybill will be deemed to be the date of shipment unless the non-negotiable sea waybill contains an on board notation indicating the date of shipment, in which case the date stated in the on board notation will be deemed to be the date of shipment.

   If the non-negotiable sea waybill contains the indication "intended vessel" or similar qualification in relation to the name of the vessel, an on board notation indicating the date of shipment and the name of the actual vessel is required.

iii. indicate shipment from the port of loading to the port of discharge stated in the credit.

If the non-negotiable sea waybill does not indicate the port of loading stated in the credit as the port of loading, or if it contains the indication "intended" or similar qualification in relation to the port of loading, an on board notation indicating the port of loading as stated in the credit, the date of shipment and the name of the vessel is required. This provision applies even when loading on board or shipment on a named vessel is indicated by pre-printed wording on the non-negotiable sea waybill.

iv. be the sole original non-negotiable sea waybill or, if issued in more than one original, be the full set as indicated on the non-negotiable sea waybill.

v. contain terms and conditions of carriage or make reference to another source containing the terms and conditions of carriage (short form or blank back non-negotiable sea waybill). Contents of terms and conditions of carriage will not be examined.

vi. contain no indication that it is subject to a charter party.

a. 비유통성 해상화물운송장은 어떤 명칭을 사용하든 간에 [다음과 같이] 보여야 한다.
  i. 운송인의 명칭이 표시되고 다음의 자에 의해서 서명되어야 한다.
    a) 운송인, 또는 운송인을 위한 기명대리인 또는 그의 대리인
    b) 선장, 또는 선장을 위한 기명대리인 또는 그의 대리인
    운송인, 선장 또는 대리인의 서명은 운송인, 선장 또는 대리인의 서명으로서 확인되어야 한다. 대리인의 서명은 그가 운송인을 위하여 또는 대리하여 또는 선장을 위하여 또는 대리하여 서명한 것인지를 표시하여야 한다.
  ii. 물품이 신용장에 기재된 선적항에서 기명된 선박에 본선적재되었다는 것을 다음의 방법으로 표시하여야 한다.
    a) 미리 인쇄된 문구 또는
    b) 물품이 본선적재된 일자를 표시하는 본선적재표기
    비유통성 해상화물운송장이 선적일자를 표시하는 본선적재표기를 하지 않은 경우에는 비유통성 해상화물운송장의 발행일을 선적일로 본다. 비유통성 해상화물운송장에 본선적재표기가 된 경우에는 본선적재표기에 기재된 일자를 선적일로 본다.
    비유통성 해상화물운송장이 선박명과 관련하여 "예정선박"이라는 표시 또는 이와 유사한 제한을 포함하는 경우에는 선적일과 실제 선박명을 표시하는 본선적재표기가 요구된다.
  iii. 신용장에 기재된 선적항으로부터 양륙항까지의 선적을 표시하여야 한다.
    비유통성 해상화물운송장이 신용장에 기재된 선적항을 선적항으로 표시하지 않는 경우 또는 선적항과 관련하여 "예정된"이라는 표시 또는 이와 유사한 제한을 포함하는 경우에는, 신용장에 기재된 선적항과 선적일 및 적재선박명을 표시하는 본선적재표기가 요구된다.
    이 조항은 기명된 선박에의 본선적재가 미리 인쇄된 문구에 의하여 비유통성 해상화물운송장에 표시된 경우에도 적용된다.

- iv. 유일한 비유통성 해상화물운송장 원본이거나, 복수의 원본이 발행된 경우 해당 비유통성 해상화물운송장에 표시된 전통이어야 한다.
- v. 운송조건을 포함하거나 또는 운송조건을 포함하는 다른 출처를 언급하여야 한다(약식 또는 이면 백지 비유통성 해상화물운송장). 운송조건의 내용은 심사되지 않는다.
- vi. 용선계약에 따른다는 어떤 표시도 포함하지 않아야 한다.

b. For the purpose of this article, transhipment means unloading from one vessel and reloading to another vessel during the carriage from the port of loading to the port of discharge stated in the credit.

b. 이 조항의 목적상, 환적은 신용장에 기재된 선적항으로부터 양륙항까지의 운송 도중에 한 선박으로부터 양하되어 다른 선박으로 재적재되는 것을 의미한다.

c.
- i. A non-negotiable sea waybill may indicate that the goods will or may be transhipped provided that the entire carriage is covered by one and the same non-negotiable sea waybill.
- ii. A non-negotiable sea waybill indicating that transhipment will or may take place is acceptable, even if the credit prohibits transhipment, if the goods have been shipped in a container, trailer or LASH barge as evidenced by the non-negotiable sea waybill.

c.
- i. 비유통성 해상화물운송장은 전 운송이 하나의 동일한 비유통성 해상화물운송장에 의하여 포괄된다는 전제하에 물품이 환적될 것이라거나 환적될 수 있다는 것을 표시할 수 있다.
- ii. 환적이 될 것이라거나 환적될 수 있다고 표시하는 비유통성 해상화물운송장은, 물품이 컨테이너, 트레일러 또는 래시 바지에 선적되었다는 것이 비유통성 해상화물운송장에 의하여 증명되는 경우, 비록 신용장이 환적을 금지하는 경우에도 수리될 수 있다.

d. Clauses in a non-negotiable sea waybill stating that the carrier reserves the right to tranship will be disregarded.

d. 운송인이 환적할 권리를 갖고 있음을 기재한 비유통성 해상화물운송장의 조항은 무시된다.

Article 22 Charter Party Bill of Lading
제22조 용선계약 선하증권

a. A bill of lading, however named, containing an indication that it is subject to a charter party (charter party bill of lading), must appear to:

  i. be signed by:

  a) the master or a named agent for or on behalf of the master, or

  b) the owner or a named agent for or on behalf of the owner, or

  c) the charterer or a named agent for or on behalf of the charterer.

  Any signature by the master, owner, charterer or agent must be identified as that of the master, owner, charterer or agent.

  Any signature by an agent must indicate whether the agent has signed for or on behalf of the master, owner or charterer.

  An agent signing for or on behalf of the owner or charterer must indicate the name of the owner or charterer.

  ii. indicate that the goods have been shipped on board a named vessel at the port of loading stated in the credit by:

  a) pre-printed wording, or

  b) an on board notation indicating the date on which the goods have been shipped on board.

  The date of issuance of the charter party bill of lading will be deemed to be the date of shipment unless the charter party bill of lading contains an on board notation indicating the date of shipment, in which case the date stated in the on board notation will be deemed to be the date of shipment.

  iii. indicate shipment from the port of loading to the port of discharge stated in the credit. The port of discharge may also be shown as a range of ports or a geographical area, as stated in the credit.

  iv. be the sole original charter party bill of lading or, if issued in more than one original, be the full set as indicated on the charter party bill of lading.

> a. 어떤 명칭을 사용하든, 용선계약에 따른다는 표시가 있는 선하증권(용선계약선하증권)은 다음과 같이 보여야 한다.
>
> ⅰ. 다음의 자에 의해서 서명되어야 한다.
>
> a) 선장 또는 선장을 위한 기명대리인 또는 그의 대리인
> b) 선주 또는 선주를 위한 기명대리인 또는 그의 대리인
> c) 용선자 또는 용선자를 위한 기명대리인 또는 그의 대리인
>
> 선장, 선주, 용선자 또는 대리인의 서명은 선장, 선주, 용선자 또는 대리인의 서명으로서 확인되어야 한다.
>
> 대리인의 서명은 그가 선장, 선주 또는 용선자를 위하여 또는 대리하여 서명한 것인지를 표시하여야 한다.
>
> 선주를 위하여 또는 대리하여 또는 용선자를 위하여 또는 대리하여 서명하는 대리인은 선주 또는 용선자의 명칭을 표시하여야 한다.
>
> ⅱ. 물품이 신용장에 기재된 선적항에서 기명된 선박에 본선적재되었다는 것을 다음의 방법으로 표시하여야 한다.
>
> a) 미리 인쇄된 문구 또는
> b) 물품이 본선적재된 일자를 표시하는 본선적재표기
>
> 용선계약선하증권이 선적일자를 표시하는 본선적재표기를 하지 않은 경우에는 용선계약선하증권의 발행일을 선적일로 본다. 용선계약선하증권에 본선적재표기가 된 경우에는 본선적재표기에 기재된 일자를 선적일로 본다.
>
> ⅲ. 신용장에 기재된 선적항으로부터 양륙항까지의 선적을 표시하여야 한다. 양륙항은 또한 신용장에 기재된 대로 일정 범위의 항구들 또는 지리적 지역으로 표시될 수 있다.
>
> ⅳ. 유일한 용선계약선하증권 원본이거나, 복수의 원본이 발행된 경우 용선계약선하증권에 표시된 전통이어야 한다.

b. A bank will not examine charter party contracts, even if they are required to be presented by the terms of the credit.

> b. 신용장 조건에 의해 그들[용선계약]의 제시가 요구되는 경우에도 은행은 용선계약을 심사하지 않는다.

Article 23 Air Transport Document
제23조 항공운송서류

a. An air transport document, however named, must appear to:

  i. indicate the name of the carrier and be signed by:

   a) the carrier, or

   b) a named agent for or on behalf of the carrier.

   Any signature by the carrier or agent must be identified as that of the carrier or agent.

   Any signature by an agent must indicate that the agent has signed for or on behalf of the carrier.

  ii. indicate that the goods have been accepted for carriage.

  iii. indicate the date of issuance. This date will be deemed to be the date of shipment unless the air transport document contains a specific notation of the actual date of shipment, in which case the date stated in the notation will be deemed to be the date of shipment.

   Any other information appearing on the air transport document relative to the flight number and date will not be considered in determining the date of shipment.

  iv. indicate the airport of departure and the airport of destination stated in the credit.

  v. be the original for consignor or shipper, even if the credit stipulates a full set of originals.

  vi. contain terms and conditions of carriage or make reference to another source containing the terms and conditions of carriage. Contents of terms and conditions of carriage will not be examined.

a. 항공운송서류는 어떤 명칭을 사용하든 간에 다음과 같이 보여야 한다.
   i. 운송인의 명칭을 표시하고 다음의 자에 의하여 서명되어야 한다.
      a) 운송인 또는
      b) 운송인을 위한 기명대리인 또는 그의 대리인
      운송인 또는 대리인의 서명은 운송인 또는 대리인의 서명으로서 확인되어야 한다.
      대리인의 서명은 그 대리인이 운송인을 위하여 또는 운송인을 대리하여 서명한 것인지를 표시하여야 한다.
   ii. 물품이 운송을 위하여 수리되었다는 것을 표시하여야 한다.
   iii. 발행일을 표시하여야 한다. 항공운송서류가 실제 선적일에 대한 특정한 부기를 포함하지 않는 경우에는 이 일자를 선적일로 본다. 항공운송서류가 실제 선적일에 대한 특정한 부기를 포함하는 경우에는 부기에 기재된 일자를 선적일로 본다.
      운항번호와 일자와 관련하여 항공운송서류에 나타나는 그 밖의 모든 정보는 선적일을 결정할 때 고려되지 않는다.
   iv. 신용장에 기재된 출발공항과 도착공항을 표시하여야 한다.
   v. 비록 신용장이 원본 전통을 명시하더라도 송하인 또는 탁송인용 원본이어야 한다.
   vi. 운송조건을 포함하거나 또는 운송조건을 포함하는 다른 출처를 언급하여야 한다. 운송조건의 내용은 심사되지 않는다.

b. For the purpose of this article, transhipment means unloading from one aircraft and reloading to another aircraft during the carriage from the airport of departure to the airport of destination stated in the credit.

b. 이 조항의 목적상, 환적은 신용장에 기재된 출발공항으로부터 도착공항까지의 운송 도중 하나의 항공기로부터 양하되어 다른 항공기로 재적재되는 것을 의미한다.

c. i. An air transport document may indicate that the goods will or may be transhipped, provided that the entire carriage is covered by one and the same air transport document.

   ii. An air transport document indicating that transhipment will or may take place is acceptable, even if the credit prohibits transhipment.

c. i. 항공운송서류는 전 운송이 하나의 동일한 항공운송서류에 의하여 포괄된다는 전제하에 물품이 환적될 것 이라거나 환적될 수 있다는 것을 표시할 수 있다.
   ii. 환적될 것 이라거나 환적될 수 있다고 표시하는 항공운송서류는 신용장이 환적을 금지하는 경우에도 수리될 수 있다.

Article 24 Road, Rail or Inland Waterway Transport Documents
제24조 도로, 철도 또는 내수로 운송서류

a. A road, rail or inland waterway transport document, however named, must appear to:

  i. indicate the name of the carrier and:

   a) be signed by the carrier or a named agent for or on behalf of the carrier, or

   b) indicate receipt of the goods by signature, stamp or notation by the carrier or a named agent for or on behalf of the carrier.

   Any signature, stamp or notation of receipt of the goods by the carrier or agent must be identified as that of the carrier or agent.

   Any signature, stamp or notation of receipt of the goods by the agent must indicate that the agent has signed or acted for or on behalf of the carrier.

   If a rail transport document does not identify the carrier, any signature or stamp of the railway company will be accepted as evidence of the document being signed by the carrier.

  ii. indicate the date of shipment or the date the goods have been received for shipment, dispatch or carriage at the place stated in the credit. Unless the transport document contains a dated reception stamp, an indication of the date of receipt or a date of shipment, the date of issuance of the transport document will be deemed to be the date of shipment.

  iii. indicate the place of shipment and the place of destination stated in the credit.

a. 도로, 철도 또는 내수로 운송서류는 어떤 명칭을 사용하든 간에 [다음과 같이] 보여야 한다.

  i. 운송인의 명칭을 표시하고 또한

   a) 운송인, 또는 운송인을 위한 기명대리인 또는 그의 대리인이 서명하거나

   b) 운송인 또는 운송인을 위한 기명대리인 또는 대리인이 서명, 스탬프 또는 부기에 의하여 물품의 수령을 표시하여야 한다.

   운송인 또는 대리인에 의한 모든 서명, 스탬프 또는 물품수령 부기는 운송인 또는 대리인의 그것으로서 확인되어야 한다.

   대리인에 의한 모든 서명, 스탬프 또는 물품수령 부기는 대리인이 운송인을 위하여 또는 운송인을 대리하여 서명하였거나 행위한 것을 표시하여야 한다.

   철도운송서류가 운송인을 특정하지 않았다면, 철도회사의 서명 또는 스탬프가 문서가 운송인에 의하여 서명되었다는 증거로 수리된다.

  ii. 신용장에 기재된 장소에서의 선적일 또는 물품이 선적, 발송, 운송을 위하여 수령된 일자를 표시하여야 한다.

   운송서류에 일자가 표시된 수령스탬프, 수령일 또는 선적일의 표시가 없다면 운송서류의 발행일을 선적일로 본다.

  iii. 신용장에 기재된 선적지와 목적지를 표시하여야 한다.

b. ⅰ. A road transport document must appear to be the original for consignor or shipper or bear no marking indicating for whom the document has been prepared.

　　ⅱ. A rail transport document marked "duplicate" will be accepted as an original.

　　ⅲ. A rail or inland waterway transport document will be accepted as an original whether marked as an original or not.

> b. ⅰ. 도로운송서류는 송하인 또는 선적인용 원본으로 보이거나 그 서류가 누구를 위하여 작성되었는지에 대한 표시가 없어야 한다.
> 　　ⅱ. "duplicate"라고 표시된 철도운송서류는 원본으로 수리된다.
> 　　ⅲ. 철도 또는 내수로 운송서류는 원본 표시 여부에 관계없이 원본으로 수리된다.

c. In the absence of an indication on the transport document as to the number of originals issued, the number presented will be deemed to constitute a full set.

> c. 운송서류에 발행된 원본 통수의 표시가 없는 경우 제시된 통수가 전통을 구성하는 것으로 본다.

d. For the purpose of this article, transhipment means unloading from one means of conveyance and reloading to another means of conveyance, within the same mode of transport, during the carriage from the place of shipment, dispatch or carriage to the place of destination stated in the credit.

> d. 이 조항의 목적상 환적은 신용장에 기재된 선적, 발송 또는 운송지로부터 목적지까지의 운송 도중 동일한 운송방법 내에서 어떤 하나의 운송수단으로부터 양하되어 다른 운송수단으로 재적재되는 것을 의미한다.

e. ⅰ. A road, rail or inland waterway transport document may indicate that the goods will or may be transhipped provided that the entire carriage is covered by one and the same transport document.

　　ⅱ. A road, rail or inland waterway transport document indicating that transhipment will or may take place is acceptable, even if the credit prohibits transhipment.

> e. ⅰ. 도로, 철도 또는 내수로 운송서류는 전 운송이 하나의 동일한 운송서류에 의하여 포괄된다는 전제하에 물품이 환적될 것이라거나 환적될 수 있다는 것을 표시할 수 있다.
> 　　ⅱ. 신용장이 환적을 금지하더라도 환적이 될 것이라거나 될 수 있다는 표시가 된 도로, 철도 또는 내수로 운송서류는 수리될 수 있다.

Article 25 Courier Receipt, Post Receipt or Certificate of Posting
제25조 특송화물수령증, 우편수령증 또는 우송증명서

a. A courier receipt, however named, evidencing receipt of goods for transport, must appear to:

　ⅰ. indicate the name of the courier service and be stamped or signed by the named courier service at the place from which the credit states the goods are to be shipped; and

　ⅱ. indicate a date of pick-up or of receipt or wording to this effect. This date will be deemed to be the date of shipment.

> a. 어떤 명칭을 사용하든 간에 운송을 위하여 물품을 수령하였음을 증명하는 특송화물수령증은 [다음과 같이] 보여야 한다.
> 　ⅰ. 특송업체의 명칭을 표시하고, 신용장에 물품이 선적되기로 명시된 장소에서 기명된 특송업체가 스탬프하거나 서명하여야 한다. 그리고
> 　ⅱ. 접수일 또는 수령일 또는 이러한 취지의 문구를 표시하여야 한다. 이 일자를 선적일로 본다.

b. A requirement that courier charges are to be paid or prepaid may be satisfied by a transport document issued by a courier service evidencing that courier charges are for the account of a party other than the consignee.

> b. 특송료가 지급 또는 선지급되어야 한다는 요건은, 특송료가 수하인 이외의 제3자의 부담임을 증명하는 특송업체가 발행한 운송서류에 의하여 충족될 수 있다.

c. A post receipt or certificate of posting, however named, evidencing receipt of goods for transport, must appear to be stamped or signed and dated at the place from which the credit states the goods are to be shipped. This date will be deemed to be the date of shipment.

> c. 어떤 명칭을 사용하든 간에 운송을 위하여 물품을 수령하였음을 증명하는 우편수령증 또는 우송증명서는 신용장에 물품이 선적되기로 기재된 장소에서 스탬프되거나 또는 서명되고 일자가 기재되는 것으로 보여야 한다. 이 일자는 선적일로 간주된다.

Article 26 "On Deck", "Shipper's Load and Count", "Said by Shipper to Contain" and Charges Additional to Freight
제26조 "갑판적", "송하인의 적재 및 수량확인", "송하인의 신고내용"과 운임에 대한 추가비용

a. A transport document must not indicate that the goods are or will be loaded on deck. A clause on a transport document stating that the goods may be loaded on deck is acceptable.

> a. 운송서류는 물품이 갑판에 적재되거나 적재될 것이라는 표시를 하여서는 안 된다. 물품이 갑판에 적재될 수도 있다고 기재하는 운송서류상의 조항은 수리될 수 있다.

b. A transport document bearing a clause such as "shipper's load and count" and "said by shipper to contain" is acceptable.

> b. "송하인의 적재 및 수량확인"과 "송하인의 신고내용"과 같은 조항이 있는 운송서류는 수리될 수 있다.

c. A transport document may bear a reference, by stamp or otherwise, to charges additional to the freight.

> c. 운송서류는 스탬프 또는 다른 방법으로 운임에 추가되는 요금을 기재할 수 있다.

Article 27 Clean Transport Document
제27조 무고장 운송서류

A bank will only accept a clean transport document. A clean transport document is one bearing no clause or notation expressly declaring a defective condition of the goods or their packaging. The word "clean" need not appear on a transport document, even if a credit has a requirement for that transport document to be "clean on board".

> 은행은 무고장 운송서류만을 수리한다. 무고장 운송서류는 물품 또는 포장의 하자를 명시적으로 선언하는 조항 또는 부기가 없는 운송서류를 말한다. "무고장"이라는 단어는 신용장이 운송서류가 "무고장 본선적재"일 것이라는 요건을 포함하는 경우에도 운송서류상에 나타날 필요가 없다.

Article 28 Insurance Document and Coverage
제28조 보험서류와 부보범위

a. An insurance document, such as an insurance policy, an insurance certificate or a declaration under an open cover, must appear to be issued and signed by an insurance company, an underwriter or their agents or their proxies. Any signature by an agent or proxy must indicate whether the agent or proxy has signed for or on behalf of the insurance company or underwriter.

> a. 보험증권, 포괄예정보험 하에서의 보험증명서 또는 확정통지서와 같은 보험서류는 보험회사, 보험업자 또는 그들의 대리인 또는 수임인에 의하여 발행되고 서명된 것으로 보여야 한다. 대리인 또는 수임인에 의한 서명은 보험회사 또는 보험업자를 대리하여 서명했는지의 여부를 표시하여야 한다.

b. When the insurance document indicates that it has been issued in more than one original, all originals must be presented.

> b. 보험서류가 복수의 원본으로 발행되었음이 표시된 경우, 모든 원본 서류가 제시되어야 한다.

c. Cover notes will not be accepted.

> c. 부보각서는 수리되지 않는다.

d. An insurance policy is acceptable in lieu of an insurance certificate or a declaration under an open cover.

> d. 보험증권은 포괄예정보험하에서의 보험증명서나 확정통지서를 대신하여 수리 가능하다.

e. The date of the insurance document must be no later than the date of shipment, unless it appears from the insurance document that the cover is effective from a date not later than the date of shipment.

> e. 보험서류의 일자는 선적일보다 늦어서는 안 된다. 단, 보험서류에서 보험부보가 최소한 선적일자 이전에 효력이 발생함을 나타내고 있는 경우는 제외한다.

f. ⅰ. The insurance document must indicate the amount of insurance coverage and be in the same currency as the credit.

　ⅱ. A requirement in the credit for insurance coverage to be for a percentage of the value of the goods, of the invoice value or similar is deemed to be the minimum amount of coverage required. If there is no indication in the credit of the insurance coverage required, the amount of insurance coverage must be at least 110% of the CIF or CIP value of the goods.

　　When the CIF or CIP value cannot be determined from the documents, the amount of insurance coverage must be calculated on the basis of the amount for which honour or negotiation is requested or the gross value of the goods as shown on the invoice, whichever is greater.

iii. The insurance document must indicate that risks are covered at least between the place of taking in charge or shipment and the place of discharge or final destination as stated in the credit.

> f. ⅰ. 보험서류는 부보금액을 표시하여야 하고 신용장과 동일한 통화로 표시되어야 한다.
> ⅱ. 신용장에 부보금액이 물품의 가액, 송장가액 또는 그와 유사한 가액에 대한 백분율로 표시되어야 한다는 조건이 있는 경우, 이는 요구되는 부보금액의 최소한으로 본다. 신용장에 부보 범위에 부보금액에 대한 명시가 없는 경우, 부보금액은 최소한 물품의 CIF 또는 CIP 가액의 110%가 되어야 한다.
> 서류로부터 CIF 또는 CIP 가액을 결정할 수 없는 경우, 부보금액은 요구된 결제 또는 매입 금액 또는 송장에 나타난 물품에 대한 총 가액 중 더 큰 금액을 기준으로 산출되어야 한다.
> ⅲ. 보험서류는 최소한 신용장에 명시된 수탁지 또는 선적지로부터 양륙지 또는 최종 목적지 사이에 발생하는 위험에 대하여 부보되는 것이어야 한다.

g. A credit should state the type of insurance required and, if any, the additional risks to be covered. An insurance document will be accepted without regard to any risks that are not covered if the credit uses imprecise terms such as "usual risks" or "customary risks".

> g. 신용장은 요구되는 보험의 종류를 명시하여야 하고, 부보되어야 할 추가 위험이 있다면 그것도 명시하여야 한다. 만일 신용장이 "통상의 위험" 또는 "관습적인 위험"과 같이 부정확한 용어를 사용하는 경우 보험서류는 특정위험을 부보하지 않는지 여부와 관계없이 수리된다.

h. When a credit requires insurance against "all risks" and an insurance document is presented containing any "all risks" notation or clause, whether or not bearing the heading "all risks", the insurance document will be accepted without regard to any risks stated to be excluded.

> h. 신용장이 "전위험"에 대한 부보를 요구하는 경우, 어떠한 "전위험" 표시 또는 조항을 포함하는 보험서류가 제시되는 때에는, "전위험"의 표제를 담고 있는지에 관계없이, 또한 어떠한 위험이 제외된다고 기재하는가에 관계없이 수리된다.

i. An insurance document may contain reference to any exclusion clause.

> i. 보험서류는 어떠한 면책조항에 대한 언급도 포함할 수 있다.

j. An insurance document may indicate that the cover is subject to a franchise or excess (deductible).

> j. 보험서류는 부보범위가 소손해면책 또는 초과면책의 적용을 받고 있음을 표시할 수 있다.

Article 29 Extension of Expiry Date or Last Day for Presentation
제29조 유효기일 또는 최종제시일의 연장

a. If the expiry date of a credit or the last day for presentation falls on a day when the bank to which presentation is to be made is closed for reasons other than those referred to in article 36, the expiry date or the last day for presentation, as the case may be, will be extended to the first following banking day.

> a. 신용장의 유효기일 또는 최종제시일이 제시가 되어야 하는 은행이 제36조에서 언급된 사유 외의 사유로 영업을 하지 않는 날인 경우, 경우에 따라 유효기일 또는 최종제시일은 그 다음 첫 은행영업일까지 연장된다.

b. If presentation is made on the first following banking day, a nominated bank must provide the issuing bank or confirming bank with a statement on its covering schedule that the presentation was made within the time limits extended in accordance with sub-article 29 a.

> b. 만일 제시가 그 다음 첫 은행영업일에 이루어지는 경우, 지정은행은 개설은행 또는 확인은행에 제시가 제29조 a항에 따라 연장된 기한 내에 이루어졌음을 기재한 표지서류를 제공하여야 한다.

c. The latest date for shipment will not be extended as a result of sub-article 29 a.

> c. 최종선적일은 제29조 a항에 의하여 연장되지 않는다.

Article 30 Tolerance in Credit Amount, Quantity and Unit Prices
제30조 신용장 금액, 수량 그리고 단가의 허용치

a. The words "about" or "approximately" used in connection with the amount of the credit or the quantity or the unit price stated in the credit are to be construed as allowing a tolerance not to exceed 10% more or 10% less than the amount, the quantity or the unit price to which they refer.

> a. 신용장 금액 또는 신용장에서 표시된 수량 또는 단가와 관련하여 사용된 "about" 또는 "approximately"라는 단어는, 그것이 언급하는 금액, 수량 또는 단가에 관하여 10%를 초과하지 않는 범위 내에서 많거나 적은 편차를 허용하는 것으로 해석된다.

b. A tolerance not to exceed 5% more or 5% less than the quantity of the goods is allowed, provided the credit does not state the quantity in terms of a stipulated number of packing units or individual items and the total amount of the drawings does not exceed the amount of the credit.

> b. 만일 신용장이 수량을 포장단위 또는 개별단위의 특정 숫자로 기재하지 않았고 청구금액의 총액이 신용장의 금액을 초과하지 않는 경우에는, 물품의 수량에서 5%를 초과하지 않는 범위 내의 많거나 적은 편차는 허용된다.

c. Even when partial shipments are not allowed, a tolerance not to exceed 5% less than the amount of the credit is allowed, provided that the quantity of the goods, if stated in the credit, is shipped in full and a unit price, if stated in the credit, is not reduced or that sub-article 30 b is not applicable. This tolerance does not apply when the credit stipulates a specific tolerance or uses the expressions referred to in sub-article 30 a.

> c. 분할선적이 허용되지 않더라도 신용장 금액의 5% 이내의 편차는 허용된다. 단, 물품의 수량이 신용장에 기재된 경우, 전량 선적되어야 하고, 단가가 신용장에 기재된 경우, 감액되지 않았거나 제30조 b항이 적용되지 않는 경우에 한한다. 이 편차는 신용장이 특정 편차를 명시하거나 제30조 a항에 언급된 표현을 사용하는 때에는 적용되지 않는다.

Article 31 Partial Drawings or Shipments
제31조 분할청구 또는 분할선적

a. Partial drawings or shipments are allowed.

> a. 분할청구 또는 분할선적은 허용된다.

b. A presentation consisting of more than one set of transport documents evidencing shipment commencing on the same means of conveyance and for the same journey, provided they indicate the same destination, will not be regarded as covering a partial shipment, even if they indicate different dates of shipment or different ports of loading, places of taking in charge or dispatch. If the presentation consists of more than one set of transport documents, the latest date of shipment as evidenced on any of the sets of transport documents will be regarded as the date of shipment.

A presentation consisting of one or more sets of transport documents evidencing shipment on more than one means of conveyance within the same mode of transport will be regarded as covering a partial shipment, even if the means of conveyance leave on the same day for the same destination.

b. 같은 운송수단에서 개시되고 같은 운송구간에 대한 선적을 증명하는 두 세트 이상의 운송서류로 이루어진 제시는, 그 운송서류가 같은 목적지를 표시하고 있는 한 비록 다른 선적일자 또는 다른 선적항, 수탁지 또는 발송지를 표시하더라도 분할선적으로 보지 않는다.

제시가 두 세트 이상의 운송서류로 이루어지는 경우 전체 운송서류들에 의하여 증명되는 가장 늦은 선적일을 선적일로 본다. 같은 운송방법 내에서 둘 이상의 운송수단상의 선적을 증명하는 하나 또는 둘 이상의 세트의 운송서류로 이루어진 제시는, 비록 운송수단들이 같은 날짜에 같은 목적지로 향하더라도 분할선적으로 본다.

c. A presentation consisting of more than one courier receipt, post receipt or certificate of posting will not be regarded as a partial shipment if the courier receipts, post receipts or certificates of posting appear to have been stamped or signed by the same courier or postal service at the same place and date and for the same destination.

c. 둘 이상의 특송화물수령증, 우편수령증 또는 우송증명서로 이루어진 제시는 만일 특송화물수령증, 우편수령증 또는 우송증명서가 같은 특송회사 또는 우체국에 의하여 같은 장소, 같은 날짜 그리고 같은 목적지로 스탬프가 찍히거나 서명된 것으로 보이는 경우에는 분할선적으로 보지 않는다.

Article 32 Instalment Drawings or Shipments
제32조 할부청구 또는 할부선적

If a drawing or shipment by instalments within given periods is stipulated in the credit and any instalment is not drawn or shipped within the period allowed for that instalment, the credit ceases to be available for that and any subsequent instalment.

신용장에서 할부청구 또는 할부선적이 일정한 기간 내에 이루어지도록 명시된 경우 해당 할부거래를 위하여 주어진 기간 내에 할부청구나 할부선적이 이루어지지 않으면 그 신용장은 해당 할부분과 향후 할부분에 대하여 더 이상 이용될 수 없다.

Article 33 Hours of Presentation
제33조 제시시간

A bank has no obligation to accept a presentation outside of its banking hours.

은행은 자신의 영업시간 외의 제시를 수리할 의무가 없다.

Article 34 Disclaimer on Effectiveness of Documents
제34조 서류의 효력에 대한 면책

A bank assumes no liability or responsibility for the form, sufficiency, accuracy, genuineness, falsification or legal effect of any document, or for the general or particular conditions stipulated in a document or superimposed thereon; nor does it assume any liability or responsibility for the description, quantity, weight, quality, condition, packing, delivery, value or existence of the goods, services or other performance represented by any document, or for the good faith or acts or omissions, solvency, performance or standing of the consignor, the carrier, the forwarder, the consignee or the insurer of the goods or any other person.

> 은행은 어떤 서류의 형식, 충분성, 정확성, 진정성, 위조 여부 또는 법적 효력 또는 서류에 명시되거나 위에 추가된 일반 또는 특정조건에 대하여 어떠한 책임도 지지 않으며 어떠한 서류에 표현된 명세, 수량, 무게, 품질, 상태, 포장, 인도, 가치 또는 물품의 존재 여부, 용역이나 기타 이행 또는 물품의 송하인, 운송인, 운송주선업자, 수하인 또는 보험자 또는 다른 사람의 선의 또는 작위 또는 부작위, 지불능력, 의무이행 또는 상태에 대하여도 어떠한 책임도 지지 않는다.

Article 35 Disclaimer on Transmission and Translation
제35조 전송과 번역에 대한 면책

A bank assumes no liability or responsibility for the consequences arising out of delay, loss in transit, mutilation or other errors arising in the transmission of any messages or delivery of letters or documents, when such messages, letters or documents are transmitted or sent according to the requirements stated in the credit, or when the bank may have taken the initiative in the choice of the delivery service in the absence of such instructions in the credit. If a nominated bank determines that a presentation is complying and forwards the documents to the issuing bank or confirming bank, whether or not the nominated bank has honoured or negotiated, an issuing bank or confirming bank must honour or negotiate, or reimburse that nominated bank, even when the documents have been lost in transit between the nominated bank and the issuing bank or confirming bank, or between the confirming bank and the issuing bank. A bank assumes no liability or responsibility for errors in translation or interpretation of technical terms and may transmit credit terms without translating them.

신용장에 기재된 방법에 따라 메시지, 서신 또는 서류가 전송 또는 송부되는 때 또는 신용장에 지시사항이 없어 한 은행이 주도하여 송달 서비스를 선정한 경우, 메시지의 전송 또는 서신이나 서류의 송부 과정에서 일어나는 지연, 전달 도중의 분실, 훼손 또는 다른 실수로 발생하는 결과에 대하여 은행은 어떠한 책임도 지지 않는다. 지정은행이 제시가 신용장 조건에 일치한다고 판단하여 서류를 개설은행 또는 확인은행에 송부한 경우, 개설은행 또는 확인은행은 지정은행의 결제 또는 매입 여부와 무관하게 결제 또는 매입하여야 하며 비록 서류가 지정은행과 개설은행 또는 확인은행 사이 또는 확인은행과 개설은행 사이에 송부되는 도중 분실된 경우에도 그 지정은행에 상환하여야 한다. 은행은 기술적 용어의 번역 또는 해석의 오류에 대해 책임지지 않고 그들[용어]을 번역하지 않고 신용장 조건을 전송할 수 있다.

Article 36 Force Majeure
제36조 불가항력

A bank assumes no liability or responsibility for the consequences arising out of the interruption of its business by Acts of God, riots, civil commotions, insurrections, wars, acts of terrorism, or by any strikes or lockouts or any other causes beyond its control. A bank will not, upon resumption of its business, honour or negotiate under a credit that expired during such interruption of its business.

은행은 천재지변, 폭동, 소요, 반란, 전쟁, 테러행위 또는 어떠한 파업 또는 직장폐쇄 또는 자신의 통제 밖에 있는 여하한 원인에 의한 영업의 중단으로부터 발생하는 결과에 대하여 책임지지 않는다. 은행은 영업을 재개하더라도, 영업중단 기간에 만료된 신용장에 대해 결제 또는 매입하지 않는다.

Article 37 Disclaimer for Acts of an Instructed Party
제37조 지시받은 당사자의 행위에 대한 면책

a. A bank utilizing the services of another bank for the purpose of giving effect to the instructions of the applicant does so for the account and at the risk of the applicant.

a. 개설의뢰인의 지시를 이행하기 위하여 다른 은행의 서비스를 이용하는 은행은 개설의뢰인의 비용과 위험으로 그렇게 [다른 은행을 이용]하는 것이다.

b. An issuing bank or advising bank assumes no liability or responsibility should the instructions it transmits to another bank not be carried out, even if it has taken the initiative in the choice of that other bank.

b. 개설은행이나 통지은행은 비록 자신의 주도로 다른 은행을 선정하였더라도 그[은행]이 다른 은행에 전달한 지시가 이행되지 않은 데 대하여 책임지지 않는다.

c. A bank instructing another bank to perform services is liable for any commissions, fees, costs or expenses("charges") incurred by that bank in connection with its instructions. If a credit states that charges are for the account of the beneficiary and charges cannot be collected or deducted from proceeds, the issuing bank remains liable for payment of charges. A credit or amendment should not stipulate that the advising to a beneficiary is conditional upon the receipt by the advising bank or second advising bank of its charges.

c. 다른 은행에 서비스의 이행을 요청하는 은행은 그러한 지시와 관련하여 발생하는 다른 은행의 수수료, 요금, 경비 또는 비용("수수료")에 대해 책임이 있다. 신용장이 수수료가 수익자의 부담이라고 기재하고 있고 그 수수료가 신용장대금에서 징수되거나 공제될 수 없는 경우, 개설은행은 그 수수료의 지불에 대해 책임진다. 신용장 또는 조건변경은 수익자에 대한 통지가 통지은행 또는 제2통지은행이 자신의 수수료를 수령하는 것을 조건으로 함을 명시해서는 안 된다.

d. The applicant shall be bound by and liable to indemnify a bank against all obligations and responsibilities imposed by foreign laws and usages.

d. 개설의뢰인은 외국의 법과 관행에 의해 부과된 모든 의무와 책임에 대하여 은행에 보상할 의무와 책임이 있다.

Article 38 Transferable Credits
제38조 양도가능신용장

a. A bank is under no obligation to transfer a credit except to the extent and in the manner expressly consented to by that bank.

a. 은행은 자신이 명시적으로 승낙하는 범위와 방법에 의한 경우를 제외하고는 신용장을 양도할 의무가 없다.

b. For the purpose of this article:

Transferable credit means a credit that specifically states it is "transferable".

A transferable credit may be made available in whole or in part to another beneficiary ("second beneficiary") at the request of the beneficiary ("first beneficiary")

Transferring bank means a nominated bank that transfers the credit or, in a credit available with any bank, a bank that is specifically authorized by the issuing bank to transfer and that transfers the credit.

An issuing bank may be a transferring bank.

Transferred credit means a credit that has been made available by the transferring bank to a second beneficiary.

> b. 이 조항에서는 다음과 같이 해석한다.
>
> 양도가능신용장이란 신용장에 "양도가능"이라고 특정하여 기재하고 있는 신용장을 말한다.
>
> 양도가능신용장은 수익자("제1수익자")의 요청에 의하여 전부 또는 일부를 다른 수익자("제2수익자")에게 이용하게 할 수 있다.
>
> 양도은행이란 신용장을 양도하는 지정은행 또는 어느 은행에서나 이용할 수 있는 신용장의 경우에는 개설은행으로부터 신용장을 양도하도록 특정되어 수권받고 신용장을 양도하는 은행을 말한다.
>
> 개설은행은 양도은행이 될 수 있다.
>
> 양도된 신용장이란 양도은행에 의해 제2수익자가 이용가능도록 만들어진 신용장을 말한다.

c. Unless otherwise agreed at the time of transfer, all charges (such as commissions, fees, costs or expenses) incurred in respect of a transfer must be paid by the first beneficiary.

> c. 양도 시에 달리 합의된 경우를 제외하고, 양도와 관련하여 발생한 모든 수수료(수수료, 요금, 경비 또는 비용과 같은 것)는 제1수익자에 의해 지불되어야 한다.

d. A credit may be transferred in part to more than one second beneficiary provided partial drawings or shipments are allowed.

A transferred credit cannot be transferred at the request of a second beneficiary to any subsequent beneficiary.

The first beneficiary is not considered to be a subsequent beneficiary.

> d. 분할청구 또는 분할선적이 허용되는 것을 전제로, 신용장은 두 사람 이상의 제2수익자에게 분할양도 될 수 있다.
>
> 양도된 신용장은 제2수익자의 요청에 의하여 그 다음 수익자에게 양도될 수 없다.
>
> 제1수익자는 그 다음 수익자로 간주되지 않는다.

e. Any request for transfer must indicate if and under what conditions amendments may be advised to the second beneficiary. The transferred credit must clearly indicate those conditions.

> e. 모든 양도요청에는 제2수익자에게 조건변경을 통지하여야 하는지 여부 및 어떠한 조건하에서 조건변경을 통지하여야 하는지를 표시하여야 한다. 양도된 신용장은 그러한 조건을 명확하게 표시하여야 한다.

f. If a credit is transferred to more than one second beneficiary, rejection of an amendment by one or more second beneficiary does not invalidate the acceptance by any other second beneficiary, with respect to which the transferred credit will be amended accordingly. For any second beneficiary that rejected the amendment, the transferred credit will remain unamended.

> f. 신용장이 둘 이상의 제2수익자에게 양도되면, 하나 또는 둘 이상의 제2수익자의 조건변경에 대한 거부는 양도된 신용장이 그[조건변경의 수락]에 따라 변경될 다른 제2수익자의 수락을 무효로 만들지 않는다. 조건변경을 거부한 제2수익자에 대하여, 양도된 신용장은 변경되지 않은 채로 남는다.

g. The transferred credit must accurately reflect the terms and conditions of the credit, including confirmation, if any, with the exception of:

- the amount of the credit,

- any unit price stated therein,

- the expiry date,

- the period for presentation, or

- the latest shipment date or given period for shipment,

any or all of which may be reduced or curtailed.

The percentage for which insurance cover must be effected may be increased to provide the amount of cover stipulated in the credit or these articles.

The name of the first beneficiary may be substituted for that of the applicant in the credit. If the name of the applicant is specifically required by the credit to appear in any document other than the invoice, such requirement must be reflected in the transferred credit.

> g. 양도된 신용장은, 만약 있다면, 확인을 포함하여 신용장의 조건을 정확히 반영하여야 하나 [다음은] 예외로 한다.
>   - 신용장의 금액
>   - 신용장에 기재된 단가
>   - 유효기일
>   - 제시기간, 또는
>   - 최종선적일 또는 주어진 선적기간.
>   위의 내용은 일부 또는 전부 감액되거나 단축될 수 있다.
>   보험부보를 위한 백분율은 신용장 또는 이 규칙에 명시된 부보금액을 충족시키기 위해 증가될 수 있다.
>   신용장의 개설의뢰인의 명의를 제1수익자의 명의로 대체할 수 있다.
>   만일 신용장이 송장을 제외한 다른 서류에 개설의뢰인의 이름이 보일 것을 특정하여 요구하는 경우, 그러한 요건은 양도된 신용장에도 반영되어야 한다.

h. The first beneficiary has the right to substitute its own invoice and draft, if any, for those of a second beneficiary for an amount not in excess of that stipulated in the credit, and upon such substitution the first beneficiary can draw under the credit for the difference, if any, between its invoice and the invoice of a second beneficiary.

> h. 제1수익자는 자신의 송장과 환어음을, 만약 있다면, 신용장에서 명시된 금액을 초과하지 않는 한 제2수익자의 그것과 대체할 권리를 가지고, 그러한 대체를 하는 경우 제1수익자는, 만약 있다면, 신용장하에서 자신의 송장과 제2수익자의 송장과의 차액을 청구할 수 있다.

i. If the first beneficiary is to present its own invoice and draft, if any, but fails to do so on first demand, or if the invoices presented by the first beneficiary create discrepancies that did not exist in the presentation made by the second beneficiary and the first beneficiary fails to correct them on first demand, the transferring bank has the right to present the documents as received from the second beneficiary to the issuing bank, without further responsibility to the first beneficiary.

> i. 제1수익자가 자신의 송장과 환어음을 제시하려고 하였으나, 만약 있다면, 첫 번째 요구에서 하지 못한 경우 또는 제1수익자가 제시한 송장이 제2수익자가 제시한 서류에서는 없었던 하자를 발생시키고 제1수익자가 첫 번째 요구에서 이를 정정하지 못한 경우, 양도은행은 제1수익자에 대하여 더 이상의 책임이 없이 제2수익자로부터 받은 그대로 서류를 개설은행에게 제시할 권리를 갖는다.

j. The first beneficiary may, in its request for transfer, indicate that honour or negotiation is to be effected to a second beneficiary at the place to which the credit has been transferred, up to and including the expiry date of the credit. This is without prejudice to the right of the first beneficiary in accordance with sub-article 38 h.

> j. 제1수익자는 양도 요청에서, 신용장이 양도된 장소에서 신용장의 유효기일 이전에 제2수익자에게 결제 또는 매입이 이루어져야 한다는 것을 표시할 수 있다. 이는 제38조 h항에 따른 제1수익자의 권리에 영향을 미치지 않는다.

k. Presentation of documents by or on behalf of a second beneficiary must be made to the transferring bank.

> k. 제2수익자의 또는 그를 대리하는 제시는 양도은행에 이루어져야 한다.

Article 39 Assignment of Proceeds
제39조 대금의 양도

The fact that a credit is not stated to be transferable shall not affect the right of the beneficiary to assign any proceeds to which it may be or may become entitled under the credit, in accordance with the provisions of applicable law. This article relates only to the assignment of proceeds and not to the assignment of the right to perform under the credit.

신용장이 양도가능하다고 기재되어 있지 않다는 사실은, 수익자가 신용장하에서 받거나 받을 수 있는 어떤 대금을 준거법의 규정에 따라 양도할 수 있는 권리에 영향을 미치지 않는다. 이 조항은 오직 대금의 양도에 관한 것이고 신용장하에서 이행할 수 있는 권리를 양도하는 것에 관한 것은 아니다.

cca.Hackers.com

해커스관세사 cca.Hackers.com

해커스관세사 진민규 무역영어 2

09

Marine Insurance Act, 1906
(MIA)
- 영국 해상보험법

1. Marine insurance defined
제1조 해상보험의 정의

A contract of marine insurance is a contract whereby the insurer undertakes to indemnify the assured, in manner and to the extent thereby agreed, against marine losses, that is to say, the losses incident to marine adventure.

> 해상보험계약이란 보험자가 그 계약에 의하여 합의한 방법과 범위 내에서 해상손해, 즉 해상사업에 수반되는 손해에 대하여 피보험자에게 손해보상을 약속하는 계약이다.

2. Mixed sea and land risks
제2조 해륙혼합위험

(1) A contract of marine insurance may, by its express terms, or by usage of trade, be extended so as to protect the assured against losses on inland waters or on any land risk which may be incidental to any sea voyage.

(2) Where a ship in course of building, or the launch of a ship, or any adventure analogous to a marine adventure, is covered by a policy in the form of a marine policy, the provisions of this Act, in so far as applicable, shall apply thereto, but, except as by this section provided, nothing in this Act shall alter or affect any rule of law applicable to any contract of insurance other than a contract of marine insurance as by this Act defined.

> (1) 해상보험계약은 명시적인 조건이나 무역관행에 의하여 피보험자를 보호하기 위해 해상항해에 수반될 수 있는 내수 또는 일체의 육상위험의 손해까지 확장될 수 있다.
> (2) 건조 중의 선박, 또는 선박의 진수 또는 해상사업과 유사한 일체의 사업이 해상보험증권양식의 보험증권에 의해서 부담되는 경우 적용 가능한 한 이 법의 규정들이 적용되어야 한다. 그러나 본 조에서 규정하는 경우를 제외하고, 이 법의 어떤 규정도 이 법에서 정의하고 있는 해상보험계약 이외의 일체의 보험계약에 적용되는 법률의 일체의 원칙을 변경하거나 영향을 미치는 것은 아니다.

3. Marine adventure and maritime perils defined
제3조 해상사업과 해상위험의 정의

(1) Subject to the provisions of this Act, every lawful marine adventure may be the subject of a contract of marine insurance.

(2) In particular there is a marine adventure where

   (a) Any ship, goods or other moveables are exposed to maritime perils. Such property is in this Act referred to as "insurable property";

   (b) The earning or acquisition of any freight, passage money, commission, profit, or other pecuniary benefit, or the security for any advances, loan, or disbursements, is endangered by the exposure of insurable property to maritime perils;

   (c) Any liability to a third party may be incurred by the owner of, or other person interested in or responsible for, insurable property, by reason of maritime perils.

   "Maritime perils" means the perils consequent on, or incidental to, the navigation of the sea, that is to say, perils of the seas, fire, war perils, pirates, rovers, thieves, captures, seizures, restraints, and detainment's of princes and peoples, jettisons, barratry, and any other perils, either of the like kind or which may be designated by the policy.

---

(1) 이 법의 규정에 따라, 모든 적법한 해상사업은 해상보험계약의 목적이 될 수 있다.
(2) 특히 다음의 경우에 해상사업이 있다.
   (a) 일체의 선박, 화물 또는 동산이 해상위험에 노출되는 경우. 그러한 재산을 이 법에서는 "보험재산"이라고 한다.
   (b) 일체의 화물운임, 여객운임, 수수료, 이윤 또는 기타 금전적 이익의 수입이나 취득 또는 일체의 전도금이나 대출금 또는 선비를 위한 담보가 피보험재산이 해상위험에 노출됨으로써 위험에 직면한 경우.
   (c) 피보험재산의 소유자 또는 피보험재산에 기타 이해관계가 있거나 책임이 있는 자가 해상위험 때문에 제3자에 대해 배상책임을 부담하는 경우.
   "해상위험"은 바다의 항해에 기인하거나 부수하는 위험을 의미하며, 즉 바다의 위험, 화재, 전쟁위험, 해적, 강도, 절도, 포획, 나포, 군주와 국민의 억류 및 억지, 투하, 선원의 악행 및 이와 동종의 또는 보험증권에 기재되는 일체의 기타 위험을 말한다.

Insurable Interest
피보험이익

4. Avoidance of wagering or gaming contracts
제4조 도박 또는 사행계약의 무효

(1) Every contract of marine insurance by way of gaming or wagering is void.

(2) A contract of marine insurance is deemed to be a gaming or wagering contract -

    (a) Where the assured has not an insurable interest as defined by this Act, and the contract is entered into with no expectation of acquiring such an interest; or

    (b) Where the policy is made "interest or no interest", or "without further proof of interest than the policy itself." or "without benefit of salvage to the insurer", or subject to any other like term: Provided that, where there is no possibility of salvage, a policy may be effected without benefit of salvage to the insurer.

> (1) 사행 또는 도박을 목적으로 하는 모든 해상보험계약은 무효이다.
> (2) 해상보험계약은 다음의 경우 사행 또는 도박계약으로 간주된다.
>   (a) 피보험자가 이 법에서 정의하고 있는 피보험이익을 갖지 않고, 또한 그와 같은 이익을 취득할 기대 가능성 없이 계약이 체결되는 경우, 또는
>   (b) 보험증권이 "이익의 유무 불문" 또는 "보험증권 자체 이외에 이익의 추가 증명 없음" 또는 "보험자에게 구조물의 권리 없음" 또는 이와 유사한 기타 일체의 용어에 따라 작성되는 경우. 단, 구조의 가능성이 없는 경우 보험자에게 구조물의 권리 없이 보험계약이 체결될 수 있다.

5. Insurable interest defined
제5조 피보험이익의 정의

(1) Subject to the provisions of this Act, every person has an insurable interest who is interested in a marine adventure.

(2) In particular a person is interested in a marine adventure where he stands in any legal or equitable relation to the adventure or to any insurable property at risk therein, in consequence of which he may benefit by the safety or due arrival of insurable property, or may be prejudiced by its loss, or by damage thereto, or by the detention thereof, or may incur liability in respect thereof.

> (1) 이 법의 규정이 있는 경우를 제외하고, 해상사업에 이해관계가 있는 자는 모두 피보험이익을 갖는다.
> (2) 특히 해상사업에 대하여 또는 해상사업에서 위험에 노출된 일체의 피보험재산에 대하여 어떤 자가 보통법 또는 형평법상 관계에 있는 경우, 그 결과로 인하여 피보험재산의 안전이나 예정시기의 도착으로 이익을 얻거나, 피보험재산의 멸실이나 손상 또는 억류로 손해를 입거나, 또는 피보험재산에 관하여 배상책임을 발생시키는 자는 해상사업에 이해관계가 있다.

6. When interest must attach
제6조 이익이 귀속되어야 할 시기

(1) The assured must be interested in the subject-matter insured at the time of the loss though he need not be interested when the insurance is effected:

Provided that where the subject-matter is insured "lost or not lost", the assured may recover although he may not have acquired his interest until after the loss, unless at the time of effecting the contract of insurance the assured was aware of the loss, and the insurer was not.

(2) Where the assured has no interest at the time of the loss, he cannot acquire interest by any act or election after he is aware of the loss.

> (1) 피보험자는 보험계약이 체결될 때 피보험목적물에 피보험이익을 가질 필요는 없지만, 손해 발생 시에는 반드시 피보험목적물에 피보험이익을 가져야 한다.
> 단, 피보험목적물이 "멸실 여부를 불문함"이란 조건으로 보험가입되는 경우에는, 보험계약의 체결 시 피보험자가 손해발생 사실을 알고 있었고 보험자는 그 사실을 알지 못하였을 경우가 아닌 한, 피보험자는 손해발생 후까지 자기의 이익을 취득할 수 없을지라도 보험금을 받을 수 있다.
> (2) 피보험자가 손해발생 시 이익을 가지고 있지 않은 경우, 피보험자는 손해발생을 알고 난 후에는 어떠한 행위 또는 선임에 의해서도 이익을 취득할 수 없다.

7. Defeasible or contingent interest
제7조 소멸이익 또는 불확정이익

(1) A defeasible interest is insurable, as also is a contingent interest.

(2) In particular, where the buyer of goods has insured them, he has an insurable interest, notwithstanding that he might, at his election, have rejected the goods, or have treated them as at the seller's risk, by reason of the latter's delay in making delivery or otherwise.

> (1) 불확정이익이 보험부보 가능하듯이 소멸이익도 보험부보 가능하다.
> (2) 특히 화물의 매수인이 보험부보하는 경우에는, 매도인의 화물인도의 지연 또는 기타 이유로 매수인이 자기의 선택권에 따라 화물인수를 거절하거나 또는 매도인의 위험에 속하는 것으로서 화물을 처리할 수 있음에도 불구하고, 매수인은 피보험이익을 갖는다.

8. Partial interest
제8조 일부의 이익

A partial interest of any nature is insurable.

> 모든 종류의 일부 이익은 부보 가능하다.

9. Re-insurance
제9조 재보험

(1) The insurer under a contract of marine insurance has an insurable interest in his risk, and may re-insure in respect of it.

(2) Unless the policy otherwise provides, the original assured has no right or interest in respect of such re-insurance.

> (1) 해상보험계약의 보험자는 자기의 위험에 대한 피보험이익을 가지며, 그 이익에 관하여 재보험에 가입할 수 있다.
> (2) 보험증권에 별도로 규정하지 않는 한, 원 보험의 피보험자는 그러한 재보험에 관하여 어떤 권리 또는 이익을 갖지 않는다.

10. Bottomry
제10조 모험대차

The lender of money on bottomry or respondentia has an insurable interest in respect of the loan.

> 선박모험대차 또는 적하모험대차의 대금업자는 그 대출금에 관하여 피보험이익을 갖는다.

11. Master's and seamen's wages
제11조 선장과 선원의 급료

The master or any member of the crew of a ship has an insurable interest in respect of his wages.

> 선박의 선장 또는 모든 선원은 자기의 급료에 관하여 피보험이익을 갖는다.

12. Advance freight
제12조 선불운임

In the case of advance freight, the person advancing the freight has an insurable interest, in so far as such freight is not repayable in case of loss.

> 선불운임의 경우에 운임을 선불한 자는 손해발생 시 그러한 운임이 상환될 수 없는 한도 내에서 피보험이익을 갖는다.

13. Charges of insurance
제13조 보험의 비용

The assured has an insurable interest in the charges of any insurance which he may effect.

> 피보험자는 자기가 체결하는 모든 보험의 비용에 대한 피보험이익을 갖는다.

14. Quantum of interest
제14조 이익의 크기

(1) Where the subject-matter insured is mortgaged, the mortgagor has an insurable interest in the full value thereof, and the mortgagee has an insurable interest in respect of any sum due or to become due under the mortgage.

(2) A mortgagee, consignee, or other person having an interest in the subject-matter insured may insure on behalf and for the benefit of other persons interested as well as for his own benefit.

(3) The owner of insurable property has an insurable interest in respect of the full value thereof, notwithstanding that some third person may have agreed, or be liable, to indemnify him in case of loss.

> (1) 피보험목적물이 저당된 경우, 저당권설정자는 피보험목적물의 전체 가액에 피보험이익을 가지며, 저당권자는 저당권에 의해 지불되는 일체의 금액 또는 지불하게 되어 있는 일체의 금액에 대해 피보험이익을 갖는다.
> (2) 저당권자, 수화인 또는 피보험목적물에 대한 이익을 갖고 있는 기타의 자는 자기 자신을 위해서는 물론 이해관계가 있는 타인을 위해서 그리고 그러한 타인을 대리하여 보험에 가입할 수 있다.
> (3) 피보험재산의 소유자는, 누군가 제3자가 손해발생 시 자기에게 손해보상을 약정하거나 또는 손해보상의 책임이 있는 경우에도 불구하고, 피보험재산의 전체 가액에 관하여 피보험이익을 갖는다.

15. Assignment of interest
제15조 이익의 양도

Where the assured assigns or otherwise parts with his interest in the subject-matter insured, he does not thereby transfer to the assignee his rights under the contract of insurance, unless there be an express or implied agreement with the assignee to that effect. But the provisions of this section do not affect a transmission of interest by operation of law.

> 피보험자가 피보험목적물에 대한 자기의 이익을 양도하거나 또는 기타의 방법으로 분할처분하는 경우, 피보험자는 이에 의해 보험계약상 자기의 권리를 이전하지 아니한다. 단, 그러한 취지의 양수인과의 명시적 또는 묵시적 합의가 있는 경우에는 보험계약상 피보험자의 권리가 양수인에게 이전된다. 그러나 본 조의 규정은 법률의 효력에 의한 이익의 이전에는 영향을 미치지 아니한다.

INSURABLE VALUE
보험가액

16. Measure of insurable value
제16조 보험가액의 평가기준

Subject to any express provision or valuation in the policy, the insurable value of the subject-matter insured must be ascertained as follows:

(1) In insurance on ship, the insurable value is the value, at the commencement of the risk, of the ship, including her outfit, provisions and stores for the officers and crew, money advanced for seamen's wages, and other disbursements (if any) incurred to make the ship fit for the voyage or adventure contemplated by the policy, plus the charges of insurance upon the whole: The insurable value, in the case of a steamship, includes also the machinery, boilers, and coals and engine stores if owned by the assured, and, in the case of a ship engaged in a special trade, the ordinary fittings requisite for that trade:

(2) In insurance on freight, whether paid in advance or otherwise, the insurable value is the gross amount of the freight at the risk of the assured, plus the charges of insurance:

(3) In insurance on goods or merchandise, the insurable value is the prime cost of the property insured, plus the expenses of and incidental to shipping and the charges of insurance upon the whole:

(4) In insurance on any other subject-matter, the insurable value is the amount at the risk of the assured when the policy attaches, plus the charges of insurance.

> 보험증권상 명시규정 또는 평가액이 있는 경우를 제외하고, 피보험목적물의 보험가액은 다음과 같이 확정하여야 한다.
> (1) 선박에 관한 보험에서 보험가액은 선박의 의장구, 고급선원과 보통선원을 위한 식료품과 소모품, 해원의 급료에 대한 선불금 및 보험증권에 의해 예정된 항해 또는 해상사업에 대해 선박을 적합하도록 만들기 위해 지출한 기타 선비(지출한 경우)를 포함하여 선박의 위험개시 시의 가액에 그 전체에 관한 보험비용을 가산한 금액이다. 증기선의 경우에 보험가액은 또한 기계와 보일러 및 피보험자의 소유인 경우의 석탄과 엔진소모품을 포함하며, 특수무역에 종사하는 선박의 경우에는 그러한 무역에 필수적인 통상적인 설비를 포함한다.
> (2) 운임에 관한 보험에서는, 선불운임이든 아니든 불문하고, 보험가액은 피보험자의 위험에 속하는 운임의 총액에 보험비용을 가산한 금액이다.
> (3) 화물 또는 상품에 관한 보험에서 보험가액은 피보험재산의 원가에 선적비용과 선적의 부수비용 및 그 전체에 대한 보험비용을 가산한 금액이다.
> (4) 일체의 기타 피보험목적물에 관한 보험에서 보험가액은 보험계약이 시작되는 때에 피보험자의 위험에 속하는 금액에 보험비용을 가산한 금액이다.

Disclosure and Representations
고지와 표시

17. Insurance is uberrimae fidei
제17조 보험은 최대선의를 기초로 한다

A contract of marine insurance is a contract based upon the utmost good faith, and, if the utmost good faith be not observed by either party, the contract may be avoided by the other party.

> 해상보험계약은 최대선의를 기초로 한 계약이며, 따라서 당사자 일방이 최대선의를 지키지 않으면 타방은 그 계약을 취소할 수 있다.

18. Disclosure by assured
제18조 피보험자의 고지

(1) Subject to the provisions of this section, the assured must disclose to the insurer, before the contract is concluded, every material circumstance which is known to the assured, and the assured is deemed to know every circumstance which, in the ordinary course of business, ought to be known by him. If the assured fails to make such disclosure, the insurer may avoid the contract.

(2) Every circumstance is material which would influence the judgment of a prudent insurer in fixing the premium, or determining whether he will take the risk.

(3) In the absence of inquiry the following circumstances need not be disclosed, namely:

 (a) Any circumstance which diminishes the risk:

 (b) Any circumstance which is known or presumed to be known to the insurer. The insurer is presumed to know matters of common notoriety or knowledge, and matters which an insurer in the ordinary course of his business, as such, ought to know;

 (c) Any circumstances as to which information is waived by the insurer;

 (d) Any circumstance which it is superfluous to disclose by reason of any express or implied warranty.

(4) Whether any particular circumstance, which is not disclosed, be material or not is, in each case, a question of fact.

(5) The term "circumstance" includes any communication made to, or information received by, the assured.

(1) 본 조의 규정에 따라서, 피보험자는 자기가 알고 있는 모든 중요사항을 계약이 성립되기 전에 보험자에게 고지하여야 하며, 피보험자는 통상의 업무상 마땅히 알아야 하는 모든 사항을 알고 있는 것으로 간주한다. 피보험자가 그러한 고지를 하지 않은 경우에는 보험자는 계약을 취소할 수 있다.

(2) 보험료를 결정하거나 또는 위험의 인수 여부를 결정하는 데 있어서 신중한 보험자의 판단에 영향을 미치는 모든 사항은 중요사항이다.

(3) 다음의 사항은 질문이 없는 경우에 고지할 필요가 없다. 즉,
   (a) 위험을 감소시키는 일체의 사항
   (b) 보험자가 알고 있거나 또는 알고 있는 것으로 추정되는 일체의 사항. 보험자는 일반적으로 소문난 상황이나 상식에 속하는 상황 및 보험자가 자기의 통상의 업무상 마땅히 알아야 하는 상황들을 알고 있는 것으로 추정된다.
   (c) 보험자가 그에 관한 정보를 포기한 일체의 사항
   (d) 어떠한 명시 또는 묵시담보 때문에 고지할 필요 없는 일체의 사항

(4) 고지되지 않은 어떠한 특정 사항이 중요한 것인지 또는 아닌지의 여부는 각각의 경우에 있어서 사실문제이다.

(5) "사항"이란 말은 피보험자에게 행한 일체의 통신 또는 피보험자가 접수한 정보를 포함한다.

19. Disclosure by agent effecting insurance
제19조 보험계약을 체결하는 대리인의 고지

Subject to the provisions of the preceding section as to circumstances which need not be disclosed, where an insurance is effected for the assured by an agent, the agent must disclose to the insurer -

(a) Every material circumstance which is known to himself, and an agent to insure is deemed to know every circumstance which in the ordinary course of business ought to be known by, or to have been communicated to, him; and

(b) Every material circumstance which the assured is bound to disclose, unless it come to his knowledge too late to communicate it to the agent.

보험계약이 피보험자를 위하여 대리인에 의해 체결되는 경우 고지되어야 할 필요가 없는 사항에 관한 전조의 규정을 제외하고, 대리인은 보험자에게 다음의 사항을 고지하여야 한다.

(a) 대리인 자신이 알고 있는 모든 중요사항, 그리고 보험계약을 체결하는 대리인은 통상의 업무상 마땅히 알고 있어야 하는 모든 사항과 대리인에게 마땅히 통지되었을 모든 사항을 알고 있는 것으로 간주한다. 그리고

(b) 피보험자가 고지할 의무가 있는 모든 중요사항, 다만 피보험자가 너무 늦게 알게 되어 대리인에게 통지하지 못한 경우에는 그러하지 아니하다.

20. Representations pending negotiation of contract
제20조 계약의 협의 중 표시

(1) Every material representation made by the assured or his agent to the insurer during the negotiations for the contract, and before the contract is concluded, must be true. If it be untrue the insurer may avoid the contract.

(2) A representation is material which would influence the judgment of a prudent insurer in fixing the premium, or determining whether he will take the risk.

(3) A representation may be either a representation as to a matter of fact, or as to a matter of expectation or belief.

(4) A representation as to a matter of fact is true, if it be substantially correct, that is to say, if the difference between what is represented and what is actually correct would not be considered material by a prudent insurer.

(5) A representation as to a matter of expectation or belief is true if it be made in good faith.

(6) A representation may be withdrawn or corrected before the contract is concluded.

(7) Whether a particular representation be material or not is, in each case, a question of fact.

---

(1) 계약의 협의 중 및 계약이 성립되기 전에 피보험자 또는 그 대리인이 보험자에게 행한 모든 중요한 표시는 진실이어야 한다. 그것이 진실이 아닌 경우 보험자는 그 계약을 취소할 수 있다.
(2) 위험의 인수 여부를 결정하고 보험료를 결정하는 데 있어서 신중한 보험자의 판단에 영향을 미치는 표시는 중요한 것이다.
(3) 표시는 사실문제에 관한 표시일 수 있고, 또는 기대나 신념의 문제에 관한 표시일 수도 있다.
(4) 사실문제에 관한 표시는, 그것이 실질적으로 정확한 경우, 즉 표시된 것과 실제적으로 정확한 것과의 차이를 신중한 보험자가 중요한 것으로 간주하지 않는 경우, 진실한 표시이다.
(5) 기대 또는 신념의 문제에 관한 표시는 그것이 선의로 행하여진 경우 진실한 표시이다.
(6) 표시는 계약이 성립되기 전에 철회되거나 수정될 수 있다.
(7) 특정의 표시가 중요한 것인가 아닌가의 여부는 각각의 경우에 있어서 사실문제이다.

21. When contract is deemed to be concluded
제21조 보험계약이 성립된 것으로 간주되는 시기

A contract of marine insurance is deemed to be concluded when the proposal of the assured is accepted by the insurer, whether the policy be then issued or not; and, for the purpose of showing when the proposal was accepted, reference may be made to the slip or covering note or other customary memorandum of the contract.

> 해상보험계약은, 보험증권의 발행 여부에 관계없이, 피보험자의 청약이 보험자에 의해 승낙된 때 성립한 것으로 간주한다. 그리고 청약이 승낙된 때를 증명하기 위해서 슬립이나 보험인수증서 또는 기타 관습적인 계약서를 참조할 수 있다.

The Policy
보험증권

22. Contract must be embodied in policy
제22조 보험계약은 보험증권에 구현되어야 한다

Subject to the provisions of any statute, a contract of marine insurance is inadmissible in evidence unless it is embodied in a marine policy in accordance with this Act. The policy may be executed and issued either at the time when the contract is concluded, or afterwards.

> 어떠한 제정법의 규정이 있는 경우를 제외하고, 해상보험계약은 본 법에 따라 해상보험증권에 구현되지 않는 한 증거로서 인정되지 않는다. 보험증권은 계약이 성립된 때 또는 그 후에 작성되고 발행될 수 있다.

23. What policy must specify
제23조 보험증권의 필수 기재사항

A marine policy must specify

(1) The name of the assured, or of some person who effects the insurance on his behalf:

> 해상보험증권은 반드시
> (1) 피보험자 또는 그를 위하여 보험계약을 체결하는 자의 성명을 기재하여야 한다.

24. Signature of insurer
제24조 보험자의 서명

(1) A marine policy must be signed by or on behalf of the insurer, provided that in the case of a corporation the corporate seal may be sufficient, but nothing in this section shall be construed as requiring the subscription of a corporation to be under seal.

(2) Where a policy is subscribed by or on behalf of two or more insurers, each subscription, unless the contrary be expressed, constitutes a distinct contract with the assured.

> (1) 해상보험증권은 반드시 보험자에 의해 서명되거나 또는 보험자를 대리하여 서명되어야 한다. 단, 법인의 경우 법인의 인장으로 충분하다. 그러나 본 조의 규정은 법인의 서명이 인장으로 날인되는 것을 요구하는 것으로 해석해서는 안 된다.
> (2) 하나의 보험증권이 2인 이상의 보험자에 의해 서명되거나 또는 2인 이상의 보험자를 대리하여 서명되는 경우에는, 반대의 표시가 없는 한, 각각의 서명은 피보험자와 별도의 계약을 구성한다.

25. Voyage and time policies
제25조 항해보험증권과 기간보험증권

(1) Where the contract is to insure the subject-matter "at and from", or from one place to another or other, the policy is called a "voyage policy", and where the contract is to insure the subject-matter for a definite period of time the policy is called a "time policy." A contract for both voyage and time may be included in the same policy.

> (1) 보험계약이 피보험목적물을 "에서 및 부터" 또는 어느 장소로부터 다른 1개 장소나 수개의 장소까지 보험인수하는 경우, 그 보험증권을 "항해보험증권"이라고 부르며, 보험계약이 피보험목적물을 일정 기간 에 대하여 보험인수하는 경우, 그 보험증권을 "기간보험증권"이라고 부른다. 항해와 기간의 양자를 위한 계약이 동일한 보험증권에 포함될 수 있다.

26. Designation of subject-matter
제26조 피보험목적물의 명시

(1) The subject-matter insured must be designated in a marine policy with reasonable certainty.

(2) The nature and extent of the interest of the assured in the subject-matter insured need not be specified in the policy.

(3) Where the policy designates the subject-matter insured in general terms, its shall be construed to apply to the interest intended by the assured to be covered.

(4) In the application of this section regard shall be had to any usage regulating the designation of the subject-matter insured.

> (1) 피보험목적물은 반드시 해상보험증권에 상당히 명확하게 명시되어야 한다.
> (2) 피보험목적물에 대한 피보험자의 이익의 성질과 범위는 보험증권에 명기할 필요가 없다.
> (3) 보험증권에 피보험목적물을 총괄적 문언으로 명시하는 경우, 그것은 피보험자가 보험보장을 받을 것으로 의도한 이익에 적용되는 것으로 해석하여야 한다.
> (4) 본 조의 적용에 있어서 피보험목적물의 명시를 규정하는 일체의 관행을 고려하여야 한다.

27. Valued policy
제27조 기평가보험증권

(1) A policy may be either valued or unvalued.

(2) A valued policy is a policy which specifies the agreed value of the subject-matter insured.

(3) Subject to the provisions of this Act, and in the absence of fraud, the value fixed by the policy is, as between the insurer and assured, conclusive of the insurable value of the subject intended to be insured, whether the loss be total or partial.

(4) Unless the policy otherwise provides, the value fixed by the policy is not conclusive for the purpose of determining whether there has been a constructive total loss.

> (1) 보험증권은 기평가보험증권이거나 미평가보험증권일 수 있다.
> (2) 기평가보험증권은 피보험목적물의 협정보험가액을 기재한 보험증권이다.
> (3) 본 법의 규정이 있는 경우를 제외하고, 또 사기가 없는 경우에, 보험증권에 의해 정해진 가액은 보험자와 피보험자 사이에서는 손해가 전손이든 분손이든 관계없이 보험에 가입하려고 의도한 피보험목적물의 보험가액으로서 결정적이다.
> (4) 보험증권이 별도로 규정하지 않는 한, 보험증권에 정해진 가액은 추정전손의 존재를 결정하는 목적을 위하여는 결정적인 것은 아니다.

28. Unvalued policy
제28조 미평가보험증권

An unvalued policy is a policy which does not specify the value of the subject-matter insured, but subject to the limit of the sum insured, leaves the insurable value to be subsequently ascertained, in the manner herein-before specified.

> 미평가보험증권은 피보험목적물의 가액을 기재하지 않고, 보험금액의 한도에 따라서 앞에서 명시된 방법으로 보험가액이 추후 확정되도록 하는 보험증권이다.

29. Floating policy by ship or ships
제29조 선박 또는 제 선박의 부동보험증권

(1) A floating policy is a policy which describes the insurance in general terms, and leaves the name of the ship or ships and other particulars to be defined by subsequent declaration.

(2) The subsequent declaration or declarations may be made by indorsement on the policy, or in other customary manner.

(3) Unless the policy otherwise provides, the declarations must be made in the order of dispatch or shipment.

They must, in the case of goods, comprise all consignments within the terms of the policy, and the value of the goods or other property must be honestly stated, but an omission or erroneous declaration may be rectified even after loss or arrival, provided the omission or declaration was made in good faith.

(4) Unless the policy otherwise provides, where a declaration of value is not made until after notice of loss or arrival, the policy must be treated as an unvalued policy as regards the subject-matter of that declaration.

---

(1) 부동보험증권은 총괄적 문언으로 보험계약을 기술하고, 선박이나 제선박의 명칭과 기타의 자세한 사항은 추후 확정통지에 의해 한정되도록 하는 보험증권이다.
(2) 추후의 확정통지는 보험증권상의 배서에 의해 또는 기타 관습적인 방법으로 할 수 있다.
(3) 보험증권이 별도로 규정하지 않는 한, 확정통지는 반드시 발송 또는 선적의 순서에 따라 하여야 한다. 화물의 경우 확정통지는 반드시 보험증권의 조건에 해당되는 모든 운송품을 포함하여야 하고, 화물이나 기타 재산의 가액은 반드시 정직하게 신고되어야 한다. 그러나 확정통지가 생략된 사항 또는 잘못된 확정통지는, 그것이 선의로 이루어진 경우에 한하여, 심지어 손해발생 후 또는 도착 후에도 수정될 수 있다.
(4) 보험증권이 별도로 규정하지 않는 한, 손해의 통지 후 또는 도착의 통지 후까지 가액에 대한 확정 통지가 이루어지지 않는 경우에, 그 보험증권은 그러한 확정통지의 대상인 피보험목적물에 관하여는 반드시 미평가보험증권으로 처리되어야 한다.

30. Construction of terms in policy
제30조 보험증권의 용어의 해석

(1) A policy may be in the form in the First Schedule to this Act.

(2) Subject to the provisions of this Act, and unless the context of the policy otherwise requires, the terms and expressions mentioned in the First Schedule to this Act shall be construed as having the scope and meaning in that schedule assigned to them.

> (1) 보험증권은 본 법의 제1부칙에 있는 양식이 사용될 수 있다.
> (2) 본 법의 규정이 있는 경우를 제외하고, 그리고 보험증권의 문맥상 별도의 해석을 필요로 하지 않는 한, 본 법의 제1부칙에서 언급된 용어와 어구는 그 부칙에 정하고 있는 범위와 의미를 갖는 것으로 해석하여야 한다.

31. Premium to be arranged
제31조 추후 협정되는 보험료

(1) Where an insurance is effected at a premium to be arranged, and no arrangement is made, a reasonable premium is payable.

(2) Where an insurance is effected on the terms that an additional premium is to be arranged in a given event, and that event happens but no arrangement is made, then a reasonable additional premium is payable.

> (1) 추후 협정되는 보험료의 조건으로 보험계약이 체결되었으나 보험료가 협정되지 않은 경우, 합리적인 보험료가 지불되어야 한다.
> (2) 일정한 경우에 추가보험료가 협정된다는 조건으로 보험계약이 체결되고, 그러한 경우가 발생하였지만 추가보험료가 협정되지 않은 경우에는, 합리적인 추가보험료가 지불되어야 한다.

Double Insurance
중복보험

32. Double insurance
제32조 중복보험

(1) Where two or more policies are effected by or on behalf of the assured on the same adventure and interest or any part thereof, and the sums insured exceed the indemnity allowed by this Act, the assured is said to be over-insured by double insurance.

(2) Where the assured is over-insured by double insurance -

   (a) The assured, unless the policy otherwise provides, may claim payment from the insurers in such order as he may think fit, provided that he is not entitled to receive any sum in excess of the indemnity allowed by this Act;

   (b) Where the policy under which the assured claims is a valued policy, the assured must give credit as against the valuation for any sum received by him under any other policy without regard to the actual value of the subject-matter insured;

   (c) Where the policy under which the assured claims is an unvalued policy he must give credit, as against the full insurable value, for any sum received by him under any other policy;

   (d) Where the assured receives any sum in excess of the indemnity allowed by this Act, he is deemed to hold such sum in trust for the insurers, according to their right of contribution among themselves.

---

(1) 동일한 해상사업과 이익 또는 그 일부에 관하여 둘 이상의 보험계약이 피보험자에 의해서 또는 피보험자를 대리하여 체결되고, 보험금액이 본 법에서 허용된 손해보상액을 초과하는 경우, 피보험자는 중복보험에 의해 초과보험되었다고 말한다.

(2) 피보험자가 중복보험에 의해 초과보험되는 경우 -

   (a) 피보험자는, 보험증권이 별도로 규정하지 않는 한, 자기가 적절하다고 생각하는 순서에 따라 보험자들에게 보험금을 청구할 수 있다. 단, 피보험자는 본 법에 의해 허용되는 손해보상액을 초과하는 일체의 금액을 수취할 수 있는 권리는 없다.

   (b) 피보험자가 보험금을 청구하는 보험증권이 기평가보험증권인 경우, 피보험자는 피보험목적물의 실제 가액에 관계없이 여타 보험증권에 의해 그가 수취한 일체의 금액을 평가액에서 공제하여야 한다.

   (c) 피보험자가 보험금을 청구하는 보험증권이 미평가보험증권인 경우, 피보험자는 여타 보험증권에 의해 그가 수취한 일체의 금액을 전체의 보험가액에서 공제하여야 한다.

   (d) 피보험자가 본 법에 의해 허용된 손해보상액을 초과하는 금액을 수취한 경우, 보험자들 상호 간에 분담금에 대한 그들의 권리에 따라, 피보험자는 보험자들을 위해 수탁된 그러한 금액을 보유한 것으로 간주한다.

Warranties & ETC.
담보 및 기타

33. Nature of warranty
제33조 담보의 성질

(1) A warranty, in the following sections relating to warranties, means a promissory warranty, that is to say, a warranty by which the assured undertakes that some particular thing shall or shall not be done, or that some condition shall be fulfilled, or whereby he affirms or negatives the existence of a particular state of facts.

(2) A warranty may be express or implied.

(3) A warranty, as above defined, is a condition which must be exactly complied with, whether it be material to the risk or not. If it be not so complied with, then, subject to any express provision in the policy, the insurer is discharged from liability as from the date of the breach of warranty, but without prejudice to any liability incurred by him before that date.

> (1) 담보에 관한 다음의 제 조항에서의 담보는 약속담보를 의미하고, 즉 그것에 의해 피보험자가 어떤 특정한 사항이 행하여지거나 행하여지지 않을 것 또는 어떤 조건이 충족될 것을 약속하는 담보, 또는 그것에 의해 피보험자가 특정한 사실상태의 존재를 긍정하거나 부정하는 담보를 의미한다.
> (2) 담보는 명시담보일 수도 있고, 또는 묵시담보일 수도 있다.
> (3) 위에서 정의한 담보는, 그것이 위험에 대하여 중요한 것이든 아니든 관계없이, 반드시 정확하게 충족되어야 하는 조건이다. 만약 그것이 정확히 충족되지 않으면, 보험증권에 명시적인 규정이 있는 경우를 제외하고, 보험자는 담보위반일로부터 책임이 해제된다. 그러나 담보위반일 이전에 보험자에게 발생한 책임에는 영향을 미치지 아니한다.

34. When breach of warranty excused
제34조 담보위반이 허용되는 경우

(1) Non-compliance with a warranty is excused when by reason of a change of circumstances, the warranty ceases to be applicable to the circumstances of the contract, or when compliance with the warranty is rendered unlawful by any subsequent law.

(2) Where a warranty is broken, the assured cannot avail himself of the defence that the breach has been remedied, and the warranty complied with, before loss.

(3) A breach of warranty may be waived by the insurer.

(1) 담보의 불충족이 허용되는 경우는 상황의 변경에 의해 담보가 계약상황에 적용될 수 없게 된 경우, 또는 담보의 충족이 그 이후의 어떠한 법률에 의해 위법이 되는 경우이다.
(2) 담보의 위반이 있는 경우, 피보험자는 손해발생 이전에 그 위반이 교정되고 따라서 담보가 충족되었다는 항변을 이용할 수 없다.
(3) 담보의 위반은 보험자가 그 권리를 포기할 수 있다.

35. Express warranties
제35조 명시담보

(1) An express warranty may be in any form of words from which the intention to warrant is to be inferred.

(2) An express warranty must be included in, or written upon, the policy, or must be contained in some document incorporated by reference into the policy.

(3) An express warranty does not exclude an implied warranty, unless it be inconsistent therewith.

(1) 명시담보는 담보하려는 의사가 추정될 수 있는 것이면 어떠한 형태의 어구도 가능하다.
(2) 명시담보는 반드시 보험증권에 포함되거나 또는 기재되거나, 또는 보험증권 내의 언급에 의해 보험증권의 일부인 서류에 포함되어 있어야 한다.
(3) 명시담보는, 그것이 묵시담보와 상반되지 않는 한, 묵시담보를 배제하지 않는다.

36. Warranty of neutrality
제36조 중립담보

(1) Where insurable property, whether ship or goods, is expressly warranted neutral, there is an implied condition that the property shall have a neutral character at the commencement of the risk, and that, so far as the assured can control the matter, its neutral character shall be preserved during the risk.

(2) Where a ship is expressly warranted "neutral" there is also an implied condition that, so far as the assured can control the matter she shall be properly documented, that is to say, that she shall carry the necessary papers to establish her neutrality, and that she shall not falsify or suppress her papers, or use simulated papers. If any loss occurs through breach of this condition, the insurer may avoid the contract.

> (1) 피보험재산이 선박이든 화물이든 중립적일 것을 명시담보로 한 경우에는, 그 재산은 위험의 개시 시에 중립적 성질을 가지고 있어야 하고, 또한 피보험자가 사정을 지배할 수 있는 한, 그 재산의 중립적 성질은 위험기간 중 보존되어야 한다는 묵시조건이 있다.
> (2) 선박이 "중립적"일 것을 명시담보로 한 경우에는, 피보험자가 사정을 지배할 수 있는 한, 선박은 또한 그에 관한 적절한 서류를 갖추어야 한다는 묵시조건이 있다. 즉 선박은 그 중립성을 입증하는 데 필요한 서류를 비치하여야 하고, 또 선박의 서류를 위조하거나 은닉해서는 아니 되며 허위서류를 사용해서는 아니 된다는 묵시조건이 있다. 만약 이 조건의 위반으로 인하여 손해가 발생한 경우, 보험자는 계약을 취소할 수 있다.

37. No implied warranty of nationality
제37조 국적에 관한 묵시담보는 없다

There is no implied warranty as to the nationality of a ship, or that her nationality shall not be changed during the risk.

> 선박의 국적에 관한 묵시담보는 없으며, 또한 선박의 국적이 위험기간 중 변경되어서는 안 된다는 묵시담보도 없다.

38. Warranty of good safety
제38조 상당안전담보

Where the subject-matter insured is warranted "well" or "in good safety" on a particular day, it is sufficient if it be safe at any time during that day.

> 피보험 목적물이 특정일에 "무사히" 또는 "상당히 안전한 상태로" 있을 것을 담보로 하는 경우, 해당일의 어떠한 시간이든 안전하면 그것으로 충분하다.

39. Warranty of seaworthiness of ship
제39조 선박의 감항성담보

(1) In a voyage policy there is an implied warranty that at the commencement of the voyage the ship shall be seaworthy for the purpose of the particular adventure insured.

(2) Where the policy attaches while the ship is in port, there is also an implied warranty that she shall, at the commencement of the risk, be reasonably fit to encounter the ordinary perils of the port.

(3) Where the policy relates to a voyage which is performed in different stages, during which the ship requires different kinds of or further preparation or equipment, there is an implied warranty that at the commencement of each stage the ship is seaworthy in respect of such preparation or equipment for the purposes of that stage.

(4) A ship is deemed to be seaworthy when she is reasonably fit in all respects to encounter the ordinary perils of the seas of the adventure insured.

(5) In a time policy there is no implied warranty that the ship shall be seaworthy at any stage of the adventure, but where, with the privity of the assured, the ship is sent to sea in an unseaworthy state, the insurer is not liable for any loss attributable to unseaworthiness.

> (1) 항해보험증권에서는 항해의 개시 시에 선박은 보험에 가입된 특정한 해상사업의 목적을 위하여 감항이어야 한다는 묵시담보가 있다.
> (2) 선박이 항구에 있는 동안에 보험계약이 개시되는 경우에는, 또한 선박이 위험개시 시에 그 항구의 통상적인 위험에 대응하는 데 있어서 합리적으로 적합하여야 한다는 묵시담보가 있다.
> (3) 상이한 여러 단계로 수행되는 항해에 보험계약이 관련되어 있고, 그 각 단계마다 선박이 상이한 종류의 준비나 장비 또는 추가적인 준비나 장비를 필요로 하는 경우에는, 각 단계의 개시 시에 선박은 그 단계의 목적을 위하여 그와 같은 준비나 장비에 관하여 감항이어야 한다는 묵시담보가 있다.
> (4) 선박이 피보험해상사업의 통상적인 바다의 위험에 대응하는 데 있어서 모든 측면에서 합리적으로 적합한 때에는, 선박은 감항인 것으로 간주된다.
> (5) 기간보험증권에서는 선박이 어떠한 단계의 해상사업에서도 감항이어야 한다는 묵시담보는 없다. 그러나 피보험자가 은밀히 알고 있으면서도 선박이 불감항 상태로 취항한 경우에는, 보험자는 불감항에 기인하는 어떠한 손해에 대해서도 보상책임이 없다.

40. No implied warranty that goods are seaworthy
제40조 화물이 감항이라는 묵시담보는 없다

(1) In a policy on goods or other moveables there is no implied warranty that the goods or moveables are seaworthy.

(2) In a voyage policy on goods or other moveables there is an implied warranty that at the commencement of the voyage the ship is not only seaworthy as a ship, but also that she is reasonably fit to carry the goods or other moveables to the destination contemplated by the policy.

> (1) 화물이나 기타 동산에 관한 보험계약에서는, 화물이나 동산이 감항이라는 묵시담보는 없다.
> (2) 화물이나 기타 동산에 관한 항해보험계약에서는 선박이 항해의 개시 시에 선박으로서 감항일 뿐 아니라 보험증권에서 예정된 목적지까지 화물이나 기타 동산을 운송하는 데 합리적으로 적합하다는 묵시담보가 있다.

41. Warranty of legality
제41조 적법담보

There is an implied warranty that the adventure insured is a lawful one, and that, so far as the assured can control the matter, the adventure shall be carried out in a lawful manner.

> 피보험해상사업은 적법한 사업이어야 하고, 피보험자가 사정을 지배할 수 있는 한 그 해상사업은 적법한 방법으로 수행되어야 한다는 묵시담보가 있다.

The Voyage
항해

42. Implied condition as to commencement of risk
제42조 위험개시에 관한 묵시조건

(1) Where the subject-matter is insured by a voyage policy "at and from" or "from" a particular place, it is not necessary that the ship should be at that place when the contract is concluded, but there is an implied condition that the adventure shall be commenced within a reasonable time, and that if the adventure be not so commenced the insurer may avoid the contract.

(2) The implied condition may be negatived by showing that the delay was caused by circumstances known to the insurer before the contract was concluded, or by showing that he waived the condition.

> (1) 피보험목적물이 특정 장소"에서 및 부터" 또는 특정 장소"로부터" 항해보험증권에 의해 보험에 가입되는 경우, 계약 체결 시에 선박이 그 장소에 있어야 할 필요는 없지만, 항해가 합리적인 기간 내에 개시되어야 하고, 만약 항해가 그렇게 개시되지 않으면 보험자는 계약을 취소할 수 있다는 묵시조건이 있다.
> (2) 그 묵시조건은 계약이 체결되기 전에 보험자가 알고 있는 상황에 의해 지연이 발생하였다는 것을 증명함으로써, 또는 보험자가 그 조건에 대한 권리를 포기하였다는 것을 증명함으로써 무효화될 수 있다.

43. Alteration of port of departure
제43조 출항항의 변경

Where the place of departure is specified by the policy, and the ship instead of sailing from that place sails from any other place, the risk does not attach.

> 출항장소가 보험증권에 명기되어 있는 경우, 선박이 그 장소에서 출항하는 대신에 어떠한 다른 장소에서 출항하는 때에는, 위험은 개시하지 아니한다.

44. Sailing for different destination
제44조 다른 목적항을 향한 항해

Where the destination is specified in the policy, and the ship, instead of sailing for that destination, sails for any other destination, the risk does not attach.

> 목적항이 보험증권에 정하여진 경우, 선박이 그 목적항을 향하여 항해하지 않고 다른 목적항을 향하여 항해한 때에는, 위험은 개시하지 아니한다.

45. Change of voyage
제45조 항해의 변경

(1) Where, after the commencement of the risk, the destination of the ship is voluntarily changed from the destination contemplated by the policy, there is said to be a change of voyage.

(2) Unless the policy otherwise provides, where there is a change of voyage, the insurer is discharged from liability as from the time of change, that is to say, as from the time when the determination to change it is manifested; and it is immaterial that the ship may not in fact have left the course of voyage contemplated by the policy when the loss occurs.

> (1) 위험의 개시 후 선박의 목적지가 보험증권에 의해 예정된 목적지로부터 임의로 변경되는 경우에, 항해의 변경이라 한다.
> (2) 보험증권에 별도로 규정하지 않는 한, 항해의 변경이 있는 경우에는, 보험자는 변경 시부터, 즉 항해를 변경할 결의가 명백한 때부터 책임이 해제된다. 그리고 손해발생시 선박이 보험증권에 의해 예정된 항로를 실제 떠나지 않았다는 사실은 중요하지 아니하다.

46. Deviation
제46조 이로

(1) Where a ship, without lawful excuse, deviates from the voyage contemplated by the policy, the insurer is discharged from liability as from the time of deviation, and it is immaterial that the ship may have regained her route before any loss occurs.

(2) There is a deviation from the voyage contemplated by the policy -

    (a) Where the course of the voyage is specifically designated by the policy, and that course is departed from; or

    (b) Where the course of the voyage is not specifically designated by the policy, but the usual and customary course is departed from.

(3) The intention to deviate is immaterial; there must be a deviation in fact to discharge the insurer from his liability under the contract.

> (1) 선박이 적법한 이유 없이 보험증권에 의해 예정된 항해에서 이탈하는 경우, 보험자는 이로 시부터 책임이 해제되고, 선박이 손해발생 전에 선박의 항로에 복귀하였다는 사실은 중요하지 아니하다.
> (2) 다음의 경우에 보험증권에 의해 예정된 항해로부터 이로가 있다.
>   (a) 항로가 보험증권에서 특별히 지정되어 있는 경우에는, 그 항로를 떠났을 때, 또는
>   (b) 항로가 보험증권에 의해 특별히 지정되어 있지 아니한 경우에는, 통상적이고 관습적인 항로를 떠났을 때
> (3) 이로할 의사는 중요하지 아니하다. 즉 보험자가 계약상 책임을 면하기 위해서는 반드시 실제 이로가 있어야 한다.

47. Several ports of discharge
제47조 수개의 양하항

(1) Where several ports of discharge are specified by the policy, the ship may proceed to all or any of them, but, in the absence of any usage or sufficient cause to the contrary, she must proceed to them, or such of them as she goes to, in the order designated by the policy. If she does not there is a deviation.

(2) Where the policy is to "ports of discharge", within a given area, which are not named, the ship must, in the absence of any usage or sufficient cause to the contrary, proceed to them, or such of them as she goes to, in their geographical order. If she does not there is a deviation.

> (1) 보험증권에 수개의 양하항이 명기된 경우, 선박은 그들 항구의 전부 또는 일부로 항행할 수 있으나 어떠한 관습이나 반대의 충분한 이유가 없는 한, 반드시 보험증권에 지정된 순서에 따라 그들 항구 또는 선박이 흔히 항행하는 것과 같은 항구로 항행하여야 한다. 만약 선박이 그리하지 않으면 이로가 있다.
> (2) 보험증권이 특정 항구가 명기되지 않고 일정 지역 내의 "제 양하항"까지로 기재되어 있는 경우, 어떠한 관습이나 반대의 충분한 이유가 없는 한, 선박은 반드시 지리적 순서에 따라 그들 항구 또는 흔히 항행하는 것과 같은 항구로 항행하여야 한다. 만약 선박이 그리하지 않으면 이로가 있다.

48. Delay in voyage
제48조 항해의 지연

In the case of a voyage policy, the adventure insured must be prosecuted throughout its course with reasonable dispatch, and, if without lawful excuse it is not so prosecuted, the insurer is discharged from liability as from the time when the delay became unreasonable.

> 항해보험증권의 경우에서, 보험 가입된 해상사업은 반드시 전 과정을 통해 상당히 신속하게 수행되어야 하고, 만약 적법한 이유 없이 그와 같이 수행되지 않으면, 그 지연이 부당하게 되었던 때부터 보험자는 책임이 해제된다.

49. Excuses for deviation or delay
제49조 이로 또는 지연의 허용

(1) Deviation or delay in prosecuting the voyage contemplated by the policy is excused -

    (a) Where authorised by any special term in the policy; or

    (b) Where caused by circumstances beyond the control of the master and his employer; or

    (c) Where reasonably necessary in order to comply with an express or implied warranty; or

    (d) Where reasonably necessary for the safety of the ship or subject-matter insured; or

    (e) for the purpose of saving human life, or aiding a ship in distress where human life may be in danger; or

    (f) Where reasonably necessary for the purpose of obtaining medical or surgical aid for any person on board the ship; or

    (g) Where caused by the barratrous conduct of the master or crew, if barratry be one of the perils insured against.

(2) When the cause excusing the deviation or delay ceases to operate, the ship must resume her course, and prosecute her voyage, with reasonable dispatch.

> (1) 보험증권에 예정된 항해를 수행하는 데 있어서 다음의 경우에는 이로 또는 지연이 허용된다.
>   (a) 보험증권의 어떠한 특별한 문언에 의해 인정되는 경우, 또는
>   (b) 선장과 그의 고용주가 지배할 수 없는 상황에 기인하는 경우, 또는
>   (c) 명시담보 또는 묵시담보를 충족하기 위해 합리적으로 필요한 경우, 또는
>   (d) 선박 또는 피보험목적물의 안전을 위해 합리적으로 필요한 경우, 또는
>   (e) 인명을 구조하거나 또는 인명이 위험한 경우의 조난선을 구조하기 위해서, 또는
>   (f) 선박에 승선한 자에 대해 내과 또는 외과의 치료를 받기 위해서 합리적으로 필요한 경우, 또는
>   (g) 선원의 악행이 피보험위험의 하나인 경우에 선장이나 선원의 악행에 기인하는 경우
> (2) 이로 또는 지연을 허용하는 사유의 효과가 중단되는 때에는, 선박은 반드시 상당히 신속하게 본래의 항로로 복귀하여 항해를 수행하여야 한다.

Assignment of Policy
보험증권의 양도

50. When and how policy is assignable
제50조 보험증권이 양도될 수 있는 시기와 방법

(1) A marine policy is assignable unless it contains terms expressly prohibiting assignment. It may be assigned either before or after loss.

(2) Where a marine policy has been assigned so as to pass the beneficial interest in such policy, the assignee of the policy is entitled to sue thereon in his own name; and the defendant is entitled to make any defence arising out of the contract which he would have been entitled to make if the action had been brought in the name of the person by or on behalf of whom the policy was effected.

(3) A marine policy may be assigned by indorsement thereon or in other customary manner.

> (1) 해상보험증권에 양도를 명시적으로 금지하는 문언을 포함하고 있지 않는 한, 양도할 수 있다. 해상보험증권은 손해발생의 이전이든 이후이든 양도될 수 있다.
> (2) 해상보험증권이 그러한 보험증권상의 수익권의 이익을 이전할 목적으로 양도된 경우에, 보험증권의 양수인은 자기 자신의 이름으로 그 보험증권에 관한 소송을 제기할 수 있는 권리가 있고, 피고는 자기의 이름으로 보험계약을 체결한 자 또는 타인을 위해 보험계약이 체결되는 경우의 그 타인의 이름으로 소송이 제기되었을 경우에 피고가 항변할 권리가 있었을 그 계약에 기인한 어떠한 항변을 할 수 있는 권리가 있다.
> (3) 해상보험증권은 그 보험증권상의 배서 또는 기타 관습적인 방법에 의해 양도될 수 있다.

51. Assured who has no interest cannot assign
제51조 이익을 갖지 않는 피보험자는 양도할 수 없다

Where the assured has parted with or lost his interest in the subject-matter insured, and has not, before or at the time of so doing, expressly or impliedly agreed to assign the policy, any subsequent assignment of the policy is inoperative: Provided that nothing in this section affects the assignment of a policy after loss.

> 피보험자가 피보험목적물에 대한 자기의 이익을 포기하거나 상실한 경우, 그리고 그렇게 하기 전에 또는 그렇게 할 당시에, 보험증권을 양도하기로 명시적으로 또는 묵시적으로 합의하지 않은 경우에는, 그 이후의 어떠한 보험증권의 양도는 효력이 없다. 단, 본 조의 규정은 손해발생 후의 보험증권의 양도에는 영향을 미치지 아니한다.

The Premium
보험료

52. When premium payable
제52조 보험료의 지불시기

Unless otherwise agreed, the duty of the assured or his agent to pay the premium, and the duty of the insurer to issue the policy to the assured or his agent, are concurrent conditions, and the insurer is not bound to issue the policy until payment or tender of the premium.

> 별도로 약정하지 않는 한, 피보험자 또는 그 대리인의 보험료의 지불의무와 피보험자 또는 그 대리인에 대한 보험자의 보험증권의 발급의무는 동시조건이며, 따라서 보험자는 보험료의 지불 또는 보험료의 변제를 제공할 때까지는 보험증권을 발급할 의무가 없다.

53. Policy effected through broker
제53조 보험중개인을 통해 체결된 보험계약

(1) Unless otherwise agreed, where a marine policy is effected on behalf of the assured by a broker, the broker is directly responsible to the insurer for the premium, and the insurer is directly responsible to the assured for the amount which may be payable in respect of losses, or in respect of returnable premium.

(2) Unless otherwise agreed, the broker has, as against the assured, a lien upon the policy for the amount of the premium and his charges in respect of effecting the policy; and, where he has dealt with the person who employs him as a principal, he has also a lien on the policy in respect of any balance on any insurance account which may be due to him from such person, unless when the debt was incurred he had reason to believe that such person was only an agent.

> (1) 별도로 약정하지 않는 한, 해상보험증권이 피보험자를 대리하여 보험중개인에 의해 체결되는 경우, 보험중개인은 보험료에 대해 보험자에게 직접적으로 책임이 있고, 보험자는 손해에 대한 보험금 또는 환급보험료에 관해 지급하여야 할 금액에 대해 피보험자에게 직접적인 책임이 있다.
>
> (2) 별도로 약정하지 않는 한, 보험중개인은 피보험자를 상대로 보험료의 금액과 보험계약의 체결과 관련한 보험중개인의 비용에 대하여 보험증권에 관한 유치권을 갖는다. 그리고 본인으로서 보험중개인을 고용하고 있는 자와 보험중개인이 거래관계를 가지고 있는 경우, 보험중개인은 그와 같은 자가 보험중개인에게 지불해야 할 보험계정상의 어떠한 부족액에 관하여도 보험증권에 관한 유치권을 갖는다. 단, 부채가 발생하였던 당시에, 보험중개인이 그와 같은 자가 단지 대리인이었다는 것을 믿을 만한 이유가 있었던 경우에는 그러하지 아니하다.

54. Effect of receipt on policy
제54조 보험증권상 보험료 영수의 효과

Where a marine policy effected on behalf of the assured by a broker acknowledges the receipt of the premium, such acknowledgement is, in the absence of fraud, conclusive as between the insurer and the assured, but not as between the insurer and broker.

> 피보험자를 대리하여 보험중개인에 의해 체결된 해상보험계약이 보험료의 영수사실을 인정하고 있는 경우에는, 그러한 사실인정은 사기가 없는 한 보험자와 피보험자 사이에는 결정적인 것이지만, 보험자와 보험중개인 사이에는 결정적인 것이 아니다.

Loss And Abandonment
손해와 위부

55. Included and excluded losses
제55조 보상손해와 면책손해

(1) Subject to the provisions of this Act, and unless the policy otherwise provides, the insurer is liable for any loss proximately caused by a peril insured against, but, subject as aforesaid, he is not liable for any loss which is not proximately caused by a peril insured against.

(2) In particular

(a) The insurer is not liable for any loss attributable to the wilful misconduct of the assured, but, unless the policy otherwise provides, he is liable for any loss proximately caused by a peril insured against, even though the loss would not have happened but for the misconduct or negligence of the master or crew;

(b) Unless the policy otherwise provides, the insurer on ship or goods is not liable for any loss proximately caused by delay, although the delay be caused by a peril insured against;

(c) Unless the policy otherwise provides, the insurer is not liable for ordinary wear and tear, ordinary leakage and breakage, inherent vice or nature of the subject-matter insured, or for any loss proximately caused by rats or vermin, or for any injury to machinery not proximately caused by maritime perils.

(1) 본 법의 규정이 있는 경우를 제외하고 그리고 보험증권에 별도로 규정하지 않는 한, 보험자는 피보험위험에 근인하여 발생하는 모든 손해에 대하여 책임이 있다. 그러나 전술한 경우를 제외하고, 보험자는 피보험위험에 근인하여 발생하지 않는 모든 손해에 대하여는 책임이 없다.

(2) 특히,
  (a) 보험자는 피보험자의 고의 불법행위에 기인하는 일체의 손해에 대하여 책임이 없다. 그러나 보험증권에 별도로 규정하지 않는 한, 선장이나 선원의 불법행위 또는 과실이 없었다면 손해가 발생하지 않았을 경우에도, 보험자는 피보험위험에 근인하는 모든 손해에 대하여는 책임이 있다.
  (b) 보험증권에 별도로 규정하지 않는 한, 선박이나 화물에 관한 보험자는 지연이 피보험위험에 기인한 경우에도 지연에 근인한 모든 손해에 대하여 책임이 없다.
  (c) 보험증권에 별도로 규정하지 않는 한, 보험자는 통상의 자연소모, 통상의 누손과 파손, 피보험목적물의 고유의 하자나 성질에 대해, 또는 쥐 또는 벌레에 근인하는 모든 손해에 대해, 또는 해상위험에 근인하지 않는 기계장치의 손상에 대해 책임이 없다.

56. Partial and total loss
제56조 분손과 전손

(1) A loss may be either total or partial. Any loss other than a total loss, as hereinafter defined, is a partial loss.

(2) A total loss may be either an actual total loss, or a constructive total loss.

(3) Unless a different intention appears from the terms of the policy, an insurance against total loss includes a constructive, as well as an actual, total loss.

(4) Where the assured brings an action for a total loss and the evidence proves only a partial loss, he may, unless the policy otherwise provides, recover for a partial loss.

(5) Where goods reach their destination in specie, but by reason of obliteration of marks, or otherwise, they are incapable of identification, the loss, if any, is partial, and not total.

(1) 손해는 전손이거나 또는 분손인 경우도 있다. 다음에 정의하고 있는 전손을 제외한 일체의 손해는 분손이다.
(2) 전손은 현실전손이거나 또는 추정전손인 경우도 있다.
(3) 보험증권의 문언에서 다른 의도가 나타나 있지 않는 한, 전손에 대한 보험은 현실전손은 물론 추정전손을 포함한다.
(4) 피보험자가 전손에 대한 소송을 제기한 경우에 오직 분손에 대해서만 증거가 입증되는 때에는, 피보험자는 보험증권에 별도로 규정하고 있지 않는 한 분손에 대한 보험금을 받을 수 있다.
(5) 화물이 같은 종류의 것으로 목적지에 도착하지만, 화물표지가 지워지거나 또는 기타의 이유로 같은 화물이라는 증명이 불가능한 경우에는, 만일 손해가 있다면 그 손해는 분손이며 전손은 아니다.

57. Actual total loss
제57조 현실전손

(1) Where the subject-matter insured is destroyed, or so damaged as to cease to be a thing of the kind insured, or where the assured is irretrievably deprived thereof, there is an actual total loss.

(2) In the case of an actual total loss no notice of abandonment need be given.

> (1) 피보험목적물이 파괴되거나 또는 보험에 가입된 종류의 물건으로서 존재할 수 없을 정도로 손상을 입은 경우, 또는 피보험자가 회복할 수 없도록 피보험목적물의 점유를 박탈당하는 경우에, 현실전손이 있다.
> (2) 현실전손의 경우에는 위부의 통지가 필요 없다.

58. Missing ship
제58조 행방불명선박

Where the ship concerned in the adventure is missing, and after the lapse of a reasonable time no news of her has been received, an actual total loss may be presumed.

> 해상사업에 종사하는 선박이 행방불명되고, 상당한 기간이 경과한 후에도 그 선박에 대한 소식을 수취하지 못하는 경우에는, 현실전손으로 추정할 수 있다.

59. Effect of transhipment, etc.
제59조 환적 등의 효과

Where, by a peril insured against, the voyage is interrupted at an intermediate port or place, under such circumstances as, apart from any special stipulation in the contract of affreightment, to justify the master in landing and reshipping the goods or other moveables, or in transhipping them, and sending them on to their destination, the liability of the insurer continues, notwithstanding the landing or transhipment.

> 항해가 피보험위험으로 인하여 중간항구 또는 중간지점에서 중단되는 경우, 해상화물운송계약서의 어떠한 특별한 약정과 관계없이, 선장이 화물이나 기타 동산을 양륙하여 재선적하거나 또는 화물이나 기타 동산을 환적하여 그 목적지까지 운송하는 것이 정당화되는 상황에서는, 보험자의 책임은 그 양륙이나 환적에도 불구하고 계속된다.

60. Constructive total loss defined
제60조 추정전손의 정의

(1) Subject to any express provision in the policy, there is a constructive total loss where the subject-matter insured is reasonably abandoned on account of its actual total loss appearing to be unavoidable, or because it could not be preserved from actual total loss without an expenditure which would exceed its value when the expenditure had been incurred.

(2) In particular, there is a constructive total loss -

   (i) Where the assured is deprived of the possession of his ship or goods by a peril insured against, and

      (a) it is unlikely that he can recover the ship or goods, as the case may be, or

      (b) the cost of recovering the ship or goods, as the case may be, would exceed their value when recovered; or

   (ii) In the case of damage to a ship, where she is so damaged by a peril insured against that the cost of repairing the damage would exceed the value of the ship when repaired. In estimating the cost of repairs, no deduction is to be made in respect of general average contributions to those repairs payable by other interests, but account is to be taken of the expense of future salvage operations and of any future general average contributions to which the ship would be liable if repaired; or

   (iii) In the case of damage to goods, where the cost of repairing the damage and forwarding the goods to their destination would exceed their value on arrival.

---

(1) 보험증권에 명시규정이 있는 경우를 제외하고, 피보험목적물의 현실전손이 불가피한 것으로 보이기 때문에, 또는 피보험목적물의 가액을 초과할 비용의 지출 없이는 현실전손으로부터 피보험목적물이 보존될 수 없기 때문에, 피보험목적물이 합리적으로 위부된 경우에, 추정전손이 있다.

(2) 특히, [다음의 경우] 추정전손이 있다.

   (i) 피보험자가 피보험위험으로 인하여 자기의 선박 또는 화물의 점유를 박탈당하고,
      (a) 피보험자가 경우에 따라서 선박 또는 화물을 회복할 수 있는 가능성이 없는 경우, 또는
      (b) 경우에 따라 선박 또는 화물을 회복하는 비용이 회복되었을 때의 그들 가액을 초과할 경우, 또는

   (ii) 선박의 손상의 경우에는, 선박이 피보험위험으로 인하여 손상을 입은 결과로 손상의 수리비용이 수리되었을 때의 선박의 가액을 초과할 경우. 수리비를 견적함에 있어서, 그러한 수리비에 대하여 다른 이해관계자가 지불할 공동해손분담금이 수리비에서 공제되지 않아야 한다. 그러나 장래의 구조작업의 비용과 선박이 수리된다면 선박이 책임을 부담하게 될 일체의 장래의 공동해손분담금은 수리비에 가산되어야 한다. 또는

   (iii) 화물의 손상의 경우에는, 그 손상을 수리하는 비용과 그 화물을 목적지까지 계속 운송하는 비용이 도착 시 화물의 가액을 초과할 경우.

61. Effect of constructive total loss
제61조 추정전손의 효과

Where there is a constructive total loss the assured may either treat the loss as a partial loss, or abandon the subject-matter insured to the insurer and treat the loss as if it were an actual total loss.

> 추정전손이 존재하는 경우에, 피보험자는 그 손해를 분손으로 처리할 수도 있고, 피보험목적물을 보험자에게 위부하고 그 손해를 현실전손의 경우에 준하여 처리할 수도 있다.

62. Notice of abandonment
제62조 위부의 통지

(1) Subject to the provisions of this section, where the assured elects to abandon the subject-matter insured to the insurer, he must give notice of abandonment. If he fails to do so the loss can only be treated as a partial loss.

(2) Notice of abandonment may be given in writing, or by word of mouth, or partly in writing and partly by word of mouth, and may be given in any terms which indicate the intention of the assured to abandon his insured interest in the subject-matter insured unconditionally to the insurer.

(3) Notice of abandonment must be given with reasonable diligence after the receipt of reliable information of the loss, but where the information is of a doubtful character the assured is entitled to a reasonable time to make inquiry.

(4) Where notice of abandonment is properly given, the rights of the assured are not prejudiced by the fact that the insurer refuses to accept the abandonment.

(5) The acceptance of an abandonment may be either express or implied from the conduct of the insurer. The mere silence of the insurer after notice is not acceptance.

(6) Where notice of abandonment is accepted the abandonment is irrevocable.

The acceptance of the notice conclusively admits liability for the loss and the sufficiency of the notice.

(7) Notice of abandonment is unnecessary where, at the time when the assured receives information of the loss, there would be no possibility of benefit to the insurer if notice were given to him.

(8) Notice of abandonment may be waived by the insurer.

(9) Where an insurer has re-insured his risk, no notice of abandonment need be given by him.

(1) 본 절의 규정에 따라, 피보험자가 피보험목적물을 보험자에게 위부할 것을 선택하는 경우, 위부의 통지를 하여야 한다. 만약 피보험자가 위부의 통지를 하지 못하면, 그 손해는 분손으로만 처리될 수 있다.
(2) 위부의 통지는 서면으로 하거나, 구두로도 할 수 있고, 또는 일부는 서면으로 일부는 구두로 할 수 있으며, 피보험목적물에 대한 피보험자의 보험이익을 보험자에게 무조건 위부한다는 피보험자의 의사를 나타내는 것이면 어떠한 용어로도 할 수 있다.
(3) 위부의 통지는 반드시 손해에 관한 신뢰할 수 있는 정보를 수취한 후에 상당한 주의로서 이를 통지하여야 한다. 그러나 그 정보가 의심스러운 성질을 가지고 있는 경우에는, 조사할 수 있는 상당한 기간이 피보험자에게 주어진다.
(4) 위부의 통지가 정당하게 행하여지는 경우에, 피보험자의 권리는 보험자가 위부의 승낙을 거부한다는 사실에 의해 침해되지 않는다.
(5) 위부의 승낙은 보험자의 행위에 의해 명시적 또는 묵시적으로 할 수 있다. 위부의 통지 후 보험자의 단순한 침묵은 승낙이 아니다.
(6) 위부의 통지가 승낙되는 경우에는, 위부는 취소할 수 없다.
통지의 승낙은 손해에 대한 책임과 충분한 요건을 갖춘 통지임을 확정적으로 인정하는 것이다.
(7) 피보험자가 손해의 정보를 받은 시기에는 위부통지가 보험자에게 행하였다고 할지라도 보험자에게 이득의 가능성이 없었을 경우에는, 위부의 통지는 불필요하다.
(8) 위부의 통지는 보험자가 그 권리를 포기할 수 있다.
(9) 보험자가 자기의 위험을 재보험한 경우에는, 보험자는 위부의 통지를 할 필요가 없다.

63. Effect of abandonment
제63조 위부의 효과

(1) Where there is a valid abandonment the insurer is entitled to take over the interest of the assured in whatever may remain of the subject-matter insured, and all proprietary rights incidental thereto.

(2) Upon the abandonment of a ship, the insurer thereof is entitled to any freight in course of being earned, and which is earned by her subsequent to the casualty causing the loss, less the expenses of earning it incurred after the casualty; and, where the ship is carrying the owner's goods, the insurer is entitled to a reasonable remuneration for the carriage of them subsequent to the casualty causing the loss.

(1) 유효한 위부가 있는 경우에는, 보험자는 피보험목적물에 남아 있을 수 있는 것은 무엇이든 그것에 대한 피보험자의 이익과 그에 부수되는 소유권에 속하는 모든 권리를 양도받을 수 있는 권리가 있다.
(2) 선박의 위부 시에, 그 선박의 보험자는 선박이 취득 중에 있는 운임과 손해를 초래한 재난 이후에 취득되는 운임에서 그 재난 이후에 운임을 취득하기 위해 지출된 비용을 공제한 운임을 취득할 권리가 있다. 그리고 그 선박이 선주의 화물을 운송하고 있는 경우에는, 보험자는 손해를 초래한 재난 이후의 그 화물의 운송에 대해 합리적인 보수를 받을 권리가 있다.

Partial Losses(Including Salvage and General Average and Particular Charges)
분손(구조료와 공동해손 및 단독(특별)비용 포함)

64. Particular average loss
제64조 단독해손손해

(1) A particular average loss is a partial loss of the subject-matter insured, caused by a peril insured against, and which is not a general average loss.

(2) Expenses incurred by or on behalf of the assured for the safety or preservation of the subject-matter insured, other than general average and salvage charges, are called particular charges. Particular charges are not included in particular average.

> (1) 단독해손손해는 피보험위험으로 인하여 발생한 피보험목적물의 분손이며, 공동해손손해가 아닌 분손이다.
> (2) 피보험목적물의 안전이나 보존을 위해 피보험자에 의하여 또는 피보험자를 대리하여 지출한 비용으로서 공동해손과 구조비용이 아닌 비용은 단독비용이라고 부른다. 단독비용은 단독해손에 포함되지 아니한다.

65. Salvage charges
제65조 구조비용

(1) Subject to any express provision in the policy, salvage charges incurred in preventing a loss by perils insured against may be recovered as a loss by those perils.

(2) "Salvage charges" means the charges recoverable under maritime law by a salvor independently of contract.They do not include the expenses of services in the nature of salvage rendered by the assured or his agents, or any person employed for hire by them, for the purpose of averting a peril insured against. Such expenses, where properly incurred, may be recovered as particular charges or as a general average loss, according to the circumstances under which they were incurred.

> (1) 보험증권에 명시적인 규정이 있는 경우를 제외하고, 피보험위험에 의한 손해를 방지하기 위해 지출한 구조비용은 그러한 위험에 의한 손해로서 보상될 수 있다.
> (2) "구조비용"은 계약과 관계없이 해상법상 구조자가 보상받을 수 있는 비용을 의미한다. 구조비용에는 피보험위험을 피하기 위하여 피보험자나 그 대리인 또는 보수를 받고 그들에 의해 고용된 자가 행하는 구조의 성격을 띤 서비스의 비용을 포함하지 아니한다. 그와 같은 비용은, 정당하게 지출된 경우에, 지출되는 상황에 따라서 단독비용 또는 공동해손손해로서 보상될 수 있다.

66. General average loss
제66조 공동해손손해

(1) A general average loss is a loss caused by or directly consequential on a general average act. It includes a general average expenditure as well as a general average sacrifice.

(2) There is a general average act where any extraordinary sacrifice or expenditure is voluntarily and reasonably made or incurred in time of peril for the purpose of preserving the property imperilled in the common adventure.

(3) Where there is a general average loss, the party on whom it falls is entitled, subject to the conditions imposed by maritime law, to a rateable contribution from the other parties interested, and such contribution is called a general average contribution.

(4) Subject to any express provision in the policy, where the assured has incurred a general average expenditure, he may recover from the insurer in respect of the proportion of the loss which falls upon him; and, in the case of a general average sacrifice, he may recover from the insurer in respect of the whole loss without having enforced his right of contribution from the other parties liable to contribute.

(5) Subject to any express provision in the policy, where the assured has paid, or is liable to pay, a general average contribution in respect of the subject insured, he may recover therefor from the insurer.

(6) In the absence of express stipulation, the insurer is not liable for any general average loss or contribution where the loss was not incurred for the purpose of avoiding, or in connection with the avoidance of, a peril insured against.

(7) Where ship, freight, and cargo, or any two of those interests, are owned by the same assured, the liability of the insurer in respect of general average losses or contributions is to be determined as if those subjects were owned by different persons.

(1) 공동해손손해는 공동해손행위로 인한 손해 또는 공동해손행위의 직접적인 결과로서 발생하는 손해이다. 공동해손손해는 공동해손비용과 공동해손희생을 포함한다.

(2) 공동의 해상사업에 있어서 위험에 직면한 재산을 보존할 목적으로 위험의 작용 시에 어떠한 이례적인 희생 또는 비용이 임의로 그리고 합리적으로 초래되거나 지출되는 경우에, 공동해손행위가 있다.

(3) 공동해손손해가 있는 경우, 그 손해를 입은 당사자는 해상법에 의해 부과되는 조건에 따라, 다른 이해관계자들에 대하여 비례적인 분담금을 청구할 수 있는 권리가 있으며, 그러한 분담금을 공동해손분담금이라고 한다.

(4) 보험증권에 어떠한 명시적인 규정이 있는 경우를 제외하고, 피보험자가 공동해손비용을 지출한 경우에, 피보험자는 그에게 귀속되는 그 손해의 부담부분을 보험자로부터 보상받을 수 있다. 그리고 공동해손희생의 경우에, 피보험자는 분담의무가 있는 다른 당사자들에 대하여 그의 분담청구권을 행사하지 않고, 손해의 전액을 보험자로부터 보상받을 수 있다.

(5) 보험증권에 어떠한 명시적인 규정이 있는 경우를 제외하고, 피보험자가 피보험목적물에 관하여 공동해손분담금을 지불하였거나 지불할 책임이 있는 경우에, 피보험자는 그러한 분담금을 보험자로부터 보상받을 수 있다.

(6) 명시적인 약정이 없는 한, 피보험위험을 피할 목적으로 또는 피보험위험을 피하는 것과 관련하여 손해가 발생하지 않은 경우에는, 보험자는 어떠한 공동해손손해 또는 공동해손분담금에 대해 보상책임이 없다.

(7) 선박과 운임 및 적하 또는 이들 이익 중 어떠한 두 가지가 동일한 피보험자에 의해 소유되는 경우에, 공동해손손해나 공동해손분담금에 관한 보험자의 책임은 그러한 이익들이 다른 사람에 의해 소유되고 있는 경우에 준하여 결정되어야 한다.

Measure Of Indemnity
손해보상의 한도

67. Extent of liability of insurer for loss
제67조 손해에 대한 보험자의 책임의 범위

(1) The sum which the assured can recover in respect of a loss on a policy by which he is insured, in the case of an unvalued policy to the full extent of the insurable value, or, in the case of a valued policy to the full extent of the value fixed by the policy is called the measure of indemnity.

(2) Where there is a loss recoverable under the policy, the insurer, or each insurer if there be more than one, is liable for such proportion of the measure of indemnity as the amount of his subscription bears to the value fixed by the policy in the case of a valued policy, or to the insurable value in the case of an unvalued policy.

(1) 피보험자가 보험가입되어 있는 보험증권상의 손해에 대하여, 미평가보험증권의 경우에는 보험가액의 전액까지, 또는 기평가보험증권의 경우에는 보험증권에 확정되어 있는 가액의 전액까지, 피보험자가 보상받을 수 있는 금액을 손해보상의 한도라고 한다.

(2) 보험증권에 의해 보상받을 수 있는 손해가 있는 경우에, 보험자는, 또는 둘 이상의 보험자가 있는 경우 각각의 보험자는 손해보상한도 중에서, 기평가보험증권의 경우 보험증권에 확정되어 있는 가액에 대한, 또는 미평가보험증권의 경우 보험가액에 대한, 그의 인수금액의 비율에 해당되는 부분을 보상할 책임이 있다.

68. Total loss
제68조 전손

Subject to the provisions of this Act and to any express provision in the policy, where there is a total loss of the subject-matter insured, -

(1) If the policy be a valued policy, the measure of indemnity is the sum fixed by the policy:

(2) If the policy be an unvalued policy, the measure of indemnity is the insurable value of the subject-matter insured.

> 본 법의 규정이 있는 경우와 보험증권에 어떠한 명시적인 규정이 있는 경우를 제외하고, 피보험목적물의 전손이 있는 경우에는,
> (1) 만약 보험증권이 기평가보험증권이면, 손해보상의 한도는 보험증권에 확정되어 있는 금액이다.
> (2) 만약 보험증권이 미평가보험증권이면, 손해보상의 한도는 피보험목적물의 보험가액이다.

69. Partial loss of ship
제69조 선박의 분손

Where a ship is damaged, but is not totally lost, the measure of indemnity, subject to any express provision in the policy, is as follows:

(1) Where the ship has been repaired, the assured is entitled to the reasonable cost of the repairs, less the customary deductions, but not exceeding the sum insured in respect of any one casualty:

(2) Where the ship has been only partially repaired, the assured is entitled to the reasonable cost of such repairs, computed as above, and also to be indemnified for the reasonable depreciation, if any, arising from the unrepaired damage, provided that the aggregate amount shall not exceed the cost of repairing the whole damage, computed as above:

(3) Where the ship has not been repaired, and has not been sold in her damaged state during the risk, the assured is entitled to be indemnified for the reasonable depreciation arising from the unrepaired damage, but not exceeding the reasonable cost of repairing such damage, computed as above.

> 선박이 손상되지만 전손이 아닌 경우에, 손해보상의 한도는 보험증권에 어떠한 명시적인 규정이 있는 경우를 제외하고 다음과 같다.
> (1) 선박이 수리된 경우에, 피보험자는 관습상의 공제액을 차감한 합리적인 수리비를 보상받을 수 있는 권리가 있다. 그러나 매 1회의 사고에 대하여 보험금액을 초과하지 아니한다.
> (2) 선박이 오직 일부분만이 수리된 경우에, 피보험자는 상기와 같이 계산된 일부분의 수리에 대한 합리적인 수리비를 보상받을 수 있는 권리가 있으며, 미수리된 손상으로부터 발생하는 합리적인 감가액에 대해, 어떠한 감가액이 있는 경우, 손해보상을 받을 수 있는 권리가 있다. 단, 그 총액은 상기와 같이 계산된 전체 손상의 수리비를 초과하지 아니한다.
> (3) 선박이 수리되지 않고 위험기간 중에 손상상태로 매각되지 않은 경우에, 피보험자는 미수리 손상으로부터 발생하는 합리적인 감가액에 대해 손해보상을 받을 수 있는 권리가 있다. 그러나 상기와 같이 계산된 그러한 손상의 합리적인 수리비를 초과하지 아니한다.

70. Partial loss of freight
제70조 운임의 분손

Subject to any express provision in the policy, where there is a partial loss of freight, the measure of indemnity is such proportion of the sum fixed by the policy in the case of a valued policy, or of the insurable value in the case of an unvalued policy, as the proportion of freight lost by the assured bears to the whole freight at the risk of the assured under the policy.

> 보험증권에 어떠한 명시적인 규정이 있는 경우를 제외하고, 운임의 분손이 있는 경우에, 손해보상의 한도는, 보험증권상 피보험자의 위험에 속하는 전체의 운임에 대한 피보험자가 상실한 운임의 비율을, 기평가보험증권의 경우에는 보험증권에 확정되어 있는 금액에 곱한 금액이며, 미평가보험증권의 경우에는 보험가액에 곱한 금액이다.

71. Partial loss of goods, merchandise, etc.
제71조 화물, 상품 등의 분손

Where there is a partial loss of goods, merchandise or other moveables, the measure of indemnity, subject to any express provision in the policy, is as follows:

(1) Where part of the goods, merchandise or other moveables insured by a valued policy is totally lost, the measure of indemnity is such proportion of the sum fixed by the policy as the insurable value of the part lost bears to the insurable value of the whole, ascertained as in the case of an unvalued policy:

(2) Where part of the goods, merchandise, or other moveables insured by an unvalued policy is totally lost, the measure of indemnity is the insurable value of the part lost, ascertained as in case of total loss:

(3) Where the whole or any part of the goods or merchandise insured has been delivered damaged at its destination, the measure of indemnity is such proportion of the sum fixed by the policy in the case of a valued policy, or of the insurable value in the case of an unvalued policy, as the difference between the gross sound and damaged valued at the place of arrival bears to the gross sound value:

(4) "Gross value" means the wholesale price, or, if there be no such price, the estimated value, with, in either case, freight, landing charges, and duty paid beforehand; provided that, in the case of goods or merchandise customarily sold in bond, the bonded price is deemed to be the gross value. "Gross proceeds" means the actual price obtained at a sale where all charges on sale are paid by the sellers.

화물이나 상품 또는 기타 동산의 분손이 있는 경우에, 손해보상의 한도는 보험증권에 어떠한 명시적인 규정이 있는 경우를 제외하고 다음과 같다.

(1) 기평가보험증권에 의해 보험 가입된 화물이나 상품 또는 기타 동산의 일부가 전손되는 경우에, 손해보상의 한도는 미평가보험증권의 경우에서와 같이 확정된 전체의 보험가액에 대한 멸실된 일부의 보험 가액의 비율을 보험증권에 확정되어 있는 금액에 곱한 금액이다.

(2) 미평가보험증권에 의해 보험 가입된 화물이나 상품 또는 기타 동산의 일부가 전손되는 경우에, 손해보상의 한도는 전손의 경우에서와 같이 확정된 멸실된 일부의 보험가액이다.

(3) 보험 가입된 화물이나 상품의 전부 또는 어느 일부가 손상되어 목적지에서 인도되는 경우에, 손해보상의 한도는 총 정상가액에 대한 도착장소에서의 총 정상가액과 총 손상가액과의 차액의 비율을, 기평가보험증권의 경우 보험증권에 확정하고 있는 금액에 곱한 금액이며, 미평가보험증권의 경우 보험가액에 곱한 금액이다.

(4) "총 가액"이란 도매가격을 의미하고, 그러한 가격이 없는 경우에는 견적가액을 의미하며, 어느 경우에서든 운임과 양륙비용 및 기지불한 세금을 포함한다. 단, 관습상 보험화물로 매각되는 화물이나 상품의 경우에는 보험가격이 총 가액으로 간주된다. "총 수익금"이란 매도인이 모든 매각비용을 지불한 경우의 매각으로 취득한 실제 가격을 의미한다.

72. Apportionment of valuation
제72조 평가액의 할당

(1) Where different species of property are insured under a single valuation, the valuation must be apportioned over the different species in proportion to their respective insurable values, as in the case of an unvalued policy. The insured value of any part of a species is such proportion of the total insured value of the same as the insurable value of the part bears to the insurable value of the whole ascertained in both cases as provided by this Act.

(2) Where a valuation has to be apportioned, and particulars of the prime cost of each separate species, quality, or description of goods cannot be ascertained, the division of the valuation may be made over the net arrived sound values of the different species, qualities, or descriptions of goods.

(1) 서로 다른 종류의 재산이 단일 평가액에 의해 보험가입되는 경우에, 미평가보험증권의 경우에서와 같이 각각의 보험가액의 비율에 따라 상이한 종류의 재산에 대해 그 평가액이 할당되어야 한다. 일부분인 한 종류의 협정보험가액은, 본 법에서 규정한 바에 따라 모두 확정된 전체의 재산의 보험가액에 대한 그 일부분의 보험가액의 비율을, 전체 재산의 총 협정보험가액에 곱한 금액이다.

(2) 평가액을 할당하여야 하고, 각각 별개의 화물의 종류나 품질 또는 품목의 원가의 명세가 확정될 수 없는 경우에, 화물의 상이한 종류나 품질 또는 품목의 정미도착정상가액에 대하여 평가액을 분할할 수 있다.

73. General average contributions and salvage charges
제73조 공동해손분담금과 구조비용

(1) Subject to any express provision in the policy, where the assured has paid, or is liable for, any general average contribution, the measure of indemnity is the full amount of such contribution, if the subject-matter liable to contribution is insured for its full contributory value, or if only part of it be insured, the indemnity payable by the insurer must be reduced in proportion to the under insurance, and where there has been a particular average loss which constitutes a deduction from the contributory value, and for which the insurer is liable, that amount must be deducted from the insured value in order to ascertain what the insurer is liable to contribute.

(2) Where the insurer is liable for salvage charges the extent of his liability must be determined on the like principle.

(1) 보험증권에 어떠한 명시적인 규정이 있는 경우를 제외하고, 피보험자가 어떠한 공동해손분담금을 지급하였거나 지급책임이 있는 경우에, 만약 분담책임이 있는 피보험목적물이 분담가액의 전액에 대해 보험가입되어 있으면, 손해보상의 한도는 그러한 분담금의 전액이다. 그러나 만약 피보험목적물이 분담가액의 전액에 대해 보험에 가입되지 않은 경우, 또는 그 일부만이 보험에 가입되어 있는 경우에, 보험자가 지급할 손해보상은 일부보험의 비율에 따라 감액되어야 한다. 그리고 보험자에게 보상책임이 있는 손해로서 분담가액에서 공제되는 단독해손손해가 있는 경우에, 보험자가 분담책임이 있는 금액을 확정하기 위해서는 그 단독해손손해의 금액이 협정보험가액에서 공제되어야 한다.

(2) 보험자가 구조비용에 대해 책임이 있는 경우에, 보험자의 책임의 범위는 전항과 유사한 원칙에 의해 결정되어야 한다.

74. Liabilities to third parties
제74조 제3자에 대한 배상책임

Where the assured has effected an insurance in express terms against any liability to a third party, the measure of indemnity, subject to any express provision in the policy is the amount paid or payable by him to such third party in respect of such liability.

피보험자가 제3자에 대한 어떠한 배상책임을 상대로 명시적인 조건으로 보험계약을 체결한 경우에, 손해보상의 한도는, 보험증권에 어떠한 명시적인 규정이 있는 경우를 제외하고, 그와 같은 배상책임에 관하여 피보험자가 그러한 제3자에게 지불하였거나 지불해야 할 금액이다.

75. General provisions as to measure of indemnity
제75조 손해보상의 한도에 관한 일반 규정

(1) Where there has been a loss in respect of any subject-matter not expressly provided for in the foregoing provisions of this Act, the measure of indemnity shall be ascertained, as nearly as may be, in accordance with those provisions, in so far as applicable to the particular case.

(2) Nothing in the provisions of this Act relating to the measure of indemnity shall affect the rules relating to double insurance, or prohibit the insurer from disproving interest wholly or in part, or from showing that at the time of the loss the whole or any part of the subject-matter insured was not at risk under the policy.

> (1) 본 법의 앞의 제 규정에서 명시적으로 규정되지 않은 피보험목적물에 관한 손해가 있는 경우에, 손해 보상의 한도는 특별한 경우에 적용할 수 있는 한, 그러한 규정들에 따라 가능한 한 비슷하게 확정되어야 한다.
> (2) 손해보상한도에 관한 본 법의 제 규정상의 어떤 것도 중복보험에 관한 제 규칙에 영향을 미치지 아니 하고, 그러한 규정의 어떤 것도 피보험이익의 전부 또는 일부를 보험자가 부인하는 것을 금지하는 것도 아니며, 손해발생 시에 피보험목적물의 전부 또는 일부가 보험증권하의 위험에 처해 있지 않았다는 것을 보험자가 입증하는 것을 금지하는 것도 아니다.

76. Particular average warranties
제76조 단독해손보험

(1) Where the subject-matter insured is warranted free from particular average, the assured cannot recover for a loss of part, other than a loss incurred by a general average sacrifice, unless the contract contained in the policy be apportionable but, if the contract be apportionable, the assured may recover for a total loss of any apportionable part.

(2) Where the subject-matter insured is warranted free from particular average, either wholly or under a certain percentage, the insurer is nevertheless liable for salvage charges, and for particular charges and other expenses properly incurred pursuant to the provisions of the suing and labouring clause in order to avert a loss insured against.

(3) Unless the policy otherwise provides, where the subject-matter insured is warranted free from particular average under a specified percentage, a general average loss cannot be added to a particular average loss to make up the specified percentage.

(4) For the purpose of ascertaining whether the specified percentage has been reached, regard shall be had only to the actual loss suffered by the subject-matter insured. Particular charges and the expenses of and incidental to ascertaining and proving the loss must be excluded.

(1) 피보험목적물이 단독해손의 면책을 담보로 하는 경우에는, 피보험자는 공동해손희생에 의해 발생한 손해가 아닌 일부의 손해에 대해 보상받을 수 없다. 단, 보험증권에 포함된 계약이 가분될 수 있는 경우에는 그러하지 아니하다. 그러나 계약이 가분될 수 있는 경우에는, 피보험자는 일체의 가분되는 일부의 전손에 대해 보상받을 수 있다.
(2) 피보험목적물이 전부 또는 일정 비율 미만의 단독해손의 면책을 담보로 하는 경우에는, 보험자는 그럼에도 불구하고 구조비용 및 피보험손해를 피하기 위하여 손해방지약관의 규정에 따라 정당하게 지출한 단독비용과 기타 비용에 대해 보상책임이 있다.
(3) 보험증권에 별도로 규정하지 않는 한, 피보험목적물이 일정 비율 미만의 단독해손의 면책을 담보로 하는 경우에는, 그 일정 비율을 충족시키기 위해서 공동해손손해가 단독해손손해에 가산될 수 없다.
(4) 일정 비율이 충족되었는지의 여부를 확정하기 위해서는, 오직 피보험목적물이 입은 실제 손해만을 고려하여야 한다. 단독비용과 손해를 확정하고 입증하는 비용 및 그에 부수하는 비용은 반드시 제외하여야 한다.

77. Successive losses
제77조 연속손해

(1) Unless the policy otherwise provides, and subject to the provisions of this Act, the insurer is liable for successive losses, even though the total amount of such losses may exceed the sum insured.

(2) Where, under the same policy, a partial loss, which has not been repaired or otherwise made good, is followed by a total loss, the assured can only recover in respect of the total loss: Provided that nothing in this section shall affect the liability of the insurer under the suing and labouring clause.

(1) 보험증권에 별도로 규정하지 않는 한, 그리고 본 법에 규정이 있는 경우를 제외하고, 비록 연속손해의 합계금액이 보험금액을 초과하는 경우에도, 보험자는 그러한 연속손해에 대하여 보상책임이 있다.
(2) 동일한 보험증권에서 분손이 발생하고, 이것이 수리되지 않거나 기타의 방법으로 원상복구되지 않은 상태에서 전손이 발생하는 경우에, 피보험자는 오로지 전손에 대해서만 보상받을 수 있다. 단, 본 조의 규정은 손해방지약관에 의한 보험자의 책임에는 영향을 미치지 아니한다.

78. Suing and labouring clause
제78조 손해방지약관

(1) Where the policy contains a suing and labouring clause, the engagement thereby entered into is deemed to be supplementary to the contract of insurance, and the assured may recover from the insurer any expenses properly incurred pursuant to the clause, notwithstanding that the insurer may have paid for a total loss, or that the subject-matter may have been warranted free from particular average, either wholly or under a certain percentage.

(2) General average losses and contributions and salvage charges, as defined by this Act, are not recoverable under the suing and labouring clause.

(3) Expenses incurred for the purpose of averting or diminishing any loss not covered by the policy are not recoverable under the suing and labouring clause.

(4) It is the duty of the assured and his agents, in all cases, to take such measures as may be reasonable for the purpose of averting or minimising a loss.

---

(1) 보험증권에 손해방지약관을 포함하고 있는 경우에, 그 약관에 의해 체결된 약정은 보험계약을 보충하는 것으로 간주된다. 따라서 보험자가 전손에 대한 보험금을 지급하였거나, 피보험목적물이 단독해손의 전부 또는 일정 비율 미만의 면책으로 담보하고 있는 경우에도 불구하고, 피보험자는 그 약관에 따라 정당하게 지출한 일체의 비용을 보험자로부터 보상받을 수 있다.

(2) 본 법에서 규정하고 있는 공동해손손해와 분담금 및 구조비용은 손해방지약관에 의해 보상될 수 없다.

(3) 보험증권에 부담하지 않는 어떠한 손해를 피하거나 경감할 목적으로 지출한 비용은 손해방지약관에 의해 보상될 수 없다.

(4) 손해를 피하거나 최소화하기 위해 합리적인 조치를 취하는 것은 모든 경우에 있어서 피보험자와 그의 대리인의 의무이다.

Rights Of Insurer On Payment
보험금 지급에 관한 보험자의 권리

79. Right of subrogation
제79조 대위권

(1) Where the insurer pays for a total loss, either of the whole, or in the case of goods of any apportionable part, of the subject-matter insured, he thereupon becomes entitled to take over the interest of the assured in whatever may remain of the subject-matter so paid for, and he is thereby subrogated to all the rights and remedies of the assured in and in respect of that subject-matter as from the time of the casualty causing the loss.

(2) Subject to the foregoing provisions, where the insurer pays for a partial loss, he acquires no title to the subject-matter insured, or such part of it as may remain, but he is thereupon subrogated to all rights and remedies of the assured in and in respect of the subject-matter insured as from the time of the casualty causing the loss, in so far as the assured has been indemnified, according to this Act, by such payment for the loss.

(1) 보험자가 피보험목적물의 전부의 전손 또는 화물의 경우에 가분할 수 있는 일부분의 전손에 대해 보험금을 지급한 경우에, 그 결과 보험자는 전손보험금이 지급된 피보험목적물의 잔존물에 대한 피보험자의 이익을 승계할 수 있는 권리를 갖게 된다. 그리고 전손보험금의 지급에 의해 보험자는 손해를 야기한 재난의 발생 시부터 피보험목적물에 대한, 그리고 피보험목적물과 관련한 피보험자의 모든 권리와 구제 수단을 대위한다.

(2) 전항의 규정을 제외하고, 보험자가 분손에 대해 보험금을 지급한 경우에는, 피보험목적물에 대한 어떠한 소유권이나 피보험목적물의 잔존부분에 대한 어떠한 소유권도 취득하지 못한다. 그러나 분손보험금을 지급한 결과로서 보험자는, 피보험자가 손해에 대한 분손보험금의 지급에 의해 본 법에 따라 손해보상을 받은 한도 내에서, 손해를 야기한 재난의 발생 시부터 피보험목적물에 대한, 그리고 피보험목적물과 관련한 피보험자의 모든 권리와 구제수단을 대위한다.

80. Right of contribution
제80조 분담의 권리

(1) Where the assured is over-insured by double insurance, each insurer is bound, as between himself and the other insurers, to contribute rateably to the loss in proportion to the amount for which he is liable under his contract.

(2) If any insurer pays more than his proportion of the loss, he is entitled to maintain an action for contribution against the other insurers, and is entitled to the like remedies as a surety who has paid more than his proportion of the debt.

> (1) 피보험자가 중복보험에 의해 초과보험이 되는 경우에, 각각의 보험자는 자기 자신과 다른 보험자들 사이에서는 자기의 계약에 의해 책임이 있는 금액의 비율에 따라 비례적으로 손해를 분담할 의무가 있다.
> (2) 어떠한 보험자가 손해에 대한 자기의 분담부분을 초과하여 지급하는 경우에, 그 보험자는 다른 보험자를 상대로 분담금에 대한 소송을 제기할 수 있는 권리가 있으며, 부채에 대한 자기의 분담부분을 초과하여 지불한 보증인과 동일한 구제수단을 강구할 수 있는 권리가 있다.

81. Effect of under insurance
제81조 일부보험의 효과

Where the assured is insured for an amount less than the insurable value or, in the case of a valued policy, for an amount less than the policy valuation, he is deemed to be his own insurer in respect of the uninsured balance.

> 피보험자가 보험가액보다 적은 금액에 대해서 또는 기평가보험증권의 경우에는 보험평가액보다 적은 금액에 대해서 보험에 가입되었을 경우에는, 피보험자는 보험에 가입되지 않은 차액에 대해서는 자기 보험자로 간주된다.

Return Of Premium
보험료의 환급

82. Enforcement of return
제82조 환급의 강제

Where the premium or a proportionate part thereof is, by this Act, declared to be returnable, -

(a) If already paid, it may be recovered by the assured from the insurer; and

(b) If unpaid, it may be retained by the assured or his agent.

> 보험료 또는 그 비례부분이 이 법에 의하여 환급되어야 한다고 규정되어 있는 경우에는,
> (a) 보험료가 이미 지급되었을 때에는 피보험자는 보험자로부터 이를 회수할 수 있으며, 또
> (b) 보험료가 미지급일 때에는 피보험자 및 그 대리인은 이를 유보할 수 있다.

83. Return by agreement
제83조 합의에 의한 환급

Where the policy contains a stipulation for the return of the premium, or a proportionate part thereof, on the happening of a certain event, and that event happens, the premium, or, as the case may be, the proportionate part thereof, is thereupon returnable to the assured.

> 보험증권에 일정한 사유가 발생할 때에 보험료 또는 그 비례부분을 환급한다는 취지의 약관이 삽입되어 있는 경우에는, 그 사유가 발생하였을 때에는 보험료 또는 그 비례부분은 피보험자에게 환급되어야 한다.

84. Return for failure of consideration
제84조 약인의 결여에 의한 환급

(1) Where the consideration for the payment of the premium totally fails, and there has been no fraud or illegality on the part of the assured or his agents, the premium is thereupon returnable to the assured.

(2) Where the consideration for the payment of the premium is apportionable and there is a total failure of any apportionable part of the consideration, a proportionate part of the premium is, under the like conditions, thereupon returnable to the assured.

(3) In particular

    (a) Where the policy is void, or is avoided by the insurer as from the commencement of the risk, the premium is returnable, provided that there has been no fraud or illegality on the part of the assured; but if the risk is not apportionable, and has once attached, the premium is not returnable;

    (b) Where the subject-matter insured, or part thereof, has never been imperilled, the premium, or, as the case may be, a proportionate part thereof, is returnable; Provided that where the subject-matter has been insured "lost or not lost" and has arrived in safety at the time when the contract is concluded, the premium is returnable unless, at such time, the insurer knew of the safe arrival.

    (c) Where the assured has no insurable interest throughout the currency of the risk, the premium is returnable, provided that this rule does not apply to a policy effected by way of gaming or wagering;

    (d) Where the assured has a defeasible interest which is terminated during the currency of the risk, the premium is not returnable;

    (e) Where the assured has over-insured under an unvalued policy, a proportionate part of the several premiums is returnable;

    (f) Subject to the foregoing provisions, where the assured has over-insured by double insurance, a proportionate part of the several premiums is returnable; Provided that, if the policies are effected at different times, and any earlier policy has at any time borne the entire risk, or if a claim has been paid on the policy in respect of the full sum insured thereby, no premium is returnable in respect of that policy, and when the double insurance is effected knowingly by the assured no premium is returnable.

---

(1) 보험료의 지급에 대한 약인이 전부 소멸된 경우에 피보험자 및 그 대리인 측에 사기 또는 위법이 없었을 때에는, 보험료는 피보험자에게 환급되어야 한다.

(2) 보험료의 지급에 대한 약인이 분할 가능한 경우에 약인의 분할가능한 부분이 전부 소멸된 때에는, 보험료의 비례부분은 전항과 동일한 조건으로 피보험자에게 환급되어야 한다.

(3) 특히,

    (a) 보험계약이 무효이든지 또는 보험자에 의하여 보험개시의 때부터 취소되는 경우에는, 피보험자 측의 사기 또는 위법이 없었을 때에 한하여 보험료는 환급되어야 한다. 그러나 위험이 분할불가능하고 그 위험이 일단 개시된 경우에는, 보험료는 환급되지 아니한다.

    (b) 피보험목적물 또는 그 일부가 전혀 위험에 직면하지 아니한 경우에는, 보험료 또는 그 비례부분은 환급되어야 한다. 다만 피보험목적물이 "멸실 여부를 불문함"이란 조건으로 부보된 경우에 피보험목적물이 계약성립 시에 안전하게 도착한 때에는, 계약성립 시에 보험자가 그 안전한 도착을 알고 있었을 경우를 제외하고 보험료는 환급되지 아니한다.

    (c) 피보험자가 보험기간을 통하여 피보험이익을 갖지 아니한 경우에는, 보험료는 환급되어야 한다. 다만 이 규칙은 사행 또는 도박의 방법으로 체결한 보험계약에는 적용되지 아니한다.

> (d) 피보험자가 소멸할 수 있는 이익을 가진 경우에 그 이익이 보험기간 중에 소멸한 때에는, 보험료는 환급되지 아니한다.
> (e) 피보험자가 미평가보험증권에 의하여 초과보험 되었을 경우에는, 보험료의 비례부분은 환급되어야 한다.
> (f) 전항에 별도의 규정이 있는 경우를 제외하고, 피보험자가 중복보험에 의하여 초과보험 되었을 경우에는, 각 보험료의 비례부분은 환급되어야 한다. 다만 둘 이상의 보험계약이 상이한 시기에 체결된 경우에, 먼저 체결한 보험계약이 임의의 시기에 전위험을 담보하였거나 또는 그 보험계약에 의하여 부보된 보험금액의 전액에 대한 보험금이 지급되었을 때에는, 그 보험계약에 관한 보험료는 환급되지 아니한다. 그리고 피보험자가 중복보험인 것을 알면서 계약을 체결한 경우에는 보험료는 환급되지 아니한다.

Mutual Insurance
상호보험

85. Modification of Act in case of mutual insurance
제85조 상호보험에 있어서의 본 법의 수정

(1) Where two or more persons mutually agree to insure each other against marine losses there is said to be a mutual insurance.

(2) The provisions of this Act relating to the premium do not apply to mutual insurance, but a guarantee, or such other arrangement as may be agreed upon, may be substituted for the premium.

(3) The provisions of this Act, in so far as they may be modified by the agreement of the parties, may in the case of mutual insurance be modified by the terms of the policies issued by the association, or by the rules and regulations of the association.

(4) Subject to the exceptions mentioned in this section, the provisions of this Act apply to a mutual insurance.

> (1) 2인 이상이 해상손해에 대하여 상호 간에 보험하기로 합의한 경우에 이를 상호보험이라고 말한다.
> (2) 본 법의 보험료에 관한 규정은 상호보험에는 적용되지 아니한다. 그러나 보증이나 또는 합의될 기타의 약정으로써 보험료에 대치할 수 있다.
> (3) 본 법의 규정 중에 당사자의 합의에 의하여 수정될 수 있는 것에 한하여, 상호보험에 있어서 조합이 발행한 보험증권의 제 조건이나 또는 조합의 규칙 및 규정에 의하여 이를 수정할 수 있다.
> (4) 본 조에서 정한 예외규정을 제외하고, 본 법의 제 규정은 상호보험에 적용된다.

Supplemental
보칙

86. Ratification by assured
제86조 피보험자에 의한 추인

Where a contract of marine insurance is in good faith effected by one person on behalf of another, the person on whose behalf it is effected may ratify the contract even after he is aware of a loss.

> 해상보험계약이 본인 아닌 대리인에 의하여 선의로 체결된 경우에는, 그 계약이 체결된 본인은 손해의 발생을 알고 난 후일지라도 그 계약을 추인할 수 있다.

87. Implied obligations varied by agreement or usage
제87조 합의 또는 관습에 의하여 변경된 묵시조건

(1) Where any right, duty, or liability would arise under a contract of marine insurance by implication of law, it may be negatived or varied by express agreement, or by usage, if the usage be such as to bind both parties to the contract.

(2) The provisions of this section extend to any right, duty, or liability declared by this Act which may be lawfully modified by agreement.

> (1) 해상보험계약에 따라 법의 묵시적인 내용에 의하여 어떠한 권리, 의무 또는 책임이 발생하는 경우에는, 명시적인 합의나 또는 관습이 보험계약의 양 당사자를 다 같이 구속하는 경우의 그 관습에 의하여 이를 부정하거나 또는 변경할 수 있다.
> (2) 본 조의 규정은 합의에 의하여 합법적으로 수정될 수 있는 본 법이 정하는 여하한 권리, 의무 또는 책임에도 적용된다.

88. Reasonable time, etc. a question of fact
제88조 상당한 기간 등은 사실의 문제이다

Where by this Act any reference is made to reasonable time, reasonable premium, or reasonable diligence, the question what is reasonable is a question of fact.

> 본 법에 있어서 상당한 기간, 상당한 보험료 또는 상당한 주의라는 용어를 사용하고 있는 경우에는, 무엇이 상당한 것인가의 문제는 사실의 문제이다.

89. Slip as evidence
제89조 인증으로서의 보험인수각서

Where there is a duly stamped policy, reference may be made, as heretofore, to the slip or covering note, in any legal proceeding.

> 정당히 인지를 첨부한 보험증권이 있는 경우에는, 일체의 소송절차에 있어서 보험인수각서(slip) 또는 보험인수증(covering note)을 종래와 같이 증거로 인용할 수 있다.

90. Interpretation of terms
제90조 용어의 해석

In this Act, unless the context or subject-matter otherwise requires, 'Action' includes counter-claim and set off:

"Freight" includes the profit derivable by a shipowner from the employment of his ship to carry his own goods or moveables, as well as freight payable by a third party, but does not include passage money:

"Moveables" means any moveable tangible property, other than the ship, and includes money, valuable securities, and other documents:

"Policy" means a marine policy.

> 본 법에서는 문맥상 또는 취지상 별도의 해석을 요하지 않는 한, '소송'이란 반소 및 상계소를 포함한다.
> "운임"이란 제3자가 지급하는 운임은 물론 선주가 자신의 선박을 사용하여 자신의 화물이나 동산을 운송함으로써 수득하는 이윤도 포함하지만 여객운임은 포함하지 아니 한다.
> "동산"이란 선박 이외의 모든 이동 가능한 유체재산을 의미하며, 또 화폐, 유가증권 및 기타의 증서를 포함한다.
> "보험증권"이란 해상보험증권을 의미한다.

91. 유보(생략)

92. (폐기)

93. (폐기)

94. 약칭

This Act may be clued as "the Marine Insurance Act, 1906".

> 본 법은 "1906년 해상보험법"으로서 이를 인용할 수 있다.

SCHEDULES
부칙

First Schedule
제1부칙

Rules For Construction of Policy

The following are the rules referred to by this Act for the construction of a policy in the above or other like form, where the context does not otherwise require:

> 보험증권의 해석을 위한 규칙
> 보험증권의 문맥이 별도의 해석을 필요로 하지 않는 경우에는, 전술한 양식이나 기타 유사한 양식의 보험증권의 해석을 위해 본 법에 의해 적용되는 규칙은 다음과 같다.

1. Lost or not lost
멸실 여부 불문

Where the subject-matter is insured "lost or not lost", and the loss has occurred before the contract is concluded, the risk attaches unless, at such time the assured was aware of the loss, and the insurer was not.

> 피보험목적물이 "멸실 여부를 불문함"의 조건으로 보험에 가입되고, 계약이 성립되기 전에 손해가 발생한 경우에는, 계약의 성립 시에 피보험자가 손해발생을 알고 있었고 보험자가 알고 있지 못한 경우를 제외하고, 위험이 개시한다.

2. From
부터

Where the subject-matter is insured "from" a particular place, the risk does not attach until the ship starts on the voyage insured.

> 피보험목적물이 특정 장소"로부터" 보험에 가입되는 경우에는, 선박이 피보험항해를 출항할 때에 위험이 개시한다.

3. At and from
에서 및 부터

(a) Where a ship is insured "at and from" a particular place, and she is at that place in good safety when the contract is concluded, the risk attaches immediately.

(b) If she be not at that place when the contract is concluded, the risk attaches as soon as she arrives there in good safety, and, unless the policy otherwise provides, it is immaterial that she is covered by another policy for a specified time after arrival.

(c) Where chartered freight is insured "at and from" a particular place, and the ship is at that place in good safety when the contract is concluded the risk attaches immediately. If she be not there when the contract is concluded, the risk attaches as soon as she arrives there in good safety.

(d) Where freight, other than chartered freight, is payable without special conditions and is insured "at and from" a particular place, the risk attaches pro rata as the goods or merchandise are shipped; provided that if there be cargo in readiness which belongs to the shipowner, or which some other person has contracted with him to ship, the risk attaches as soon as the ship is ready to receive such cargo.

[선박]
(a) 선박이 특정 장소"에서 및부터" 보험에 가입되고, 계약이 성립할 때 안전하게 그 장소에 있는 경우에는, 위험은 즉시 개시한다.
(b) 계약이 성립할 때 선박이 그 장소에 없는 경우에는, 위험은 선박이 안전하게 그 곳에 도착하는 순간에 개시한다. 그리고 보험증권에 별도로 규정하지 않는 한, 선박이 도착 후 일정 기간 동안 다른 보험증권에 의해 부담되고 있다는 것은 중요하지 아니하다.

[운임]
(c) 용선료가 특정 장소"에서 및부터" 보험에 가입되어 있고, 계약이 성립할 때 선박이 안전하게 그 장소에 있는 경우에는, 위험은 즉시 개시한다. 계약이 성립할 때 선박이 그 곳에 없는 경우에는, 위험은 선박이 안전하게 그 곳에 도착하는 순간에 개시한다.
(d) 용선료 이외의 운임이 특별한 조건 없이 지불되고, 특정 장소"에서 및부터" 보험에 가입되어 있는 경우에는, 위험은 화물이나 상품이 선적되는 비율에 따라 개시한다. 단, 선주에게 속하는 적하 또는 기타의 어떤 자가 선적하기로 선주와 계약한 적하가 그 곳에서 선적 준비되어 있는 경우에는, 위험은 선박이 그러한 적하를 수취할 준비가 완료되면 지체 없이 개시한다.

4. From the loading thereof
적재 시부터

Where goods or other moveables are insured "from the loading thereof", the risk does not attach until such goods or moveables are actually on board, and the insurer is not liable for them while in transit from the shore to the ship.

> 화물이나 기타 동산이 "그것의 적재 시부터" 보험에 가입되는 경우에는, 위험은 그러한 화물이나 동산이 실제 선적된 때에 개시하고, 보험자는 육지로부터 선박까지 운송되는 동안에 그러한 화물이나 동산에 대해 책임이 없다.

5. Safely landed
안전하게 양륙되는

Where the risk on goods or other moveables continues until they are "safely landed", they must be landed in the customary manner and within a reasonable time after arrival at the port of discharge, and if they are not so landed the risk ceases.

> 화물이나 기타 동산의 위험이 "안전히 양륙되는" 때까지 계속되는 경우에는, 그들 화물이나 동산은 반드시 관습적인 방법으로, 그리고 양하항에 도착 후 상당한 기간 내에 양륙하여야 한다. 그리고 만약 화물이나 동산이 그와 같이 양륙되지 않으면, 위험은 종료한다.

6. Touch and stay
시항 및 정박

In the absence of any further licence or usage, the liberty to touch and stay "at any port or place whatsoever" does not authorise the ship to depart from the course of her voyage from the port of departure to the port of destination.

> 어떠한 추가적인 허가나 관습이 없는 경우에는, "어떠한 항구나 장소이든 어느 곳에서든" 기항하거나 정박하는 자유는, 출항항으로부터 목적항까지의 선박의 항해의 항로에서 선박이 이탈하는 것을 인정하는 것은 아니다.

7. Perils of the sea
바다의 위험

The term "perils of the seas" refers only to fortuitous accidents or casualties of the seas. It does not include the ordinary action of the winds and waves.

> "바다의 위험"이란 말은 오직 바다의 우연한 사고나 재난만을 의미한다. 그것은 풍파의 통상적인 작용은 포함하지 아니한다.

8. Pirates
해적

The term "pirates" includes passengers who mutiny and rioters who attack the ship from the shore.

> "해적"이란 말은 폭동을 일으키는 승객과 육지로부터 선박을 공격하는 폭도를 포함한다.

9. Thieves
도적

The term "thieves" does not cover clandestine theft or a theft committed by any one of the ship's company, whether crew or passengers.

> "도적"이란 말은 은밀한 절도 또는 선원이든 승객이든 불문하고 승선자에 의한 절도는 포함하지 아니한다.

10. Restraint of princes
군주의 억지

The term "arrests, etc., of kings, princes, and people" refers to a political or executive acts, and does not include a loss caused by riot or by ordinary judicial process.

> "국왕과 여왕 및 국민의 억류 등"이라는 말은 정치적이나 행정적 행위를 의미하며, 소요로 인한 손해 또는 통상적인 사법절차로 인한 손해는 포함하지 아니한다.

11. Barratry
선장이나 선원의 악행

The term "barratry" includes every wrongful act wilfully committed by the master or crew to the prejudice of the owner, or, as the case may be, the charterer.

> "선장이나 선원의 악행"이란 말은 소유자 또는 경우에 따라서는 용선자에게 손해를 입히는 선장이나 선원에 의해 고의로 행해지는 모든 부정행위를 포함한다.

12. All other perils
모든 기타 위험

The term "all other perils" includes only perils similar in kind to the perils specifically mentioned in the policy.

> "모든 기타 위험"이란 말은 오로지 보험증권에 특별히 기재된 위험과 동종의 위험만을 포함한다.

13. Average unless general
공동해손이 아닌 해손

The term "average unless general" means a partial loss of subject-matter insured other than a general average loss, and does not include "particular charges".

> "공동해손이 아닌 해손"이란 말은 공동해손손해가 아닌 분손을 의미하고, "단독비용"을 포함하지 아니한다.

14. Stranded
좌초

Where the ship has stranded the insurer is liable for the excepted losses, although the loss is not attributable to the stranding, provided that when the stranding takes place the risk has attached and, if the policy be on goods, that the damaged goods are on board.

> 선박이 좌초한 경우에는, 비록 손해가 그 좌초에 기인한 것이 아닐지라도, 보험자는 제외된 손해에 대해서도 보상책임이 있다. 단, 위험이 개시한 후에 좌초가 발생하는 때, 그리고 보험증권이 화물에 관한 경우에는 손상된 화물이 선상에 있을 것을 조건으로 한다.

15. Ship
선박

The term "ship" includes the hull, materials and outfit, stores and provisions for the officers and crew, and, in the case of vessels engaged in a special trade, the ordinary fittings requisite for the trade, and also, in the case of a steamship, the machinery, boilers, and coals and engine stores, if owned by the assured.

> "선박"이란 말은 선체, 자재와 의장구, 고급선원과 보통선원을 위한 소모품과 식료품을 포함하고, 특수무역에 종사하는 선박의 경우에는 그 무역에 필요한 통상적인 의장을 포함하며, 또한 증기선의 경우에는 기계와 보일러 및 피보험자가 소유한 경우의 석탄과 엔진소모품을 포함한다.

16. Freight
운임

The term "freight" includes the profit derivable by a shipowner from the employment of his ship to carry his own goods or moveables, as well as freight payable by a third party, but does not include passage money.

> "운임"이란 말은 제3자에 의해 지불되는 운임은 물론, 선주가 자신의 화물이나 동산을 운송하기 위해 자기의 선박을 사용함으로써 파생되는 수익을 포함한다. 그러나 운임에는 승객운임은 포함하지 아니한다.

17. Goods
화물

The term "goods" means goods in the nature of merchandise, and does not include personal effects or provisions and stores for use on board.

In the absence of any usage to the contrary, deck cargo and living animals must be insured specifically, and not under the general denomination of goods.

> "화물"이란 말은 상품의 성질을 가진 화물을 의미하고, 개인의 소지품이나 선상에서 사용하기 위한 식료품과 소모품은 포함하지 아니한다.
>
> 반대의 관습이 없는 한, 갑판적 화물과 살아있는 동물은 특정하여 보험에 가입되어야 하고, 화물의 포괄적 명칭으로 보험에 가입되어서는 아니 된다.

해커스관세사 cca.Hackers.com

해커스관세사 진민규 무역영어 2

10

INSTITUTE CARGO CLAUSES 2009
(ICC 2009)
- (신)협회적하약관

RISKS COVERED
담보위험

Risks [ICC (A)]

1. This insurance covers all risks of loss of or damage to the subject-matter insured except as excluded by the provisions of Clauses 4, 5, 6 and 7 below.

> 제1조 위험 [ICC (A)]
> 1. 이 보험은 이하의 제4조, 제5조, 제6조 및 제7조 규정의 조항에 의해 면책된 경우를 제외하고, 피보험목적물의 멸실 또는 손상의 모든 위험을 담보한다.

Risks [ICC (B)]

1. This insurance covers, except as excluded by the provisions of Clauses 4, 5, 6 and 7 below,

    1.1 loss of or damage to the subject-matter insured reasonably attributable to

    1.1.1 fire or explosion

    1.1.2 vessel or craft being stranded grounded sunk or capsized

    1.1.3 overturning or derailment of land conveyance

    1.1.4 collision or contact of vessel craft or conveyance with any external object other than water

    1.1.5 discharge of cargo at a port of distress

    1.1.6 earthquake volcanic eruption or lightning,

> 제1조 위험 [ICC (B)]
> 1. 이 보험은 이하의 제4조, 제5조, 제6조 및 제7조 규정의 조항에 의해 면책된 경우를 제외하고, [다음을] 담보한다.
>   1.1 [다음 사유에] 상당인과관계가 있는 피보험목적물의 멸실 또는 손상
>   1.1.1 화재 또는 폭발
>   1.1.2 본선 또는 부선의 좌초, 교사, 침몰 또는 전복
>   1.1.3 육상운송용구의 전복 또는 탈선
>   1.1.4 본선, 부선 또는 운송용구와 물 이외의 타 물체와의 충돌 또는 접촉
>   1.1.5 조난항에서의 양하
>   1.1.6 지진, 화산의 분화 또는 낙뢰

1.2 loss of or damage to the subject-matter insured caused by

    1.2.1 general average sacrifice

    1.2.2 jettison or washing overboard.

    1.2.3 entry of sea, lake or river water into vessel craft hold conveyance container or place of storage.

> 1.2 [다음의] 사유에 기인하여 발생하는 피보험목적물의 멸실 또는 손상
>   1.2.1 공동해손희생
>   1.2.2 투하 또는 갑판유실
>   1.2.3 본선, 부선, 선창, 운송용구, 컨테이너 또는 보관장소에 해수, 호수 또는 하천수의 침입

1.3 total loss of any package lost overboard or dropped whilst loading on to, or unloading from, vessel or craft.

> 1.3 본선 또는 부선의 선적 또는 양하작업중에 갑판 밖[바다]으로 멸실 또는 [갑판상에] 추락한 포장 단위당 전손

Risks [ICC (C)]

1. This insurance covers, except as excluded by the provisions of Clauses 4, 5, 6 and 7 below,

    1.1 loss of or damage to the subject-matter insured reasonably attributable to

        1.1.1 fire or explosion

        1.1.2 vessel or craft being stranded grounded sunk or capsized

        1.1.3 overturning or derailment of land conveyance

        1.1.4 collision or contact of vessel craft or conveyance with any external object other than water

        1.1.5 discharge of cargo at a port of distress

> 제1조 위험 [ICC (C)]
> 1. 이 보험은 이하의 제4, 5, 6, 7조 규정의 조항에 의해 면책된 경우를 제외하고, [다음을] 담보한다.
>   1.1 [다음 사유에] 상당인과관계가 있는 피보험목적물의 멸실 또는 손상
>   1.1.1 화재 또는 폭발
>   1.1.2 본선 또는 부선의 좌초, 교사, 침몰 또는 전복
>   1.1.3 육상운송용구의 전복 또는 탈선
>   1.1.4 본선, 부선 또는 운송용구와 물 이외의 타 물체와의 충돌 또는 접촉
>   1.1.5 조난항에서의 양하

1.2 loss of or damage to the subject-matter insured caused by

    1.2.1 general average sacrifice

    1.2.2 jettison.

> 1.2 [다음의] 사유에 기인하여 발생하는 피보험목적물의 멸실 또는 손상
>   1.2.1 공동해손희생
>   1.2.2 투하

General Average
공동해손

2. This insurance covers general average and salvage charges, adjusted or determined according to the contract of carriage and/or the governing law and practice, incurred to avoid or in connection with the avoidance of loss from any cause except those excluded in Clauses 4, 5, 6 and 7 below.

> 2. 이 보험은 이하의 제4조, 제5조, 제6조 및 제7조의 면책사유를 제외한 모든 사유에 따른 손해의 회피를 위하여 또는 회피와 관련하여 발생한, 해상운송계약 및/또는 준거법이나 관습에 따라 정산되거나 결정된 공동해손과 구조료를 보상한다.

"Both to Blame Collision Clause"
"쌍방과실충돌 조항"

3. This insurance indemnifies the Assured, in respect of any risk insured herein, against liability incurred under any "Both to Blame Collision Clause" in the contract of carriage. In the event of any claim by carriers under the said Clause, the Assured agree to notify the Insurers who shall have the right, at their own cost and expense, to defend the Assured against such claim.

> 3. 이 보험은 본 약관에서 담보된 위험과 관련하여, 운송계약의 "쌍방과실충돌" 조항에 따라 발생한 책임에 대하여 피보험자에게 보상한다. 상기의 조항에 따라 운송인으로부터 배상청구를 받은 경우에는 피보험자는 보험자에게 통지할 것에 동의하고, 이에 대하여 보험자는 자신의 비용부담으로 피보험자를 보호할 권리를 갖는다.

General Exclusions Clause
일반 면책약관

[ICC (A)]

4. In no case shall this insurance cover

    4.1 loss damage or expense attributable to wilful misconduct of the Assured

---
제4조 [ICC (A)]
4. 어떠한 경우에도 이 보험은 [다음의 손해를] 담보하지 아니한다.
    4.1 피보험자의 고의의 불법행위에 기인하는 멸실, 손상 또는 비용

    4.2 ordinary leakage, ordinary loss in weight or volume, or ordinary wear and tear of the subject-matter insured

---
4.2 피보험목적물의 통상의 누손, 통상의 중량손 또는 용적손 또는 자연소모

    4.3 loss damage or expense caused by insufficiency or unsuitability of packing or preparation of the subject-matter insured to withstand the ordinary incidents of the insured transit where such packing or preparation is carried out by the Assured or their employees or prior to the attachment of this insurance (for the purpose of these Clauses "packing" shall be deemed to include stowage in a container and "employees" shall not include independent contractors)

4.3 부보된 운송과정 중에 통상적으로 발생할 수 있는 사고에 견디기 위한 피보험목적물의 포장 또는 준비의 불완전 또는 부적절함에 기인하여 발생한 멸실, 손상 또는 비용. 다만 그러한 포장이나 준비가 피보험자나 그의 고용인에 의해 이루어지거나 이 보험의 개시 이전에 일어난 경우에 한한다. (본 약관의 목적상 "포장"이라 함은 컨테이너에 적입하는 것을 포함하며 "고용인"에 독립적 계약자는 포함하지 않는다)

    4.4 loss damage or expense caused by inherent vice or nature of the subject-matter insured

---
4.4 피보험목적물의 고유의 하자 또는 성질로 인하여 발생한 멸실, 손상 또는 비용

    4.5 loss damage or expense caused by delay, even though the delay be caused by a risk insured against (except expenses payable under Clause 2 above)

4.5 피보험위험에 의해 발생한 경우라도 지연에 기인하여 발생한 멸실 또는 비용(다만, 상기의 제2조에 따라 지급되는 비용은 제외한다)

4.6 loss damage or expense caused by insolvency or financial default of the owners managers charterers or operators of the vessel where, at the time of loading of the subject-matter insured on board the vessel, the Assured are aware, or in the ordinary course of business should be aware, that such insolvency or financial default could prevent the normal prosecution of the voyage. This exclusion shall not apply where the contract of insurance has been assigned to the party claiming hereunder who has bought or agreed to buy the subject-matter insured in good faith under a binding contract

> 4.6 선박의 소유자, 관리자, 용선자 또는 운항자의 지급불능 또는 금전상의 채무불이행으로 인하여 발생한 멸실, 손상 또는 비용. 다만 피보험목적물이 본선으로 적재될 당시에 피보험자가 그러한 지급불능이나 금전상의 채무불이행이 정상적인 항해를 이행하지 못하게 할 수도 있다는 것을 알았거나 통상적인 사업과정에서 알았어야 했던 경우에 한한다. 이 면책조항은 구속력 있는 계약 하에서 선의로 피보험목적물을 구매하였거나 구매하기로 동의하여 보험의 권리를 주장할 수 있는 자에게 이 보험계약이 양도된 경우에는 적용하지 아니한다.

4.7 loss damage or expense directly or indirectly caused by or arising from the use of any weapon or device employing atomic or nuclear fission and/or fusion or other like reaction or radioactive force or matter.

> 4.7 원자력이나 핵의 분열 및/또는 융합 또는 기타 이와 유사한 반응 또는 방사능이나 방사성 물질을 응용한 무기나 장치의 사용에 직·간접적으로 기인하여 발생한 멸실, 손상 또는 비용

[ICC (B), ICC (C)]

4. In no case shall this insurance cover

    4.1 loss damage or expense attributable to wilful misconduct of the Assured.

> 제4조 [ICC (B), ICC (C)]
> 4. 어떠한 경우에도 이 보험은 [다음의 손해를] 담보하지 아니한다.
>   4.1 피보험자의 고의의 불법행위에 기인하는 멸실, 손상 또는 비용

    4.2 ordinary leakage, ordinary loss in weight or volume, or ordinary wear and tear of the subject-matter insured.

> 4.2 피보험목적물의 통상의 누손, 통상의 중량손 또는 용적손 또는 자연소모

4.3 loss damage or expense caused by insufficiency or unsuitability of packing or preparation of the subject-matter insured to withstand the ordinary incidents of the insured transit where, such packing or preparation is carried out by the Assured or their employees or prior to the attachment of this insurance (for the purpose of these Clauses "packing" shall be deemed to include stowage in a container and "employees" shall not include independent contractors)

> 4.3 부보된 운송과정 중에 통상적으로 발생할 수 있는 사고를 견디기 위한 피보험목적물의 포장 또는 준비의 불완전, 부적절에 기인하여 발생한 멸실, 손상 또는 비용. 다만 그러한 포장이나 준비가 피보험자나 그의 고용인에 의해 이루어지거나 이 보험의 개시 이전에 일어난 경우에 한한다. (본 약관의 목적상 "포장"이라 함은 컨테이너에 적입하는 것을 포함하며 "고용인"에 독립적 계약자는 포함하지 않는다)

4.4 loss damage or expense caused by inherent vice or nature of the subject-matter insured.

> 4.4 피보험목적물의 고유의 하자 또는 성질로 인하여 발생한 멸실, 손상 또는 비용

4.5 loss damage or expense caused by delay, even though the delay be caused by a risk insured against (except expenses payable under Clause 2 above)

> 4.5 피보험위험에 의해 발생한 경우라도 지연에 기인하여 발생한 멸실 또는 비용(다만, 상기의 제2조에 따라 지급되는 비용은 제외)

4.6 loss damage or expense caused by insolvency or financial default of the owners managers charterers or operators of the vessel. where, at the time of loading of the subject-matter insured on board the vessel, the Assured are aware, or in the ordinary course of business should be aware, that such insolvency or financial default could prevent the normal prosecution of the voyage

This exclusion shall not apply where the contract of insurance has been assigned to the party claiming hereunder who has bought or agreed to buy the subject-matter insured in good faith under a binding contract

> 4.6 본선의 소유자, 관리자, 용선자 또는 운항자의 지급불능 또는 금전상의 채무불이행으로 인하여 발생한 멸실, 손상 또는 비용. 다만 피보험목적물이 본선으로 적재될 당시에 피보험자가 그러한 지급불능이나 금전상의 채무불이행이 정상적인 항해를 이행하지 못하게 할 수도 있다는 것을 알았거나 통상적인 사업과정에서 알았어야 했던 경우에 한한다.
> 이 면책조항은 구속력 있는 계약 하에서 선의로 피보험목적물을 구매하였거나 구매하기로 동의하여 보험의 권리를 주장할 수 있는 자에게 이 보험계약이 양도된 경우에는 적용하지 아니한다.

4.7 deliberate damage to or deliberate destruction of the subject-matter insured or any part thereof by the wrongful act of any person or persons

> 4.7 피보험목적물 또는 그 일부에 대한 어떠한 자의 불법행위에 의한 고의적인 손상 또는 고의적인 파괴

4.8 loss damage or expense directly or indirectly caused by or arising from the use of any weapon or device employing atomic or nuclear fission and/or fusion or other like reaction or radioactive force or matter.

> 4.8 원자력이나 핵의 분열 및 또는 융합 또는 기타 이와 유사한 반응 또는 방사능이나 방사성의 물질을 응용한 무기나 장치의 사용에 직·간접적으로 기인하여 발생한 멸실, 손상 또는 비용

Unseaworthiness and Unfitness Exclusion Clause
불내항성 및 부적합성 면책약관

5.1 In no case shall this insurance cover loss, damage or expense arising from

    5.1.1 unseaworthiness of vessel or craft or unfitness of vessel or craft for the safe carriage of the subject-matter insured, where the Assured are privy to such unseaworthiness or unfitness, at the time the subject-matter insured is loaded therein.

    5.1.2 unfitness of container or conveyance for the safe carriage of the subject-matter insured, where loading therein or thereon is carried out prior to attachment of this insurance or by the Assured or their employees and they are privy to such unfitness at the time of loading.

> 5.1 어떠한 경우에도 이 보험은 [다음으로] 인하여 발생한 멸실, 손상 또는 비용을 담보하지 아니한다.
>   5.1.1 피보험목적물의 안전한 운송을 위한 본선 또는 부선의 불내항성 또는 부적합성. 다만 피보험자가 피보험목적물의 적재 시에 그러한 불내항성 또는 부적합성을 알고 있는 경우에 한한다.
>   5.1.2 피보험목적물의 안전한 운송을 위한 컨테이너, 운송용구의 부적합성. 다만 피보험목적물의 적재가 이 보험의 개시 전에 이루어지거나 피보험자 또는 그 고용인에 의해 이루어지고 그들이 적재 시 그러한 불내항성 또는 부적합성을 알고 있는 경우에 한한다.

5.2 Exclusion 5.1.1 above shall not apply where the contract of insurance has been assigned to the party claiming hereunder who has bought or agreed to buy the subject-matter insured in good faith under a binding contract.

> 5.2 상기 5.1.1의 면책조항은 구속력 있는 계약하에서 선의로 피보험목적물을 구매하였거나 구매하기로 동의하여 이 보험의 권리를 주장할 수 있는 자에게 보험계약이 양도된 경우에는 적용하지 아니한다.

5.3 The Insurers waive any breach of the implied warranties of seaworthiness of the ship and fitness of the ship to carry the subject-matter insured to destination.

> 5.3 피보험목적물을 목적지까지 운송하기 위해 선박이 내항성을 갖추고 적합하여야 한다는 묵시담보를 위반한 경우에 보험자는 그 권리를 포기한다.

War Exclusion Clause
전쟁면책

6. In no case shall this insurance cover loss damage or expense caused by

    6.1 war, civil war, revolution, rebellion insurrection, or civil strife arising therefrom, or any hostile act by or against a belligerent power

> 6. 어떠한 경우에도 이 보험은 [다음으로] 인하여 발생한 멸실, 손상 또는 비용을 담보하지 아니한다.
>   6.1 전쟁, 내란, 혁명, 반역, 또는 이로 인해 발생하는 국내투쟁 또는 교전국에 의하거나 또는 교전국에 대하여 가해진 일체의 적대행위

    6.2 capture seizure arrest restraint or detainment (*ICC(A)만: piracy excepted), and the consequences thereof or any attempt threat

> 6.2 포획, 나포, 강유, 억지 또는 억류(ICC(A)에서만: 해적위험은 제외) 또는 이러한 행위의 결과 또는 이러한 행위의 기도

    6.3 derelict mines torpedoes bombs or other derelict weapons of war.

> 6.3 유기된 기뢰, 어뢰, 폭탄 또는 기타의 유기된 전쟁병기

Strikes Exclusion Clause
파업면책

7. In no case shall this insurance cover loss damage or expense

    7.1 caused by strikers, locked-out workmen or persons taking part in labour disturbances, riots or civil commotions

> 7. 어떠한 경우에도 이 보험은 [다음으로 인한] 멸실, 손상 또는 비용을 담보하지 아니한다.
>   7.1 동맹파업자, 직장폐쇄 노동자 또는 노동쟁의, 폭동 또는 소요 가담자에 인한

    7.2 resulting from strikes, lock-outs, labour disturbances, riots or civil commotions

> 7.2 동맹파업, 직장폐쇄, 노동쟁의, 폭동 또는 소요의 결과로 발생한

7.3 caused by any act of terrorism being an act of any person acting on behalf of, or in connection with, any organisation which carries out activities directed towards the overthrowing or influencing, by force or violence, of any government whether or not legally constituted

> 7.3 합법적, 혹은 비합법적으로 설립된 정부를 전복하기 위해 혹은 영향을 끼치기 위해 행동하는 어떤 조직을 위하여 혹은 관련하여 행동하는 자의 테러리즘에 인한

7.4 caused by any person acting from a political, ideological or religious motive.

> 7.4 정치적, 이념적 혹은 종교적 동기에 의해서 행동하는 자에 인한

DURATION
보험 기간

Transit Clause
운송조항

8.1 Subject to Clause 11 below, this insurance attaches from the time the subject-matter insured is first moved in the warehouse or at the place of storage (at the place named in the contract of insurance) for the purpose of the immediate loading into or onto the carrying vehicle or other conveyance for the commencement of transit, continues during the ordinary course of transit and terminates either:

8.1.1 on completion of unloading from the carrying vehicle or other conveyance in or at the final warehouse or place of storage at the destination named in the contract of insurance,

8.1.2 on completion of unloading from the carrying vehicle or other conveyance in or at any other warehouse or place of storage, whether prior to or at the destination named in the contract of insurance, which the Assured or their employees elect to use either for storage other than in the ordinary course of transit or for allocation or distribution, or

8.1.3 when the Assured or their employees elect to use any carrying vehicle or other conveyance or any container for storage other than in the ordinary course of transit or

8.1.4 on the expiry of 60 days after completion of discharge overside of the subject-matter insured from the oversea vessel at the final port of discharge,

whichever shall first occur.

8.1 제11조를 제외하고, 이 보험은 피보험목적물이 운송의 개시를 위하여 운송차량이나 기타 운송용구에 즉시 적입되기 위하여 창고나 보관장소에서 (이 보험계약에 기재된 장소의) 최초로 이동할 때부터 개시되고 통상의 운송과정에 있는 동안 계속되며 다음 중의 어느 것이 [발생하는 때에] 종료한다.

    8.1.1 보험계약에 기재된 목적지의 최종창고나 보관장소에서 혹은 그 안에서 운송차량이나 기타 운송용구로부터 양하가 완료된 때,

    8.1.2 보험계약에 기재된 목적지에 도착하기 이전에 또는 목적지에서 피보험자 또는 그 고용인이 통상의 운송과정이 아닌 보관 또는 할당 또는 유통을 위해 선택한 기타의 창고 또는 보관장소 혹은 그 안에서 운송차량이나 기타 운송용구로부터 양하가 완료된 때, 또는

    8.1.3 피보험자 또는 그 고용인이 통상의 운송과정이 아닌 보관을 위해 운송차량 또는 운송용구나 컨테이너를 사용하기로 선택한 때, 또는

    8.1.4 최종 양륙항에서 외항선으로부터 피보험목적물의 양하작업을 완료한 후 60일이 만료된 날 중 먼저 발생한 것

8.2 If, after discharge overside from the oversea vessel at the final port of discharge, but prior to termination of this insurance, the subject-matter insured is to be forwarded to a destination other than that to which it is insured, this insurance, whilst remaining subject to termination as provided in Clauses 8.1.1 to 8.1.4, shall not extend beyond the time the subject-matter insured is first moved for the purpose of the commencement of transit to such other destination.

8.2 최종 양륙항에서 외항선으로부터의 양하작업 후, 단, 이 보험의 [기간의] 종료 이전에 피보험목적물이 이 보험에 부보된 목적지 이외의 장소로 운송되는 경우에는, 이 보험은 상기의 8.1.1부터 8.1.4의 보험 종료 규정에 따라 계속되나 새로운 목적지로 운송이 개시될 목적으로 피보험목적물이 최초로 이동될 때 종료한다.

8.3 This insurance shall remain in force (subject to termination as provided for in Clauses 8.1.1 to 8.1.4 above and to the provisions of Clause 9 below) during delay beyond the control of the Assured, any deviation, forced discharge, reshipment or transhipment and during any variation of the adventure arising from the exercise of a liberty granted to carriers under the contract of carriage.

8.3 이 보험은 (상기의 8.1.1부터 8.1.4의 보험종료의 규정 및 이하 제9조의 규정에 따를 것을 조건으로) 피보험자가 통제할 수 없는 지연, 일체의 이로, 불가피한 양하, 재선적, 환적 및 운송계약상 운송인에게 부여된 재량권의 행사로부터 발생하는 위험의 변경기간 중에는 유효하게 계속된다.

Termination of Contract of Carriage
운송계약의 종료

9. If owing to circumstances beyond the control of the Assured either the contract of carriage is terminated at a port or place other than the destination named therein or the transit is otherwise terminated before unloading of the subject-matter insured as provided for in Clause 8 above, then this insurance shall also terminate unless prompt notice is given to the insurers and continuation of cover is requested when this insurance shall remain in force subject to an additional premium if required by the insurers either

    9.1 until the subject-matter insured is sold and delivered at such port or place, or, unless otherwise specially agreed, until the expiry of 60 days after arrival of the subject-matter insured at such port or place, whichever shall first occur, or

> 9. 피보험자가 통제할 수 없는 사정에 의하여 운송계약이 그 계약서에 기재된 목적지 이외의 항구 또는 장소에서 종료되거나 또는 기타 상기의 제8조에 규정된 피보험목적물의 양하 이전에 운송이 종료되는 경우 이 보험도 또한 종료한다. 다만 보험자에게 그 취지를 지체 없이 통보하고 담보의 계속을 요청하는 경우에는 보험자로부터 청구가 있으면 추가 보험료를 지급할 것을 조건으로 하여 [다음의 때까지] 유효하게 지속된다.
>
> 9.1 피보험목적물이 상기의 항구 또는 장소에서 매각된 후 인도될 때까지 또는 별도의 합의가 없는 한, 그러한 항구 또는 장소에서 피보험목적물이 도착한 후 60일이 경과된 만료일 중 먼저 발생한 때까지, 또는

    9.2 if the subject-matter insured is forwarded within the said period of 60 days (or any agreed extension thereof) to the destination named in the contract of insurance or to any other destination, until terminated in accordance with the provisions of Clause 8 above.

> 9.2 피보험목적물이 상기의 60일의 기간 내에 (또는 합의된 연장기간 내에) 보험계약에 기재된 목적지 또는 기타의 어떠한 목적지로 계반되는 경우에는 상기의 제8조의 규정에 따라 이 보험이 종료될 때까지

Change of Voyage
항해의 변경

   10.1 Where, after attachment of this insurance, the destination is changed by the Assured, this must be notified promptly to Insurers for rates and terms to be agreed. Should a loss occur prior to such agreement being obtained cover may be provided but only if cover would have been available at a reasonable commercial market rate on reasonable market terms.

> 10.1 이 보험이 개시된 후에 피보험자에 의하여 목적지가 변경되는 경우에는 합의될 보험요율과 보험조건을 위해 보험자에게 지체 없이 통지되어야 한다. 만약 그러한 합의가 확보되기 전에 손해가 발생하면 합리적인 시장 조건으로 상업적 시장요율로서 보험부보가 가능하였을 경우에만 보험부보가 제공될 수 있다.

10.2 Where the subject-matter insured commences the transit contemplated by this insurance (in accordance with Clause 8.1), but, without the knowledge of the Assured or their employees the ship sails for another destination, this insurance will nevertheless be deemed to have attached at commencement of such transit.

> 10.2 피보험목적물이 이 보험에 의해 예정된 운송(8.1조와 일치하는)을 시작하였으나 피보험자나 그 고용인이 알지 못한 채 선박이 다른 목적지로 항해를 한 경우에도 이 보험은 그러한 운송 개시하는 때에 부보된 것으로 간주한다.

CLAIMS
보험금의 청구

Insurable Interest
피보험이익

11.1 In order to recover under this insurance the Assured must have an insurable interest in the subject-matter insured at the time of the loss.

> 11.1 이 보험에 따른 보상을 받기 위하여 피보험자는 손해발생 시에 피보험목적물에 대한 피보험이익을 가지고 있어야 한다.

11.2 Subject to Clause 11.1 above, the Assured shall be entitled to recover for insured loss occurring during the period covered by this insurance, notwithstanding that the loss occurred before the contract of insurance was concluded, unless the Assured were aware of the loss and the Insurers were not.

> 11.2 상기 11.1의 규정에도 불구하고, 이 보험의 담보기간 중에 발생하는 손해는 그 손해가 보험계약의 체결 이전에 발생한 것이라도 피보험자가 이 손해발생의 사실을 알았고 보험자는 몰랐을 경우가 아닌 한 피보험자는 이를 보상받을 권리가 있다.

Forwarding Charges
계반비용

12. Where, as a result of the operation of a risk covered by this insurance, the insured transit is terminated at a port or place other than that to which the subject-matter insured is covered under this insurance, the Insurers will reimburse the Assured for any extra charges properly and reasonably incurred in unloading, storing and forwarding the subject-matter insured to the destination to which it is insured.

   This Clause 12, which does not apply to general average or salvage charges, shall be subject to the exclusions contained in Clauses 4, 5, 6 and 7 above, and shall not include charges arising from the fault, negligence, insolvency or financial default of the Assured or their employees.

   12. 이 보험에서 담보되는 위험의 발생결과로 인한 피보험운송이 이 보험에서 담보되는 피보험목적물의 목적지 이외의 항구 또는 장소에서 종료되는 경우에 보험자는 피보험자에 대하여 피보험목적물을 양하, 보관하고 이 보험증권에 기재된 목적지까지 계반하기 위하여 적절히 합리적으로 지출한 추가비용을 보상한다.
   이 제12조는 공동해손 또는 구조료에는 적용되지 아니하고 상기의 제4조, 제5조, 제6조 및 제7조에 규정된 면책조항의 적용을 받으며 또 피보험자 또는 그 고용인의 과실, 태만, 지급불능 또는 재정상의 채무불이행으로부터 야기된 비용을 포함하지 아니한다.

Constructive Total Loss
추정전손

13. No claim for Constructive Total Loss shall be recoverable hereunder unless the subject-matter insured is reasonably abandoned either on account of its actual total loss appearing to be unavoidable or because the cost of recovering, reconditioning and forwarding the subject-matter insured to the destination to which it is insured would exceed its value on arrival.

   13. 추정전손에 대한 보험금청구는 피보험목적물의 현실전손이 불가피하다고 보이거나 또는 피보험목적물의 복구, 수리 및 목적지까지의 계반비용이 그 목적지에 도착하였을 때의 피보험목적물의 가액을 초과하게 된 이유로 피보험목적물을 위부하지 아니하는 한, 이 보험증권 하에서는 이를 보상하지 아니한다.

Increased Value
증액

14.1 If any Increased Value insurance is effected by the Assured on the subject-matter insured under this insurance the agreed value of the subject-matter insured shall be deemed to be increased to the total amount insured under this insurance and all Increased Value insurances covering the loss, and liability under this insurance shall be in such proportion as the sum insured under this insurance bears to such total amount insured. In the event of claim the Assured shall provide the Insurers with evidence of the amounts insured under all other insurances.

14.1 이 보험의 피보험목적에 대하여 피보험자가 별도의 증액보험에 부보한 경우에는 그 적하의 협정가액은 이 보험 및 이와 동일한 손해를 담보하는 모든 증액보험의 합계보험금액까지 증가된 것으로 본다. 그리고 이 보험에 따른 책임은 이 보험의 보험금액이 합계보험금액에 대하여 갖는 비율로 부담하게 된다. 보험금의 청구 시에는 피보험자는 다른 모든 보험의 보험금액을 증명할 수 있는 서류를 보험자에게 제출하여야 한다.

14.2 Where this insurance is on Increased Value the following clause shall apply:

The agreed value of the subject-matter insured shall be deemed to be equal to the total amount insured under the primary insurance and all Increased Value insurances covering the loss and effected on the subject-matter insured by the Assured, and liability under this insurance shall be in such proportion as the sum insured under this insurance bears to such total amount insured.

In the event of claim the Assured shall provide the Insurers with evidence of the amounts insured under all other insurances.

14.2 이 보험이 증액보험인 경우에는 다음의 조항을 이에 적용한다.
피보험목적물의 협정가액은 원보험 및 피보험자가 그 적하에 대하여 부보한 동일한 손해를 담보하는 모든 증액보험의 합계보험금액과 동액인 것으로 본다. 그리고 이 보험에 따른 책임은 이 보험의 보험금액이 합계보험금액에 대하여 갖는 비율로 부담하게 된다.
보험금의 청구 시에는 피보험자는 다른 모든 보험의 보험금액을 증명할 수 있는 서류를 보험자에게 제출하여야 한다.

BENEFIT OF INSURANCE
보험의 이익

15. This insurance

   15.1 covers the Assured which includes the person claiming indemnity either as the person by or on whose behalf the contract of insurance was effected or as an assignee,

> 15. 이 보험은
>   15.1 피보험자의 범위에 그에 의해 혹은 그를 대신하여 보험계약이 부보된 자 혹은 양수인으로서 보상받을 권리를 가진 자를 포함한다.

   15.2 shall not extend to or otherwise benefit the carrier or other bailee.

> 15.2 운송인 또는 기타의 수탁자의 이익을 위하여 이용되어서는 아니 된다.

MINIMISING LOSSES
손해의 경감

Duty of Assured
피보험자의 의무

16. It is the duty of the Assured and their employees and agents in respect of loss recoverable hereunder

   16.1 to take such measures as may be reasonable for the purpose of averting or minimising such loss, and

> 16. 이 보험에 따라 보상하는 손해에 대하여 다음의 사항은 피보험자, 그 고용인 및 대리인의 의무이다.
>   16.1 그러한 손해에 방지 또는 경감을 위하여 합리적인 조치를 강구하는 것, 또

   16.2 to ensure that all rights against carriers, bailees or other third parties are properly preserved and exercised and the Insurers will, in addition to any loss recoverable hereunder, reimburse the Assured for any charges properly and reasonably incurred in pursuance of these duties.

> 16.2 운송인, 수탁자 또는 기타의 제3자에 대한 일체의 권리가 적절히 보전되고 행사되도록 확보하는 것, 그리고 보험자는 이 보험에서 보상하는 손해에 추가하여 이러한 의무의 수행을 위해 적절히 그리고 합리적으로 발생된 일체의 비용을 피보험자에게 보상한다.

Waiver
포기

17. Measures taken by the Assured or the Insurers with the object of saving, protecting or recovering the subject-matter insured shall not be considered as a waiver or acceptance of abandonment or otherwise prejudice the rights of either party.

> 17. 피보험목적물을 구조하거나 보호하거나 또는 회복하기 위하여 피보험자 또는 보험자가 취한 조치는 위부의 포기 또는 승낙으로 간주하지 아니하며 또는 그 밖에 각 당사자의 권리를 침해하지도 아니한다.

AVOIDANCE OF DELAY
지연의 회피

18. It is a condition of this insurance that the Assured shall act with reasonable despatch in all circumstances within their control.

> 18. 피보험자는 자신이 통제할 수 있는 모든 사정에 있어서 상당히 신속하게 행동하는 것이 이 보험의 조건이다.

LAW AND PRACTICE
법률과 관습

19. This insurance is subject to English law and practice.

> 19. 이 보험은 영국의 법률과 관습에 준거된다.

NOTE: Where a continuation of cover is requested under Clause 9, or a change of destination is notified under Clause 10, there is an obligation to give prompt notice to the Insurers and the right to such cover is dependent upon compliance with this obligation.

> 주의: 9조의 계속 담보가 요청되는 경우 혹은 10조에서의 항해변경이 있는 경우 그 취지를 지체 없이 보험자에게 통지하여야 할 의무가 있으며 계속 담보받을 권리는 이러한 의무를 이행하였을 경우에 한한다.

해커스관세사 cca.Hackers.com

해커스관세사 진민규 무역영어 2

11

United Nations Convention on the Recognition and Enforcement of Foreign Arbitral Awards
(NY Convention)
- 외국 중재판정의 승인과 집행에 관한 UN 협약

Article I 적용

1. This Convention shall apply to the recognition and enforcement of arbitral awards made in the territory of a State other than the State where the recognition and enforcement of such awards are sought, and arising out of differences between persons, whether physical or legal. It shall also apply to arbitral awards not considered as domestic awards in the State where their recognition and enforcement are sought.

> 1. 이 협약은 중재판정의 승인 및 집행의 요구를 받은 국가 이외의 국가의 영토 내에서 내려진 판정으로서, 자연인 또는 법인 간의 분쟁으로부터 발생하는 중재판정의 승인 및 집행에 적용한다. 이 협약은 또한 그 승인 및 집행의 요구를 받은 국가에서 내국판정이라고 인정되지 아니하는 중재판정에도 적용한다.

2. The term "arbitral awards" shall include not only awards made by arbitrators appointed for each case but also those made by permanent arbitral bodies to which the parties have submitted.

> 2. "중재판정"이라 함은 개개의 사건을 위하여 선정된 중재인이 내린 판정뿐만 아니라 당사자들이 부탁한 상설 중재기관이 내린 판정도 포함한다.

3. When signing, ratifying or acceding to this Convention, or notifying extension under article X hereof, any State may on the basis of reciprocity declare that it will apply the Convention to the recognition and enforcement of awards made only in the territory of another Contracting State.

It may also declare that it will apply the Convention only to differences arising out of legal relationships, whether contractual or not, which are considered as commercial under the national law of the State making such declaration.

> 3. 어떠한 국가든지 이 협약에 서명, 비준 또는 가입할 때, 또는 이 협약 제10조에 의하여 확대 적용을 통고할 때에, 상호주의의 기초에서 다른 체약국의 영토 내에서 내려진 판정의 승인 및 집행에 한하여 이 협약을 적용한다고 선언할 수 있다. 또한 어떠한 국가든지 계약적 성질의 것이거나 아니거나를 불문하고 이러한 선언을 행하는 국가의 국내법상 상사상의 것이라고 인정되는 법률관계로부터 발생하는 분쟁에 한하여 이 협약을 적용할 것이라고 선언할 수 있다.

Article II 중재합의

1. Each Contracting State shall recognize an agreement in writing under which the parties undertake to submit to arbitration all or any differences which have arisen or which may arise between them in respect of a defined legal relationship, whether contractual or not, concerning a subject matter capable of settlement by arbitration.

> 1. 각 체약국은 계약적 성질의 것이거나 아니거나를 불문하고, 중재에 의하여 해결이 가능한 사항에 관한 일정한 법률관계에 관련하여 당사자 간에 발생하였거나 또는 발생할 수 있는 전부 또는 일부의 분쟁을 중재에 부탁하기로 약정한 당사자 간의 서면에 의한 합의를 승인하여야 한다.

2. The term "agreement in writing" shall include an arbitral clause in a contract or an arbitration agreement, signed by the parties or contained in an exchange of letters or telegrams.

> 2. "서면에 의한 합의"라 함은 계약문 중의 중재조항 또는 당사자 간에 서명되었거나, 교환된 서신이나 전보에 포함되어 있는 중재의 합의를 포함한다.

3. The court of a Contracting State, when seized of an action in a matter in respect of which the parties have made an agreement within the meaning of this article, shall, at the request of one of the parties, refer the parties to arbitration, unless it finds that the said agreement is null and void, inoperative or incapable of being performed.

> 3. 당사자들이 본 조에서 의미하는 합의를 한 사항에 관한 소송이 제기되었을 때에는 체약국의 법원은, 전기 합의를 무효, 실효 또는 이행불능이라고 인정하는 경우를 제외하고, 일방 당사자의 청구에 따라서 중재에 부탁할 것을 당사자에게 명하여야 한다.

Article III 판정의 승인과 이행절차

Each Contracting State shall recognize arbitral awards as binding and enforce them in accordance with the rules of procedure of the territory where the award is relied upon, under the conditions laid down in the following articles. There shall not be imposed substantially more onerous conditions or higher fees or charges on the recognition or enforcement of arbitral awards to which this Convention applies than are imposed on the recognition or enforcement of domestic arbitral awards.

> 각 체약국은 중재판정을 이하 조항에 규정한 조건하에서 구속력 있는 것으로 승인하고 그 판정이 원용될 영토의 절차 규칙에 따라서 그것을 집행하여야 한다. 이 협약이 적용되는 중재판정의 승인 또는 집행에 있어서는 내국 중재판정의 승인 또는 집행에 있어서 부과하는 것보다 실질적으로 엄중한 조건이나 고액의 수수료 또는 과징금을 부과하여서는 아니 된다.

Article IV 승인과 집행의 신청

1. To obtain the recognition and enforcement mentioned in the preceding article, the party applying for recognition and enforcement shall, at the time of the application, supply:

    (a) the duly authenticated original awards or a duly certified copy thereof;

    (b) the original agreement referred to in article II or a duly certified copy thereof.

> 1. 전조에서 언급된 승인과 집행을 얻기 위하여 승인과 집행을 신청하는 당사자는 신청서에 다음의 서류를 제출하여야 한다.
>   (a) 정당하게 인증된 판정원본 또는 정당하게 증명된 그 등본
>   (b) 제2조에 규정된 합의의 원본 또는 정당하게 증명된 그 등본

2. If the said award or agreement is not made in an official language of the country in which the award is relied upon, the party applying for recognition and enforcement of the award shall produce a translation of these documents into such language. The translation shall be certified by an official or sworn translator or by a diplomatic or consular agent.

> 2. 전기 판정이나 합의가 원용될 국가의 공용어로 작성되어 있지 아니한 경우에는, 판정의 승인과 집행을 신청하는 당사자는 그 문서의 공용어 번역문을 제출하여야 한다. 번역문은 공증인 또는 선서한 번역관, 외교관 또는 영사관에 의하여 증명되어야 한다.

Article V 승인과 집행의 거부사유

1. Recognition and enforcement of the award may be refused, at the request of the party against whom it is invoked, only if that party furnishes to the competent authority where the recognition and enforcement is sought, proof that:

    (a) the parties to the agreement referred to in article II were, under the law applicable to them, under some incapacity, or the said agreement is not valid under the law to which the parties have subjected it or, failing any indication thereon, under the law of the country where the award was made; or

    (b) the party against whom the award is invoked was not given proper notice of the appointment of the arbitrator or of the arbitration proceedings or was otherwise unable to present his case; or

    (c) the award deals with a difference not contemplated by or not falling within the term of the submission to arbitration, or it contains decisions on matters beyond the scope of the submission to arbitration, provided that, if the decisions on matters submitted to arbitration can be separated from those not so submitted, that part of the award which contains decisions on matters submitted to arbitration may be recognized and enforced; or

(d) the composition of the arbitral authority or the arbitral procedure was not in accordance with the agreement of the parties, or failing such agreement, was not in accordance with the law of the country where the arbitration took place; or

(e) the award has not yet become binding on the parties, or has been set aside or suspended by a competent authority of the country in which, or under the law of which, that award was made.

> 1. 판정의 승인과 집행은 판정이 불리하게 원용되는 당사자의 청구에 의하여 그 당사자가 판정의 승인 및 집행의 요구를 받은 국가의 권한 있는 기관에게 다음의 증거를 제출하는 경우에 한하여 거부될 수 있다.
>   (a) 제2조에 규정된 합의의 당사자가, 그들에게 적용될 법률에 의하여, 무능력자이었던 경우 또는 당사자들이 준거법으로서 지정한 법령에 의하여 또는 지정이 없는 경우에는 판정을 내린 국가의 법령에 의하여 전기 합의가 무효인 경우, 또는
>   (b) 판정이 불리하게 원용되는 당사자가 중재인의 선정이나 중재절차에 관하여 적절한 통고를 받지 아니하였거나 또는 기타 이유에 의하여 응할 수 없었을 경우, 또는
>   (c) 판정이 중재부탁조항에 규정되어 있지 아니하거나 또는 그 조항의 범위에 속하지 아니하는 분쟁에 관한 것이거나 또는 그 판정이 중재부탁의 범위를 벗어나는 사항에 관한 결정을 포함하는 경우. 다만, 중재에 부탁한 사항에 관한 결정이 부탁하지 아니한 사항과 분리될 수 있는 경우에는 중재부탁 사항에 관한 결정을 포함하는 판정의 부분은 승인되고 집행될 수 있다.
>   (d) 중재기관의 구성이나 중재절차가 당사자 간의 합의와 합치하지 아니하거나, 또는 이러한 합의가 없는 경우에는 중재를 행하는 국가 법령에 합치하지 아니하는 경우, 또는
>   (e) 판정이 당사자에 대한 구속력을 아직 발생하지 아니하였거나 또는 판정이 내려진 국가의 권한 있는 기관이나 또는 그 법령에 의해 취소 또는 정지된 경우.

2. Recognition and enforcement of an arbitral award may also be refused if the competent authority in the country where recognition and enforcement is sought finds that:

   (a) the subject matter of the difference is not capable of settlement by arbitration under the law of that country; or

   (b) the recognition or enforcement of the award would be contrary to the public policy of that country.

> 2. 중재판정의 승인 및 집행이 요구된 국가의 권한 있는 기관이 다음의 사항을 인정하는 경우에도, 중재판정의 승인과 집행을 거부할 수 있다.
>   (a) 분쟁의 대상인 사항이 그 국가의 법률하에서는 중재에 의한 해결을 할 수 없는 것일 경우, 또는
>   (b) 판정의 승인이나 집행이 그 국가의 공공의 질서에 반하는 경우.

Article VI 판정의 집행연기

If an application for the setting aside or suspension of the award has been made to a competent authority referred to in article V paragraph 1 (e), the authority before which the award is sought to be relied upon may, if it considers it proper, adjourn the decision on the enforcement of the award and may also, on the application of the party claiming enforcement of the award, order the other party to give suitable security.

> 판정의 취소 또는 정지를 요구하는 신청이 제5조 제1항의 e에 규정된 권한 있는 기관에 제기되었을 경우에는, 판정의 원용이 요구된 기관은, 그것이 적절하다고 인정될 때에는 판정의 집행에 관한 판결을 연기할 수 있고 또한 판정의 집행을 요구하는 당사자의 신청에 의하여 타방 당사자에 대하여 적당한 보장을 제공할 것을 명할 수 있다.

Article VII 타 협정과의 관계(생략)

Article VIII 서명과 협약의 채택(생략)

Article IX 협약의 가입(생략)

Article X 협약의 확대 적용(생략)

Article XI 연방국가의 채택(생략)

Article XII 협약의 발효(생략)

Article XIII 협약의 폐기(생략)

Article XIV 협약의 원용금지(생략)

Article XV 협약의 통고(생략)

Article XVI 협약의 작성

1. This Convention, of which the Chinese, English, French, Russian and Spanish texts shall be equally authentic, shall be deposited in the archives of the United Nations.

> 1. 중국어, 영어, 프랑스어, 러시아어 및 스페인어로 된 이 협약은 동등한 효력을 가지며 국제연합 기록보관소에 기탁 보존되어야 한다.

2. The Secretary-General of the United Nations shall transmit a certified copy of this Convention to the States contemplated in article VIII.

> 2. 국제연합 사무총장은 이 협약의 인증등본을 제8조에 규정된 국가에 송부하여야 한다.

2026 대비 최신판

해커스관세사
진민규
무역영어

 2 | 국제 협약·법규 원문 및 해설

초판 1쇄 발행 2025년 4월 29일

지은이	진민규
펴낸곳	해커스패스
펴낸이	해커스관세사 출판팀

주소	서울특별시 강남구 강남대로 428 해커스관세사
고객센터	02-537-5000
교재 관련 문의	publishing@hackers.com
학원 강의 및 동영상강의	cca.Hackers.com

ISBN	979-11-7244-893-6 (13320)
Serial Number	01-01-01

저작권자 ⓒ 2025, 진민규

이 책의 모든 내용, 이미지, 디자인, 편집 형태는 저작권법에 의해 보호받고 있습니다. 서면에 의한 저자와 출판사의 허락 없이 내용의 일부 혹은 전부를 인용, 발췌하거나 복제, 배포할 수 없습니다.

관세사 단번에 합격
해커스관세사 cca.Hackers.com

해커스 관세사

· 진민규 교수님의 **본 교재 인강**(교재 내 이용권 수록)